Fritz Morgenthaler / Florence Weiss
Marco Morgenthaler

Gespräche am sterbenden Fluß

Ethnopsychoanalyse bei den Iatmul in Papua Neuguinea

Fischer
Taschenbuch
Verlag

Geist und Psyche
Begründet von Nina Kindler 1964

Originalausgabe
Veröffentlicht im Fischer Taschenbuch Verlag GmbH,
Frankfurt am Main, Dezember 1984

Lektorat: Willi Köhler
Umschlaggestaltung: Graupner & Partner GmbH
Gesamtherstellung: Clausen & Bosse, Leck
Printed in Germany
1980-ISBN-3-596-42267-1

Inhalt

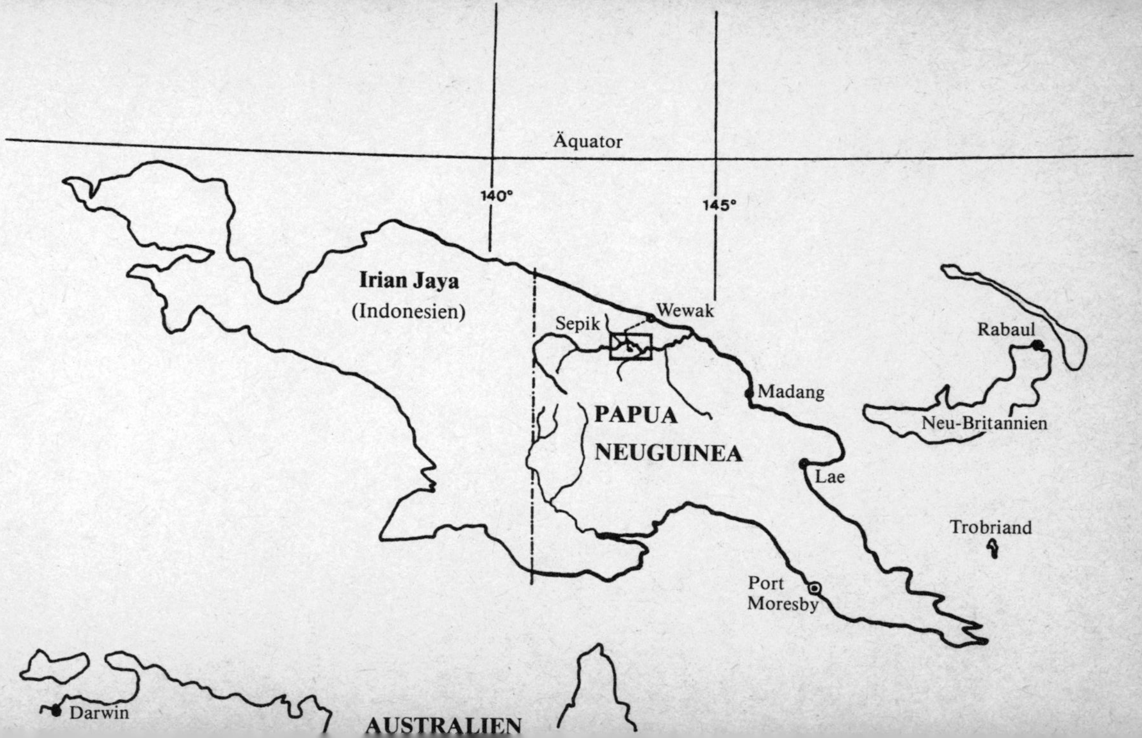

Äquator
140°
145°
Irian Jaya
(Indonesien)
Sepik
Wewak
PAPUA
NEUGUINEA
Madang
Lae
Port
Moresby
Rabaul
Neu-Britannien
Trobriand
Darwin
AUSTRALIEN

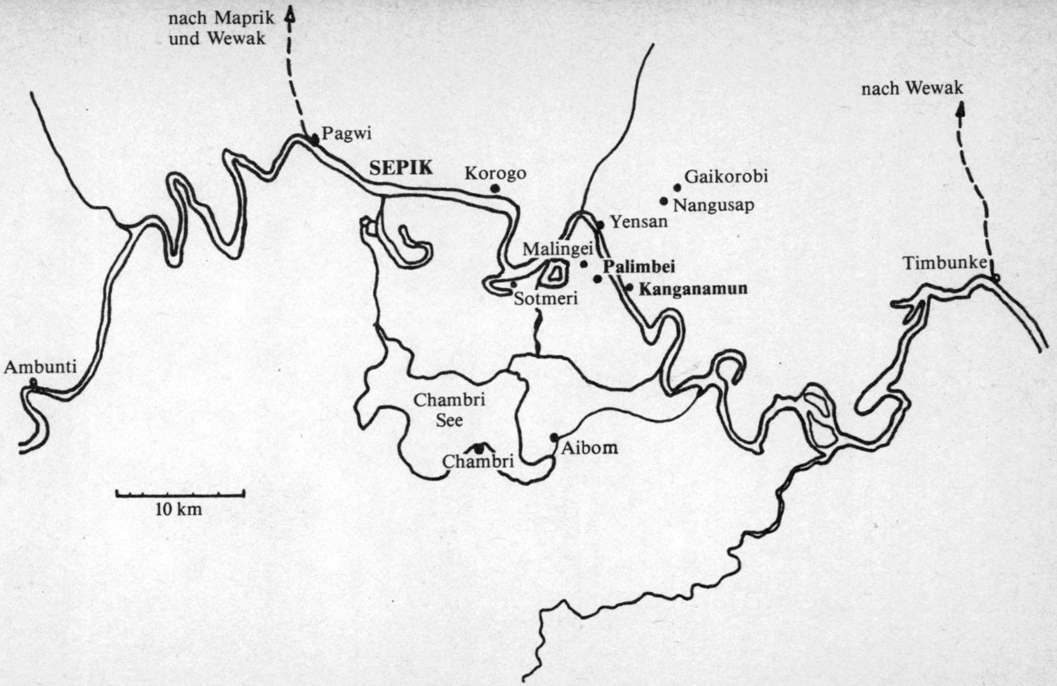
nach Maprik
und Wewak
Pagwi
SEPIK
Korogo
Gaikorobi
Nangusap
Yensan
Malingei
Palimbei
Kanganamun
Sotmeri
nach Wewak
Timbunke
Ambunti
Chambri
See
Chambri
Aibom
10 km

Fritz Morgenthaler
Das Fremde verstehen

Als ich im Alter von acht Jahren nach Paris kam, wurde ich in eine Volksschule gesteckt. Mit meinem germanischen Aussehen und der Unfähigkeit mich zu verständigen, war ich als Fremder der aggressiven Verachtung und dem Spott meiner Klassenkameraden und des alten, vom Leben bereits zertretenen Lehrers ausgesetzt. Obschon sie mich plagten, bewunderte ich die unbekümmerte Frechheit der großstädtischen Buben, die in der Lichterstadt Paris die Subkultur der »poulbots« ausmachten. Sie trugen alle ganz kurze Hosen, die typische schwarze Schulschürze und das dunkelblaue béret basque. Ich wollte so schnell und so vollkommen wie möglich sein wie sie. Nach drei Monaten beherrschte ich den poulbots-Slang, bewegte mich wie sie mit dem rebellischen Kindergesicht und dem schief aufgesetzten dunkelblauen béret basque. Ich wurde in eine Dominikanerschule versetzt, wo ich mit meinen poulbots-Errungenschaften die Bewunderung der wohlbehüteten Knaben des begüterten Pariser Mittelstandes auf mich zog und eine führende Rolle zu spielen begann. Es war die glücklichste Zeit meiner Jugend. Anpassung, Angleichung, Imitation und Identifikation hatten dazu geführt, daß ich glaubte, der zu sein, der ich bin.

Spätestens dann, als ich erstmals in den Vereinigten Staaten war, machte ich eine neue Erfahrung. Ich bezog in New York ein kleines Zimmer in einem puertoricanischen Hotel. Am Morgen wollte ich jeweils im gegenüberliegenden Drug-Store einen Kaffee trinken. Ich stellte mich an die Bar. Die meisten Leute tranken den Kaffee stehend und lasen ihre Zeitung. Aufmerksam schaute ich aus, um dem Blick des Kellners zu begegnen, der hinter der Theke das Geschäft betrieb. Der Mann richtete seinen Blick auf mich, schob die Unterlippe leicht über die Oberlippe und hob das Kinn. Ich erkannte die Geste als Zeichen und rief ihm zu »A coffee please... without sugar and a little milk only«. Kurzes Gerassel und Geklapper von Geschirr, Besteck und Maschinen. Vor mir, zwischen zwei Zeitungsblättern meiner Nachbarn, stand ein Glas mit hellbraunem, gezuckerten Kaffee. In den folgenden Tagen scheiterten alle meine Versuche, mich durchzusetzen. Nach dem Wort »coffee« wandte sich der Kellner ab, noch bevor ich meinen Satz vom Zucker und der Milch zu Ende gesprochen hatte, und das immer gleiche Getränk stand vor mir. Dann fiel mir eines Morgens ein, daß ich anders vorgehen könnte. Als der Kellner mich bedienen wollte, sagte ich laut und deutlich: »Look, I am a foreigner.« Die Wirkung war verblüffend. Die Leute neben mir schauten von der Zeitung auf und betrachteten mich, während der Kellner etwas ratlos wartete, was ich jetzt sagen würde. Es entstand eine Ruhepause, und mir war, als stünde ich auf einem Hügel und schaute in eine weite Ebene vor mir. Ich sagte: »I am not American, you know. I would like to have a coffee without sugar and a little milk only.« »Of course, Sir«, antwortete der Kellner. Ein Mann neben mir legte die Zeitung zur Seite und begann ein Gespräch. Er wollte wissen, woher ich kam und ob mir die Vereinigten Staaten gefielen. Ein Glas mit dunklem, ungezuckerten Kaffee stand vor mir.

»Look, I am a foreigner« wurde zu meiner Devise in den Vereinigten Staaten. Mit diesem Zauberwort gelang es mir, in einem Blumengeschäft an der Fifth Avenue einen individuell zusammengestellten Blumenstrauß nach meinem Geschmack in die Wohnung eines amerikanischen Psychoanalytiker-Ehepaares bringen zu lassen, das während des Zweiten Weltkrieges aus Wien emigriert war. Die Wienerin war gerührt über die Blumen. Ein solcher Strauß ist in den Vereinigten Staaten nicht üblich. Man wählt gewöhnlich nur eine Blumensorte. Das Zauberwort belebte in zahlreichen Situationen meinen Kontakt zu den Fremden. Ich erhielt Informationen, die ich sonst nicht bekommen hätte. Im Grunde genommen war es kein Zauberwort, sondern der Ausdruck der Konfrontation mit mir selbst. Ich will nicht sein wie der andere. Ich grenze mich ab und bin ich, ein anderer als der, der ich war, als ich mich in Paris als Kind angepaßt, angeglichen, identifiziert hatte, um imitierend zu dem zu werden, der sich im Gewande der anderen sicher weiß.

Seit über zwanzig Jahren haben Paul Parin und Goldy Parin-Matthèy und ich mit Ruth, meiner Frau, die ethnopsychoanalytischen Forschungen in Afrika vorangetrieben. Wir haben die ethnologische Literatur der Völker, zu denen wir gehen wollten, studiert und uns bis in alle Einzelheiten über die Bräuche, Sitten und Vorstellungsweisen unserer zukünftigen Gesprächspartner informiert. Wir sind gut vorbereitet an unsere Arbeit gegangen und haben in den von uns ausgewählten Dörfern einen Einblick in das Denken und Fühlen der Afrikaner gewonnen. Paul und Goldy Parin haben die wissenschaftliche Struktur unserer Forschungstätigkeit bestimmt. Ich habe mich mit den Forderungen, die von der Ethnologie und von der Psychoanalyse als Wissenschaft ausgehen, identifiziert. Ich bin in Afrika während der Forschung und danach beim Erarbeiten und Verfassen unserer Bücher und Vorträge immer dabei gewesen, war ein aktiver Mitarbeiter in der Gruppe der Freunde und habe auch wirksam Neues formuliert und eingegliedert. Ein jeder von uns hatte seine Stellung und seine Bedeutung in der Forschung. Keiner war entbehrlich. Ich trug das béret basque der Wissenschaft und beherrschte den Slang ihrer Sprache. Ich kenne fast alle Stationen der »Untergrundbahn« der Ethnopsychoanalyse, wie ich einst als Jugendlicher alle Metrostationen in Paris kannte, um den Desorientierten in der Großstadt die Auskunft zu geben, die nur die Eingeweihten, die Einheimischen in dieser Art vermitteln können. Die ethnopsychoanalytische Forschungstätigkeit in unserer Vierergruppe war die glücklichste Zeit in meinem Leben.

Spätestens dann, als ich im Jahre 1972 nach Papua Neuguinea reiste, um die Ethnologen der Basler Universität zu besuchen, die sich unter der Leitung von Meinrad Schuster in verschiedenen Dörfern des mittleren Sepik für ein Jahr niedergelassen hatten, um die Iatmul-Kultur weiter zu erforschen, setzte sich, zunächst intuitiv, später dann ganz bewußt, eine neue Erfahrung durch. Das ethnologische Seminar der Universität Basel hatte uns eingeladen, in ihrem Kreise einen Vortrag über unsere ethnopsychoanalytischen Forschungen in Afrika zu halten. Wir sind, wie immer, als Gruppe erschienen und haben unsere psychoanalytischen Einblicke in das Lebendige der Menschen, deren Kultur die Ethnologen untersuchen und beschreiben, vorgetragen. An diesem Abend hätte unsere Gruppe, wie schon oft bei ähnlichen Anlässen in Deutschland, Amerika und an internationalen Kongressen, laut und deutlich sagen können: »Look, we are foreigners.« Als wir nach unserer ethnopsychoanalytischen Darbietung mit den Ethnologen in Basel zusammensaßen, war es dann so, als ob das Zauberwort gefallen wäre. Es war allen klar, daß wir, die ethnopsychoanalytische Gruppe Parin / Morgenthaler, die Fremden sind. Da konnte die Zeitung beiseitegelegt und ein Gespräch begonnen werden. Woher kommen wir eigentlich und gefällt es uns bei den Ethnologen?

Die Ethnologen sprachen über ihr bevorstehendes einjähriges Forschungsprogramm. Mir gefiel es bei ihnen. Durch sie konnte ich vielleicht den schwierig zu bereisenden Sepik kennenlernen. Als Meinrad Schuster mich einlud, die Forschergruppe am Sepik zu besuchen, griff Paul Parin ein und warnte den Ethnologen, seine leicht hingeworfene Einladung beim angeregten Gespräch zu überdenken. Es bestehe nämlich die Gefahr, sagte er, daß ich tatsächlich nach Papua Neuguinea reisen würde. Als ich dann Monate später am Sepik ankam, wurde ich von den Basler Ethnologen wie ein alter Freund empfangen. Meinrad Schuster brachte mich ins Dorf Palimbei, wo Milan und Florence ihre Studien betrieben. Zeitlich gesehen war dies lange nach meinem ersten Aufenthalt in den Vereinigten Staaten, und so wurde mir bewußt, daß ich als Psychoanalytiker am Sepik ein Fremder war, es sein und bleiben wollte. Florence, Milan und ich haben uns befreundet, aber es bestand eine Unvereinbarkeit unserer Ansichten über das, was wir in der fremden Kultur der Iatmul erlebt und beobachtet haben.

Vor vielen Jahren, als wir unsere ethnopsychoanalytischen Untersuchungen beim Volk der Agni in der Elfenbeinküste durchführten, bin ich mit Thomas Assoua in Schwierigkeiten geraten. Obschon wir uns gut verstanden, hatten wir unterschiedliche Ansichten über die Möglichkeit regelmäßig stattfindender Gespräche. Während mehrerer Wochen vereinbarte ich mit Thomas immer wieder bestimmte Tageszeiten und bestimmte Orte innerhalb oder außerhalb seines Dorfes, die ihm zu entsprechen schienen, um mit ihm ins Gespräch zu kommen. Thomas erschien nie, sandte aber regelmäßig ein Kind oder eine Frau seiner Großfamilie in den Hof, wo wir wohnten, um mir ein Gastgeschenk zu überreichen.

Geschenke dieser Art entsprechen bei den Agni einem wichtigen Ritual, das Spannungen ausgleicht und Interessenkollisionen überbrücken kann. Auch wir haben, vor allem dem König, während der ganzen Zeit unseres Aufenthaltes immer wieder Gastgeschenke gebracht, die viel dazu beigetragen haben, daß wir als Fremde im Dorfe angenommen und respektiert wurden.

Eines Abends, als ein Knabe aus der Assouafamilie im Auftrag von Thomas einen Fisch als Geschenk brachte, habe ich das Geschenk zurückgewiesen. Die Aufregung in unserem Hof war groß: Paul und Goldy Parin warfen mir vor, ich hätte nicht verstanden, worauf es uns ankomme. Ein Konflikt schien in unserer Beziehung im Entstehen begriffen zu sein.

Kurz darauf tauchte Thomas auf und beschuldigte mich, den traditionellen Brauch verletzt zu haben. Er war aufgebracht und finster. Ich sagte ihm, der Brauch eines Gastgeschenkes ist der Brauch der Agni. Ich bin kein Agni. Ich komme aus einem Land, in dem es andere Bräuche gibt. Ich habe heute abend den Fisch zurückgewiesen, weil ein Sprichwort in meinem Land sagt: »Du gibst mir immerfort, wehe, was hast du mit mir vor.« Thomas lachte und meinte, daß das bei den Agni nicht gelte. Ich blieb bei dem, was ich sagte. Wir sind eben verschieden, der eine nicht wie der andere; jeder hat seine Vorstellungen und Bräuche und Auffassungen, die nicht die Vorstellungen und Bräuche und Auffassungen des anderen sind. Thomas hörte aufmerksam zu und stimmte mir bei. Er schlug vor, jeweils abends, wenn es dunkel ist, am Rande des Dorfes in unserem Zelt eine Stunde lang mit mir zu sprechen.

Am folgenden Abend fuhr ich mit dem Landrover dicht an das Zelt, um die kleine elektrische Handlampe des Wagens ins Innere des Zeltes ziehen zu können. So hätten wir elektrisches Licht, wenn Thomas käme, um mit mir das vereinbarte Gespräch zu führen. In der Toga eines Familienchefs gekleidet und von seinen Freunden bis zum Zelt begleitet, erschien Thomas pünktlich und genoß sein hohes Prestige im Dorf, wenn er jetzt vom Weißen im Zelt mit dem einzigen elektrischen Licht weit und breit zu Gesprächen empfangen wurde.

»Schau, ich bin ein Fremder«, hatte ich zu Thomas gesagt, »ich bin nicht wie du, ich bin ein anderer, und du bist du und ein anderer als ich.« Diese Abgrenzung war keine Abwehr, sondern das Mittel zur emotionalen Öffnung. Von da an kam Thomas regelmäßig zu den vereinbarten Gesprächen, annähernd fünfzigmal, bis wir das Agniland verließen. Mit den Parins war es anders. Zu einem Konflikt kam es nicht, weil in unserer Gruppe ein jeder weiß, daß er der andere ist.

In Papua Neuguinea war ich auf alles angewiesen, was Milan und Florence mir gezeigt haben. Die Kenntnisse und Erfahrungen, über die sie verfügten, bildeten die Voraussetzungen für eine wissenschaftliche, ethnopsychoanalytische Forschung. Ich war der Psychoanalytiker, der den Ethnologen den Zugang zum Unbewußten ermöglichte. Wie bei Thomas Assoua war jeder von uns etwas für sich und nicht der andere. Milan, Florence und ich fanden den emotionalen Zugang zueinander, indem ein jeder sich immer wieder in die Lage des anderen versetzte, um das zu erkennen, was er in seiner Art zuvor nicht sehen konnte. Wir wollten in den folgenden Jahren gemeinsam eine ethnopsychoanalytische Forschung beim Volk der Iatmul am mittleren Sepik unternehmen. Der Unterschied zu den ethnopsychoanalytischen Forschungen, die wir, die Parins und ich, in Afrika durchgeführt hatten, liegt darin, daß die neue Gruppe des Psychoanalytikers mit den Ethnologen nicht mehr homogen war, sondern daß ein jeder seine spezifische Rolle wahrnehmen und seine Funktion erkennen mußte. Milan und Florence waren am Sepik wie zu Hause, ich war und blieb ein Fremder. Ich fühle mich dem Unbewußten der Menschen überall nahe, auch wenn sie einer Kultur und einer Gesellschaft angehören, die mir fremd ist. Milan und Florence sollten diesen Zugang, den sie nur intuitiv am Rande ihrer Interessen wahrnehmen konnten, in seiner Tragweite erst erfahren. Ich hatte die faszinierende Aufgabe, mit meinem psychoanalytischen »Landrover« so dicht an das Zelt unserer Forschungseinrichtung heranzufahren, daß ich das kleine Lämpchen mit dem elektrischen Licht der Psychoanalyse in unsere Gespräche einbeziehen konnte, die ich täglich mit den Ethnologen führte, um ihnen zu zeigen, worauf sie in ihren Sitzungen mit den Iatmulpartnern achten mußten.

Der vierte in unserer Gruppe, der sich an der ethnopsychoanalytischen Forschung bei den Iatmul am Sepik beteiligte, war Marco, mein Sohn, der zuvor in Zürich Ethnologie zu studieren begonnen hatte. Marco hatte von sich aus alles daran gesetzt, an unserer Forschung teilzunehmen. Er las mehr ethnologische Literatur als ich, er erlernte die Sprache des Pidgin schneller und besser als ich, er paßte sich an, schaute mir, Milan und Florence ab, was er brauchen konnte, um als Mitglied unserer Gruppe anerkannt zu sein. Marco hat sich in dieser ersten Phase der Vorbereitung unserer Forschungsarbeit mit mir, seinem Vater, in einer besonderen Art identifiziert. So wie ich als Kind in Paris zur Subkultur der Poulbots gehören wollte, wurde Marco ein Mitglied unserer Forschergruppe.

Als wir dann in Papua Neuguinea ankamen und uns im Dorfe Palimbei am Sepik niederließen und mit unserer Arbeit begannen, veränderte sich Marcos Einstellung und Haltung. Jetzt identifizierte er sich mit mir in einer anderen Art und verhielt sich so, als würde er uns sagen: »Look, I am a foreigner.« Er befand sich inmitten der fremden Kultur der Iatmul in einer ähnlichen Lage wie ich, als ich erstmals in den Vereinigten Staaten war und mich umstellen mußte, um den emotionalen Zugang zu den Menschen zu finden. Marco ging am Sepik seine eigenen Wege und eroberte sich selbständig den schwierigen Zugang zu den Jugendlichen der Iatmulgesellschaft. Er war selbst ein Jugendlicher, wie seine Partner, und wollte, wie diese, seine Autonomie bewahren. Er mußte sich so einstellen. Da gab es keine Wahl, denn er konnte nicht damit rechnen, in einer Abhängigkeit von meiner psychoanalytischen Erfahrung oder vom ethnologischen Wissen Milans und Florences den fremden Blick seiner Partner zur zuwendenden Aussage zu bewegen.

Milan Stanek veröffentlichte die Ergebnisse seiner Forschung in einem eigenen Buch (*Geschichten der Kopfjäger*, Diederichs Verlag, 1982). Er berichtet über die Mythen, die ihm seine Gesprächspartner erzählt haben, und stellt die Geschichten in einen Rahmentext, in dem die Persönlichkeiten hervortreten, denen er begegnet ist.

Florence, Marco und ich sind anders vorgegangen. Wir stellen die Gespräche so dar, wie sie waren. Wir haben sie nicht mit Vergleichen verallgemeinert und nur mit wenigen Klärungen ausgestattet. Für uns war der Aufenthalt in den Sepik-Dörfern, und was sich im eigenen Erleben mit unseren Gesprächspartnern abspielte, wichtiger als die Frage, was wir später damit machen würden. Wir wollten nicht einen Forschungsplan aufstellen, der am Studienobjekt verwirklicht wird, um daraus ein wissenschaftlich abgerundetes Bild unserer Forschung auszuarbeiten.

Es ging darum, eine Beziehung zu unseren Gesprächspartnern herzustellen und sie trotz aller innerer und äußerer Hindernisse aufrechtzuerhalten. Das Wissenschaftliche, wie wir es verstehen, liegt in der Authentizität der Information über den emotionalen Austausch von Vertretern verschiedener Kulturen.

Florence Weiss
Ethnopsychoanalyse

Meine brasilianische Freundin Lorette meint: »Weshalb nennst du deine Gespräche mit den Frauen am Sepik Ethnopsychoanalyse und nicht Psychoethnoanalyse? Das Psychische spielt doch darin eine größere Rolle als das Ethnologische.« Kolleginnen und Kollegen fragen, was ich im Vergleich zu meiner ersten ethnologischen Forschung in Palimbei mit der psychoanalytischen Methode herausgefunden hätte. Freunden lese ich Kinembe, Magendaua und Kwaigambu vor, um nicht in Diskussionen zu geraten, die an dem, worauf es uns ankommt, vorbeigehen. Ich spreche meistens einfach von Gesprächen mit den Frauen am Sepik. Das verstehen alle. Nur wenn mir an einer Diskussion liegt, verwende ich den Begriff »Psychoanalyse«. Man hält mir dann Wahrheiten, Unwahrheiten, Phantasien, Ablehnung, Faszination entgegen. Alles, was da gesagt wird, ist mir nicht fremd. Es ist das Echo meiner eigenen Gedanken.

Grischa meint, nachdem ich ihm meine Darstellung über Kinembe vorgelesen habe: »Wenn das Ethnopsychoanalyse ist, ist das eine spannende Sache.« Ines staunt über die Offenheit, mit der die Palimbei-Frauen über Sexualität sprechen. Sie ist entsetzt und fasziniert, wie sie Rivalitäten austragen, sich in Schlägereien verwickeln, bei denen sie sich Finger abbeißen und das Gesicht zerkratzen. Lachend sagt sie: »Stell dir vor, wir zwei würden uns auf diese Weise um einen Mann prügeln.« Ich gebe in einer Oberschule einen Kurs in Ethnologie. Neugierig zu erfahren, ob meine Darstellungen verständlich sind, lese ich der Gruppe daraus vor. In meiner kurzen Einführung erwähne ich das Wort »Psychoanalyse« nicht. Schülerinnen, die sonst immer stricken, lassen auf einmal die Nadeln ruhen. Eine meldet sich zu Wort: »Was ich jetzt sagen werde, paßt irgendwie gar nicht zu dem, was Sie uns eben vorgelesen haben. Für mich wirken Sie in diesem Gespräch wie ein guter Psychiater.« Während die Mädchen das Foto von Kinembe anschauen, drücken sie ihre Verwunderung darüber aus, daß man zu einer Frau aus einer fremden

Kultur eine nahe Beziehung haben kann. Dominic fällt die von mir nie genannte und doch in allem faßbare Sinnlichkeit auf, von der meine Beziehung zu Magendaua getragen ist. Oliver staunt darüber, wie zurückhaltend ich in den Gesprächen bin und wie wenig ich eingreife. Man stellt mir Fragen, zum Beispiel, ob meine Gespräche ein repräsentatives Bild der Persönlichkeit der Palimbei-Frauen ergeben. Andere zeigen mir, daß ich meine Darstellungen mit mehr ethnologischen Informationen ergänzen könnte. Viele sind neugierig, etwas über unsere Gruppe zu erfahren. Sie wollen wissen, wie wir zusammen gelebt haben, ob es nicht Schwierigkeiten gegeben habe wegen der großen Altersunterschiede und wegen der verschiedenen Auffassungen, die die Ethnologie und die Psychoanalyse vertreten. Ich erzähle vom Psychoanalytiker Fritz, der schon vor zwanzig Jahren in Westafrika mit Paul Parin und Goldy Parin-Matthèy ethnopsychoanalytische Forschungen durchgeführt hat, berichte von seinem Sohn Marco, wie er in der Schweiz sein Ethnologiestudium gerade erst begonnen hat, und von Milan, mit dem ich bereits meine erste Forschung am Sepik betrieb. Alle sind gespannt zu hören, wie ich mich inmitten dieser Männergesellschaft gefühlt habe. Mit Lilo diskutiere ich, ob zu den Gesprächen zusätzliche Informationen notwendig sind. Ich kann mir keine Einleitung vorstellen, die dazu passen würde. Lilo insistiert: Ohne Einleitung, eine Art Vorwarnung an den Leser, würde ich unweigerlich falsche Vorstellungen hervorrufen.

Ich möchte, daß verständlich wird, worum es mir mit diesen Gesprächen geht. Ich möchte, dass Klarheit über mich besteht, über meine Partnerinnen und über unsere Beziehungen. Das sind die Voraussetzungen, um an diesem Buch mitzuschreiben. Deshalb beschäftigen mich die Reaktionen meiner Umgebung. Ich befinde mich in einer ähnlichen Situation wie jener Ire – oder war es ein Schotte? –, der in einer warmen Sommernacht im belebten Zürcher Niederdorf Geige spielte und dazu ein offensichtlich selbstgemachtes Lied sang. Es handelte von verschiedenen Episoden, in denen die beteiligten Personen in verwirrende, unangenehme, widersprüchliche und beschämende Situationen geraten. Ungewohnte, unverschämte Bilder über Zuneigung, Macht, Haß, Sexualität und Unterwürfigkeit evozierte er in seinem Lied. Meine Freunde und ich staunten über seine unscheinbare und groteske Erscheinung, über seine Zurückhaltung und seine gesungenen Frechheiten. Als er sein Lied beendet hatte, fühlten wir uns verwirrt und verunsichert wie seine Personen im Lied. Nun griff der Sänger zu einem Telefon, das neben dem geöffneten Geigenkasten auf dem Pflaster stand, und sagte nur immer wieder: »Yes, okay, yes.« Mit hochgezogenen Schultern wandte er sich an uns: »Eben hat mein Manager aus New York angerufen und mir gesagt, Ihr solltet doch Geld in meinen leeren Geigenkasten werfen.« Nun konnten wir lachen. Die Spannung ließ nach, und die Zuschauer spendeten dem geschickten Sänger Anerkennung in Form vieler Münzen.

Wenn ich mit meinen psychoanalytischen Gesprächen mit den Frauen am Sepik an die Öffentlichkeit trete, muß ich, wie der irische Sänger, mit den Reaktionen meiner Umgebung rechnen. Wo immer psychoanalytisches Gedankengut wirksam wird, tritt Verwirrung und Verunsicherung in Erscheinung. Statt zu einem Telefon zu greifen und einen fiktiven Manager einzuführen, muß ich zu mir selbst und den Iatmul zurückfinden und schildern, wie alles begonnen hat.

Als Milan und ich im Oktober 1972 in Palimbei ankamen, wußte ich nicht, was mich erwartete. Ich ahnte nicht, wie sehr es mir hier gefallen würde und daß ich, statt eines Jahres, achtzehn Monate bleiben würde. Ich dachte noch nicht daran, für eine ethnopsychoanalytische Forschung hierher zurückzukehren. Nach den Jahren an der Universität, die dadurch charakterisiert waren, daß ich mich mit Gedanken und Erfahrungen anderer beschäftigte, war ich erleichtert und gewann meine Neugier zurück. Vorerst interessierte mich alles; ich ging auf die Vorschläge der Frauen ein, mit ihnen auf den Seen zu paddeln und zu fischen, sie auf stundenlangen Kanufahrten zum Markt zu begleiten, ihre Speisen zu kosten und zu kochen. Ich hörte mir an, was man mir erzählte. Alles war unbekannt und interessant. Ich genoß es, den Klassen-, Berufs- und Altersgruppenstrukturen, die unseren europäischen Alltag bestimmen, entronnen zu sein. Ich brauchte nur die Treppe unseres Hauses hinunterzusteigen, um auf dem Weg oder in einem der Nachbarhäuser jemanden zu treffen, mit dem ich reden konnte. Dreihundert Menschen wohnten in Palimbei. Es stand mir frei, mit Jungen, Alten, Frauen oder

Männern Kontakte einzugehen. Ich ließ Wochen verstreichen, bis ich begann, mich mehr und mehr auf meine Aufgabe zu konzentrieren, die Lebensbedingungen der Kinder zu untersuchen.

Von Anfang an sind es die Leute in Palimbei, die mich anziehen. Ich interessiere mich für die Ökonomie, den Alltag und die Rituale, fasziniert aber bin ich von der Art der Iatmul-Kinder, wie selbständig und eigenwillig sie sich benehmen. Ich bin von der Nonchalance der Frauen beeindruckt, wie sie mit Selbstverständlichkeit täglich ihre Familien ernähren, sich frech über die Männer äußern, aber auch mit Ernsthaftigkeit über ihre Rituale sprechen. Die Männer wirken anders auf mich: Einerseits sind sie großzügig und imposant, wenn sie als Ahnen geschmückt auf dem Zeremonialplatz tanzen, andererseits scheinen sie kleinlich, wenn es um mythologische Streitgespräche geht oder wenn sie endlos darüber diskutieren, wie viele Schweine und Kokosnüsse bei einem Fest vor fünfzehn Jahren die eine Gruppe der anderen gegeben hat. Im nächsten Augenblick wiederum können sie mit einer großartigen Geste alles verwerfen.

Meine beste Freundin ist Meat, eine Frau über dreißig, mit sechs Kindern und einem stillen Mann. Sie ist selbstbewußt, voller Charme und Lachen. Bei ihr wohne ich oft und teile ihren Alltag. Keine andere Frau erzählt mir soviel wie Meat über ihr Leben, ihre Gedanken und über ihre Kultur, in der sie lebt. Man nennt uns nur die zwei Schwestern.

Wir sind erst wenige Monate in Palimbei, als uns Fritz besucht. Tag für Tag führen wir auf der Veranda unseres mit Blättern bedeckten Hauses lange Diskussionen. Zwei Ethnologen und ein Psychoanalytiker tauschen ihre Eindrücke und Erfahrungen aus. Ich bin der Psychoanalyse gegenüber skeptisch eingestellt. Mir leuchtet nicht ein, weshalb soviel von dem, was wir Erwachsene tun, mit irgendwelchen Kindheitserfahrungen zusammenhängen soll. Ich frage mich auch, weshalb Psychoanalytiker dauernd vom Unbewußten reden, von der Sexualität und von Trieben, denen wir ausgeliefert sein sollen. Mir scheint vielmehr, daß die Patienten den Manipulationen der Analytiker ausgeliefert sind, weil sie leiden und abhängig sind. Und hat nicht ihr großes Vorbild Freud im Wien der Jahrhundertwende gelebt und gedacht? Was ha-

Meat

ben Theorien, in bürgerlichen Interieurs entwickelt, in Palimbei, am Sepik zu suchen?

Seit längerer Zeit treffe ich mich täglich mit Meat. In ihrer lebhaften und anschaulichen Art erzählt sie mir über ihren Alltag. Während unserer Gespräche beschäftigt sie immer wieder eine Befürchtung: Ich müsse auf Milan aufpassen, sagt sie, es könne ihm etwas Schlimmes zustoßen. Wenn ich das Haus verließe, würde ihn eine Frau besuchen, die bekannt dafür sei, daß sie Männer verführe. Ich versuche Meat zu beruhigen. Sie hält aber unbeirrt an ihrer Warnung fest. Ihre Hartnäckigkeit irritiert mich, und am Abend erzähle ich Fritz über mein Gespräch und mein Problem mit Meat. Darauf meint er: »Du mußt das eben deuten.« Weder verstehe ich, was »deuten« heißt, noch leuchtet mir ein, was ich Meat sagen soll. Im Gegenteil, meine Vorstellungen von der Psychoanalyse werden nur bekräftigt: Es geht – wie könnte es anders sein – um eine sexuelle Phantasie. Auch bei unserem folgenden Gespräch kommt Meat wieder auf die Gefahr zu sprechen, die Milan drohe, und wieder fühle ich mich irritiert. Ich überlege hin und her, ob ich nun die von Fritz vorgeschlagene Deutung vorbringen soll oder nicht. Schließlich sage ich: »Meat, wenn du immer wieder von der Gefahr sprichst, die Milan droht, sprichst du doch von uns beiden. Du hast Angst, wir könnten es zusammen treiben.« Meat hört mir gespannt zu und bricht in schallendes Gelächter aus, in das ich erleichtert einstimme. Nach einer kurzen Pause erzählt sie unerwartet eine Begebenheit aus ihrer Kindheit. Als sie als kleines Mädchen im See eine Fischreuse auslegte, vergaß sie diese später. Da erschien ihr ihre Mutter im Traum und erinnerte sie daran. Sie fand ihre Reuse zum Bersten mit Aalen gefüllt und war kaum in der Lage, sie ins Kanu zu heben. Noch nie in ihrem Leben hatte sie so viele Fische gefangen. Ich verstehe nicht, was das alles zu bedeuten hat, doch ist die Spannung in unserer Beziehung verschwunden. Statt unter einem Vorwand die Gespräche für einige Zeit zu unterbrechen, kann ich Meat weiterhin täglich sehen. Ich verstehe vor allem, daß es gar nicht darum geht, meine Gesprächspartnerinnen in irgendeiner Weise zu manipulieren. Im Grunde genommen hätte ich das getan, wenn ich ihre Warnung nicht beachtet hätte. Es geht viel weniger um Meat als um mich selbst. Wohl hat die Deutung uns beide erleichtert, sie hat aber vor allem mir ermöglicht, aus meiner Irritation herauszukommen, Meat weiter zuzuhören und auf das einzugehen, was sie mir erzählt.

Zwei Wochen später reist Fritz ab. Ich gehe weiterhin meinen Interessen nach, führe Gespräche, mache Interviews und lebe mich immer mehr in den Alltag der Kinder ein. Nie mehr komme ich in die Lage, etwas zu deuten, und fühle mich dabei gut. Ich brauche die Psychoanalyse nicht, um Beziehungen aufrechtzuerhalten. Doch habe ich in jenem Gespräch mit Meat verstanden, daß in unseren Beziehungen Dinge eine Rolle spielen, von denen wir nichts wissen. Es ist das Unbewußte, das wir nicht sehen, das aber ganz nahe ist und wirksam. Die Psychoanalyse interessiert mich. Vorerst will ich nicht das Unbewußte der Iatmul untersuchen, sondern es an mir selbst entdecken. Es stellt sich nicht die Frage, ob es gut sei, eine Psychoanalyse zu machen oder nicht, oder ob alle Ethnologinnen und Ethnologen analysiert sein sollten. Für mich ist meine eigene Analyse wichtig geworden.

Die Ethnopsychoanalyse will verstehen, wie Menschen in einer anderen Kultur fühlen und denken, mit Konflikten, Ängsten und Zuneigung umgehen. Das kann man weder befragen noch beobachten, sondern nur in Beziehungen erfahren, in die man sich einläßt und die sich vertiefen. Bereits bei meinem ersten Aufenthalt am Sepik habe ich meine Aufmerksamkeit auf meine Beziehungen gerichtet. Für das Unbewußte habe ich mich weder interessiert noch über Möglichkeiten verfügt, etwas darüber zu erfahren. Jetzt, da wir wieder zum Sepik gereist sind, habe ich eine Ahnung, was das Unbewußte ist, weil ich es an mir selbst kennenlernte. Wie das aber sein würde, mich auf das Unbewußte meiner Gesprächspartnerinnen einzulassen, konnte ich mir nicht vorstellen.

Wir haben uns überlegt, wie wir den Iatmul unseren Wunsch, psychoanalytische Gespräche mit ihnen zu führen, verständlich machen können. Schließlich haben wir ein Bild dafür gefunden, das sich in der Pidgin-Sprache gut darstellen läßt. Als mich die Frauen von Palimbei fragten, was ich die nächsten Monate vorhabe und ob ich noch mehr über den Alltag der Kinder oder der Frauen wissen möchte, sagte ich: »Mi laik lilimbur wantaim yu wan wan de long tingting na long bel bilong yu. Bilong wanem, mi no save gud tumas long insaid bilong yupela, meri bilong Palimbei.« Diese Pidgin-Sätze bedeuten: »Ich möchte mit dir zusammen in deinen Gedanken und Gefühlen spazieren, weil ich über das, was in euch Frauen von Palimbei vorgeht, noch wenig weiß.« Kurzes Schweigen, Überlegen, dann zustimmendes Nicken. Es sei wahr, sagten die Frauen, daß ich noch wenig über ihre Gefühle wisse, und es sei gut, daß ich mich dafür interessiere. Die drei Frauen Kinembe, Magendaua und Kwaigambu wurden während der folgenden hundert Tage am Sepik meine täglichen Gesprächspartnerinnen.

Florence Weiss
Kinembe

Die ersten Palimbei treffe ich in Wewak. Wewak, der Anfang und das Ende für jeden, der zum Sepik-Fluß fährt. Wewak, am pazifischen Ozean, mit seinem Hafen, in dem sich die Schiffe, mit Waren angefüllt, entleeren. Jedes Feuerzeug, mit dem sich eine Frau in einem entlegenen Dorf ihre selbstgedrehte Zigarette anzündet, jede Flasche Bier, die bei einem Fest getrunken wird, kommt aus Wewak. Hier gibt es Hotels, Läden, um Essen und eine Ausrüstung zu kaufen, eine modern eingerichtete Bank, ein Büro der Air Niugini. Hier gibt es auch kalte Getränke und Klimaanlagen. Obwohl in den Straßen, auf dem Markt und in den Läden, ja selbst hinter den Schaltern der Bank die Schwarzen in der Mehrzahl sind, gehört dieser Ort den Weißen. Es sind Weiße, welche die Bank leiten und besitzen, auch die Hotels gehören ihnen, die Werkstätten und die großen Kaufhäuser.

Die Geschichte Neuguineas war seit dem Ende des 19. Jahrhunderts von den Interessen seiner Kolonialherren geprägt: der Deutschen, der Niederländer und der Australier. Im Jahre 1975 wurde dem neuen Staat Papua New Guinea zeremoniell die Unabhängigkeit verliehen. Dem Namen nach hat sich viel geändert, die Strukturen, die während der Kolonialzeit geschaffen worden sind, sind geblieben. Die Schilder, die vor fünf Jahren vor jedem Hotel standen und verkündeten, dass hier nur Leute in sauberer Kleidung und in Schuhen zugelassen seien, wurden an weniger gut sichtbare Orte versetzt. Und in der Tat, was vor fünf Jahren noch eine Seltenheit war, Schwarze in einem Hotel, ist heute ein alltäglicher Anblick. Es sind vor allem Beamte des Verwaltungsapparates, welche die ehemals von Weißen besetzten Stellen eingenommen haben, und Angestellte in privaten Unternehmen. Die Schilder sind heute unnötig; die Schwarzen, die hier verkehren, haben sich angepaßt. Aus Wilden sind zahlungsfähige Kunden geworden, mit denen sich Geschäfte machen lassen.

Als ich auf der Bank Geld wechseln will, schaut mich der schwarze Beamte immer wieder prüfend an. Schließlich fragt

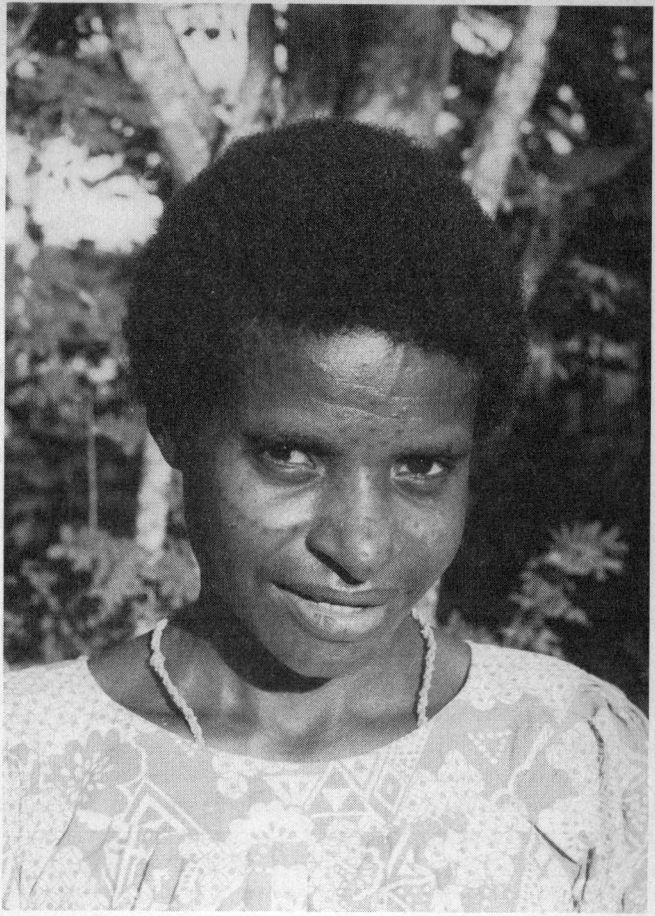

Kinembe

er mich, ob ich nicht Florence heiße und früher einmal in Palimbei am Sepik gelebt habe. Als ich bejahe, lacht er mich an und stellt sich als Sohn des Lami vor. Nein, wir hätten uns kaum gesehen, nur einmal während des großen Initiationsfestes miteinander gesprochen. Er habe in Wewak die Mittelschule abgeschlossen, eine Banklehre gemacht, Pansaua geheiratet und arbeite nun hier am Schalter. Während er erzählt, füllt er Formulare aus, schaut den Kurs nach und wechselt meine Schweizerfranken in Kina. Ich schaue ihm fasziniert zu, und dabei fällt mir sein Vater ein, der im Dorf lebt und wie alle Männer ein Handwerker ist: Häuser baut und Kanus schnitzt.

Zwei Tage später laden wir unsere Ausrüstung und die Eßwaren für die nächsten Wochen auf den offenen Laderaum eines kleinen Lastwagens und fahren Richtung Sepik. Wir haben uns zwischen den Gepäckstücken eingerichtet. Die Straße ist schlecht; ungeteert, ausgefahren und von Schlaglöchern durchsetzt. Die wenigen Autos, die uns entgegenkommen, sind vollbeladen mit Menschen. Es wird zu schnell gefahren; alle wollen ihr Ziel noch vor der Dunkelheit erreichen. Auch wir sind verspätet. Ich denke an Piakna. Hat er wohl unser Geld erhalten und für uns ein Kanu gekauft? Wird er uns wie versprochen in Pagwi abholen? Als wir daran gingen, unsere Forschung am Sepik vorzubereiten, war klar, daß wir sie ohne ein eigenes Kanu nicht durchführen konnten, und als wir überlegten, wer uns eines beschaffen könnte, fiel uns Piakna ein. Piakna ist etwa vierzig Jahre alt und kennt sich in den Angelegenheiten der Schwarzen und Weißen aus. Viele Jahre arbeitete er für die Regierung, und die Bevölkerung von Palimbei wählte ihn zu ihrem Dorfvorsteher. Piakna ist der Bruder Meats, meiner besten Freundin; er ist herzlich wie seine Schwester, zudem der schönste Mann des Dorfes. Viele Frauen wollten ihn zum Ehemann, drei hat er schließlich geheiratet. In seinem letzten Brief hat er uns geschrieben, daß er vom Dorf Palimbei weggezogen ist und direkt am Ufer des Sepik eine kleine Siedlung erbaut hat. Er schlug uns vor, dort in seinem großen Haus zu wohnen. Er versprach auch, uns mit dem neuen Kanu in Pagwi abzuholen.

Die Nacht bricht ein, und mit ihr steigt ein voller Mond auf, der jedes Detail der Landschaft hervortreten läßt. Ich erinnere mich wieder an die Stimmung, an einzelne Gruppen der Palmen, die sich aus der flachen Graslandschaft erheben. Vor fünf Jahren verließ ich auf derselben Straße den Sepik und kehrte nach Europa zurück. Ich finde zwischen den Kartonschachteln keine bequeme Stellung mehr und habe das seit Stunden dauernde Geschüttel satt. Wann erreichen wir endlich Pagwi, diesen trostlosen, von der Kolonialverwaltung erbauten Ort, der aus vorfabrizierten Baracken, einem Polizeiposten und drei Läden besteht. Ein künstliches Dorf am Ende einer Straße, die von Wewak her kommt und vor dem Sepik-Fluss abbricht. Die Erwartung des Wiedersehens mit Piakna macht mich unruhig. Als wir an den ersten Bauten, deren Wellblechdächer im Mondschein hell glänzen, vorbeifahren, halte ich nach dem Haus Ausschau, das für die lokale Verwaltung neu erbaut wurde. Dort sind wir verabredet. Der Fahrer weiß Bescheid und biegt von der Hauptstraße in einen Seitenweg ab. Nach wenigen Metern hält er plötzlich an. Was ist geschehen? Vor uns im grellen Licht der Scheinwerfer steht Piakna. Er lacht und hält die Arme zum Empfang weit ausgebreitet. Ich springe von der Laderampe hinunter. Milan und Piakna umarmen sich lange, und als sich Piakna an mich wendet, fällt mir ein, daß sich bei den Iatmul Frau und Mann öffentlich nie zärtlich zeigen. Lange hält er meine hingestreckte Hand. Fritz zur Rechten, Milan und mich zur Linken führt er uns in das Haus der Distriktverwaltung. Im ersten Stock liegt der große Saal, wo Piakna als Präsident die Versammlungen leitet. Unten ist eine kleine Wohnung. Als er neugewählt worden sei, habe er Palimbei verlassen und sei mit seiner Frau Kinembe und den Kindern hierher gezogen, doch bald sei er wieder zurückgekehrt. Jetzt stehe die Wohnung leer. Piakna öffnet vor uns eine Tür, die in einen dunklen Raum führt. Mit der Taschenlampe leuchtet er an den grauen Wänden entlang; dann sehen wir einen Holztisch, auf dem eine leere Konservenbüchse steht, zwei Stühle und am Boden einen verstaubten Petroleumkocher. Das nächste Zimmer ist ganz leer, hier werden wir heute nacht schlafen.

Früh am Morgen stehen wir auf und gehen zum Sepik. Piakna hat uns ein schönes, großes Kanu beschafft. Die Männer befestigen den Außenbordmotor, den wir in Wewak gekauft haben, am Heck, dann laden wir unsere Sachen ein. Mit der Strömung fahren wir auf dem weiten Fluß. Den Ufern entlang stehen hohe Gräser, welche die Sicht auf die Landschaft versperren. Lange gibt es außer Wasser und einem hohen Himmel nichts zu sehen. Wolken, Vögel, ein vorbeifahrendes Kanu oder ein Dorf beleben hin und wieder die eintönige Fahrt. Jede Biegung des Flusses, jedes Haus, das sich am Ufer zeigt, jeden Reiher, der, durch uns gestört, aus dem hohen Gras auffliegt, nehme ich mit Aufregung wahr.

Nach vier Stunden Fahrt nähern wir uns Palimbei. An der Anlegestelle haben sich Leute versammelt, und als ich glaube, ein Winken zu erkennen, winke ich zurück. Ich warte nicht, bis das Kanu angebunden ist, sondern eile die hohe Uferböschung hinauf. Beinahe wäre ich auf der nassen Erde ausgerutscht, doch ich fange mich auf: Nichts bringt die Iatmul mehr zum Lachen als körperliche Ungeschicktheit. Oben angekommen, sehe ich mich Leuten gegenüber; zuerst erkenne ich niemanden. Zögernd gehe ich auf eine Frau zu, die mich anlacht. Plötzlich bin ich von Leuten umgeben, die alle meine Hand schütteln wollen. Jetzt fallen mir die Namen wieder ein; da halten mir Kinembe und Pamdaua, Piaknas Frauen, die Hand hin, das ist doch Kengalabwan, das Miamba, das Agenda. Auch Jugendliche, die vor fünf Jahren noch Kinder waren, erkenne ich wieder. Die Züge und der Ausdruck eines Gesichtes verändern sich nicht. Nach den Begrüßungen führt uns Piakna in sein prachtvolles, großes Haus, das er uns überlassen will.

»Selbstverständlich könnt ihr hier wohnen, es ist alles vorbereitet, schon gestern sind wir, Kinembe, Pamdaua und die Kinder, ins kleine Haus nebenan umgezogen.«

Milan und ich haben das letzte Mal im Dorf, im *haus kiap* und *haus polis* gewohnt. Beide sind Relikte aus der Kolonialzeit. Damals mußte in jedem Dorf ein Haus für patrouillierende Offiziere, das *haus kiap*, und eines für ihre Begleiter, das *haus polis*, gebaut und unterhalten werden. Als wir nun nach den beiden Häusern fragen, winkt Piakna ab. Er will die Weißen offensichtlich bei sich in der neugegründeten Siedlung am Sepik-Fluß haben und nicht im Dorf, das eine halbe Stunde zu Fuß entfernt liegt.

In den folgenden Tagen schüttle ich dreihundert Hände. Die alten Frauen halten mein Kinn mit festem Griff und lachen mich an. Meat, meine beste Freundin, und ich fallen uns in die Arme. Als wir uns in ihrem Haus auf den Boden setzen, versammeln sich bald ihre neun Kinder und beobachten uns aufmerksam. Die jüngeren schauen mich zurückhaltend, ja befremdet an. Hie und da sagt Meat zu einem:

»Schau nur, das ist jetzt Florence, von der ich soviel gesprochen habe.«

»Ich habe ein Buch geschrieben über Palimbei, darin erzähle ich auch von dir.«

Meat lacht nur und weist mit der Hand auf drei Kinder, die sie in der Zeit, in der wir uns nicht gesehen haben, geboren hat. Jetzt holt sie aus ihrer Tasche einen großen Zweig leuchtend grüner Betelfrüchte hervor und bietet mir davon an. Ich nehme nur eine, doch sie kaut eine nach der andern und kommt in Fahrt. Während sie erzählt, bemerke ich an mir eine Veränderung. Ich nehme Meat anders wahr. Ich spüre, daß alles, was sie erzählt, jede Pause, jede Veränderung im Tonfall und jede Geste unsere Beziehung betrifft. Früher ließ ich mich durch Meats Ausstrahlung einfach mitreißen, ohne mir viel Gedanken zu machen. Meine veränderte Aufmerksamkeit hängt mit meinen neuen Interessen zusammen; jetzt will ich verstehen, wie die Iatmul-Frauen denken und fühlen, wie sie zueinander sind.

Ich spüre, wie Meat mich, diese weiße Frau aus der Fremde, idealisiert, wie sie, indem sie an die alten Erfahrungen anknüpft, über unsere Beziehung spricht: Was wird in der Zukunft geschehen? Wie werden wir uns verstehen? Nach einer Weile stehe ich auf, und als ich mich verabschieden will, zeigt sie auf ein kleines Mädchen und sagt: »Sie heißt wie du, ich sagte dem Pater, er soll sie Florence taufen.« Ich lache, und Meat stimmt in mein Lachen ein. Das ist ganz Meat. Auch wenn die weiße Florence sie jetzt verläßt, sie hat eine schwarze Florence zu Hause. Ich steige die Treppe hinunter und gehe in unser Haus.

In den nächsten Tagen richten wir uns ein: Aus den Brettern, die wir in Wewak gekauft haben, entstehen ein großer Tisch und Gestelle für die Nahrungsmittel. Milan und Fritz werden in ihrer Arbeit von Piakna unterstützt. Er hilft mit Werkzeugen aus und gibt Ratschläge. Jeden Tag kommt er vorbei, Piakna ist um seine Gäste besorgt. Ich verfolge die Aktivitäten der Männer und mische mich nicht ein, ich habe meine Frauen; Amuia, meine alte Freundin, die gleich in der Nähe wohnt, kommt mich oft besuchen, und Pamdaua, Piaknas erste Frau, hält mir jeden Tag ihren Korb hin, damit ich sehe, wieviel Fische sie gefangen hat. Kinembe aber, Piaknas dritte und liebste Frau, kümmert sich ganz besonders um mich. Sie bringt mir jeden Tag ein Geschenk: Süßkartoffeln, eine Melone, sie bietet mir auch ihre Wäscheleine zum Gebrauch an, und dann bringt sie mir einen großen Fisch. Ich lehne ab und sage: »Ihr fangt jetzt nicht viele Fische, wir können dieses Geschenk nicht annehmen.« Kinembe scheint mit meiner Antwort zufrieden zu sein und geht. Ich lasse mich mit ihr nicht lange ein. Ich bin mit meinen Gedanken anderswo; ich überlege mir, mit welcher Frau ich tägliche Gespräche führen könnte.

Den ganzen Nachmittag haben wir im Haus gearbeitet: Eßwaren auf die Gestelle gestapelt, den Petroleumkocher auf einer Holzplatte festgemacht, damit er nicht dauernd wakkelt; ich habe meine Kleider ausgepackt und auf eine Schnur gehängt. Zufrieden schaue ich mich um, zünde eine Zigarette an und spaziere zum Sepik. Ich setze mich ins Gras und betrachte die abendliche Landschaft. Da höre ich Schritte. Es ist Kinembe, die sich neben mich setzt. Sie fragt mich, ob ich wirklich alles habe, was ich brauche. Ich denke: eigentlich nicht. Eine Gesprächspartnerin habe ich noch nicht gefunden. Kommt Kinembe dafür in Betracht? Sie gehörte bei meinem ersten Aufenthalt in Palimbei nicht zu meinen engsten Freundinnen. Ich fühlte mich mehr angezogen von Frauen wie Meat, deren Nonchalance und expressive Ausdruckskraft mich faszinierten. Kinembe ist anders. Sie gleicht in ihrem Verhalten, obwohl sie drei Kinder hat, jungen, unverheirateten Frauen, die mir unzugänglich erschienen, da sie mir mit Zurückhaltung begegneten. Nun erinnere ich mich an ein Gespräch mit Meat über eine Schlägerei zwischen Frauen von Palimbei und von einem Nachbardorf; man stritt sich um das Recht, auf dem Sepik zu fischen. Kinembe soll dabei eine besonders aktive Rolle gespielt haben. Als ich mein Erstaunen darüber äußerte, daß die stille Kinembe mit einem Ruder auf andere Frauen einschlägt, lachte mich Meat nur aus und meinte, Kinembe sei schließlich eine Iatmul-Frau.

Ich schaue Kinembe aufmerksam an. Im weichen Licht der Abendstimmung erscheint mir meine Zurückhaltung plötzlich unverständlich. Ihre Aufmerksamkeiten, mit denen sie sich hartnäckig Tag für Tag an mich wendet, berühren mich, und ich schlage ihr vor, mit mir täglich Gespräche zu führen.

Sie zögert, dann sagt sie zu, und wir verabreden, uns morgen früh wieder zu treffen. Beim Frühstück überlege ich, wo ich mit Kinembe sprechen könnte. Ich entscheide mich für den Platz neben der Türöffnung, von wo man eine schöne Aussicht auf den Sepik-Fluß hat. Ich lege eine gemusterte große Matte, in China geflochten und in Wewak gekauft, auf den Boden. Gespannt lausche ich auf jedes Geräusch. Da höre ich, wie Kinembe leise meinen Namen ruft. Schon bin ich an der Türöffnung und begrüße sie. Zögernd kommt sie die Treppe herauf. Auf dem Arm trägt sie ihre Tochter, die dreijährige Goli. Als ich sie auffordere, auf der Matte Platz zu nehmen, lehnt sie zuerst ab, die Matte sei ja ganz neu, und erst als ich mich darauf setze, folgen sie und Goli meinem Beispiel. Kinembe schaut sich aufmerksam im Haus um, ihr Blick gleitet über die vielen Gegenstände der Weissen, dann schaut sie mich an.

Kinembe: »Sag, was du von mir wissen willst, und ich werde darüber sprechen.«

Ich: »Früher, als ich in Palimbei gelebt habe, war ich damit beschäftigt euren Alltag zu verstehen. Was in eurem Innern vorgeht, wie ihr Frauen denkt und fühlt, darüber weiß ich nur wenig. Deshalb freue ich mich, mit dir zusammen jeden Tag zu sprechen, mit dir in deinen Gedanken und Gefühlen spazieren zu gehen.«

Kinembe sagt lange nichts, ihr Gesicht ist verschlossen, nur ihr Blick wandert durch den Raum.

Kinembe: »Hier, wo wir sitzen, ist der Platz von Pamdaua, der ersten Frau Piaknas. Dort drüben, wo ihr eure Küche eingerichtet und den Tisch hingestellt habt, stehen sonst meine Feuerschalen, meine Sagotöpfe und ganz hinten mein Schlafnetz.«

»Wir haben gehört, dass vielleicht Yapma, ein Sohn meines Mannes, aus der Stadt ins Dorf zurückkehren wird. Er hat dort zwei Frauen geheiratet. Wenn sie kommen, wird ihr Platz ganz hinten in der Ecke sein.«

Pause.

»Die Frauen von Palimbei wachen früh am Morgen auf und wollen fischen gehen. Da es aber kaum Fische gibt, schlafen sie weiter und machen sich erst am späten Vormittag auf den Weg.«

Ich: »Machst du es auch so?«

Kinembe: »Ja. Piakna hat mir kein Netz gekauft. Ich fische nur mit Haken. Er hat sich als Kandidat bei den Provinzwahlen aufstellen lassen. Dafür mußte er Geld bezahlen. Wenn er die Wahl gewinnt, erhält er Lohn, und ich bekomme mein Netz, wenn nicht, muß ich eben warten.«

Pause.

»In der ersten Septemberwoche bin ich mit meinen drei Kindern und Piakna nach Pagwi gefahren. Wir warteten eine Woche auf euch, doch ihr seid nicht gekommen. Dann kehrten wir nach Palimbei zurück.«

Kinembe ist verändert, sie wirkt distanziert und ist voller Vorwürfe. Zuerst wirft sie ihrem Mann vor, statt an sie zu denken und ihr ein Fischnetz zu kaufen, nur seine Karriere im Kopf zu haben und das Geld für die Wahlen auszugeben. Auch wenn sie mir genau beschreibt, wie sie in ihrem Haus vor unserer Ankunft gelebt haben, steht dahinter ein Vorwurf. Es ist Piaknas Idee gewesen, uns das Haus zu geben, er will die Weißen bei sich haben und kümmert sich wenig darum, wie seine Frauen mit den Kindern im kleinen Haus zurechtkommen. Kämen schwarze Besucher, wie Piaknas Sohn Yapma und seine beiden Frauen, dann würden sie im hinteren Teil des Hauses Platz finden, es wäre nicht die Rede davon, für sie das ganze Haus zu räumen. Doch Kinembe hat nicht nur das Haus geräumt. Während Piaknas erste Frau, Pamdaua, mir nur ihren Korb mit Fischen zeigte, hat Kinembe mir täglich ein Geschenk gebracht. So wie sich Piakna um die weißen Männer, so kümmerte sie sich um die weiße Frau. Kinembes Vorwürfe gelten auch mir. Meine veränderte Einstellung konnte ihr nicht entgangen sein, hat sie sich in meinem Verhalten ihr gegenüber doch deutlich gezeigt. Während meines ersten Aufenthaltes in Palimbei habe ich mich, wo und wann es sich ergab, auf Gespräche eingelassen und an den Aktivitäten der Frauen beteiligt. Jetzt aber gibt es keinen anderen Weg, um mit mir in Kontakt zu treten, als auf meinen Wunsch einzugehen, tägliche Gespräche zu führen.

Kinembe wollte mir Süßkartoffeln, Melonen, Fisch und ihre Wäscheleine geben. Es ist nicht ihre Absicht gewesen, sich in Gesprächen tiefer mit mir einzulassen. Auch Piakna führt weder mit Milan noch mit Fritz tägliche Gespräche. Kinembe wäre lieber, alles wäre wie früher.

Am Nachmittag fahren Fritz, Milan und Piakna nach Pagwi, um dort Marco abzuholen. Heute nacht werde ich alleine im großen Haus schlafen. Kaum wird es dunkel, bekomme ich Besuch: Kinembe kommt mit ihren drei Kindern, und kurze Zeit später folgt Amuia, ihre Schwiegermutter. Die beiden Frauen trösten mich, Geister könnten mir nichts antun, wenn ich aber doch Angst bekäme, solle ich nur laut rufen, sie seien ja in der Nähe. Auch während meines ersten Aufenthaltes, als Milan Palimbei für einige Tage verließ, ist es Amuia gewesen, die darüber besorgt war, daß ich ganz allein im Haus schlafen werde. Einen Augenblick habe ich den Eindruck, die Zeit sei stillgestanden und alles sei wie früher.

Doch es ist nicht wie früher. Auch in den folgenden Tagen treffe ich mich mit Kinembe zu einem Gespräch. Ich konzentriere mich auf diese Beziehung. Ich spreche nicht mit jeder Frau, ich rede täglich nur mit Kinembe.

Es ist Abend, und wir sitzen beim Essen. Da hören wir Räuspern, und kurz darauf erscheint Piakna in der schwarzen Türöffnung; ihm folgt Kinembe. Sie setzen sich zu uns, und es entwickelt sich ein Gespräch, in dessen Verlauf Piakna ganz beiläufig erwähnt, er und Kinembe würden morgen abreisen, um Dringendes außerhalb des Dorfes zu erledigen. Ich bin erstaunt und schaue Kinembe fragend an. Sie wiederholt nur, was ihr Mann soeben gesagt hat und fügt noch hinzu, sie würde bald zurückkehren, und dann könnten wir ja weiter reden.

Kaum sind die beiden gegangen, lasse ich meinem Ärger freien Lauf: Was ist Kinembe für eine Frau? Abhängig von ihrem Mann, in allem, was sie unternimmt. Fährt er weg, muß sie auch weg, bleibt er, bleibt sie auch, und würde auch er tägliche Gespräche führen, würde sie mich noch darum bitten. Ich bin enttäuscht darüber, daß für Kinembe unsere Beziehung so wenig bedeutet.

Am folgenden Morgen fahren weder Kinembe noch Piakna weg. Sie kommt zur gewohnten Zeit und ruft mich beim Namen. Ich gehe die Treppe hinunter, die sie eben hochsteigen will.

Ich: »Von heute an können wir nicht mehr hier im Haus zusammen sprechen. Die Männer wollen ausschlafen. Was hältst du davon, wenn wir ins öffentliche Gästehaus am Sepik gehen?«

Sie schaut mich erstaunt an, nickt aber zustimmend. Sie ruft Goli, die dabei ist, die Stufen der Treppe zu unserem Haus zu erklimmen. Als sie keine Anstalten macht umzukehren, hebt Kinembe sie hoch und stellt sie unsanft auf den Boden. Schweigend gehen wir zum Gästehaus. Auf dem Boden der Veranda liegen Zigarettenstummel und Schalen der Betelnüsse; das Geländer ist in schlechtem Zustand. Goli läuft begeistert hin und her. Kinembe warnt sie davor, zu nahe zum Geländer zu gehen, doch scheint sich Goli gerade dafür zu interessieren. Bevor wir uns setzen, schiebt Kinembe die Zigarettenstummel und Betelschalen geschickt mit dem Fuß beiseite.

Kinembe: »Dies ist ein öffentliches Haus. Hier schläft jedermann: Reisende, Leute aus anderen Dörfern. Niemand sorgt für das Haus, niemand wischt und hält es in Stand. Schau dir nur das Geländer an.«

Pause.

»Als ihr hier angekommen seid, haben die Leute gesagt, ihr möchtet lieber im Dorf leben, wie damals vor sieben Jahren. Ich aber denke, daß es viel zu mühsam wäre, eure Sachen ins Dorf zu tragen.«

Pause.

»Im Dorf müßtet ihr Miete bezahlen. Mein Mann aber meint, ihr sollt keine Miete für sein Haus bezahlen. Ihr werdet doch bestimmt wieder viele Dinge zurücklassen, wenn ihr abreist?«

Kinembe lehnt sich zurück und lächelt mich zufrieden an. Nach einer Weile wendet sie den Kopf und schaut auf den Fluß. Sie schweigt und wirkt in Gedanken versunken. Ich bin erleichtert:

Sie erwartet von mir keine Antwort auf ihre Frage. Auch ich versinke in Gedanken: Ich habe Kinembe enttäuscht. Eben hat sie erlebt, wie ich, genau wie sie früher, von Männern vor die Tür gestellt werde und nichts dagegen unternehme. Und nun sitzen wir zusammen im schäbigen Gästehaus. Da stellt sie sich vor, die Weißen, die eben angekommen sind, reisen ab und hinterlassen ihr ein Haus voller schöner Dinge. Diese Vorstellung gefällt ihr, und sie entspannt sich; ihre Enttäuschung ist verflogen.

Goli, die einige Meter von uns entfernt am Boden sitzt und mit Betelschalen spielt, steht auf und läuft stürmisch auf Kinembe zu. Sie läßt sich in ihren Schoß fallen und knüpft die Bluse ihrer Mutter auf. Kinembe wirft mir einen Blick zu, dann wendet sie sich an ihre Tochter.

Kinembe: »Benimm dich nicht wie ein Säugling, der noch Milch trinkt. Was machst du da? Ich werde alles wieder zuknöpfen.«

Beide lachen mich an, und indem Kinembe Goli auf die Beine stellt, sagt sie ihr:

»Verschwinde jetzt. Schau im Nebenraum nach, was dort in der großen Kiste ist. Merkst du nicht, daß du unsere Gespräche störst? Geh!«

Kinembe knöpft ruhig Knopf um Knopf der Bluse zu und legt sich auf den Boden. Es ist still, Goli ist im Nebenraum beschäftigt. Wir sehen, wie eine Gruppe Knaben mit ihrem Kanu vom Ufer abstößt und auf die andere Flußseite paddelt. Wir folgen ihnen schweigend mit den Augen.

Heute haben sich Jugendliche auf der Veranda des Gästehauses niedergelassen, und Kinembe schlägt vor, unter unserem Haus zu sprechen. Bevor wir uns setzen, ruft sie nach einem Besen, den ihr Sohn bereitwillig herbeiträgt, um unseren Sitzplatz sauber zu wischen.

Kinembe: »Wenn ein Mann in anderen Dörfern soviel Zeit für die Gemeinschaft einsetzt wie Piakna, dann hilft man ihm beim Hausbau, ja bei allem, was er unternimmt. Doch er muß alles selber machen, sogar das Haus, in dem ihr wohnt, hat er allein gebaut. Ihr könntet doch mit Geld etwas nachhelfen.«

Ich: »Das Geld, mit dem wir hierher gekommen sind, haben wir selbst verdient. Vor sieben Jahren kamen wir als Gruppe, die unter der Leitung eines Professors stand – erinnerst du dich? Damals haben wir von öffentlichen Geldern unseres Landes gelebt. Jetzt ist es anders, wir sind selbständig und bezahlen alles selbst. Wir können keine öffentlichen Projekte unterstützen.«

Kinembe: »Du bist eine Frau wie ich, wir können da nichts unternehmen. Das ist Sache der Männer, die nur daran denken, sich gegenseitig zu übertreffen.«

Kinembe sitzt gelassen da und schweigt. Goli kommt herbeigelaufen, krabbelt auf den Schoß ihrer Mutter und knöpft ihr wie gestern die Bluse auf. Kinembe läßt sie gewähren, sie scheint Goli gar nicht richtig wahrzunehmen.

Kinembe: »Ich gleiche meinem Vater. Er ist auch still und ruhig. Als ich ein kleines Mädchen war, schnitzte er mir ein Kanu, mit dem ich fischen ging.«

Pause.

»Er ist immer sehr lieb zu mir gewesen.«

Während Kinembe erzählt, ist Goli weggelaufen und erscheint nun Hand in Hand mit einem älteren Mann. Wir begrüßen uns. Kinembe spricht einige Worte mit ihm, dann verabschiedet er sich von uns und geht.

Kinembe: »Als ich ganz klein war, haben mich meine Eltern diesem Mann und seiner kinderlosen Frau gegeben. Dann konnte die Frau eigene Kinder gebären.«

Pause.

»Werden wir immer so weiter reden? Ich könnte ja auch weggehen.«

Ich: »Wir werden täglich so zusammen sein.«

Kinembe: »Es gibt auch keinen Ort, wo ich hingehen könnte.«

Am folgenden Tag ruft mich Kinembe mit kaum wahrnehmbarer Stimme zum Gespräch. Sie wartet unten an der Treppe, und als wir zum Gästehaus am Sepik gehen, bewegt sie sich langsam, und sie, die sonst so aufmerksam wahrnimmt, was um sie herum vorgeht, scheint die laut spielenden Kinder am Fluß nicht zu sehen. Heute wischt Kinembe die Schalen der Betelnüsse und die Zigarettenstummel nicht weg. Sie setzt sich hin und spielt versunken mit einer Schale. Goli hingegen ist lebhaft wie noch nie. Begeistert läuft sie auf der Veranda hin und her. Die Versuche Kinembes, sie zu beruhigen, nützen nichts. Kinembe erzählt eine traurige Begebenheit nach der andern.

Ich: »Du bist heute traurig. Alles erscheint dir sinnlos, auch unsere Gespräche. Du hast den Eindruck, daß ich dich nicht verstehe. Das stimmt nicht. Ich glaube, ich weiß, weshalb du traurig bist.«

Kinembe schaut mich aufmerksam an. Goli läuft herbei, setzt sich auf meinen Schoß und tastet mich neugierig ab. Zärtlich streichelt sie mein Gesicht und lächelt mich an. Ich fahre fort.

Ich: »Gestern hast du mir erzählt, daß dich deine Eltern als kleines Kind weggegeben haben. Damals mußt du sehr traurig gewesen sein.«

Kinembe: »Die Wahlen sind zu Ende. Zum Teil sind die Ergebnisse schon bekannt. Wie es mit meinem Mann steht, wissen wir nicht.«

Pause.

»Als wir einmal mit vollbeladenem Kanu von Pagwi wegfuhren, sprangen zwei Hunde in den Sepik und schwammen uns nach. Piakna wendete das Kanu, fischte sie aus dem Wasser und brachte sie nach Hause. Er mochte sie gerne und fütterte und pflegte sie. Sorgt man für die Hunde, geht es ihnen gut und ihr Fell glänzt.«

Pause.

»Im Pidgin lassen sich nur oberflächliche Gefühle ausdrücken. Das, was wir denken und fühlen, können wir nur in unserer eigenen Sprache sagen.«

Goli sitzt jetzt wieder ruhig neben Kinembe. Es ist Zeit zu gehen und ich stehe auf.

Kinembe: »In meinem Garten gibt es eine Melone, die ich für dich bestimmt habe.«

Heute weiß ich nicht, wie Kinembe zu mir steht. Sie ist von der zuwendenden Art ihres Mannes gerührt und fühlt sich ihm nahe. Nahe steht ihr auch ihre Sprache, das Iatmul. Unsere Gespräche aber, in Pidgin geführt, sind oberflächlich, mein Versuch, das Denken und Fühlen der Iatmul zu verstehen, ist sinnlos. Doch ganz entschieden ist die Sache noch nicht. In Kinembes Garten reift eine Melone, die sie mir schenken will.

Heute ist Kinembe verändert. Sie ruft mich laut beim Namen und lacht mich an. Sie freut sich offensichtlich auf unser Gespräch. Goli bringt sie heute zum erstenmal nicht mit. Kaum haben wir uns unter das Haus gesetzt, beginnt sie über Erlebnisse der Frauen beim Fischfang zu erzählen und leitet das Thema mit einer Mythe ein.

Kinembe: »Tief auf dem Grund des Sees Kowikubu liegt ein Dorf. Dort leben Menschen wie hier. Sie machen es, daß wir Frauen viele Fische fangen. Sie flechten Fische aus Rotang, geben ihnen Leben, und wir fangen sie dann.«

Pause.

»Vor einigen Jahren fuhr ich mit einer alten Frau auf diesen See fischen. Die Wasseroberfläche war glatt wie ein Spiegel. Da sah ich im Wasser einen geschnitzten Gegenstand, und wie ich näher kam, erkannte ich den Pfosten des versunkenen Männerhauses. Plötzlich bewegte sich das Wasser heftig, mein Kanu schwankte, und der Pfosten verschwand unter einer großen Welle. Ich schrie laut vor Angst. Schnell paddelte die alte Frau herbei und beschimpfte die Bewohner im See: »›Zuerst lockt ihr uns hierher, bietet uns Fische an und dann versetzt ihr uns in große Angst. Was fällt euch ein, glaubt ihr, wir sind zum Spaß hierher gekommen?‹«

Pause.

»Ein anderes Mal fuhren viele Frauen zusammen mit einem großen Netz auf den See. Als sie das Netz aus dem Wasser zogen, standen darin zwei Männlein, die tobend Wasser um sich spritzten. Wieder haben die Frauen sie beschimpft und ihnen alle Schande gesagt. – Weißt du, man muß sie fertigmachen, anschreien muß man sie, dann verschwinden sie und lassen uns in Ruhe.«

In diesem Augenblick hören wir Piaknas Stimme. Wir haben beide nicht bemerkt, daß er ins Haus hinaufging und schon eine Weile mit Milan sprach. Jetzt aber sagt er laut, so daß wir jedes Wort verstehen: »Ich hoffe nur, Fritz wird nicht krank.« Während ich mir noch überlege, wie Piakna dazu kommt, das zu sagen, fährt Kinembe mit Erzählen fort.

Kinembe: »In Palimbei lebte einmal eine verheiratete, sehr schöne Frau, die von allen Männern geliebt wurde. Die Männer verzauberten und mißbrauchten sie. Die Frau wurde krank, ein Bein verkrüppelte, so daß sie sich nur noch hinkend fortbewegen konnte. Eines Tages verführte sie ein Krokodilsmann. Er behielt ihre Seele bei sich im See, nur ihren Körper schickte er ins Dorf zurück. Bald darauf starb sie. Als man später das Grab öffnete, um einen Knochen herauszunehmen, fand man an ihrer Stelle nur ein Stück Holz.«

Pause.

»Weißt du, noch heute sieht man sie mit ihrem Krokodilsmann auf dem Sepik herumfahren.«

Wir sehen beide, wie Fritz die Treppe herunterkommt und zum Sepik spaziert.

Kinembe: »Schau nur, wie er seltsam geht. Er ist krank.«

Kinembe wendet sich wieder zu mir und spricht eindringlich auf mich ein.

Kinembe: »Hier am Fluß gibt es Leute, die glauben, es treiben zu können, wie es ihnen paßt. Sie machen zusammen Liebe, scheißen, wo sie wollen, und spielen herum. Die Menschen im See haben das nicht gerne. Sie veranlassen uns, die hier oben wohnen, davon zu träumen. Dann kommt alles aus, die Leute werden entdeckt, bloßgestellt und verfallen in tiefe Scham.«

Als ich begreife, daß Kinembe Fritz und mich meint, wenn sie über die schöne Frau spricht, die dem Krokodilsmann verfallen ist, entschlüpft mir beinahe: »Aber, wo denkst du hin! Fritz und ich fahren ins Nachbardorf Kanganamun, um Gesprächspartner zu finden.« Kinembes Vorstellung macht mir erst klar, daß auf die Iatmul unsere Kanu-Fahrten zum anderen Flußufer wie ein Vorwand wirken. Machen bei ihnen Frau und Mann solche Ausflüge wie Fritz und ich, ist allen klar, daß sie Liebe machen.

Unheimlich ist das Schicksal der Frau: Schön und von den Männern geliebt, wird sie zum Spielball ihrer grausamen Gelüste. Mit Zauber machen sie sich die Frau sexuell gefügig. Welch unheimliche, zerstörerische Kraft der Männer, denke ich. Bevor ich Kinembe meine Überlegungen mitteilen kann, erzählt sie eine weitere Geschichte.

Kinembe: »Mein Mann ist einmal hinzugekommen, als zwei Kinder die Leiche einer Frau gefunden haben, die eben von diesem Krokodilsmann verführt und getötet worden ist. Weißt du, bei uns ist es so: Da stößt du ahnungslos auf eine Leiche, und schon rächt sich der Krokodilsmann.

In derselben Nacht schickte er Geister, die ganz wild an unser Haus klopften und Piakna maßlos erschreckt haben.«

Pause.

»Zum Glück hat ihm sein Vater geholfen und die Geister mit einem Gegenzauber vertrieben. Weißt du, mein Mann kennt diese Art von Zauberei nicht.«

Zu Hause mache ich mir einen Kaffee und schreibe das Gespräch mit Kinembe auf, dann lese ich es durch. Welch bizarres Bild entwirft Kinembe von mir: verzaubert, verfallen und mißbraucht. Ich erkenne mich darin nicht wieder. Beschreibt Kinembe etwa sich selbst und ihre Beziehung zu Piakna? Erst jetzt fällt mir auf, wie wenig ich darüber weiß; von ihren Gefühlen zu ihrem Mann hat sie bisher kaum gesprochen.

Fritz kehrt vom Dorf zurück. Er gießt sich eine Tasse Kaffee ein, und während er sich eine Zigarette anzündet, beginne ich zu erzählen. Aufmerksam hört er zu. Es fällt ihm auf, daß Kinembe ihre Vorstellung von meinen sexuellen Ausschweifungen entfaltet, nachdem Piakna sagte, hoffentlich werde

Fritz nicht krank. Es müsse ein Zusammenhang bestehen zwischen der Idee, er sei krank, und der Geschichte mit der Frau, meint Fritz und rät mir, Kinembe morgen darauf anzusprechen.

Ich treffe Kinembe in ihrem Garten, der gleich neben unserem Haus liegt. Wie sie mich erblickt, legt sie die Sichel, mit der sie eben noch Gras geschnitten hat, beiseite, wischt die erdigen Hände am Rock ab und kommt auf mich zu. Wir setzen uns unter das Haus. Kinembe greift das gestrige Thema wieder auf und erzählt.

Kinembe: »Im Nachbardorf Yensan lebten einmal zwei Freundinnen. Die eine warf Betelnüsse in den Sepik. Das verstand der Krokodilsmann als eine Liebeserklärung und wollte die Frau für sich haben. Der Ehemann der anderen erkannte diese Gefahr durch einen Traum und sagte zu seiner Frau: ›Paß auf deine Freundin auf, der Krokodilsmann verfolgt sie!‹ Die junge Frau hörte auf den Rat ihres Mannes, und die beiden Freundinnen sind dem gefährlichen Krokodilsmann entkommen.«

Unsere Beziehung ist entspannt. Wir beide sind die zwei Freundinnen, die dem Krokodilsmann geschickt entgangen sind. Ich fühle mich Kinembe ganz nahe.

Ich: »Gestern hast du gedacht, Fritz sei krank. Dann erzähltest du mir die Geschichte von der schönen Frau und dem Krokodilsmann, und auch jetzt kamen dir die zwei Freundinnen in den Sinn, die der Gefahr rechtzeitig entkommen konnten. Es besteht ein Zusammenhang zwischen dem Gedanken, Fritz sei krank, und der Geschichte mit der schönen Frau.«

Während ich spreche, verändert sich Kinembe. Ihr Ausdruck wird hart und gespannt, sie schaut mich nicht mehr an, sondern beobachtet die Hühner, die wenige Meter von uns entfernt am Boden nach Nahrung suchen.

Kinembe: »Siehst du die Hühner, die da herumscharren? Sie gehören mir. Damit ich sie wiedererkenne, hacke ich allen eine Zehe ab. Das ist mein Zeichen, so weiß jedermann, diese Hühner gehören mir.«

Pause.

»Was ich dir erzählt habe, sind meine Gedanken. Etwas davon habe ich selbst erlebt, anderes haben mir Frauen erzählt, so weiß ich über diese Dinge Bescheid.«

Krokodilsmann

Ich: »Du hast mir deine Gedanken erzählt, so weiß ich nun auch Bescheid.«

Was geht in Kinembe vor? Ich bin ihr offensichtlich zu nahe getreten. Für mich ganz unerwartet beschreibt sie mir die grausame Methode, wie sie ihre Hühner kennzeichnet. Andere Frauen binden ihnen eine kontrastfarbene Feder ins Gefieder, Kinembe aber hackt ihnen eine Zehe ab. Eben fühlte ich mich Kinembe ganz nahe, jetzt aber bin ich befremdet. Wie selbstsicher ich gesagt habe, ich weiß Bescheid. Welch grausamer Einfall müßte mir kommen, um ebenso gut wie sie Bescheid zu wissen?

Kinembe sitzt in sich versunken da. Plötzlich setzt sie sich auf und rückt ganz nahe zu mir.

Kinembe: »Ich erinnere mich an zwei Frauen aus meiner Familie. Die haben die Männer gehaßt, die sich in sie verliebt haben. Den Männern ist es mit Zaubersprüchen gelungen, ihren Willen durchzusetzen und mit den Frauen zu schlafen. Weißt du, wenn dich jemand verzaubert, kannst du nicht mehr klar denken. So erging es den zwei Frauen. Verzaubert vergaßen sie ihren Haß und schliefen mit den Männern. Jetzt sind sie schon lange tot.«

Ich: »Ihr Frauen habt es nicht einfach.«

Kinembe: »Ja, ich und alle Frauen im Dorf fürchten uns vor dieser Art Männer.«

Ich: »Wie war es denn, als du geheiratet hast?«

Kinembe: »Ich glaubte immer, ich würde Piakna aus eigenem Antrieb lieben. Eines Tages erfuhr ich dann, daß er mich verzaubert hat. Er war betrunken und plauderte sein Geheimnis anderen Leuten aus. Von ihnen habe ich es erfahren.« (Sie zögert, ihre Stimme überschlägt sich, daß ich Mühe habe zu verstehen, was sie sagt.) »Eine Wut habe ich gehabt, eine unbeschreibliche Wut.«

Überrascht schaue ich Kinembe an. Sie schweigt, dann lacht sie mich an, und ich lache zurück. Kinembe also ist die verzauberte und mißbrauchte Frau, und Piakna der Krokodilsmann. Ich fühle mich ihr wieder nahe, und die abgehackten Zehen der Hühner erscheinen mir wie eine irrtümlich eingeblendete Szene in einem Film. Als ich in der Gruppe über Kinembe erzähle, interessieren sich Fritz und Marco eben für diese Szene. Immer wieder stellen sie fest, wie grausam Kinembes Methode sei, ihre Hühner zu bezeichnen.

Ich schlafe tief, als mich Milan weckt und mir mitteilt, Kinembe sei eben vorbeigekommen und habe gefragt, ob ich nicht zum Gespräch kommen würde. Sonst stehe ich immer als erste auf. Ich will mich beeilen, da hält man mich zurück: »Kinembe kann warten. Komm nimm dein Frühstück!« Ich genieße den schwarzen Kaffee. Dann zünde ich mir eine Zigarette an und hole Kinembe ab. Wir setzen uns unter ihr Haus. Goli kommt mit einem Brief in der Hand angerannt, den sie mir entgegenhält. Ich erkenne die schweizerischen Briefmarken. Es ist ein Brief, den wir Piakna vor einem halben Jahr geschickt hatten und der unsere Ankunft ankündigte. Jetzt kommt auch Piakna, ein Tuch um die Hüfte gebunden. Er erzählt, daß er heute nach Pagwi fährt und auf das Boot wartet, das ihn hinbringen wird. Dann spaziert er zum Sepik, um sein morgendliches Bad zu nehmen. Die bevorstehende Abreise stimmt Kinembe traurig, und es fällt ihr ein, daß wir, sie und ich, gleiche Erfahrungen gemacht haben.

Kinembe: »Bist du eigentlich mit dem Flugzeug hierher gekommen?«

Ich: »Ja, zwei Tage bin ich geflogen.«

Kinembe: »Als mein Mann in Telefomin war, bin auch ich mit dem Flugzeug zu ihm gereist. Während des Fluges bekam ich Angst. Ich meinte, wir würden abstürzen, denn der Pilot spielte sich gegenüber einer weißen Touristin auf und brachte das Flugzeug immer wieder ins Schwanken. In Telefomin habe ich eineinhalb Jahre gelebt. Dort ist alles anders. Dort gibt es weder Fisch noch Sago zum Essen. Ich sehnte mich danach, wieder heimzukommen. Zum Glück hat uns Piaknas Vater zurückgerufen, weil er Piaknas Unterstützung in einem großen Streit gebraucht hat.«

Kinembe erzählt weiter über ihren Aufenthalt im Zentralen Hochland Neuguineas, und was ihr Mann dort als Regierungsangestellter machte. In diesem Zusammenhang kommt sie wieder auf den Ausgang der Wahlen zu sprechen. Zutraulich flüstert sie mir zu:

»Er hat mir darüber noch nichts gesagt. Ich habe das Gefühl, daß er bei den Wahlen verloren hat. Es mag sein, daß ihn die Stimmenzähler betrogen haben. Es ist schon einmal vorgekommen, dass sie bestochen worden sind. Mit der Zeit werden wir die Wahrheit erfahren.«

Bereits eine Weile hören wir Motorenlärm. Es ist das erwartete Regierungsboot, das am Ufer anlegt. Kinembe verfolgt aufmerksam, was geschieht. Piakna geht zum Ufer und begrüßt den Fahrer. Die Abreise steht unmittelbar bevor. Doch bevor er ins Kanu steigt, ruft er noch seinem Sohn zu, er solle ihm das Badetuch bringen, das an der Leine neben dem Haus hängt. Wir schauen zu, wie der Junge zögernd zum Haus geht, das Tuch an sich zieht und dann langsam zum Kanu geht, als ob er die Abreise seines Vaters hinauszögern möchte.

Kinembe: »Dieser Junge läuft herum, als wäre er krank.«

Sie steht auf und ruft den Leuten zu, die sich am Ufer versammelt haben.

Kinembe: »Schlagt dieses Kind, das herumgeht wie ein lahmes Huhn!«

Ich beobachte, daß niemand zu einem Schlag ausholt und der Junge ruhig weiter geht. Kinembe setzt sich wieder neben mich. Ich rücke etwas von ihr weg und betrachte sie. Mir fällt die Bemerkung von Fritz und Marco ein. In der Tat, Kinembe ist grausam. Wie kommt sie dazu, ihrem Sohn derart ablehnend zu begegnen? Er drückte ja nichts anderes aus als ihren eigenen Wunsch, die Abreise Piaknas hinauszuzögern. Das Boot fährt ab, und allmählich gehen die Leute weg, die sich am Ufer versammelt haben. Kinembe sitzt in sich versunken neben mir. Sie wirkt traurig und hilflos. Ich beuge mich zu ihr hin, da schaut sie auf und spricht.

Kinembe: »Als wir in Telefomin lebten, hat Piakna einmal im Sepik gebadet. Niemand hat ihn gewarnt, daß das Wasser im Hochland viel kälter ist als in Palimbei. Als er durchfroren aus dem Wasser stieg, bekam er einen heftigen Schüttelfrost.«

Pause.

»Ein anderes Mal haben die Leute in Telefomin einen Vogel gefangen, den sie vor dem Braten weder rupften noch ausnahmen. Sie boten Piakna davon an, und er mußte mitessen, obwohl wir Tiere nie auf diese Art zubereiten.«

Ich: »Es fallen dir abstoßende Dinge ein, die Piakna in der Fremde erlebt hat. Du bist traurig, weil er dich hier mit mir allein zurückgelassen hat. Möchtest du mich vielleicht genauso verlassen, wie er dich soeben verlassen hat? Dann wäre ich ebenso traurig, wie du es jetzt bist.«

Kinembe: »Ja, so ist es.«

Ich: »Du machst dir Gedanken, was ihm alles geschehen könnte.«
Kinembe: »Als wir in Telefomin lebten, hat Yapma, der Sohn meines Mannes, an einem Schulausflug teilgenommen. Die Schulklasse besuchte eine Höhle, in der Schädel und Knochen von getöteten Feinden lagen. Der Knabe hatte Angst und blieb am Eingang der Höhle sitzen, er wagte nicht hineinzugehen.«
Ich: »Neue Dinge machen Angst. So ist es auch in unseren Gesprächen. Wir wissen nicht, worüber wir noch alles reden werden. Die Gedanken ziehen frei herum. Eine Sache denken und eine Sache tun ist nicht dasselbe.«
Kinembe: »Gedanken sind wie Vögel, die herumfliegen.«

Jetzt schweigt Kinembe. Ich spüre, daß sie etwas bewegt. Ich sage nichts, ich warte. Nach einer Weile der Stille beginnt sie über einen Film zu erzählen, den sie in Telefomin gesehen hat.

Kinembe: »Es ist ein japanischer Film gewesen. Sie haben darin die fremden Bräuche der Hochlandbewohner gezeigt. Ich sah, wie eine junge Frau ganz allein in einer armseligen Hütte, einer Art Schweinestall, ihr Kind geboren hat. Als die Geburt vorbei war, gab sie den Dorfbewohnern Zeichen, sie sollen zu ihr kommen. Ich sah viele Leute, die zu ihr gingen, ihre Mutter war auch dabei, sie brachte Essen mit.«
Pause.
»Im Film sah ich auch, wie die Leiche einer jungen Frau auf ein Gestell gebunden wurde und wie man zehn Tage wartete, bis sie verwest war. Wie ein Bündel Holz trug man ihre Überreste in ein Haus, wo alle Kinder des Dorfes am Boden lagen. Jedes Kind wurde mit dem Leichenbündel berührt.«
Pause.
»Auch Flugzeuge sah ich, von denen Flugblätter abgeworfen wurden, die die Leute am Boden auflasen. Später wurden Eßwaren abgeworfen, auf die sich die Bevölkerung stürzte.«

Kinembe schweigt. Goli ist eingeschlafen. Es herrscht eine eigenartige Stimmung. Zuerst verstehe ich nicht, was Kinembe mit ihrer Filmerzählung über die unheimlichen und abstoßenden Sitten der Hochländer ausdrücken will. Bis ich mich wiedererkenne: Mit demselben fremden Blick, wie ich ihr Verhalten zu ihrem Sohn betrachtet habe, schildert nun sie Erfahrungen in der Fremde. Es sind Grausamkeiten, die sie nicht selbst ausgeführt, sondern bei andern beobachtet hat. Jetzt ist sie die Betroffene und fühlt sich abgestoßen. Die Abfahrt Piaknas und die Vorstellung, daß ich ebenso traurig wäre wie sie, wenn sie mich verlassen würde, haben uns einander nahegebracht. In dieser Stimmung hat sie mir über eigene unheimliche Gefühle und Erlebnisse aus der Vergangenheit erzählt.

Als ich in der Gruppe über unser Treffen berichte, bin ich guter Laune. Ich glaube, einen Weg gefunden zu haben, mit Kinembes Grausamkeit umzugehen. Gelingt es mir wie heute nach Piaknas Abreise, mich Kinembe zuzuwenden, wird sie ihre aggressiven Haltungen aufgeben und Nähe zwischen uns wird möglich sein.

Als wir uns auf die Veranda des Passagierhauses setzen, macht sich Kinembe ohne Umschweife über Fritz und Marco lustig. Sie schildert, wie sie mit ihnen mit dem Motorkanu zum Markt nach Yensan gefahren ist. Da die beiden zu lange geschlafen hätten, sei man zu spät gekommen. Zwei Brocken Sago für ihre Schwester habe sie noch bekommen. Fisch und Betel aber, worauf sie sich so freute, waren nicht mehr aufzutreiben. Mit den anderen Frauen habe sie über die zwei weißen Männer lachen müssen, die nicht wissen, wann der Markt in Yensan beginnt. Ja, man könnte glauben, sie seien erst gestern am Sepik angekommen.

Nachdem ich Kinembes Schilderung in der Gruppe erzählt habe, füge ich hinzu, daß Fritz und Marco recht hatten, als sie darauf beharrten, Kinembe sei grausam. Nun hält mir Fritz entgegen, dies sei kein Gesichtspunkt, der weiterführe. Es gehe hier nicht darum, ob Kinembe eine grausame oder eine liebe Frau sei. Kinembe sei vor allem anders: Sie fühle anders als ich und wir alle hier. Gerade weil sich unsere Beziehung vertieft habe, träten bei ihr aggressive Gefühle auf. Ja, sie seien ein Bestandteil unserer guten Beziehung. Für Kinembe seien Zuneigung und Aggression widerspruchsfrei miteinander verbunden. Für uns aber seien sie unvereinbare Gegensätze: Die Aggression drohe die Gefühle der Zuneigung zu zerstören.

Wir trinken australischen Wein und diskutieren. Bevor ich

aufstehe um mich schlafen zu legen, sage ich: »Ich habe keine Lust mehr, weiter mit Kinembe zu sprechen!« Drei Männer schauen mich verständnislos an. »Weshalb willst du gerade jetzt aufhören? Nie zuvor sahen wir so klar, was in Kinembe vorgeht.«

Wir sitzen unter dem Haus. Kinembe sagt, ein Mann habe ihr aufgetragen, mir zu sagen, daß Fritz und Marco die jungen Leute von Palimbei nicht mit unserem Motorkanu an das bevorstehende Fest in einem Nachbardorf mitnehmen dürfen. Eben diese Jungen hätten uns nie geholfen, und es wäre deshalb ganz falsch, ihnen diesen Gefallen zu erweisen. Während Kinembe spricht, fällt mir auf, wie hart sie ist. Sie, die sonst still und verhalten wirkt, gestikuliert aufgeregt und redet auf mich ein. Sie ergreift meinen Arm und spricht mit Nachdruck. Je eindringlicher sie Fritz und Marco angreift, desto deutlicher habe ich das Gefühl, ich säße nicht ihr gegenüber, sondern jenem Mann, dessen Wut sie so bereitwillig ausdrückt. Endlich schweigt sie.

Ich: »Was du mir erzählst, hat dir dieser Mann gesagt. Jetzt ist es so, als ob ich Kinembe wäre und du dieser Mann. Du möchtest, daß ich zu Fritz und Marco spreche, wie der Mann zu dir und du jetzt zu mir gesprochen hast.«

Kinembe schaut mich erstaunt an und lacht.

Kinembe: »Ja, im Grunde ist das die Sache dieses Mannes.«

Wir sehen beide, wie ihr Sohn, mit der Schlafmatte und einem Kissen unter dem Arm, das Haus seiner Großmutter verläßt und nach Hause zurückkehrt.

Kinembe: »Er ist wie ich. Auch ich schlafe nicht gerne im Haus fremder Leute. Ich bleibe auch nicht gerne lange bei Fremden zu Besuch, sonst fange ich an, Unsinn zu erzählen. In Palimbei gibt es Frauen, die kein Blatt vor den Mund nehmen. Wenn zwei junge Frauen wie wir zusammensitzen und zudem Freundinnen sind, dann tuscheln die anderen über sie. Sie nehmen an, die beiden würden über Männer und Liebschaften sprechen.«

Ich: »Was wird man wohl über uns tuscheln?«

Kinembe: »Aber nein, wir sind schließlich beide verheiratet.«

Ich: »Das ist doch kein Grund.«

Kinembe: »Es mag schon sein, daß auch über uns getuschelt wird.«

Pause.

»Im Palimbei lebt ein alter Zauberer, der schon viele Leute getötet hat. Du weißt, von wem ich spreche. Wenn er nur endlich sterben würde, dann ginge es hier allen besser.«

Nach unserem Gespräch lege ich mich hin. Ich habe starke Kopfschmerzen. Werde ich krank? Ich stehe wieder auf und suche unter unseren Medikamenten die Malariatabletten. Ich lese die Gebrauchsanweisung. Zwei Pillen schlucke ich mit etwas Tee hinunter. Es ist meine Beziehung zu Kinembe, die mich krank macht. Trotz psychoanalytischer Einsichten ist mir Kinembes Gelassenheit, mit der sie aggressive Gefühle ausdrückt, unerträglich. Es gelingt mir nicht, dem Wechsel zutraulicher Nähe und abstoßender Aggression zu folgen. Sie rückt mir immer näher: Waren ihre Opfer bis jetzt Hühner und ihr eigener Sohn, sind es heute Fritz und Marco. Wann bin ich an der Reihe?

Aufgeregt kommt Kinembe am Morgen zu mir nach Hause.

Kinembe: »Heute nacht starb im Dorf ein Mann. Ich gehe zuerst ins Totenhaus, wir sprechen später zusammen.«

Kaum ist sie außer Sichtweite, gehe ich ins Nachbarhaus zu meiner alten Freundin Amuia, um mich bei ihr zu erkundigen, ob auch sie etwas über den Tod dieses Mannes erfahren habe. Als ich die Treppe hinaufsteige, stehen zwei Kinder in der Türöffnung. Auf meine Frage, ob Amuia zu Hause sei, entgegnen sie mir, ihre Großmutter sei eben ins Haus des Toten gegangen.

Am Nachmittag kehrt Kinembe aus dem Dorf zurück und holt mich ab.

Kinembe: »Es haben sich viele Leute versammelt, einige saßen sogar auf der Treppe. Der Tote stand mir nicht nahe. Ich ging wegen seiner Frau, die aus unserer Familie stammt, ins Totenhaus.«

Pause.

»Ein Sohn des Verstorbenen hat vor zwei Jahren in einer Küstenstadt einen jungen Mann erschlagen. Er wurde festgenommen und ins Gefängnis gesteckt. Die Familie des Ermordeten versammelte sich vor dem Gefängnis und weinte und tobte die ganze Nacht. Am anderen Morgen fand man den Mörder tot in seiner Zelle.«

Ich: »Weshalb fällt dir jetzt gerade die Geschichte des Sohnes ein?«

Kinembe neigt sich zu mir.

Kinembe: »Der Vater ist an allem schuld! Als der Mörder noch ein kleiner Junge war, hat ihn sein Vater, der Mann, der gestern gestorben ist, verzaubert. Er hat ihm Streitsucht und Lust am Kampf eingegeben. Dieser hat dann als erwachsener Mann den Mord begangen und ist selbst gestorben. Gestern fiel alles auf den Vater zurück.«

Ich: »Ihr Frauen gebärt Kinder. Dann zieht ihr sie mit viel Mühe auf, und am Ende werden sie von den Männern zerstört.«

Kinembe: »Ja, so ist es. Die Frau des Verstorbenen hat es ihrem Mann immer wieder gesagt. Auch seine Freunde haben ihn gewarnt. Doch war er starrköpfig und tat, was er wollte.«

Zwei Hunde streunen an uns vorbei. Kinembe verfolgt sie mit dem Blick.

Kinembe: »Diese Hunde haben in der vergangenen Nacht in der Richtung des Totenhauses gebellt. Wenn sie heute nacht still sind, wissen wir, daß sie den Tod angekündigt haben.«

Ich: »Was die Hunde nicht alles wissen.«

Kinembe: »Als ich mit Piakna in Telefomin lebte, habe ich einmal geträumt, er sei gestorben. Ich weinte und erzählte Piakna, der durch mein Weinen aufwachte, meinen Traum. Er hat mir den Sinn des Traumes aufgedeckt. Er sagte: ›Es stirbt nie der, von dem man träumt, einen anderen aus der Familie wird es treffen.‹ So war es auch, am folgenden Tag starb ein Kind aus Piaknas Clan.«

Pause.

»Vorgestern, als du so krank gewesen bist, habe ich denselben Traum wieder geträumt. Wer wird jetzt sterben?«

Unsere Diskussionen dauern bis tief in die Nacht. Fritz ist der Ansicht, daß Kinembe, wenn sie über die beiden Toten, den Vater und den Sohn, spricht, ihn und Marco meint. Sie wünsche ihnen dasselbe Schicksal. Sie, die Hinzugekommenen, sollen verschwinden, Milan und ich, die Altbekannten, bleiben. Befremdet höre ich ihm zu, wie er gelassen über Kinembes Todeswünsche spricht. Ich nehme eine Taschenlampe, die auf dem Tisch liegt, und leuchte mir den Weg in den hinteren Teil des Hauses. Beinahe hätte ich vergessen, die Pillen gegen Malaria zu nehmen. Ich bin noch immer nicht gesund. Ich knie auf den Boden, öffne die Schachtel mit den Medikamenten und nehme aus dem Fläschchen zwei Pillen heraus. Als ich aufstehe, fällt mein Blick auf die drei Männer, die im hellen Schein der Petroleumlampe miteinander sprechen. Rundherum bleibt der Raum im Dunkeln. »Fritz täuscht sich, wenn er glaubt, Kinembe wünsche ihm und Marco den Tod«, geht mir durch den Kopf. Ich setze mich wieder auf meinen Platz, und nachdem ich die Pillen mit etwas Tee geschluckt habe, greife ich ins Gespräch ein. Mit guten Argumenten widerlege ich Fritzens Auffassung.

Als ich am Morgen am Moskitonetz von Fritz vorbeigehe, um das Haus zu verlassen und Kinembe zu treffen, wacht er auf. Er habe sich alles nochmals überlegt. Der Verlauf der letzten Gespräche mit Kinembe spreche doch dafür, daß sie Marco und ihm den Tod wünsche.

»Wie kannst du nach unseren nächtlichen Diskussionen wieder auf deine alten Ideen zurückkommen?« hätte ich beinahe entgegnet. »Ich verstehe«, sage ich und gehe die Treppe hinunter. Schlage ich den Weg nach links ein, bin ich in wenigen Schritten bei Kinembes Haus. Ich gehe geradeaus weiter zum Sepikufer. Es ist früher Morgen, und ich bin allein. Ich zünde mir eine Zigarette an und schaue auf den Fluß. In der Ferne sehe ich eine Frau in einem Kanu. Das wird eine Frau aus Palimbei sein, die zum Fischfang fährt, denke ich mir. Ich schaue ihr nach, bis sie in der Weite des Flusses nur noch als Punkt sichtbar ist. Meine Zigarette ist zu Ende geraucht. Den Stummel werfe ich von der Böschung ins Wasser, ich schaue noch zu, wie er zischend verschwindet, und gehe zu Kinembes Haus. Sie erwartet mich.

Kinembe: »Gestern bin ich wieder im Totenhaus gewesen. Ein alter Mann aus dem Nachbardorf Yensan war auch unter den Trauernden. Er hat davon erzählt, daß er den Verstorbenen immer wieder davor gewarnt habe, den Sohn zu verzaubern. Jetzt ist es klar, weshalb der Mann sterben mußte.«

Ich: »So ist es mit Fritz und Marco gewesen. Sie haben nicht auf euch gehört und haben die Jungen zum Fest mitgenommen. Sie machen, was sie wollen.«

Kinembe: »Ja, beinahe sind unsere Leute nach dem Fest in eine Schlägerei verwickelt worden. Eine Frau hat sie gewarnt. Sie sind rechtzeitig weggefahren, und es ist ihnen nichts geschehen.«

Ich: »So wie beim Verstorbenen das Unheil zuerst auf seinen Sohn gefallen ist, so ist es beinahe den jungen Leuten aus Palimbei am Fest ergangen. So wie alles auf den Verstorbenen zurückgefallen ist, so wird auch Fritz enden.«

Pause.

»Er wird bald sterben.«

Kinembe: »Ja, so wird es enden.«

Ich: »Ich und Milan sind nicht zum Fest gefahren.«

Kinembe: »Du bist aus der Sache.«

Ich: »Wären Fritz und Marco nicht da, wäre alles wie früher.«

Kinembe lacht mich zufrieden an; für sie ist es nur noch eine Frage der Zeit, bis Fritz und Marco tot sind.

Besorgt erkundigt sie sich am nächsten Tag, ob ich gute, starke Medizin der Weißen bei mir habe. Als ich bejahe, ist sie sichtlich erleichtert. Zwei Tage später eröffnet mir Kinembe, daß sie morgen früh mit ihrem Mann und den Kindern für einige Zeit nach Wewak fahren werde. Mein Versuch, am Abend mit Kinembe über ihren unerwarteten Entschluß zu sprechen, scheitert. Am nächsten Morgen winkt sie mir noch lange aus dem fahrenden Motorkanu zu.

Ich fühle mich zurückgestoßen und traurig. Sollten die Gespräche mit Kinembe damit ein Ende finden? Ich frage mich, was ich bei ihr falsch gemacht habe, daß sie unsere Beziehung so unvermittelt abgebrochen hat. Ich frage mich auch, was nun aus unserer psychoanalytischen Forschung wird. Europäischer Leistungsdruck plagt mich und verdeckt vorerst, daß es eigentlich eine Erleichterung für mich ist, Kinembe nicht mehr zu sehen.

Ich werde wieder gesund und beginne Gespräche mit einer anderen Frau zu führen. Als Kinembe nach zweieinhalb Wochen unerwartet aus Wewak zurückkehrt, setzen wir unsere Gespräche fort.

Am Tag ihrer Ankunft beobachtet sie, wie Marco das Kind

meiner neuen Gesprächspartnerin mit unserem Motorkanu zur Krankenstation auf der anderen Seite des Sepikflusses bringt. Es ist keine Rede davon, daß Fritz und Marco untergegangen wären. Im Gegenteil; die Beziehungen der Dorfgemeinschaft zu der Gruppe der Weißen sind gut. Immer wieder kommen Leute, die unsere Hilfe wünschen oder sich unseren Bootsfahrten anschließen. Wir sind jetzt Fremde, die dem Dorf nahestehen und sein Ansehen erhöhen. Das hat Kinembe nicht erwartet. Ihre Vorstellung, Fritz und Marco würden dasselbe Schicksal erleben wie der verstorbene Zauberer, erweist sich als eine Phantasie. Kinembe erlebt die Gruppe der Weißen wie eine mächtige Einheit, die Geistern und Zauberern unberührt standhält und über Kräfte verfügt, die jenen der Schwarzen überlegen sind.

Ich sitze zu Hause und warte auf Kinembe. An ihrer Stelle kommt ihr Sohn und richtet mir aus, seine Mutter könne nicht kommen, da Goli krank sei. Ich treffe Kinembe auf der engen Veranda ihres Hauses. Sie sitzt vor einer großen Tonschale, in der ein Feuer glimmt; in ihrem Schoß liegt Goli, sie hat die Augen geschlossen und atmet schwer. Ich setze mich neben Kinembe. Goli hat hohes Fieber und schläft unruhig. Immer wieder schreckt sie auf, verlangt nach Tee, den wir ihr einflößen, und versinkt wieder in ihren unruhigen Schlaf. Es herrscht eine drückende Stimmung. Erst nach einer langen Pause beginnt Kinembe zu erzählen; sie berichtet, wie beinahe alles, was sie in Wewak vorhatte, mißlungen ist.

Ich: »Dir fallen nur traurige Ereignisse ein, und jetzt ist auch noch Goli krankgeworden.«

Kinembe: »Ja, ich bin traurig und mache mir Sorgen wegen ihr, denn sie könnte sterben wie mein letztes Kind.«

Ich: »Du hast mir nie davon erzählt, daß eines deiner Kinder gestorben ist.«

Kinembe: »Nein.«

Pause.

»Mein Mann hat hier, in der neugegründeten Siedlung, einen Laden eröffnet. Viele Leute im Dorf haben ihn dabei finanziell unterstützt. Das Geschäft lief recht gut, da wurden sie eifersüchtig und verlangten ihr Geld zurück. Es gab Streit, und der Laden ging ein. Da wurde Piakna krank. Die Ahnen haben nicht gerne, wenn man sich

streitet. Auch ich und mein Kind wurden krank. Wir gingen ins Spital, wo wir gepflegt und wieder gesund wurden. Als wir zurück ins Dorf kamen, begann unser Hund Nacht für Nacht unter dem Haus zu heulen. Es war unerträglich anzuhören, und wir wußten nicht, was wir tun sollten. Doch der Onkel Piaknas wußte Bescheid und machte einen Zauber, um das, was den Hund plagte, zu vertreiben. Nun ging es dem Hund gut, aber mein Kind starb. Einige Tage später starb auch das Kind des eifersüchtigen Freundes, der sein Geld als erster zurückverlangt hatte.«
Pause.
»Hätte man nur den Hund sterben lassen, dann wäre den Kindern nichts geschehen.«
Ich: »Du hast Angst, Goli könnte etwas Schlimmes zustoßen?«
Kinembe: »Ihr habt doch das kranke Kind der Frau, mit der du jetzt auch Gespräche führst, über den Fluß gefahren, wo es eine Spritze bekommen hat.«
Ich: »Marco fährt täglich über den Fluß. Er kann euch mitnehmen, und du kannst mit Goli zur Krankenstation gehen.«
Kinembe ist zufrieden. Noch am selben Tag fährt sie mit Marco auf die andere Flußseite und läßt Goli behandeln.

Als ich mich am Morgen Kinembes Haus nähere, steht sie lachend auf der obersten Treppenstufe und weist auf eine Gruppe der Kinder, die in der Nähe spielen. Unter ihnen erkenne ich Goli; wild springt sie umher.
Kinembe: »Die Medizin der Weißen hat nichts genützt, und so brachte ich Goli noch gestern abend zu einem alten Mann, der sie schon einmal mit einem Zauber geheilt hat. Du siehst es selbst, wie gut es ihr geht.«
Ich bin froh, daß Goli wieder gesund ist. Ihre Krankheit hat mich beunruhigt, und ich habe Fritz mit Fragen bedrängt, was zu tun sei, wenn die Behandlung auf der Krankenstation erfolglos verlaufe. Die Stimmung gestern auf der Veranda, die Wärme der Glut, Golis schwerer Atem, Kinembes Angst und Sorge und ihre Enthüllung über den Tod eines ihrer Kinder haben mich an die bedrückende Zeit vor ihrer Abreise nach Wewak erinnert. Ich bin erleichtert, und es amüsiert mich, wie geschickt Kinembe den überwältigenden Eindruck der weißen Übermacht von sich weist: Nicht die weiße, sondern

die schwarze Medizin hat Goli gesund gemacht. Jetzt faßt sie mich am Arm.

Kinembe: »Komm, setzen wir uns. Ich muß dir eine Begebenheit erzählen, die sich während meines Aufenthaltes in Wewak zugetragen hat. Eine Bande hat ein Bierdepot von Weißen ausgeraubt. 4000 Kina und 50 Kisten Bier sind ihnen in die Hände gefallen.«

Pause.

»Sie haben einen Zauber gemacht, damit die Weißen tief schliefen und von allem nichts hörten. Die Polizei hat ganz Wewak durchsucht, doch sie fanden keine Spur.«

Ich: »Diese Diebe kamen aber leicht zu vielen Dingen.«

Kinembe: »Die schon, wir aber leben beengt. Ich kann nicht einmal das Gestell aufhängen, um die Fische zu räuchern. Es gibt dafür keinen Platz.«

Ich: »Bevor wir gekommen sind, hast du in deinem großen Haus gewohnt. Jetzt leben wir dort, und es ist voll von unseren Sachen.«

Kinembe: »Es sieht aus wie in einem Laden.«

Ich: »Würdet ihr einen Zauber machen, dann könntet ihr alles wegtragen.«

Kinembe lacht. Nach einer Pause sagt sie:

Kinembe: »Ich muss dir von einer Frau ausrichten, sie interessiere sich für euer Motorkanu.«

Ich: »Jetzt sagst du mir etwas, was dir eine andere Frau gesagt hat.«

Kinembe: »Ja, ich bin wie ein Telefon. Manchmal bin ich auch eine Poststelle, wenn Verliebte bei mir ihre Liebesbriefe hinterlassen und ich sie weiterleite.«

Heute gehen wir lachend auseinander, und mir fällt ein, daß Kinembe bei der Vorstellung, alle Dinge der Weißen zu bekommen, schon einmal entspannt war.

Am nächsten Morgen holt sie mich ab und schlägt vor, zu ihr nach Hause zu gehen. Ich bin erstaunt, denn Goli ist wieder gesund, und es gibt keinen Grund, unser Gespräch dort zu führen. Wir steigen die Treppe hinauf, und ich folge ihr in den hinteren Raum. Dort treffen wir die beiden Söhne an, die am Boden sitzen, vor ihnen zwei leergegessene Teller. Kinembe hebt verschiedene Kleidungsstücke vom Boden auf und wirft sie geschickt über die Leine, die der hinteren Wand entlang gespannt ist. Sie schickt die beiden Knaben weg ins

Freie. Ich schaue mich um; es ist ein enges und verstelltes Zimmer. Hier leben zwei Erwachsene und drei Kinder. Mir geht durch den Kopf, daß wir in Kinembes großem Haus wohnen. Das ist mir nicht recht, und ich mache mir Vorwürfe, daß ich das zugelassen habe. Jetzt nimmt mich Kinembe bei der Hand und zieht mich sanft durch das Zimmer, bis sie vor einer Nähmaschine Halt macht.

Kinembe: »Siehst du den Sockel, auf dem die Maschine steht, er ist aus dem Leim gegangen. Doch ich nähe alle Kleider für meine Familie auf dieser Maschine.«

Kinembe nimmt verschiedene Kleidungsstücke von der Leine und zeigt mir eines nach dem andern. Sie ist kaum wiederzuerkennen: Selbstsicher und mit großzügigen Bewegungen breitet sie die Kleider vor mir aus und weist mich auf Details der verschiedenen Schnittarten hin. Da fällt ein kleines Stück Stoff auf den Boden. Ich erkenne darin einen Stoff wieder, den ich als Geschenk für die alte Amuia mitgebracht habe.

Ich: »Schau her, diesen Stoff kenne ich.«

Kinembe: »Ja, den hast du Piaknas Mutter gegeben. Ich habe ihr daraus ein Kleid genäht, an dem sie große Freude hat. Ein Stück des Stoffes hat sie mir geschenkt. Das hat eben ausgereicht, um Goli auch ein Röcklein zu nähen.«

Sie zieht das Röcklein unter den Kleidern hervor, und wir schauen es zusammen an.

Kinembe: »An den Armen ist es etwas zu eng geraten, da mir zu wenig Gummiband geblieben ist. Ich werde es ändern, es sind ohnehin viele Kleider zerrissen, die ich alle flicken muß.«

Mein schlechtes Gewissen ist verflogen. Ich bin berührt, daß Kinembe Amuia und dann auch noch Goli ein Kleid genäht hat. Kinembe ist eine geschickte, eine tüchtige Frau, und ich habe einen schönen Stoff gebracht. Ich bin auch begeistert, wie sich Kinembe mit ihren Produkten stolz zeigt. Nachdem wir noch weitere Kleider angeschaut haben, hängen wir alle wieder über die Leine und gehen in den vorderen Hausteil, in Kinembes Küche, und setzen uns auf den Boden.

Ich bin zufrieden, daß mein Geschenk so gut angekommen ist. Was hat mich eigentlich so beglückt? Ich freue mich über Kinembes Art, wie sie spielerisch mit einer Sache von mir umgeht. Die Geschenke, die ich den Frauen mitgebracht habe, waren zunächst nur Stoffstücke aus Hongkong und der

Schweiz. Durch Kinembes Art, damit umzugehen, sind sie erst schön und belebt geworden. So habe ich Kinembe nur selten erlebt. Wie sie jetzt auf mich wirkt, möchte ich eigentlich immer auf andere wirken.

Kinembe holt aus ihrer Tasche eine Betelfrucht hervor. Ich zünde mir eine Zigarette an. Zufrieden sitzen wir uns gegenüber. Da hören wir Goli, die vor sich hinplaudernd die Treppe heraufkommt. Sie lacht uns an und läuft auf mich zu, um sich ganz nahe zu mir zu setzen. Erwartungsvoll schaut sie mich an; sie möchte von mir die zu Ende gerauchte Zigarette haben. Ich lache sie an und blase ihr sanft den Rauch ins Gesicht. Sie ist begeistert und zeigt auf meinen Stummel.

Kinembe: »Nimm ihn nur, du verbrennst dich noch, doch das geschieht dir recht.«

Wie ich eben mit Kinembe ihre Kleider spielerisch angeschaut habe, gebe ich jetzt Goli behutsam den glimmenden Stummel. Sie hält ihn zwischen ihren kleinen Fingern, bewegt ihn hin und her und freut sich an den Figuren des aufsteigenden Rauches. Dann streift sie die Glut vorsichtig ab und nimmt den Stummel neugierig auseinander.

Kinembe: »Siehst du, sie wollte den Stummel nur haben, um ihn zu zerstören.«

Jetzt zieht Kinembe Goli von mir weg, setzt sie auf ihren Schoß und beginnt, ihre Haare zu durchsuchen.

Kinembe: »Gestern abend bestäubte ich die Haare meiner Kinder mit einem Insektenvertilger. Die Läuse fielen heraus und krümmten sich im Todeskampf. Einige streckten die Beinchen in die Luft, andere verkrümmten sich seltsam. Sie bewegten sich noch eine Zeitlang am Boden, dann waren alle tot.«

Kinembe lächelt mich eigenartig an. Es ist Zeit, und ich stehe auf. Da weist sie auf eine Melone, die neben der Türe liegt.

Kinembe: »Diese Melone kannst du mitnehmen.«

Und als ich mich bedanken will, fährt sie fort:

Kinembe: »Sie ist noch nicht reif.«

Etwas verwirrt verlasse ich das Haus. Wieder bin ich überrascht, wie Kinembes Stimmungen wechseln, wie unvermittelt sie Haltungen einnimmt, die sich oft gegen ihre Kinder richten und die ich als grausam und abstoßend erlebe.

Am Nachmittag höre ich vor unserem Haus ein großes

Geschrei. Ein Mann beschimpft seine Frau. Er schreit immer heftiger, er ist ganz außer sich und beginnt, seine Frau zu schlagen. Am nächsten Tag berichtet Kinembe über dieses Erlebnis.

Kinembe: »Ich habe gestern zugeschaut, wie Baburundu seine Frau angebrüllt und geschlagen hat. Wäre der alte Kurumbui nicht dazwischen getreten, wer weiß, vielleicht hätte Baburundu seine Frau getötet.«

Ich: »Du berichtest über diesen Streit ganz unbeteiligt, so wie wenn du sagen würdest: Ich sah die beiden Gras schneiden.«

Kinembe schaut mich erstaunt an und lacht.

Ich: »Die beiden haben sich beinahe tot geschlagen. Für mich war es entsetzlich anzusehen.«

Pause.

»Du bist doch mit ihnen befreundet und kennst sie gut. Was geht in dir vor? Kannst du mir das erklären?«

Kinembe: »Sie ist im Recht. Er ist von allen guten Geistern verlassen. Sie hat mir leid getan.«

Ich: »Davon habe ich nichts bemerkt.«

Kinembe: »Er hat sie grundlos geschlagen, einfach so. Ich habe zugeschaut.«

Pause.

»Es geht mich nichts an.«

Ich: »Ist es immer so, daß es dich nichts angeht?«

Kinembe: »Wenn Piakna mich schlägt, ist es anders. Dann ist er betrunken. Ich wehre mich nie, meine Mutter hat sich auch nie gewehrt. So sind wir Frauen.«

Pause.

»Wird es mir zuviel, gehe ich einfach zu meiner Mutter. Ich gehe fort.«

Pause.

»Wenn er mich schlägt, habe ich Mitleid mit ihm. Er tut mir leid, weil er nichts mehr zu essen hat, wenn ich weggehe.«

Ich: »Ja, Sorgen macht man sich um jemanden, den man gerne hat. Wenn Piakna dich schlägt, dann weißt du, daß er dich liebt.«

Kinembe: »Will ich, daß er für mich und meine Kinder arbeitet, beschimpfe ich ihn.«

Ich: »Wie ihr die Wesen im See beschimpft, damit sie euch

Fische geben, beschimpft ihr eure Männer. Dann wissen sie, und dann weiß auch Piakna, daß er geliebt wird.«

Kinembe: »Wir Frauen denken an das Haus, an das Kanu, das wir brauchen, um für unsere Familien Fische zu fangen. Wir Frauen beschaffen das Essen. Woran denken eigentlich die Männer? Sie denken an gar nichts. Wir beschimpfen sie, dann erst legen sie Gärten an, bauen Kanus und halten das Haus in Stand. Jetzt hat man etwas an ihnen.«

Pause.

»Eigentlich wollte ich Piakna gar nicht heiraten.«

Ich: »Er hat einen Zauber gemacht, damit du ihn heiratest.«

Kinembe schweigt, sie schaut auf den Sepik-Fluß, dann blickt sie mich an und sagt ganz aufgebracht:

Kinembe: »Ich habe eine unbeschreibliche Wut, wenn ich daran denke.«

Ich begreife nicht, weshalb Kinembe über Piaknas Zauber dermaßen wütend ist. Ich versuche zu verstehen und sage:

Ich: »Ich habe den Eindruck, Schläge sind dir lieber als Zauber. Wenn Piakna zaubert, bist du nicht dabei, du bist ausgeschlossen und ihm ausgeliefert. Verzaubert werden ist, wie wenn man Schläge bekommt und niemanden sieht, der zuschlägt. Das macht dich so wütend.«

Kinembe: »Ja, ich kann seinen Zauber nicht vergessen. Wenn er merkt, daß ich böse bin, ist er ganz lieb mit den Kindern. Manchmal vergesse ich dann meine Wut, doch manchmal bleibt sie weiter bestehen.«

Kinembe schweigt. Sie nimmt einen kleinen Besen in die Hand und verjagt damit Moskitos von meinen Beinen. Sie scheint abwesend und nachdenklich. Plötzlich sagt sie etwas ganz leise und stockend, das ich zuerst nicht verstehe.

Kinembe: »Seit ich mit dir spreche, geht es mit Piakna viel besser, wir verstehen uns gut.«

In der letzten Zeit hat sich auch Kinembes Beziehung zu Fritz und Marco verändert. So bringt sie an einem Abend ihren Sohn zu uns, damit Fritz eine kleine Wunde pflegt und verbindet, die sie früher kaum beachtet hätte. Auch läßt sie sich jetzt gerne von Marco zum Markt auf der anderen Flußseite fahren, während sie früher nur selten von dieser Möglichkeit Gebrauch gemacht hat.

Am nächsten Morgen kommt Kinembe zusammen mit Goli zum Gespräch. Sie schlägt vor, im öffentlichen Gästehaus am Sepik zu sprechen. Bei ihr zu Hause ginge es nicht, Piakna sei krank, denn er habe gestern zu lange auf dem Fest getanzt. So gehen wir zum Gästehaus und setzen uns auf die Veranda. Goli spielt zufrieden mit herumliegenden Betelnußschalen.

Kinembe: »Ich habe kein Kanu, deshalb kann ich nicht fischen gehen wie die anderen Frauen, und alles Geld, das mir Piakna gibt, muß ich für Nahrungsmittel ausgeben.«

Ich: »Wie ist das möglich? Ich sah dich doch vor ein paar Tagen in einem Kanu auf dem See fischen?«

Kinembe: »Dieses Kanu gehört meiner Mutter. Von Zeit zu Zeit leihe ich es mir von ihr aus. Seit drei Jahren hält mich Piakna nun schon hin. Er denkt nur an seine Verwaltungsarbeit und schnitzt kein Kanu.«

Ich: »Eine Frau am Sepik braucht ein Kanu. Sie muß doch zum Fischfang und zum Markt fahren, sie ernährt ihre Familie. Ohne Kanu kannst du nichts machen. Das paßt nicht zu einer Iatmul-Frau.«

Kinembe: »Wenn Piakna mir kein Kanu schnitzt, werde ich mir eines in einem Wald-Dorf kaufen.«

Pause.

»Ich habe kein Geld. Er soll es bezahlen.«

Pause.

»Das wird einen großen Streit geben.«

Ich: »Du mußt das mit ihm besprechen. Wenn man miteinander spricht, braucht es nicht jedesmal zum Streit zu kommen.«

Wir haben uns ausgestreckt hingelegt, und auch Goli folgte unserem Beispiel. Jetzt legt Kinembe beide Arme unter den Kopf und schaut mich lächelnd an.

Kinembe: »Mit dir rede ich gerne. Ich liebe dich.«

Ich: »Die Art, wie wir miteinander sprechen, ist etwas Neues für uns beide. Mit deinem Mann kannst du das noch nicht.«

Kinembe: »Du und ich, wir reden. Bei uns am Sepik gibt es das nicht.«

Pause.

»Ich will dir ein Geheimnis erzählen. Satmagwi, die junge Frau von nebenan, die von ihrem Mann geschlagen worden ist, hat einen neuen Freund aus dem Dorf auf der anderen Seite des Flusses. Heimlich holt er sie mit seinem Kanu ab, und dann lieben sie sich im Gras. Gestern kam seine Frau hinter die Sache und sagte zu ihm: ›Heirate doch die Frau, mit der du es treibst. Mir macht das nichts aus, ich werde zu meiner Familie zurückkehren.‹ Da bekam er eine Wut und zertrümmerte das Haus. Noch am selben Tag ging die Frau zum Dorfvorsteher und reichte gegen ihren Mann Klage ein.«

Es ist Zeit, und als wir aufstehen, zeigt Kinembe auf den Sepikfluß und sagt:

Kinembe: »Schau, dort treibt eine ganze kleine Insel voll von Wasserpflanzen. Hätte ich ein Kanu, dann könnte ich hinauspaddeln und davon holen. Du ißt dieses Gemüse auch gerne, nicht wahr?«

Zu Hause treffe ich Marco und sage ihm: »Heute hat mir jemand eine Liebeserklärung gemacht. Du wirst nicht erraten, wer es war.« Auch Fritz und Milan hören sich die Neuigkeit an. Als ich den Verlauf des Gesprächs geschildert habe, glauben wir zu erkennen, daß Kinembe, als sie mir über Satmagwis Liebschaft erzählte, auch über ihre eigene Verliebtheit in mich gesprochen hat. Wir reden über dies und das, da fragt Fritz:

»Und du Florence, bist du auch in Kinembe verliebt?«

»Welch absurde Frage«, will ich sogleich entgegnen. Ich sage nichts. Kinembes Bereitschaft, Gefühle der Nähe mit Grausamkeit zu verbinden, sind mir fremd und unheimlich. Verliebt bin ich nicht, aber sie gefällt mir auf eine besondere Weise. Kaum haben wir uns am folgenden Tag wieder auf die Veranda des Gästehauses hingesetzt, schlägt Kinembe Goli vor:

Kinembe: »Komm, wir legen uns alle wie gestern hin, und du legst dich in die Mitte und bist wieder ganz lieb.«

Wir legen uns hin. Es ist still. Nach einer langen Pause bricht Kinembe das Schweigen.

Kinembe: »Die Leute sagen, der junge Mann von der anderen Seite des Flusses habe Satmagwi verzaubert, deshalb würde sie ihn lieben. Ich sage dir, so ist es nicht. Wenn er sie verzaubert hätte, wäre sie zu ihm gezogen. Sie ist aber dageblieben.«

Ich: »Du weißt ja, wie es ist, wenn Liebeszauber gemacht wird.«

Kinembe: »Darüber weiß ich Bescheid. Satmagwi und ihr Freund lieben sich aus eigenem Willen.«
Ich: »Es ist wie in unseren Gesprächen, weder du noch ich haben einen Zauber gemacht. Auch wir reden aus eigenem Willen.«
Kinembe: »Wenn ich mit einem Mann so sprechen würde wie mit dir, hätten wir längst zusammen Liebe gemacht.«
Sie lacht mich an, und ich lache zurück. Wir liegen nebeneinander im Einverständnis.
Kinembe: »Ich muß dir noch etwas erzählen. Gestern abend sagte ich zu Piakna: ›In den nächsten Wochen fahre ich in ein Wald-Dorf und kaufe mir ein Kanu!‹ Da schlug er vor, mich zu begleiten, einen Baumstamm auszusuchen und daraus selbst ein Kanu zu schnitzen. Schließlich verstünden die Männer vom Fluß besser, wie man richtige Kanus macht.«
Ich: »Bist du nun zufrieden?«
Kinembe: »Nein, das hat er nur gesagt, das ist alles Gerede. Wenn es darauf ankommt, wird er nicht mitkommen.«
Ich: »Es wäre schön, wenn du vor meiner Abreise dein eigenes Kanu hättest.«
Kinembe sagt lachend: »Ja, daß wäre schön.«
Pause.
»Dann müßte ich einen großen Streit anfangen.«
Ich: »Du solltest ohne Streit zu deinem Kanu kommen. Ihr schwarzen Frauen wißt doch, wie man das macht, daß ihr das erreicht, was ihr wollt. Wir weißen Frauen können das auch.«
Kinembe schaut mich an und sagt nichts. Als ich sie am folgenden Morgen zu Hause abhole, erwartet sie mich und beginnt gleich zu sprechen.
Kinembe: »Schon morgen fahren wir in ein Wald-Dorf, um einen Baumstamm zu holen.«
Ich: »Wie hast du das fertig gebracht, daß Piakna so schnell dazu bereit ist?«
Kinembe: »Gestern nacht, als die Kinder schon schliefen, sagte ich zu ihm: ›Ich habe genug davon, ohne Kanu zu leben. Ich brauche das Kanu jetzt. Und wenn du mir keines besorgst, ziehe ich zu meinen Eltern zurück!‹ Er hörte mich an, er wurde nicht böse, sondern schlug vor,

gleich morgen aufzubrechen und einen Baumstamm zu holen.«

Wir lachen beide. Daß Kinembe ihren Mann so schnell davon überzeugen würde, sich für ihr Kanu einzusetzen, hatte ich nicht erwartet.

Kinembe: »Weißt du, was er vorschlug? Er wollte, daß ich dich darum bitte, mit eurem Motorkanu zu fahren. Darauf habe ich ihm gesagt: ›Um meinen Baumstamm zu holen, brauchen wir das Motorkanu der Weißen nicht. Hast du verlernt zu paddeln? Es führt zu nichts, wie die Weißen leben zu wollen. Das ist auch der Grund, weshalb du mir in all den Jahren kein Kanu geschnitzt hast.‹«

Jetzt holt Kinembe aus ihrer Tasche Fasern hervor und beginnt, eine Schnur zu drehen. Ihre Bewegungen sind ruhig und sicher. Ich rücke nahe zu ihr hin, und sie zeigt mir, wie sie die Schnur zu Schlingen legt und wie daraus eine Halskette entsteht.

Am folgenden Morgen fahren Kinembe und Piakna vor der Morgendämmerung in ein nördlich gelegenes Wald-Dorf. Als sie am Nachmittag zurückkommen, bin ich zu Hause und höre vom Ufer laute Stimmen. Ich gehe zum Sepik-Fluß und sehe Piakna mit einer Gruppe junger Männer einen grob zugehauenen Baumstamm unter viel Lachen und Rufen ans Ufer ziehen. Kinembe kommt auf mich zu.

Kinembe: »Wir haben einen Stamm gefunden.«

Nachdem sie gegessen und gebadet hat, treffen wir uns zu unserem Gespräch. Kinembe schildert ausführlich die Reise in das Wald-Dorf, wie sie lange suchen mußten, bis sie einen geeigneten Stamm fanden, und wie ihnen alle Leute, mit denen sie zu tun hatten, geholfen haben. Wir sehen von der Veranda des Gästehauses, wie Piakna vor unseren Augen mit der Arbeit beginnt. Seine Söhne helfen ihm, verschiedene Werkzeuge vom Haus zum Ufer zu tragen, alte Instrumente mit Metallklingen, mit denen die Deutschen vor mehr als 70 Jahren die Sepikbevölkerung verführt und bestochen hatten, sich als Plantagenarbeiter zu verkaufen. Piakna beginnt, den Stamm zu behauen. Bald wird ein kunstvoll geschnitztes, vorn mit einem Krokodilkopf verziertes Kanu für Kinembe entstehen.

Kinembe: »Schau, wie ihm die Arbeit gefällt. Er hatte nur noch seine Karriere als Regierungsvertreter im Kopf. Er glaubte, wie ein Weißer leben zu müssen. Jetzt, da er sich entschlossen hat, mir ein Kanu zu schnitzen, ist er wieder ein Iatmul-Mann.«

Pause.

»Das Kanu, das Piakna schnitzt, ist wie unsere Gespräche. Du bist drin und ich auch, und fahre ich damit fischen und auf den Markt, werde ich an dich denken. Wenn ich schon tot bin, und du auch, wird das Kanu noch immer da sein, und man wird unsere Namen nennen.«

Unsere tägliche Nahrung besteht aus Reis, Süßkartoffeln, etwas Gemüse, Eier, und hie und da gibt es Fisch. Spaghetti mit Tomatensauce sind bereits Höhepunkte unseres kulinarischen Alltags am Sepik. Ein Huhn ist eine Rarität. Ich weiß, daß es zur Zeit in Palimbei keines zu kaufen gibt. Vielleicht hat Fritz in Kanganamun Glück. Und wirklich, gegen Abend kehrt er von seinem Gespräch mit Kwandemi auf der anderen Flußseite mit einem großen Huhn zurück. Ich habe hier selten Lust zu kochen, doch heute ist es anders. Ich bereite alles vor, brate das zerschnittene Huhn an und füge die Zutaten bei. Die Hühner am Sepik laufen den ganzen Tag umher und bestehen aus lauter Muskeln. Nach zwei Stunden hat sich der Duft von Fleisch, Gewürzen und Rotwein im ganzen Haus verbreitet. Nachdem sie den ersten Bissen genommen haben, sind alle erstaunt: »Florence, wir wußten gar nicht, daß du so gut kochen kannst. Dieser ›coq au vin‹ schmeckt phantastisch.« Ich fühle mich gut. Es ist die Beziehung zu Kinembe, die mich zufrieden macht. Das Bedürfnis, meinen Freunden ein gutes Essen zu kochen, ist Ausdruck dafür.

Ich bewundere Kinembe: Sie ist eine scharfsichtige, selbständige Frau, die weiß, was sie will, und der es gelingt, andere zu gewinnen. Kinembe braucht ein Kanu, und Piakna wird es ihr schnitzen. Die wichtige Stellung, welche die Frauen in der Gesellschaft der Iatmul einnehmen, beruht auf ihrer Rolle als Ernährerinnen der Familie. Dazu brauchen sie ein Kanu, damit sie täglich fischen und wöchentlich auf den Markt fahren können. Es ist die Aufgabe der Männer, für ihre Frauen und Kinder Kanus und Paddel zu schnitzen sowie die Häuser zu bauen und in Stand zu halten. Wenn Kinembe klar erkennt und beschreibt, wie Piakna bis jetzt gelebt hat, halb als Weißer, halb als Schwarzer, gilt dies auch für sie. Beide ließen sich durch Visionen von einem Lebensstil verführen, die sie der Realität am Sepik entfremdet haben. Das Kanu, das Piakna Kinembe schnitzt, wird sie wieder in die Iatmul-Gesellschaft integrieren.

In Diskussionen wird mir oft vorgehalten, unsere ethnopsychoanalytische Forschung sei eine Art kolonialer Ausbeutung. Dann fällt mir immer Kinembe ein. Das Ende unserer Gespräche ist wie ein Argument, ja ein Beweis für das Gegenteil: Hat Kinembe nicht durch unsere Gespräche ihre Iatmul-Identität wiedergefunden? Was kann man sich mehr wünschen? Ich benütze Kinembe nicht, um jemanden davon zu überzeugen, daß unsere Forschung keine Ausbeutung war.

Was mich in der Beziehung zu Kinembe beeindruckt, ist die emotionale Bewegung. Es ist wie mit den Stoffen, die ich als Geschenke für die Frauen mitgebracht habe: Sie sind erst durch Kinembes Art, damit umzugehen, schön geworden. Auch ich bin vorerst nur ein Stück Stoff, eine weiße Frau, Florence. Schön werde ich erst durch die Art und Weise, wie Kinembe mich erlebt. Der Spiegel, den sie mir vorhält, gefällt mir; ich erkenne mich darin wieder. Es war für mich so schwierig, in dieser Beziehung offenzubleiben, mich nicht zurückzuziehen, zu verhärten oder in Gleichgültigkeit zu geraten. Es waren meine weißen Freunde, die mich immer wieder in Bewegung setzten, und so war es mir möglich, auf das einzugehen, was Kinembe bewegt. Ich habe diese Offenheit nicht gesucht, um dafür beschenkt zu werden, sondern weil es anders gar nicht geht. Kinembe beschenkt mich unerwartet. Die Art und Weise, wie ich nun schon bald drei Monate täglich mit ihr spreche, trifft sie. Sie sagt: »Du und ich, wir reden. Bei uns am Sepik gibt es das nicht.« Kinembe spricht mit ihrem Mann. Wie sie sich mit mir eingelassen hat, wird er durch sie bewegt und schnitzt ihr das Kanu, das ihr seit drei Jahren gefehlt hat.

Oder sind Stoff nur Stoff, ich nur ich, Kinembe nur Kinembe, ein gekochtes Huhn nur ein gekochtes Huhn?

Fritz Morgenthaler
Kwandemi

Kwandemi, ein junger Mann von etwa 22 Jahren, sitzt unter dem Haus eines Verwandten, den er seinen älteren Bruder nennt, und schnitzt an einer Holzplastik, als ich ihm erstmals begegne. Während der folgenden zwei Wochen erscheine ich zwölfmal gleichsam zufällig in der Nähe des Hauses, wo Kwandemi wohnt. Ich wende mich allen Menschen, die sich mir nähern, offen zu und verzichte auf Forderungen jeder Art. Kwandemi und seine Umgebung haben längst verstanden, daß ich etwas Bestimmtes vorhabe, doch macht niemand den Schritt, mich nach dem Grund meines Kommens zu fragen. Der ältere Bruder Kwandemis, Sugukaman, entwickelt eine fordernde, zeitweise aufdringliche Haltung. Er verlangt Zigaretten für sich und seine drei Frauen, die er mir vorstellt. Wenn ich mich in der Nähe von Kwandemi aufhalte und mit ihm über seine Schnitzerei spreche, kommt Sugukaman mit einer Holzplastik, die er selbst bearbeitet, und will meine Aufmerksamkeit auf sich ziehen. Er versucht Kwandemi von mir fern zu halten. Die Rivalität der beiden Brüder, die den weißen Fremdling für sich gewinnen wollen, führt dazu, daß sich Kwandemi am zwölften Tag meines Erscheinens entschließt, mich auszufragen. Ich erkläre, daß ich einen Gesprächspartner suche; er ist bereit, mit mir zu sprechen. Wir vereinbaren unsere erste Gesprächsstunde, die am folgenden Tag stattfinden soll. Mit Kwandemis Zusage scheint Sugukaman ausgeschaltet zu sein.

Zur verabredeten Zeit überquere ich den Fluß, gelange wieder nach Kanganamun und suche vergeblich Kwandemi. Die Frauen im Hause Sugukamans berichten mir, daß beide Männer frühmorgens in den Busch gegangen seien und erst bei Sonnenuntergang zurückkehren würden.

Am folgenden Tag erscheine ich zur gleichen Zeit, die wir für unser Gespräch in Aussicht gestellt hatten, vor Sugukamans Haus. Kwandemi kommt mir entgegen. Er ist fröhlich und freut sich, mich wiederzusehen. Er nimmt einen Kessel,

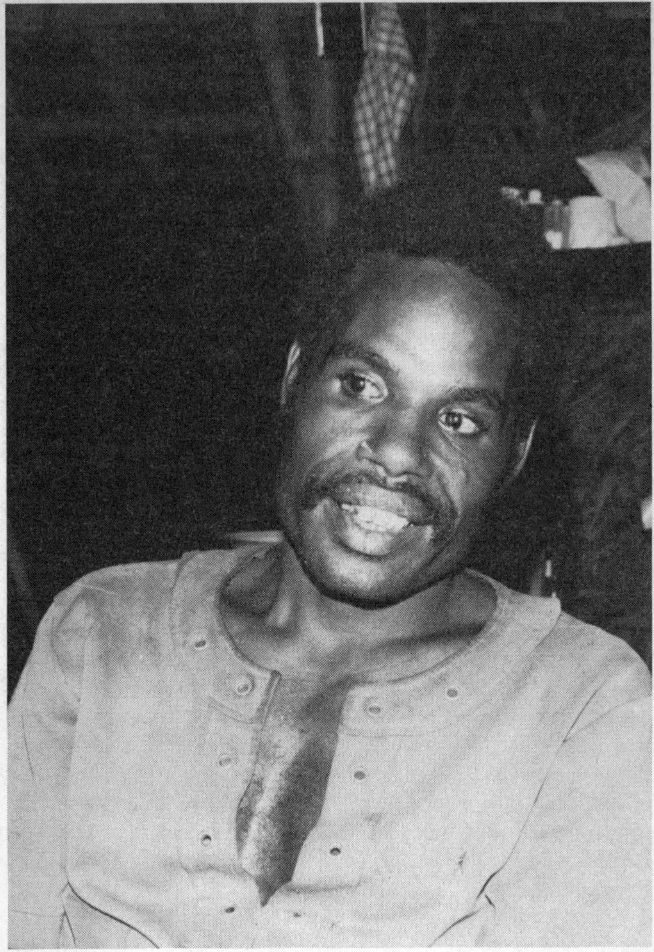

Kwandemi

der unter dem Haus steht, dreht ihn um und bittet mich, darauf Platz zu nehmen. Er setzt sich auf seinen Hocker und beginnt sogleich zu sprechen.

Kwandemi: »Als ich gestern im Wald war, dachte ich an dich, wie du nun für nichts nach Kanganamun kommen wirst. Du hast mir leid getan. Ich war ganz traurig beim

Gedanken, was für ein armer Kerl du bist, wenn du kommst und ich nicht da bin.«

Ich widerspreche Kwandemi nicht. Ich bestätige Kwandemi nicht. Ich sitze einfach da und stelle mich so ein, als wäre die vereinbarte Gesprächsstunde gar nicht ausgefallen. Ich fühle mich aber durch die Art, wie Kwandemi mich bedauert, irritiert. Ich möchte eingreifen, mich zur Wehr setzen, Kwandemi sagen, ich sei bereits so oft an so viele Orte gekommen, ohne daß sich für mich etwas ergeben hätte. Seine Sorge sei überflüssig, und zudem hätte es ja an ihm gelegen, mich nicht in diese Lage zu bringen.

Nun kommt Sugukaman daher und verlangt sogleich wieder Zigaretten. Als ich ihm eine gebe, erinnert er mich an seine Frauen und will noch drei weitere Zigaretten. Ganz befriedigt hält er die vier Zigaretten in der Hand und sagt, es sei eine gute Sache, wenn der große weiße Mann mit den Schwarzen spreche. Er, Sugukaman, sei auch ein großer Mann im Dorf und sorge dafür, daß die Arbeit im Wald vorangetrieben werde, bevor das Hochwasser komme. Auch Kwandemi müsse arbeiten, sonst gebe es nichts zu essen. Er habe kein Geld, um etwas einzukaufen. Die Weißen, die immer viel Geld besäßen, könnten sich alles beschaffen, was sie brauchten. Ich möge ihm doch noch eine Zigarette geben für den Abend. Die Zigarette, die ich ihm nun gebe, steckt er sich in den Mund und verlangt Feuer. Dann geht er die Treppe hinauf zu seinen Frauen.

Kwandemi: »Ich bin ganz allein hier in Kanganamun. Ich habe keine Freunde und auch keine Frau. Ich habe Angst vor den Frauen und will mit ihnen nichts zu tun haben.«

Ich: »Weshalb willst du mit Frauen nichts zu tun haben?«

Kwandemi: »Die Frauen machen den Mann fertig. Er muß dauernd für sie arbeiten. Er muß ein Kanu und ein Haus für sie machen. Sie zerstören den Mann.«

Ich: »Die Frau arbeitet doch viel. Sie geht täglich fischen und bringt den Sago vom Tauschmarkt nach Hause. So hat der Mann immer zu essen.«

Kwandemi: »Nein, die Frau sitzt zu Hause und macht überhaupt nichts. Der Mann hat nichts zu essen.«

Ich: »In der jetzigen Zeit ist es schwierig für die Frauen, Fische zu fangen. Es gibt fast keine Fische, weil alle Seen mit der wuchernden Salvinia zugedeckt sind.«

Kwandemi: »Die Frauen sitzen herum und zerstören den Mann.«

Pause.

»In Malingei, wo ich zu Hause bin, ist es besser. Dort gehen die Frauen fischen, und der Mann hat zu essen. Er hat dort auch Freunde. In Malingei ist alles anders als in Kanganamun.«

Ich: »Warum gehst du nicht nach Malingei zurück? Du bist doch ganz traurig, hier in Kanganamun.«

Kwandemi: »Ich lebte in der Küstenstadt Madang und arbeitete bei einer Firma. Als ich nach Malingei zurückkehrte, starb mein Vater. Jetzt bin ich in Kanganamun und warte, bis meine Mutter stirbt. Sie lebt in Malingei. Wenn sie tot ist, gehe ich in die Stadt zurück. Es lebt sich besser in der Stadt. Dort habe ich keine Angst vor den Frauen.«

Kwandemi erzählt mir, wie einsam und allein er sich im fremden Dorf fühlt. Einsam, traurig und arm beschreibt er sich, ganz so, wie er mich gestern erlebt hat. Das ist für ihn heute das Gemeinsame an uns beiden. Offenbar ist die Phantasie, ich sei ihm ähnlich, die Voraussetzung gewesen, mir etwas aus seinem Gefühlsleben mitzuteilen. Es fällt mir auf, wie unklar vieles bleibt: seine Angst vor den Frauen und seine Vorstellung, wie die Frau den Mann zerstört. Kwandemi beschreibt die Frau so, wie in der Regel der Mann beschrieben werden könnte. Die Unklarheit der Aussagen Kwandemis begleitet heute den ängstlich gewahrten Abstand, den er mir gegenüber bewahrt. Ich spüre diese Distanz. Kwandemi hat sich eher zu weit entfernt hingesetzt, als es bei einem Gespräch zu erwarten wäre. Ich beginne nun von seiner Angst zu sprechen und ihm zu zeigen, wie gut ich ihn verstehe. Dabei rücke ich den Kessel, auf dem ich sitze, in seine Nähe, lege meine Hand auf seinen Arm, schaue ihm in die Augen und sage:

Ich: »Es gefällt dir nicht in Kanganamun. Du bist traurig, hier leben zu müssen.«

Kwandemi lacht mich an. Er ist plötzlich entspannt. Er zieht seinen Arm nicht zurück. Er schiebt auch seinen Hocker nicht von mir fort, um die bisher notwendige Distanz wiederherzustellen. Jetzt beginnt er vom Tod seines Vaters zu sprechen. Dann sagt er unvermittelt und völlig teilnahmslos, er warte einfach auf den Tod seiner Mutter, um danach wieder in die Stadt ziehen zu können. Ich sage nichts dazu. Wir bleiben ruhig und wortlos sitzen. Es ist, als ob ich, ganz wie er, an gar nichts anderes denken könnte als an den Tod der Mutter, den er erwartet. Kinder kommen näher, stehen um uns herum. Ein kleines Hündchen zupft am Senkel meines linken Schuhs. Ein Knabe trägt das Hündchen fort. Kwandemi lacht und sagt: »Das Hündchen wollte deinen Schuh fressen.« Ich stehe auf und sage im Gehen: »Ich komme morgen wieder.« Kwandemi reicht mir die Hand und fügt hinzu: »Ich werde auf dich warten.«

Die nächste Begegnung mit Kwandemi überrascht mich insofern, als er zu mir sagt: »Komm, wir gehen zum Fluß ins *haus kiap*. Dort sind wir allein und werden zusammen reden.« Er geht mit mir einen Weg, den ich gewöhnlich nicht einschlage, zuerst auf das große Männerhaus zu, dann rechts in den Palmenwald, einen schmalen Pfad entlang. Kwandemi ergreift mehrmals meine Hand, wenn Baumstämme am Boden liegen, als befürchte er, ich würde straucheln. Ich halte seine Hand und er drückt sie fest zu, als wären wir jetzt gute Freunde. Im *haus kiap* setzen wir uns auf den Palmholzboden und lehnen uns im Schatten gegen die hintere Wand. Es ist trotzdem sehr heiß. Kwandemi erzählt mir, daß er hier in Kanganamun seinem Onkel, dem *wau*, hilft, ein neues Haus zu bauen. Der *wau* ist der Bruder seiner Mutter. Kwandemi wird vom *wau* als Kind dessen Schwester *lawa* genannt.

Kwandemi: »Dieser *wau* hat mich gehalten, als ich letztes Jahr in Yindabu initiiert wurde. Wenn das Haus fertig ist, gehe ich meine Mutter in Malingei besuchen. Dann kehre ich hierher zurück.«

Ich: »Warum gehst du nicht ganz nach Malingei zurück? Dort ist es doch besser für dich als hier in Kanganamun.«

Kwandemi: »Nein, ich kann nicht ganz nach Malingei zurückkehren. Ich werde nur kurz mit meiner Mutter sprechen. Sie ist noch immer traurig über den Tod meines Vaters. Er war ein guter Mann und hat mich die guten Bräuche gelehrt. Er hat mich nie geschlagen. So war ich auch traurig, als er starb. Dann ging die Trauer zu Ende, und jetzt warte ich auf den Tod meiner Mutter. Sie lebt noch in Malingei. So kann ich nicht in Malingei bleiben.«

Ich: »Solange die Mutter lebt, gehst du nicht an den Ort, wo deine Mutter wohnt.«

Kwandemi: »Nein, ich warte hier, bis sie stirbt.«
Ich: »Als du aus Madang zurückkamst und nach Malingei gingst, starb bald dein Vater. Es ist nicht gut, wenn du jetzt nach Malingei gehst, sonst stirbt auch deine Mutter.«
Kwandemi: »Sie wird sterben. Wann, weiß niemand. Ich werde aber nicht in Malingei auf ihren Tod warten.«
Ich: »Dann wirst du noch lange in Kanganamun bleiben.«
Kwandemi: »Das kann man nicht wissen.«
Er sitzt da und schaut vor sich hin.
Kwandemi: »Die Frau meines *wau* ist schlecht. Sie dreht das Gesicht immer zur Seite, wenn ich in ihrer Nähe bin. Sie will nichts von mir wissen. Sie ist schlecht. Sie gibt mir nie etwas zu essen. Nur wenn sie fortgeht, kann mein *wau* im Haus etwas Essen für mich holen. Einmal hat er mir auch ein wenig Geld gegeben. Die Frau ist schlecht. Sie mag die Leute aus Malingei nicht.«
(Wieder schaut er vor sich hin.)
»Ich habe Angst vor den Frauen im Dorf. Ich will auch mit keiner schlafen. In Madang war das anders. Dort habe ich keine Angst. Die Frauen in der Stadt sind anders.«
Ich: »Wie sind die Frauen in der Stadt?«
Kwandemi: »In Madang sind die Freunde der gleichaltrigen Gruppe zusammen, und wenn du mit den Freunden zu deiner Frau kommst, ist sie lieb und gibt allen zu essen. So ist es gut, aber hier ist die Frau gegen deine Freunde, und wenn du mit ihnen nach Hause kommst, wird sie böse und gibt ihnen nichts zu essen.«
Ich: »Jetzt verstehe ich besser, weshalb du Angst vor der Frau hast. Du willst mit deinen Freunden zusammensein. Du hast Angst, die Frau mag deine Freunde nicht und du bleibst mit ihr allein.«
Kwandemi: »Deine Freunde sind das Gute in deinem Leben, und die Frau ist das Schlechte, wenn sie dir und deinen Freunden nichts zu essen gibt. Deine Wut ist dann groß, und du schlägst deine Frau zusammen. Dann gibt es großen Streit und einen Gerichtsfall im Dorf. Mit der Frau in Madang hatte ich nie Streit. Sie ist anders. Sie ist Krankenschwester im Spital. Sie kommt aus den Maprikbergen. Ich ging mit ihr zu ihrer Familie und heiratete sie. Dann lebten wir zusammen in Madang.«
Ich: »Hat sie Kinder bekommen?«

Kwandemi: »Nein, sie mag Kinder nicht. Ich will auch keine Kinder.«

Ich: »Hast du mit der Frau geschlafen?«

Kwandemi: »Sie wurde nicht schwanger. Sie kann keine Kinder kriegen.«

Ich: »Weshalb kann sie keine Kinder kriegen?«

Kwandemi: »Sie war das erstgeborene Mädchen in ihrer Familie. Als sie etwas groß geworden war, hat die Familie einen Zauber mit Betelnüssen gemacht und ihr zum Essen gegeben, damit sie nie Kinder bekommen kann.«

Ich: »Was sagt denn deine Frau dazu, daß sie keine Kinder haben kann?«

Kwandemi: »Sie sagt, es sei gut so. Es gebe nur Streit. Kinder seien oft starrköpfig. Dann müsse man sie schlagen. Das möge sie nicht. Auch ich mag Kinder nicht. Ich ertrage den Streit nicht, denn dann gibt es oft einen Gerichtsfall. Heute haben die Alten in Kanganamun Gericht gehalten. Drei Knaben haben Mangofrüchte vom Baum gestohlen, der Sugukamans Frau gehört. Die drei Buben wurden zu je fünf Kina* Buße verurteilt. Das müssen ihre Väter jetzt bezahlen. Der älteste Knabe ist davongerannt. Seine Eltern sind in Wewak, und niemand kann für ihn die fünf Kina bezahlen. Die beiden kleineren sind stehengeblieben. Ihre Väter werden sie zusammenschlagen. So ist es hier. Die Knaben haben gestohlen, weil sie hungrig waren.«

Diese Aussage Kwandemis widerspricht der Tatsache, daß in den Dörfern des Sepiks niemand hungert.

Es entsteht eine Pause. Kwandemi wirkt gespannt. Sein Ausdruck hat sich unmerklich verändert. Ich habe das Gefühl, er könnte unvermittelt mit mir einen Streit beginnen, obschon ich keinen Anlaß sehe, der dazu führen könnte.

Kwandemi: »Gestern war auch ein Gerichtsfall. Ein alter Mann hat Rotangpalmen auf dem Grundstück eines jungen Mannes geschnitten. Der sagte, es seien seine Rotangpalmen. Der Alte sagte, das Grundstück gehöre gar nicht ihm. Darauf schlug der Junge dem Alten ins Gesicht.«

Kwandemi hebt die Faust und macht mir vor, wie der Junge dem Alten ins Gesicht schlägt, und kommt mit seiner Faust so

* 1 Kina = 100 Toea, Währungseinheiten in Papua Neuguinea (1979: 1 Kina = DM 2,50).

nahe an mein Gesicht, daß ich zurückweiche. Nun lacht er und ist wieder entspannt. Dann sagt er gleichgültig:

Kwandemi: »Der Alte blutete aus der Nase, und sein Kopf war angeschwollen. Das Gericht verurteilte den Jungen zu zehn Kina Buße. Der aber sagte, er bezahle nicht. Es gab eine Schlägerei. Die Familienangehörigen der beiden schlugen sich zusammen. Ich schaute zu und sagte den Leuten, sie sollen sich nicht streiten. Gut leben ist, ruhig und friedlich zu sein. Das hat mich mein Vater gelehrt. Er war ein guter Mann.«

Ganz im Widerspruch zu dem, was Kwandemi soeben sagte, schaut er mich jetzt mit blitzenden Augen an, beugt sich nach vorn – mir zu, was mich erneut veranlaßt, zurückzuweichen. Doch will er bloß aufstehen.

Kwandemi: »Ich habe Hunger, ich habe gestern und heute nichts gegessen.«

Ich: »Es ist nicht gut, wenn du hungrig bist und ich in Palimbei gut gegessen habe und wir uns dann treffen und miteinander reden.«

Kwandemi: »Du sprichst wie der *wau*.«

Ich: »Wenn ich satt bin und du bist hungrig, ist unsere Beziehung gestört. Ich mag das nicht. Komm, wir gehen etwas zum Essen kaufen.«

Wir verlassen das Haus.

Kwandemi führt mich wieder durch den Palmenwald und hilft mir, wenn wir Hindernissen begegnen. Dann hält er mich fest bei der Hand, bis wir zu einem Haus kommen, das genau so aussieht wie alle anderen. Wir gehen die Leiter hinauf. Ich betrete einen Raum, in welchem drei Frauen zwischen offenen Kartonschachteln sitzen, in denen die Waren liegen, die sie zum Kauf anbieten: Konserven, Reis, Zigaretten und Biskuits. Daneben Kleidungsstücke aller Art. Ich kaufe eine Fischkonserve und Zigaretten. Kwandemi will mich zum Boot zurückbegleiten. Im Palmenwald gebe ich ihm die Fischkonserve und die Zigaretten.

Ich: »Die Fischkonserve ist für dich, die Zigaretten kannst du Sugukaman bringen. Er raucht gerne und seine Frauen auch.«

Kwandemi, der bisher immer nur den einheimischen Tabak geraucht und von mir keine Zigarette angenommen hat, sagt nun überraschenderweise: »Ich rauche diese Zigaretten auch. Ich werde Sugukaman einen Teil geben, den anderen behalte ich für mich.«

Als ich Kwandemi an diesem Tage verlasse und mit unserem Motorkanu den Sepik überquere, habe ich große Mühe, in der Nähe unseres Hauses an der Anlegestelle zu landen. Obschon die Baumstämme, die den Fluß hinuntertreiben, die Landung erschweren, bemerke ich, daß meine Unsicherheit im Boot nicht mit den Baumstämmen, sondern mit Kwandemi zu tun hat. Ich fühle mich verunsichert, weil ich denke, Kwandemi könnte jetzt sehr wohl in eine fordernde abhängige Beziehung zu mir geraten. Ich versuche mich zu rechtfertigen und sage zu mir selbst, meine Absicht, Konservenfisch und Zigaretten anzubieten, zielte nicht darauf, jetzt Kwandemi einfach zu füttern, sondern gleichzeitig der stets erwartungsvollen, gierigen Haltung Sugukamans zuvorzukommen. Ich will nicht immer wieder in die Lage geraten, daß er von mir etwas verlangt. Würde sich Sugukamans Haltung verändern, wäre auch Kwandemis Einstellung zu mir davon günstig beeinflußt. Eine andere Erwartung ist aber wichtiger: Ich hoffe, Kwandemi werde sich von mir geliebt fühlen. Meine eigenen Gefühle verwirren mich, nicht Kwandemi, denn er versteht mich richtig. Er bildet keine fordernde abhängige Haltung aus. Er spricht nur immer wieder vom Hunger.

Zunächst erkrankt er an Malaria. Er liegt erschöpft und fiebrig im kleinen Männerhaus. Von Zeit zu Zeit öffnet er die Augen und schaut mich an. Ich sitze wortlos neben ihm. Mit leiser Stimme berichtet er, daß seine Schwester ihm einen Sack Betelnüsse und zwei Fische gegeben hat, als er sie in einem Nachbardorf besuchte. Er habe alle Betelnüsse verschenkt und den einen Fisch den Frauen Sugukamans gegeben, den anderen gegessen. Im Dorf verschenke er alles. Sein Vater habe ihm erklärt, daß er im Dorf für Eßwaren nie Geld verlangen dürfe.

Kwandemi: »In der Stadt ist das anders. Dort kann ich kaufen und verkaufen, was ich will. Aber hier im Dorf habe ich nie Geld.«

Kwandemi schläft wieder ein. Ich warte.

Als es Zeit wird, nach Palimbei zurückzukehren, nehme ich meine Sachen und stehe auf. Kwandemi setzt sich jetzt auf.

Kwandemi: »Gehst du nach Palimbei zurück?«

Ich: »Ja, es ist Zeit. Ich werde morgen wiederkommen.«

Kwandemi: »Wenn die Männer vom Dorf Karten spielen, kommen sie zuerst bei mir vorbei und sprechen mit mir. Ich sage dann: ›Jetzt kannst du gehen. Du wirst beim Kartenspiel Geld gewinnen.‹ Die Männer wissen, daß ich die Kraft habe, ihnen das zu sagen, und dann gewinnen sie.«

Ich: »Woher kommt diese Kraft?«

Kwandemi: »Mein Vater hat mir beigebracht, wie das geht. So kann ich es jetzt auch.«

Kwandemi steht auf. Es geht ihm besser. Der Gedanke an die Kraft, die er von seinem Vater erhielt, hat die Erschöpfung und das Krankheitsgefühl weggeschoben, doch will mich Kwandemi offensichtlich nicht weggehen lassen. Er will mich zum Sepik begleiten. Wir gehen wieder durch den Palmenwald. Auf dem Weg sagt Kwandemi, Sugukaman sei jetzt böse auf uns. Er wolle nicht mehr, daß der Weiße zu seinem Haus kommt.

Kwandemi: »Sugukaman ist böse, weil ich jetzt mit dir spreche und nicht mit ihm.«

Ich denke, wahrscheinlich ist Sugukaman böse, weil ich nicht mit ihm, sondern mit Kwandemi spreche, doch spüre ich, daß ich das Kwandemi nicht sagen darf. Er wäre in seinem Selbstgefühl gekränkt, denn er ist der, der nicht nur Betelnüsse und Fisch, sondern sich selbst verschenkt. Mit mir macht er das gleiche, und darin liegt ja – wie ich jetzt auf dem Gang durch den Palmenwald erkenne – das Unausweichliche, zeitweise Verwirrende in unserer Beziehung. Als wir beim *haus kiap* ankommen, will Kwandemi mit mir hineingehen. Wir setzen uns wieder gegen die hintere Wand. Kwandemi schiebt einige Latten zur Seite. Ein Lichtstrahl dringt ins schattige Haus. Er setzt sich gerade neben die Lücke und sagt, durch die Lücke käme ein wenig frischer Wind. Es ist aber völlig windstill und drückend heiss. In Wirklichkeit ist es so, daß ich, der ihm gegenübersitzt, vom Licht geblendet werde und Kwandemis Gesicht nicht mehr sehen kann. Er aber beobachtet mich genau und wird ganz lebhaft.

Kwandemi: »Mein *wau* ist für einige Tage fortgegangen. Jetzt habe ich niemanden mehr, der mir etwas zu essen gibt. Ich habe nur den Fisch gegessen, den mir meine Schwester gab, aber heute habe ich noch nichts gehabt. Sugukaman gibt mir nichts. Er ist böse.«

Ich: »Es ist nicht gut, wenn du hungrig bist und ich gegessen habe und wir dann zusammen sind und miteinander sprechen. Das Gespräch kann dann nicht hin und her gehen. Es stockt, weil du hungrig bist und denkst, ich habe genug gegessen, wie Sugukaman.«

Kwandemi: »So wie du sprichst, ist es wahr. So spricht der *wau* zum *lawa*. Er sagt auch, der eine und der andere sind gleich und der eine muß zum anderen schauen. Du nimmst jetzt, seitdem wir miteinander sprechen, ein wenig die Stelle des *wau* ein.«

Ich: »Ich bin jetzt ein wenig an die Stelle des *wau* getreten. Das gefällt mir, denn ich komme gerne zu dir und freue mich jedesmal, mit dir wieder ein Gespräch zu haben.«

Kwandemi lacht und schaut mich an. Er legt seine Hand auf meine Hand, rückt dabei etwas näher. Das Licht fällt jetzt auf sein Gesicht. Ich kann ihn gut sehen.

Kwandemi: »Ich bin ganz allein hier. Ich habe keine Freunde. Mein Vater ist tot, meine Mutter ist in Malingei, mein *wau* ist fort, seine Frau ist böse zu mir, und Sugukaman gibt mir nichts zu essen. Du stehst jetzt ein wenig an der Stelle des *wau*, ein weißer *wau* ...«

Während ich mir überlege, ob ich jetzt Kwandemi wieder etwas zum Essen beschaffe oder nicht und was das für Folgen haben könnte, ist es still im *haus kiap*. Kwandemis Hand liegt noch immer auf meiner Hand.

Kwandemi: »Ich habe die Frau in Madang nicht geheiratet. Wir haben bloß so zusammengelebt. Sie arbeitete im Spital und ich in der Firma. Abends aßen wir zusammen. Dann schliefen wir und haben jede Nacht Liebe gemacht. So ging es eine ganze Zeit. Dann kam ich an den Sepik zurück in die Umzäunung nach Yindabu. Dort wurde ich initiiert. Das war gut so, der *wau* hat mich gehalten, ganz nackt, er und ich. Ich lag auf dem Kanu und der *wau* hielt meinen Kopf. Nach der Initiation ist alles anders. Jetzt bin ich hier im Dorf und nicht mehr in der Stadt. Ich wußte, daß ich die Frau in Madang verlassen würde, wenn ich initiiert werde. Später, wenn meine Mutter tot ist, werde ich wieder in die Stadt gehen, nach Lae zu meiner Schwester. Bei ihr werde ich wohnen und essen. Ich werde eine Arbeit suchen und mit vielen Freunden zusammensein und mit anderen Frauen schlafen.«

Vom Hunger ist nicht mehr die Rede. Als ich Kwandemi verlasse, bin ich etwas traurig darüber, daß vom Hunger nicht mehr die Rede war. Ich hätte mich gern großzügig gezeigt. Etwas später weiß ich, daß es nicht darum geht, großzügig zu sein. Es geht darum, auf Kwandemis Art, die Beziehung zu mir zu gestalten, einzugehen und den oft sprunghaften Wechsel seiner Einstellungen nicht gleich als Reaktionen zu verstehen, die er auf mein Verhalten ausbildet, sondern als das, was dieses Hin und Her in seinen Gefühlen und Gedanken bedeutet. Wie in einem Spiel läßt er sich ein, zieht sich wieder zurück, kommt von einer anderen Seite näher, entfernt sich erneut und sucht eine ausgeglichene Beziehung zu gestalten, in der wir uns gleich zu gleich gegenüberstehen. Als ich am folgenden Tag wiederkomme, schneidet Kwandemi Gras ums kleine Männerhaus. Dann zeigt er mir eine frisch begonnene Schnitzerei.

Kwandemi: »Gestern, als du weggegangen bist, habe ich begonnen, ein Krokodil zu schnitzen. Früher habe ich noch nie ein Krokodil geschnitzt. Der linke Vorderfuß ist abgebrochen. Ich werde ihn wieder anleimen.«

Ich: »Eine Schnitzerei ist doch immer aus einem Stück. Kannst du da einfach leimen?«

Kwandemi: »Ja, sie ist immer aus einem Stück. Ich werde den Fuß anleimen.«

Das sagt Kwandemi bloß. Später wird er die zerbrochene Schnitzerei verbrennen und ein neues Krokodil schnitzen. Jetzt geht er sich waschen und läßt mich längere Zeit warten. Dann gehen wir über den Waldweg zum *haus kiap*. Als wir ins Hausinnere kommen, zeigt Kwandemi auf die Stelle, wo wir gestern saßen.

Kwandemi: »Hier habe ich heute nacht geschlafen. Ich gehe nicht mehr in Sugukamans Haus.«

Wir setzen uns.

Kwandemi: »Ich habe eine große Wut auf Sugukaman. Er spricht nicht mehr mit mir, er weicht mir aus und redet schlecht über mich und über den Weißen. Jetzt ist alles fertig. Jetzt gibt es großen Streit.«

Kwandemi schaut mich mit aufgerissenen Augen an. Ein

wilder Ausdruck wird zum erstenmal sichtbar. Er spielt mit einer Knochenkette, die er um den Hals trägt. Ich schaue auf diese Kette. Ich sage nichts.

Kwandemi: »Das ist eine Schlangenkette. Ich habe sie selbst gemacht. Ich schlug eine Schlange tot. Die Schlange brachte ich ins Dorf. Die Leute haben sie gekocht und gegessen. Ich esse Schlangen nicht. Ich wollte nur die kleinen Knöchelchen, um diese Kette zu machen. Wer sie trägt, hat die Kraft, jedermann zusammenzuschlagen. Jetzt gibt es einen großen Streit. Heute nachmittag werde ich Sugukaman zusammenschlagen.«

Pause.

»Er weicht mir aus. Er hat gegessen, und ich habe Hunger. Er stand am Fenster, als ich vorbeiging, und hat seinen nackten vollen Bauch gezeigt und mit der Hand darauf geklopft. Er ist ein schlechter Mann. Ich werde ihn aufsuchen, und wenn ich ihn gefunden habe, sage ich ihm: ›Du hast gegessen und du hast mir nichts gegeben.‹ Dann schlage ich ihn zusammen. Dann gibt es einen Gerichtsfall.«

Ich: »Beim Gericht wird man sagen: Der weiße Mann, der da immer kommt, ist schuld an allem. Als er kam, hat der Streit begonnen.«

Kwandemi: »Nein. – Du bist nicht dabei« (beinahe zutraulich). »Du bist gut zu mir, du stehst ein wenig an der Stelle des *wau*. – Man wird sagen, was man will. Ich gehe ohnehin fort. Ich gehe nach Yindabu. Dort warte ich auf dich. Du kommst einfach nach Yindabu, und dort werden wir zusammen sprechen.«

Ich: »Yindabu ist weit weg.«

Kwandemi: »Nein, Yindabu ist ganz nahe.«

Ich: »Trotzdem zu weit weg, um jeden Tag den Sepik hinaufzufahren. Wenn es den großen Streit gibt und alle Folgen, dann sind unsere Gespräche zu Ende, dann ist unsere Beziehung abgebrochen.«

Kwandemi: »Ich habe Hunger, und wenn du nichts zu essen hast, wirst du böse.«

Ich: »Ich bin nach Kanganamun gekommen, und dann haben wir uns zusammengesetzt und miteinander zu reden begonnen. Dann kam der Hunger, und mit dem Hunger kam der Streit. Unsere Gespräche haben zum Streit geführt.«

Kwandemi: »Mit dir gibt es keinen Streit.«
Ich: »Gut, aber der Streit ist doch vom weißen Mann ins Dorf getragen worden.«
Kwandemi: »Der Hunger ist da, und dann kommt der Streit.«
Jetzt sitzt er etwas verloren da, traurig in sich versunken.
Ich: »Du kannst zu einer Frau im Dorf gehen und ihr sagen, sie soll dir Essen geben.«
Kwandemi (ganz lebhaft): »Die Frau wird sagen, das Essen kann ich dir nicht geben. Der Sago kostet 20 Toea und der Fisch kostet 20 Toea.«
Ich: »Ich gebe dir jetzt 20 Toea für den Sago und 20 Toea für den Fisch, und eine Frau im Dorf wird das Essen geben. Die Gedanken können nicht hin und her gehen, wenn du immer Hunger hast und ich genug gegessen habe.«

Kwandemi stutzt. Er zögert, die beiden Münzen, die ich ihm reiche, zu nehmen. Er überlegt. Plötzlich nimmt er das Geld und ist ganz fröhlich.

Kwandemi: »Du bist an die Stelle meines *wau* getreten. Der *wau* ist fortgegangen. Ich gehe jetzt zu einer Frau. Ich kenne eine, etwas außerhalb des Dorfes. Sie wird mir das Essen geben. Wenn du jetzt weggehst, hole ich mir das Essen. Dann gehe ich ins kleine Männerhaus und schnitze weiter am Krokodil. Sugukaman werde ich nicht zusammenschlagen. Der Streit ist zu Ende. Abends kehre ich wieder in dieses Haus zurück und schlafe hier. Wenn du morgen kommst, warte ich auf dich«.

Als wir uns wieder begegnen, ist Kwandemi nicht im *haus kiap*. Er hat auch nicht an seiner Schnitzerei weitergearbeitet. Ich treffe ihn im kleinen Männerhaus. Er liegt und spricht mit den anderen Männern. Heute ist ein besonders heißer Tag. Ich lege mich auch hin. Die Männer stellen Fragen, die Kwandemi auf Pidgin für mich übersetzt. Ich antworte auf Pidgin, und Kwandemi gibt meine Auskünfte in der Iatmulsprache weiter. Dann liegen wir wortlos in der brütenden Hitze. Kwandemi trägt heute die Schlangenkette nicht. Die Hähne krähen, und die Hunde jaulen. Von den riesigen Bäumen zwitschern die Vögel. Immer wieder durchdringt der laute Ruf eines Singvogels das Gezwitscher wie eine Melodie.

Kwandemi: »Hörst du den Vogel. Er ruft seinen Partner ... Jetzt ruft das Weibchen ... Jetzt ist es still. Das Männchen wird gleich antworten.«
Tatsächlich ertönt in der Ferne die Antwort.
Kwandemi: »Jetzt kommen die beiden zusammen.«
Man hört nichts mehr.
Kwandemi: »Jetzt sind sie zusammen, wie wir hier, und es ist still. Jetzt treiben sie es miteinander. Dann werden sie ein Haus bauen, und jeder Vogel legt ein Ei.«
Ich: »Das Weibchen legt ein Ei. Das Männchen kann kein Ei legen.«
Kwandemi: »Doch, doch, beide legen ein Ei ins Vogelnest, und wenn das Ei später aufbricht, kommt aus dem Ei des Weibchens ein weiblicher Vogel und aus dem Ei des Männchens ein männlicher Vogel. So ist das. Ich habe es selbst gesehen. Ich fand einmal zwei kleine Vögel in einem Nest. Ich habe sie nach Hause genommen und ihnen zu essen gegeben. Als sie etwas größer geworden waren, hat die Katze sie gefressen. Ich wollte die Katze totschlagen, aber sie ist davongerannt.«

Kwandemi lacht vergnügt über seine Geschichte. Beide Vögel sind gleich. Sie sind zusammen, und jeder legt selbständig für sich ein Ei. Er vergleicht die Vögel mit uns beiden und drückt damit aus, daß wir uns gleich zu gleich gegenüberstehen. Für Kwandemis seelisches Gleichgewicht ist es wichtig, daß in einer Beziehung keiner dem anderen unterliegt. Beide sollen gleich sein. Dann gibt es keine Spannungen.

Tritt ein Ungleichgewicht in unserer Beziehung auf, spürt Kwandemi nurmehr den Hunger und die Gier, von mir gefüttert zu werden. Dann fühle ich mich verunsichert und entwickle ein Bedürfnis, etwas zu tun, um mich liebenswert zu zeigen. Meine Verunsicherung kommt daher, daß ich nichts unternehmen kann, um unsere Beziehung in Ordnung zu bringen. Das kann eigenartigerweise nur Kwandemi zustandebringen, wenn Voraussetzungen gegeben sind, die wiederum nur von ihm abhängen. Ich kann eigentlich nur soviel beitragen, ihn nicht daran zu hindern. Das ist mir nicht immer leichtgefallen, weil sich etwas in mir dagegen sträubte. Folge ich ihm nämlich in der Art, wie er unsere Beziehung gestaltet, treten die Aggressionen in Erscheinung, die die Gier, von mir gefüttert zu werden, begleiten. Als erstmals vom Hunger die Rede ist, leitet Kwandemi sein Verlangen mit Berichten über Streitfälle im Dorf ein. Als er wieder vom Hunger spricht, vergleicht er sich zuvor mit seinem Vater, der über Zauberkräfte verfügte, die auf ihn übergegangen sind. Kwandemi fühlt sich gleich stark wie sein Vater und kann jetzt vom Hunger sprechen, ohne in ein gieriges Verlangen zu gleiten. Die aggressiven Regungen machen sich aber in unserer Beziehung bemerkbar. Sein älterer Bruder wird böse, und Kwandemi blendet mich mit dem einfallenden Licht. Als zum drittenmal vom Hunger die Rede ist, erscheint Kwandemi außer sich vor Wut gegen seinen Bruder. Er droht mit einer gefährlichen Schlägerei und dem Zusammenbruch unserer Beziehung. Jetzt ist sein gieriges Verlangen, gefüttert zu werden, so stark, daß die Stillung seiner Bedürfnisse auch die Aggressionen abklingen läßt. Danach scheint es Kwandemi erstmals möglich zu sein, unsere Beziehung so zu erleben, daß wir uns gleich zu gleich gegenüberstehen.

Kwandemi: »Morgen früh gehe ich auf den Markt in den Busch, wo die Frauen Fisch und Sago tauschen.«

Ich: »Es ist der Markt der Frauen.«

Kwandemi: »Die Männer können auch hingehen. Ich werde dort Leute treffen. Sie werden mir zu essen geben.«

Ich: »Wer wird dir das Essen geben?«

Kwandemi: »Das kann man nicht wissen. Ich werde zum Markt gehen, und dann wird man sehen.«

Ich denke für mich, daß es gut ist, wenn Kwandemi jetzt selbst auf die Suche nach Nahrung geht und nicht in meine Abhängigkeit gerät. Kwandemi steht auf. Ich nehme meine Sachen und will mich von ihm verabschieden.

Kwandemi: »Ich komme mit dir zum Sepik.«

Wir gehen heute den üblichen Weg. Kwandemi geht voraus und spricht mit fast allen Leuten, denen wir begegnen. Wir sind nun schon nahe beim *haus kiap*.

Kwandemi: »Wenn du jetzt weitergehst, kommt Marco von der anderen Seite. Dann fahrt ihr mit dem Motorkanu zurück. Marco kommt aber vielleicht nicht so bald, wenn er Ngaui gefunden hat. Dann mußt du warten. Komm, wir gehen ins *haus kiap*, und wenn Marco erst später kommt, sprechen wir noch miteinander.«

Wieder macht er eine Lücke in der Wand und setzt sich davor. Ich bin schweißüberströmt und bleibe zunächst stehen, um mich etwas zu erholen. Ich werfe die Tasche mit den Motorersatzteilen und den Instrumenten, meinen Hut und meine kleine Netztasche, in der ich die Zigaretten und das Feuerzeug habe, zu Boden. Kwandemi ergreift erstmals meine Tasche, nimmt die Zigaretten heraus, steckt sich eine in den Mund und reicht mir eine. Ich setze mich, und er zündet die Zigaretten an. Jetzt legt er Feuerzeug und Zigaretten neben mich, verjagt eine Mücke aus meinem Gesicht, nimmt einen Halm aus meinem Haar und beginnt, die Grassporen an meinen Hosen wegzuzupfen. Er legt seinen Arm auf mein Bein, doch sitzt er trotzdem unbequem. Sein Bein schläft ein. Jetzt setzt er sich anders hin. Die Lücke blendet mich nicht mehr. Ich kann Kwandemis Gesicht gut sehen. Er schaut immer wieder durch die Spalten, ruft vorbeigehenden Leuten etwas zu. Wir warten. Jetzt lege ich mich hin.

Kwandemi: »Marco wird bald kommen.«

Seine Hand ist noch immer mit den Grassporen an meinen Hosen beschäftigt. Ich setze mich auf und lege meine Hand auf seine Hand. Er hört auf und ist ruhig.

Ich: »Wenn wir zusammen reden und die Gedanken hin und her gehen, ist es so, als wenn sich die eine Hand auf die des anderen legt.«

Kwandemi: »Ich habe es gerne, wenn du die Hand auf meine Hand legst.«

Ich: »So macht es doch der Mann, und so macht es die Frau, wenn sie sich treffen und zusammen schlafen wollen.«

Kwandemi: »Nein, beim Mann und bei der Frau ist es anders. Da gibt es Streit. Wir hier sind Freunde. Du bist wie der *wau*. Da gibt es keinen Streit.«

Ich: »Aber unheimlich ist es trotzdem für dich, wenn du jeden Tag mit mir sprichst. Als du mir sagtest, du hättest Angst vor der Frau, sprachst du eigentlich von der Angst, die du vor mir, dem weißen Mann hast.«

Kwandemi: »Jetzt ist alles vorbei. Es gibt keinen Streit mehr mit Sugukaman. Ich habe auch nicht mehr Hunger. Du bist ein wenig an die Stelle des *wau* getreten. Das ist gut so.«

Ich nehme zwei Zigaretten aus der Packung und gebe sie Kwandemi.

Ich: »Heute abend, wenn es dunkel ist, werde ich noch eine

Zigarette rauchen, und morgen früh werde ich eine Zigarette rauchen. Du wirst die eine Zigarette auch heute nacht rauchen und die andere morgen früh, bevor du zum Markt gehst. Dann ist es bis morgen so, als ob wir miteinander sprechen, als ob deine und meine Hand sich halten.«

Kwandemi: »Ja, so ist es. Wir werden die Zigaretten zur gleichen Zeit rauchen, ich hier und du auf der anderen Seite des Flusses. Es gibt keinen Streit. Mit Sugukaman ist jetzt alles gut. – Schau, Marco kommt. Jetzt geht ihr, und ich bleibe.«

Als wir uns am folgenden Tag gegen Abend im kleinen Männerhaus treffen, trägt Kwandemi eine hellblaue, lange, schmale Vogelfeder im Haar. Er hatte auf dem Weg zum Frauenmarkt eine Krontaube mit einem Stock erschlagen, sie gerupft, gekocht und gegessen. Die schönste und längste Schwanzfeder hat er mitgenommen. Das erzählt er mir aber erst später, als wir durch den Wald zum Sepik gehen. Jetzt berichtet er eine überraschende Neuigkeit.

Kwandemi: »Auf dem Markt habe ich meine Mutter aus Malingei getroffen. Sie hat mir Sago und Fisch gegeben. Meine Mutter hat sich wieder verheiratet und lebt hier in Kanganamun, etwas außerhalb des Dorfes. Nur wenige Leute wissen es. Wir, hier im Dorf, haben es nicht erfahren. Ich bin mit meiner Mutter in ihr Haus gegangen und habe mit dem neuen Mann gesprochen. Er ist gut zu ihr. Meine Mutter möchte, daß ich bei ihr wohne. Sie sagt, ich soll mir ein Haus neben ihrem Haus bauen und heiraten. Sie werde mir das Geld für die Frau geben.«

Pause.

»Ich will nicht heiraten und werde bei Sugukaman bleiben. Es ist gut dort. Jetzt gibt es viel zu essen. Meine Mutter und Sugukaman geben mir Fisch und Sago. Jetzt ist alles gut.«

Wir gehen durch den Wald zum *haus kiap*, setzen uns dort, wie gewöhnlich. Kwandemi kümmert sich heute nicht um die Latten der Hinterwand. Er ist zufrieden.

Kwandemi: »Jetzt, wo meine Mutter in Kanganamun ist, ist der Streit mit Sugukaman zu Ende.«

Ich: »Der Streit ist zu Ende gegangen, bevor du gewußt hast, daß deine Mutter in Kanganamun neu verheiratet ist. Der Streit ist gekommen, weil ich täglich mit dir spreche, und der Streit ist zu Ende gegangen, weil ich dir zu essen gegeben habe. Wenn du Hunger hast, gibt es Streit. Den Streit kann ich nicht ändern, aber den Hunger kann ich stillen.«

Kwandemi: »Meine Mutter ist nicht die richtige Mutter. Ich habe es lange nicht gewußt. Als ich etwa so groß war (er zeigt die Größe eines etwa Achtjährigen), haben die Kinder, mit denen ich in Malingei gespielt habe, gesagt, meine Mutter sei gar nicht meine Mutter. Ich wurde sehr böse und habe die Kinder, die das sagten, zusammengeschlagen. So ist das gewesen.«

Pause.

»Als ich einmal nach Yindabu gegangen bin, habe ich meine richtige Mutter getroffen. Sie sagte mir, meine Mutter in Malingei sei die Frau des Bruders meines Vaters und sie habe mich ihrer Schwägerin gegeben, als ich noch ein kleines Kind war, das nicht denken kann.«

Ich: »Bist du dann böse geworden?«

Kwandemi: »Nein. Sie hat mir das gesagt, und dann war alles in Ordnung. Es hat keinen Streit gegeben.«

Während der nun folgenden Woche treffen wir uns nur zweimal. Kwandemi sagt mir, er wolle Freunde in einem benachbarten Dorf besuchen. Es entsteht ein Mißverständnis. Ich meine, er werde vier Tage abwesend sein, während er am gleichen Tag zurückkehrt, an dem er fortgegangen ist. Ein Freund bringt ihn im Motorkanu nach Kanganamun. Kwandemi vermutet, ich hätte das Motorkanu gehört und erkannt, dass er zurückgekommen ist. Kwandemi wartet drei Tage vergeblich auf mich. Als ich am vierten Tag im kleinen Männerhaus erscheine, sagen mir alle Männer, Kwandemi sei soeben weggegangen. Ich warte umsonst und treffe ihn erst am folgenden Tag.

Kwandemi: »In den letzten Tagen habe ich auf dich gewartet, und du bist nicht gekommen. Gestern hast du auf mich gewartet, und ich bin nicht da gewesen.«

Pause.

»Ich habe ein neues Krokodil zu schnitzen begonnen. Es ist bald fertig. Jetzt hat es die helle Holzfarbe. Ich werde dunkle Erde auftragen, nachdem ich es abgebrannt habe, und dann kommt der Baumharz auf die Erdfarbe.«

Wir sitzen an einer anderen Wand des *haus kiap*. Kwandemi

wählt seinen Platz so, daß er zur Türe und über die Veranda auf den Weg schauen kann, wo Leute vorbeigehen.

Kwandemi: »Da geht die Frau vorbei, die hier im Dorf mit vielen Männern schläft. Sie ist die Dorfhure. Schlechte Sitten herrschen hier in Kanganamun ...«

Pause.

»Gestern gab es eine große Geschichte im Dorf. Ich habe es dem jungen Mann gesagt ...«

Pause.

»›Du mußt jetzt heiraten‹, habe ich ihm gesagt, ›sonst werde ich dich beim Gericht in Maprik anklagen‹«.

Ich: »Was war mit dem jungen Mann?«

Kwandemi: »Weißt du noch, als wir unter dem Haus von Sugukaman saßen und ein Hündchen deinen Schuh fressen wollte. Da ist doch ein junger Mann am Pfosten gestanden und hat dich nur angeschaut. Er hat nichts gesagt.«

Ich: »Ich erinnere mich. Er war ein Knabe von etwa 15 Jahren.«

Kwandemi: »Ja, er ist noch wie ein Kind, aber er hat mit einem Mädchen im Wald geschlafen, und jetzt ist das Mädchen schwanger geworden. Schon drei Monate ist sie schwanger. Die Frauen im Dorf sind auf sie zugegangen, weil ihre kleinen Brüste groß geworden sind. Sie haben an den Brustwarzen gedrückt, und Milch ist herausgekommen. Alle haben gesagt: ›Du wirst ein Kind bekommen. Wer ist der Vater?‹ Das Mädchen hat nichts gesagt. Es ist erst sieben Jahre alt, noch ein Kind!«

Ich: »Das kann nicht sein. Mit sieben Jahren ist das Mädchen noch zu klein, um Kinder zu bekommen.«

Kwandemi: »Das ist es ja. Weil das Mädchen erst sieben Jahre alt ist, regen sich die Eltern so auf, und alle fragen: ›Wer ist der Vater?‹ Darauf kommt der Bursche und sagt trotzig: ›Ich bin es, wir haben zusammen im Wald geschlafen.‹ ›Gut, wenn es so ist‹, sagen alle, ›mußt du das Mädchen heiraten.‹ Der Bursche sagt nein. Dann gehe ich zu ihm – gestern war das –, drohe ihm und sage: ›Entweder du nimmst jetzt sogleich das Mädchen in dein Haus oder ich gehe noch heute nach Maprik und klage dich beim Gericht an. Dann kommst du zwei Jahre ins Gefängnis, und wenn du nach Hause zurückkehrst, mußt du das Mädchen heiraten.‹ – Da hat der Bursche Angst bekommen (Kwandemi lacht vor Vergnügen). Er hat das Mädchen zu sich nach Hause genommen. Sie wohnt jetzt dort und alle sind zufrieden.«

Ich: »Du hast dich dem Jungen gegenüber so benommen, wie es die Väter hier in den Dörfern mit ihren Söhnen machen, wenn diese nicht so leben wollen, wie es die Alten vorschreiben.«

Kwandemi: »Wenn Marco in deinem Land mit einem Mädchen schläft und ihr ein Kind macht, würdest du ihn auch zurechtweisen und zwingen, das Mädchen zu heiraten.«

Ich: »Marco ist erwachsen und selbständig. Er kann machen, was er will. Ich habe nicht vor, ihn zurechtzuweisen. Ich finde es nicht gut, wenn die Väter sich in die Angelegenheiten der Jungen einmischen. Das ist auch hier in Kanganamun und Palimbei nicht gut. Die Väter haben immer Streit mit ihren Söhnen, die erwachsen werden.«

Kwandemi: »Ja, so ist es. Die Alten müssen auf die Jungen aufpassen, bis sie initiiert sind. Wenn einer die Krokodilsmuster auf dem Rücken trägt, ist es anders. Dann gehört er in die Gesellschaft der erwachsenen Männer. Ich bin in Yindabu initiiert worden und habe die Krokodilsmuster auf dem Rücken. So muß ich jetzt auf die Jungen, die noch nicht initiiert sind, aufpassen.«

Ich: »Gut, wenn es so ist, sollen eben die Väter auf ihre Söhne aufpassen. Du hast ja noch gar keinen Sohn. Du bist selber noch jung.«

Kwandemi: »Der Vater des jungen Burschen hat sich nicht gezeigt, als gestern das große Geschrei der Frauen begonnen hat. So bin ich an seine Stelle getreten.«

Ich: »Für den jungen Burschen bist du ein bißchen an die Stelle des Vaters getreten, wie ich für dich ein bißchen an die Stelle des *wau* getreten bin.«

Kwandemi: »Der eine schaut zum anderen. Wir beide sind gleich.«

Pause.

»Bevor ich zum Markt der Frauen gegangen bin, habe ich zuerst am Abend und dann am Morgen die Zigaretten geraucht, wie du auf der anderen Seite des Flusses.«

Am folgenden Tag setzt sich Kwandemi im *haus kiap* nahe zu mir, ohne sich an die Wand zu lehnen. Er legt die Hände auf meine Knie und schaut mich an. Geheimnisvoll und leise sagt er:

Kwandemi: »Gestern sind Touristen gekommen. Als sie zum großen Männerhaus gehen, bleibt ein weißer Mann zurück. Ich stehe in der Nähe. Er kommt zu mir, nimmt sein Notizbuch hervor und schaut etwas nach. Dann fragt er mich, wo die Frau namens Nabati wohnt. Ich führe ihn ins Haus dieser Frau. Sie hat vier Kinder. Das Älteste ist gerade nicht da. Der Mann dieser Frau ist vor einigen Monaten gestorben.«

Pause.

»Der weiße Mann photographiert die Kinder und die Frau. Er sagte der Frau, sie solle den Kindern genug zu essen geben, damit sie rund und dick werden. Er selbst ist kurz und dick. Er sieht eine kleine Schnitzerei, die an einem Pfosten hängt. Sie ist nicht mehr wert als 1 bis 2 Kina. Der Mann nimmt die Schnitzerei vom Pfosten und gibt Nabati fünfundzwanzig Kina.«

Pause.

»Er gibt ihr fünfundzwanzig Kina; das ist ja sehr viel Geld. Er sagt nun nochmals, sie dürfe die Kinder nicht hungern lassen. Ich sage zum Weißen, er könne seine Adresse geben. ›Ja‹, sagt der Weiße, ›aber nur Nabati darf sie kennen.‹ Dann schreibt er drei Adressen auf, eine in Madang, eine in Lae und eine in Australien. Auf den Zettel schreibt er noch eine Art Brief. Er schreibt, die Frau soll ihm berichten, wenn sie etwas benötigt. Er würde ihr dann etwas schikken.«

Pause.

»Geld will er ihr schicken.«

Pause.

»Die Touristen sind zum Sepik zurückgegangen und haben dort auf den Mann gewartet. Er ist aber nicht zum Boot zurückgekehrt, sondern einfach in den Wald gelaufen. Niemand weiß, wohin er gegangen ist.«

Pause.

»Der weiße Mann ist der Geist des verstorbenen Ehemannes. Wenn ein Mensch stirbt, gehen seine Knochen und die Haut in die Erde. Sein Geist steht auf und geht an den Ort der Toten. Weißt du, wo der Ort der Toten ist?«

Ich: »Wenn ein Mensch stirbt, geht er in die Erinnerung

seiner Familie und seiner Freunde. Im Denken und Fühlen der anderen ist er weiterhin vorhanden. Einen anderen Ort der Toten kenne ich nicht.«

Kwandemi: »Gut, daß du den Ort nicht kennst. Lassen wir das. Ich habe dich nur fragen wollen, denn ich dachte, daß die Weißen vielleicht wissen, wo der Ort ist, wo die Toten hingehen.«

Pause.

»Der weiße Mann war kein Tourist, kein Geschäftsmann, kein Fremder. Nein, er war der Geist des gestorbenen Ehemannes von Nabati.«

Kwandemi schaut mich durchdringend an. Er ist teils bestürzt, teils fasziniert und neugierig zu hören, was ich dazu sage.

Ich: »Niemand weiß, wohin der Geist der Gestorbenen geht, und du bist zufrieden, daß ich, der Weiße, es auch nicht sagen kann.«

Pause.

»Könnte nicht auch in mir, dem Weißen, der zu dir kommt und ein wenig die Stelle des *wau* einnimmt, einer stecken, der hier oder anderswo gestorben ist? Vielleicht bin ich dein verstorbener Vater von Malingei.«

Kwandemi: »Nein, du bist anders. Du gehst immer nach Palimbei zurück und kommst wieder nach Kanganamun. Der weiße Mann, der zu Nabati kam, ist nur einmal erschienen und dann im Wald verschwunden. Niemand weiß, wohin er gegangen ist.«

Ich: »Er ist gestern zum erstenmal gekommen. Niemand weiß, ob er morgen nicht wieder erscheinen wird.«

Kwandemi: »Wenn er wiederkommt, muß die Frau oder ein Kind sterben.«

Ich: »Wäre ich dein verstorbener Vater, müßtest du sterben, weil ich immer wiederkomme.«

Kwandemi: »Bei dir ist es anders. Du bist nicht ein Geist. Du bist der wirkliche Vater Marcos. Ihr beide kommt immer zusammen nach Kanganamun. Er spricht mit Ngaui, und du sprichst mit mir. Manchmal gehe ich Ngaui besuchen. Er ist mein Freund. Wir werden zusammen auf dem Touristenboot arbeiten.«

Ich: »Dann verlieren Marco und ich unsere Freunde in Kanganamun.«

Kwandemi: »Nein. Marco ist dein Sohn. Wenn du von hier weggehst, wird Marco auch weggehen. Dann werden Ngaui und ich auf dem Touristenboot arbeiten.«

Pause.

»Marco ist gekommen. Er wartet draußen auf dich. Heute fahre ich mit euch nach Palimbei.«

Ich: »Wie willst du nach Kanganamun zurückkehren?«

Kwandemi: »Vielleicht ergibt sich eine Möglichkeit heute abend. Sonst komme ich morgen wieder mit dir zurück.«

Auf dem Weg zum Ufer des Sepik, wo unser Boot liegt, sehen wir ein Flugzeug, das sich der Missionsstation Kapaimari nähert. Das ist ein seltenes Ereignis. Marco und ich beschließen, unverzüglich nach Kapaimari zu fahren, um unsere Post abzuholen, die möglicherweise vom Flugzeug gebracht wird. Kapaimari liegt flußabwärts, etwa zwei Kilometer von Kanganamun entfernt. Der Weg ist für uns viel kürzer, wenn wir sogleich nach Kapaimari fahren. Kwandemi kommt mit uns. In Kapaimari trifft er Leute und zieht es vor, zu Fuß nach Kanganamun zurückzukehren und nicht, wie er es vorgehabt hat, mit uns nach Palimbei zu kommen.

Am frühen Morgen des folgenden Tages bringe ich Florence, Milan und Marco mit dem Motorkanu nach Timbunke, von wo sie mit einem Lastwagen nach Wewak an der pazifischen Küste fahren können. Sie werden die Einkäufe für unseren Lebensunterhalt besorgen und in drei Tagen zurückkehren. Ich bin sieben Stunden auf dem Fluß unterwegs und kehre kurz vor einem tropischen Gewitter nach Palimbei zurück. Um fünf Uhr nachmittags klärt sich der Himmel. Die dunklen massigen Wolken ziehen südöstlich in immer weitere Ferne. Ich entschließe mich, nach Kanganamun zu fahren, um Kwandemi noch zu treffen. Als ich im Dorf ankomme, werde ich von einem neuen Platzregen überrascht und kann gerade noch Zuflucht unter dem Haus von Sugukaman finden. Kwandemi ist nicht da. Ich denke nur noch an meine Rückkehr und hoffe, der Regen werde noch vor Einbruch der Dunkelheit nachlassen. Das ist auch der Fall, und so beeile ich mich, in der Abenddämmerung über den versumpften Weg zum Boot zu kommen. Ich gleite mehrmals aus und habe Mühe, mich vorwärtszubewegen. So holt mich Kwandemi leicht ein, der von Leuten im Dorf vernommen hat, daß ich gekommen bin. Kwandemi will heute unbedingt mit mir sprechen.

Ich: »Ich werde morgen wiederkommen. Heute muß ich schnell zurückfahren, weil es bald dunkel wird.«

Kwandemi: »Ich komme mit dir nach Palimbei.«

Ich: »Der Fluß ist stürmisch. Es wird keine Möglichkeit für dich geben, heute noch nach Kanganamun zurückzukehren.«

Kwandemi: »Deine Freunde sind weggefahren. Du bist allein. So werde ich heute nacht bei dir bleiben.«

Ich bin froh, nicht allein über den besonders unheimlich wirkenden Strom zu fahren. Kwandemi gibt mir Anweisungen, wie ich fahren soll. Er kennt sich aus und springt bei der Landungsstelle mit seiner Handtasche unter dem Arm so geschickt auf einen Baumstamm, daß es ihm gelingt, das Boot festzumachen, ohne selbst im Schlamm einzusinken. Er kommt mit mir in unser Haus und beginnt sogleich von dem zu sprechen, was ihn heute veranlaßt hat, mit mir zu kommen.

Kwandemi: »Ich heirate jetzt.«

Ich: »Wie kommt das? Du hast mir doch gesagt, daß du die Frauen in Kanganamun nicht magst.«

Kwandemi: »Jetzt ist alles anders. Ich werde eine junge Frau aus Kanganamun heiraten. Ich habe dich gesehen und Marco. Marco ist dein Kind, und du bist verheiratet. Ich will wie du sein, heiraten und Kinder haben.«

Ich: »Noch vor wenigen Tagen hast du mir gesagt, du mögest Kinder nicht.«

Kwandemi: »Knaben mag ich gut. Sie werden wie der Vater. Die Mädchen kann man an andere Eltern der Familie verschenken.«

Ich: »Mit den Mädchen willst du es so machen, wie es deine Mutter mit dir gemacht hat.«

Kwandemi: »Gestern habe ich dir in Kapaimari gesagt, daß ich zu Fuß nach Kanganamun zurückgehe. Der Weg ist nicht sehr weit. Ich bin aber in den Wald hineingegangen und in einem großen Bogen zum Dorf gelangt.«

Ich: »Kanganamun ist doch ganz nahe. Weshalb bist du nicht dem Ufer entlang gegangen?«

Kwandemi: »Ein Mädchen ist von Kanganamun nach Kapaimari gekommen. Dort hat sie zu mir gesprochen und gesagt, sie ginge jetzt in den Wald und warte dort auf

mich. Als ich gekommen bin, haben wir uns gestreichelt, und dann haben wir uns nackt ausgezogen und zusammen geschlafen.«
Pause.
»Dreimal nacheinander habe ich das Mädchen beschlafen. Es ist sehr schön gewesen mit dieser Frau.«
Ich: »Hast du auch mit ihr gesprochen?«
Kwandemi: »Ja, nachher haben wir miteinander geredet. Das Mädchen will heiraten. Ich habe sie gefragt, ob sie meinen Freunden zu essen geben werde. Das Mädchen hat ja gesagt, und ich bin einverstanden, sie zu heiraten.«
Ich: »Kennst du das Mädchen?«
Kwandemi: »Nein. Ich habe sie schon oft im Dorf gesehen, aber wir haben nie zusammen gesprochen.«
Ich: »Weißt du etwas von der Familie?«
Kwandemi: »Die Familie ist gut.«
Ich: »Ich denke, du solltest zuerst mit dem Mädchen länger zusammensein und mit ihr sprechen. Heiraten kannst du später immer noch.«
Kwandemi: »Nein. Ich weiß, gestern war es gut mit ihr. Das genügt.«
Pause.
»Es ist die Art der Weißen, zuerst lange mit der weißen Frau zu sprechen – so wie wir hier schon viele Stunden miteinander reden. Dann weißt du, was ich denke, und ich weiß, was du denkst. Auf diese Weise bist du ein bißchen an die Stelle des *wau* getreten. Aber mit der schwarzen Frau ist es anders. Wir reden nicht mit der Frau, bevor wir mit ihr schlafen. Das ist unsere Art.«
Pause.
»Die Frau gibt ein Zeichen. Der Mann geht zu ihr hin. Wir werden erregt und machen Liebe. Danach wird nur über die Heirat geredet. Wenn es gut ist, geht man zur Familie, um zu sehen, ob alle einverstanden sind. Gestern bin ich zuerst zu meiner Mutter gegangen und dann zu den Eltern des Mädchens. Alle sind einverstanden mit unserer Heirat. In der Nacht haben die Eltern des Mädchens so getan, als schliefen sie, als ich leise ins Haus kam und unter das Moskitonetz des Mädchens gekrochen bin. Als die ersten Hähne krähten, bin ich ins Haus von Sugukaman gegangen und habe geschlafen.«

Kwandemi nimmt jetzt zwei über faustgroße Eier aus seiner Handtasche und legt sie vor mich hin.

Kwandemi: »Gestern bin ich in der Nacht mit der Taschenlampe zum Flußufer gegangen und habe dir Lichtzeichen gemacht. Du hast sie nicht gesehen.«

Ich: »Wir waren im Haus und haben alles besprochen, was wir in Wewak einkaufen werden.«

Kwandemi: »Du hast die Lichtzeichen nicht gesehen. Ich bin auf die Suche nach dem Nest des wilden Großfußhuhnes gegangen und habe diese beiden Eier gefunden. Sie sind für dich.«

Ich: »Wir werden sie zum Nachtessen kochen.«

Kwandemi: »Nein, sie sind für dich.«

Ich: »Willst du nichts essen?«

Kwandemi: »Es kommt jemand.«

Eine Frau von nebenan erscheint mit einer kleinen Petroleumlampe am Eingang unseres Hauses und bittet um etwas Brennstoff. Das ist noch nie vorgekommen. Es ist offensichtlich ein Vorwand. Die Frau ist neugierig und will sehen, wer heute bei mir ist. Später kommen noch zwei Besucher, die nicht einmal einen Vorwand benötigen. Sie setzen sich einfach auf den Boden und schauen uns zu. Auffällig ist nicht der Umstand, daß ich Besuch habe, wenn meine Freunde weggefahren sind, denn es ist ein Brauch der Bevölkerung am Sepik, dafür zu sorgen, daß niemand ganz allein irgendwo zurückbleibt. Auffällig ist vielmehr, daß ich mit jemandem aus Kanganamun und nicht mit jemandem aus Palimbei zusammen bin.

Ich habe Hunger und koche Spaghetti. Kwandemi ist begeistert und berichtet von seinen Erfahrungen in den Städten. Er kennt die Eßwaren der Weißen und trinkt auch ein Glas Wein zu den Teigwaren. Jetzt lacht er und sagt, die beiden Besucher wollen nichts als zuschauen. Die zwei jungen Leute stehen auf und verlassen wortlos das Haus. Kwandemi zieht jetzt sein Hemd aus und zeigt mir die Initiationsnarben um die Brustwarzen und am Rücken. Er will, daß ich die Überhöhungen der Haut mit dem Finger abtaste. Es kommt aber nicht dazu, weil Kwandemi jetzt die Moskitos totschlägt, die ihn überall stechen. Nach dem großen Gewitter ist die Mükkenplage besonders unangenehm. Plötzlich geht die starke Gaslampe aus. Wir sitzen im Dunkeln. Ich zünde eine kleine

Petroleumlampe an. Kwandemi nimmt meine Zigaretten, das Feuerzeug und die Petroleumlampe und sagt, es sei besser, wenn wir uns unter das Moskitonetz setzen. Ich hole schnell die Sprühdose des Insektizids und halte Kwandemi davon ab, unter das Netz zu kriechen. Er versteht nicht, was ich vorhabe.

Ich: »Wenn du das Netz hochhebst, kommen Hunderte von Moskitos hinein. So geht das nicht.«

Ich besprühe das Netz und den Boden, wo wir kauern und hebe den Netzrand knapp über Kwandemi, der hineinschlüpft. Dann hole ich noch die Taschenlampe und begebe mich unter den gleichen Vorsichtsmaßnahmen zu ihm. Kwandemi sucht die Innenseite des Netzes mit der Taschenlampe nach Moskitos ab und ist beeindruckt, daß keine Insekten ins Innere gekommen sind.

Kwandemi: »Wenn ich morgen zu meinem *wau* gehe, um ihm zu sagen, daß ich heirate, werde ich ihm auch erzählen, wie man es machen muß, damit keine Moskitos ins Netz kommen, wenn man darunter kriecht.«

Er beginnt nun die Geschichte mit dem Mädchen nochmals mit zahlreichen Einzelheiten zu erzählen, wobei er immer wieder betont, wie die Schwarzen, im Gegensatz zu den Weißen, mit der Frau nur das Notwendigste besprechen. Meine Aufmerksamkeit ist weniger auf Kwandemis Erzählung als auf die Zigaretten gerichtet, die er jetzt dauernd raucht, weil ich befürchte, dass das Moskitonetz bei der kärglichen Beleuchtung ein Loch bekommen könnte. Schließlich wird Kwandemi müde und legt sich hin. Ich bringe das Petrollämpchen und die Zigaretten aus dem Netz und reinige noch das Geschirr. Als ich damit fertig bin, schläft Kwandemi tief.

Früh morgens werden wir von Kumbal, einem jungen Mann aus Palimbei, geweckt, weil ich mit ihm vereinbart hatte, gemeinsam zum wöchentlichen Markt nach Yensan auf der anderen Flußseite zu fahren. Kwandemi kommt mit nach Yensan. Das Motorkanu ist voll von Marktgängern aus Palimbei. Ich besorge Gemüse und finde einige kleine Tomaten und frische Crevetten, Kwandemi ist eigene Wege gegangen, doch erscheint er beim Boot, als ich mich anschicke, mit allen Marktgängern aus Palimbei zurückzukehren. Kwandemi kommt wieder mit uns. Er sitzt im Boot und wirkt verändert.

Er spricht mit niemandem und ist bedrückt. In Palimbei trägt er meine Sachen ins Haus. Er setzt sich an den Tisch.

Kwandemi: »Auf dem Markt in Yensan habe ich erfahren, daß ein Alter aus Yindabu mich durch einen Zauber töten lassen will.«

Ich: »In Yensan hat es sich bereits herumgesprochen, daß du heute nacht bei mir warst. Jetzt will dir einer Angst machen und redet so.«

Kwandemi: »Der Zauberer in Yindabu ist ein gefährlicher Mann. Er ist böse, daß ich nicht eine Frau aus Yindabu heirate. Deshalb will er mich töten.«

Ich: »In Yindabu weiß doch noch niemand, daß du heiraten willst.«

Kwandemi: »Zauberer wissen immer alles.«

Ich: »Die Leute in Yensan fühlen sich zurückgesetzt, weil die Weißen früher viel häufiger dort waren als jetzt. Sie wissen doch, daß ich täglich nach Kanganamun komme und wir miteinander befreundet sind. Du kennst die Art der Männer, wie sie mit Scherzreden und Drohungen sich gegenseitig provozieren. Das ist in Yensan besonders der Fall. Einmal haben sie mir dort gesagt, die Polizei käme von Pagwi, um mich zu holen. Ich habe ihnen dann scherzend geantwortet: ›Wenn die Polizei mich holt, denkt ihr, eure weißen Freunde von früher kommen wieder nach Yensan.‹ Dann haben wir alle gelacht. Warum nimmst du das so ernst, was die da drüben zu dir gesagt haben?«

Kwandemi: »Weil ich heiraten will, sind die in Yindabu, im Dorf meiner richtigen Mutter, böse.«

Pause.

»Noch heute fahre ich nach Yindabu. Dort besuche ich zuerst meine Mutter und teile ihr mit, daß ich heirate. Sie wird einverstanden sein. Dann sage ich ihr, der Zauberer will mich töten. Sie wird schweigen, denn sie weiß schon, was geschieht. Ich werde zu diesem Mann gehen und ihn fragen, ob er mich durch einen Zauber töten lassen will. Sagt er nein, ist es so, wie du sagst. Dann werde ich den Mann in Yensan zusammenschlagen. Sagt er ja, ich lasse dich töten, gehe ich auf ihn los, schlage ihm zwei Zähne aus und durchbohre ihn mit einem Speer. Er ist tot. Ich fahre zum Gericht nach Maprik und klage ihn an. Alle werden sagen, es ist gut, daß dieser Mann tot ist.«

Ich: »So wie die Leute früher auf die Kopfjagd gefahren sind, willst du jetzt nach Yindabu fahren. Am liebsten würdest du seinen Kopf nach Kanganamun bringen. Weil das heute verboten ist, soll wenigstens das Gericht in Maprik deine Tat feiern. Du denkst, dann kannst du heiraten.«

Kwandemi: »Sagt der Zauberer in Yindabu, der Mann in Yensan hat gelogen, komme ich heute abend wieder zu dir, und wir schlafen unter dem Moskitonetz.«

Ich: »Du hast mit einer Frau im Busch geschlafen, wie der Jüngling, der das Mädchen schwängerte und dem du dann gedroht hast, du würdest ihn beim Gericht anklagen, wenn er das Mädchen nicht heiratet.«

Kwandemi: »Ich will heiraten. Der andere wollte nicht. Ich habe ihn dazu gezwungen.«

Ich: »Du willst so sein wie ich, der Weiße, und meinst, du müßtest jetzt heiraten, weil ich verheiratet bin.«

Kwandemi: »Ja, so wie du will ich sein. Ich werde heute nacht wieder zu dir kommen, und du wirst mit der Sprühdose kommen, wenn ich unter das Netz krieche. Im Innern wird es keine Moskitos geben.«

Ich: »Der Jüngling, den du zur Heirat gezwungen hast, hat sich von dir so bedroht gefühlt, wie du dich jetzt vom Zauberer in Yindabu bedroht fühlst. Du bist durch mich in Schwierigkeiten gekommen, weil du, wie der Jüngling, gar nicht heiraten willst.«

Kwandemi kommt plötzlich ganz nahe, schaut mich durchdringend an und hebt die geballte Faust. Ich weiche zurück und weiß einen Augenblick lang nicht, was geschehen wird. Dann nimmt mich Kwandemi beim Arm.

Kwandemi: »Eifersüchtig sind sie, verstehst du, eifersüchtig, weil ich eine Frau habe.«

Ich: »Sie sind eifersüchtig, weil du den Weißen hast, weil wir befreundet sind. Du hast aber eine große Wut in dir und hast soeben die Faust gegen mich erhoben und mich ganz durchdringend angeschaut. Der böse Mann, von dem du denkst, er will dich töten, bin auch ein wenig ich, der immer mit dir redet. Ich bin doch schuld, daß sich jetzt in deinem Denken und in deinen Gefühlen alles verändert. Es gibt den Kwandemi gar nicht mehr, der Angst vor den Frauen in Kanganamun hatte und der in die Stadt gehen wollte, wenn seine Mutter einmal tot ist. Dieser Kwandemi, der anders sein wollte als die Leute vom Dorf, ist wie gestorben. Er ist ein wenig von mir getötet worden.«

Kwandemi: »Nein, auf dich kann ich nicht böse sein. Komm, jetzt fahren wir nach Kanganamun. Ich hole meine Schlangenkette. Dann fahre ich nach Yindabu zu meiner Mutter und sage ihr, daß ich heirate.«

Ich bringe Kwandemi mit dem Motorkanu über den Fluß. Er winkt mir noch zu und verschwindet im Wald. Kwandemi kommt nicht zurück. Während einer Woche sehen wir uns nicht. Ich hole meine Freunde in Timbunke ab. Unser Motor versagt auf der Rückreise, und wir verbringen vierzehn Stunden, zum Teil im strömenden Regen, auf unserem dahintreibenden Kanu, bis wir eine Möglichkeit finden, uns abschleppen zu lassen, und erschöpft in Palimbei ankommen. Ich bringe am folgenden Tag den defekten Motor zur Reparatur in die Küstenstadt Wewak, und als ich nach meiner Rückkehr wieder in Kanganamun erscheine, erwartet mich Kwandemi in der Nähe des Flusses, was bisher noch nie der Fall war.

Kwandemi: »Ich habe am Nachmittag den Männern im Dorf gesagt, du kommst heute zurück. Ich habe es einfach so gesagt. Ich habe gelogen, denn ich wußte nicht, ob du kommen wirst. Dann ist aber der Mann erschienen, der dich auf dem Fluß gesehen hat und dem du zugewunken hast. Er hat es uns gesagt. So war alles richtig. Meine Lüge ist gar keine Lüge. Es ist wirklich so. Du bist gekommen.«

Pause.

»Ich habe den Zauberer in Yindabu zusammengeschlagen und bin zum Gericht gefahren. Jetzt sitzt der Mann für drei Monate im Gefängnis.«

Ich (etwas ungläubig): »Wie war das? Erzähle, was geschehen ist, seitdem ich dich vor einer Woche nach Kanganamun gebracht habe.«

Kwandemi: »Gestern habe ich bei der Wasserstelle Gras geschnitten. Ich war müde und wollte schlafen. So habe ich den Kindern Sugukamans gesagt, sie sollen ruhig sein. Dann haben sie großen Lärm gemacht, und ich bin ganz böse geworden. Ich habe einen Stock genommen und habe sie geschlagen. Sie heulten laut, und es gab eine große Geschichte. Ein alter Mann ist gekommen und hat gesagt, es sei verboten, Kinder zu schlagen. Ich müsse zwei Kina

Buße bezahlen, sonst käme ich ins Gefängnis. Ich habe Angst bekommen, denn ich verstehe gar nicht, warum ich plötzlich auf die Kinder losgegangen bin. Früher habe ich Kinder nie geschlagen.«

Ich: »Als du klein warst und die Kinder in Malingei dich ausgelacht haben, weil deine Mutter nicht deine richtige Mutter ist, bist du ganz böse geworden und hast die Kinder geschlagen. Du warst böse, weil du gespürt hast, daß dich deine richtige Mutter verlassen hatte. Sie hat dich als kleines Kind an eine andere Frau geschenkt. Als ich jetzt so lange weg war, bist du böse geworden, weil ich dich allein gelassen habe, und hast die Kinder geschlagen.«

Kwandemi: »Ich bin traurig gewesen und habe gedacht, du kommst nicht mehr zurück.«

Ich: »Dann wäre es so gewesen wie in deiner Kindheit. Ich hätte dich verlassen, wie deine Mutter und dich der Frau geschenkt, die du heiraten willst.«

Kwandemi: »Ich habe gedacht, du würdest mir helfen, wenn du da wärest, damit ich nicht ins Gefängnis gehen muß und hier in Ruhe weiterleben kann und wir weiter Tag für Tag zusammen reden können. Um das Geld für die Buße zu finden, bin ich zu meiner Mutter gegangen. Sie hat gesagt, ich solle selber in ihrer Tasche nachschauen. Sie habe kein Geld. Zu meinem *wau* kann ich nicht gehen. Er betrinkt sich seit Tagen mit anderen Männern in Yensan.«

Ich: »Was den Weißen von der Mutter unterscheidet, ist sein Geld. Gibt die Mutter Sago und Fisch, fühlt sich das Kind von ihr geliebt. Genau so ist es, wenn ich das Geld gebe. Deshalb reden wir immer wieder vom Geld.«

Kwandemi (strahlend): »Ja, du gibst zwei Kina, und ich bringe sie dem alten Mann. Dann ist alles gut. Du nimmst ein wenig die Stelle des *wau* ein.«

Während ich mir überlege, wie ich mich zu Kwandemis Geldforderung einstellen soll, und auch den Eindruck habe, die Geschichten mit dem alten Zauberer und der Buße seien Kwandemis Phantasien, hält Kwandemi mit der linken Hand seine Schulter und führt alle möglichen Bewegungen mit dem rechten Arm aus.

Kwandemi: »Heute bin ich auf einen Baum geklettert, um Rotang zu schneiden. Ein Ast, auf dem ich gestanden habe, ist abgebrochen. Ich bin heruntergefallen und habe mir wehgetan. Ich habe mich mit allem zu sehr beeilt. Ich wollte bald fertig sein, mich waschen und rechtzeitig da sein, wenn du kommst.«

Ich: »Ich schenke dir zwei Kina, weil du in meiner Abwesenheit in Schwierigkeiten gekommen bist. Jedes Mal, wenn ich dir Geld gebe, wirst du dem weißen Mann ähnlicher. Heute bist du auf den Baum geklettert und wie ein Weißer heruntergefallen. Die Weißen sind eben ungeschickter. Es ist so, als hätten sie nur das Geld. Das würde dem schwarzen Kwandemi nie geschehen.«

In Malingei, dem Dorf, in dem Kwandemi aufgewachsen ist, findet ein Fest statt. Zahlreiche Musikgruppen aus den benachbarten Dörfern versammeln sich und treten mit ihren Darbietungen auf. Eine Jury entscheidet, welche Gruppe die beste ist und den ersten Preis erhält. Solche Feste werden in vielen Dörfern organisiert und sind Anlässe, an denen sich nur die jungen Leute beteiligen. Malingei liegt nahe von Palimbei an einem See, abseits vom Sepik-Fluß. Die jungen Leute von Palimbei wollen sich am Fest in Malingei nicht beteiligen, weil eine feindselige Rivalität zwischen den beiden Dörfern besteht. Die Leute von Kanganamun, dessen Bewohner auch von Palimbei stammen, teilen diese Rivalität nicht. Die jungen Leute machen sich bereit, den Fluß zu überqueren, um in größeren und kleineren Gruppen nach Malingei zu gehen, als ich an diesem Tag mit dem Motorkanu in Kanganamun anlege. Kwandemi empfängt mich im kleinen Männerhaus und teilt mir sogleich mit, daß er heute aufs Fest nach Malingei gehe und mir sagen werde, wer alles mit uns über den Fluß fahren kann. Kwandemi ist heute selbstsicher und führt mich erstmals in Sugukamans Haus, wo er mir sein fertiggestelltes holzgeschnitztes Krokodil zeigt. Auf dem schwarzen Grund hat er rote und weiße Schuppenmuster aufgemalt. Wir werden von Sugukaman überrascht, der betrunken mit anderen betrunkenen Männern nach Hause zurückkehrt. Er bleibt unter dem Haus stehen, weil er unfähig ist, die Leiter heraufzukommen, und ruft seinen Frauen, die mit uns im Haus sitzen, lallend etwas Unverständliches zu. Kwandemi sagt, Sugukaman beschwere sich wieder einmal darüber, daß der Weiße in sein Haus kommt.

Kwandemi: »Wenn er betrunken ist, sagt er, was er wirklich denkt. Er mag dich nicht, weil ich mit dir spreche und wir Freunde sind.«

Jetzt nimmt er einen von ihm geschnitzten Holzfisch, der an einem Pfosten hängt und den ich früher einmal bewundert habe, als die Frauen Sugukamans Schnitzereien und geflochtene Netztaschen für die Touristen zum Kaufe vor dem Haus ausgebreitet hatten.

Kwandemi: »Komm, wir gehen von hier fort. Dieser Fisch gehört der jungen Frau, die da sitzt. Jetzt muß sie ihn hergeben, weil ich ihn dir schenke. Ich werde für die Frau einen neuen Holzfisch schnitzen.«

Kwandemi geht die Treppe hinunter, den Holzfisch in der Hand. Ich folge ihm. Die junge Frau kommt uns nach. Wir gehen rechts entlang dem Bachufer zum letzten Haus der Siedlung.

Kwandemi: »Ich will zu meinem Schwager und seinen Frauen gehen, denn er will dich kennenlernen. Er hat in seinem Garten eine Melone für dich geholt.«

Noch bevor wir beim Haus des Schwagers ankommen, treffen wir einen älteren Mann, der zwei Melonen bei sich hat. Kwandemi bleibt stehen und stellt mich vor. Der Mann sagt, er begleite uns zum Sepik. Er gibt der jungen Frau die Melonen, von denen eine für mich und eine für Kwandemi bestimmt ist. Sie soll sie zum Boot tragen. Wir kehren um und begeben uns auf den Weg zum Sepik.

Kwandemi: »Du darfst der jungen Frau kein Geld für den Holzfisch geben. Der Fisch ist ein Geschenk, denn du bist mein Freund. Wenn die Frau dann zu weinen beginnt und Geld verlangt und du ihr etwas gibst, werde ich sie zusammenschlagen.«

Als wir beim *haus kiap* ankommen, lagern viele junge Leute rundherum. Sie erwarten uns, weil sie hoffen, mit uns nach Palimbei fahren zu können. Kwandemi geht mit mir ins Innere des Hauses. Er will unsere Gesprächsstunde abhalten. Die junge Frau setzt sich mit den Melonen zu den Wartenden. Sie weint nicht. Sie verlangt nichts. Sie setzt sich einfach hin. Als ich mit Kwandemi im *haus kiap* bin, sagt er mir, er habe kein Geld, den Eintritt zu bezahlen, der beim Fest in Malingei erhoben wird. Er hat den Holzfisch noch immer in der Hand. Wir setzen uns, wie gewöhnlich, gegen die hintere Wand gelehnt.

Kwandemi: »Ich will dir meine Frau vorstellen.«
Ich: »Kommt sie heute im Kanu mit uns nach Palimbei?«
Kwandemi: »Ich werde sie dir vorstellen. Wenn ich die 40 Toea nicht auftreiben kann, gehe ich nicht zum Fest nach Malingei.«
Ich: »Du kannst hingehen oder zu Hause bleiben. Es hat keine Folgen. Gestern war es anders. Da hattest du Angst vor dem Gefängnis, weil du kein Geld gehabt hast, die Buße zu bezahlen.«
Kwandemi: »Ich will nicht, daß du denkst, ich lüge. Schau her« (er zieht einen kleinen Geldbeutel hervor, öffnet ihn und zeigt mir eine Spielgeldnote) »ich habe wirklich kein Geld.«
Ich: »Du willst nicht, daß ich denke, du bist wie ein Weißer, der Geld hat. Es wäre gelogen, denn du bist hier vom Sepik.«
Kwandemi: »Ich will kein Geld von dir. Ich werde in Malingei die 40 Toea für mich und meine Frau schon finden. Hier ist der Fisch, den ich dir schenke. Komm, jetzt fahren wir nach Palimbei.«
Ich: »Gestern habe ich dir zwei Kina geschenkt, damit du nicht ins Gefängnis kommst. Heute schenkst du mir den Holzfisch. So habe ich auch etwas.«

Kwandemi steht auf und geht voraus. Er hat bemerkt, daß sein Schwager und zwei Männer die Leiter heraufsteigen. Vielleicht wollen sie uns veranlassen, die Leute nicht länger warten zu lassen.

Als wir das *haus kiap* verlassen, kommen etwa 50 junge und ältere Leute zur Anlegestelle des Bootes. Kwandemi organisiert die bevorstehende Überfahrt. Während ich das Boot zur Abfahrt vorbereite, trägt die junge Frau die Melonen ins Boot und kehrt wortlos an Land zurück. Kwandemi bestimmt mit lauter Stimme wer mitfährt und wer nicht. Ich bin entschlossen, eine Überfüllung unseres Kanus nicht zuzulassen, doch sorgt Kwandemi von sich aus dafür und gibt mir im richtigen Augenblick das Zeichen loszufahren. Als wir in Palimbei ankommen, machen sich die rund zwanzig Mitfahrer sogleich auf den Weg. Kwandemi hilft mir, Ruder, Benzintank und Instrumente sowie die beiden Melonen in unser Haus zu tragen. Ich gebe ihm eine der bereits zugeschnittenen Portionen des schwarzen, von Harzen durchsetzten Tabaks, der für Besucher in unserem Haus bereitliegt. Kwandemi schätzt diesen Tabak und steckt ihn befriedigt in die Tasche. Er will seine Melone essen, die ihm der Schwager mitgegeben hat. Wir setzen uns an das Ufer des Flusses.

Kwandemi: »Heute hat es Streit mit meiner Frau gegeben. Sie verlangt 20 Toea von mir für den Eintritt. Ich sage ihr, ich habe kein Geld. Dann wird sie wütend und sagt, sie gehe allein zum Fest. Mit einem Mädchen ist sie über den Fluß gepaddelt und verschwunden. Jetzt gehe ich nach Malingei und werde sie verprügeln.«

Kwandemi lacht vor Vergnügen.

»Morgen früh werde ich zu dir kommen und dir alles erzählen.«

Anderntags kommt Kwandemi zu unserem Haus, als wir alle noch schlafen. Milan, der als erster aufsteht, sieht, wie Kwandemi das Wasser aus unserem Kanu schöpft. Beim nächtlichen Gewitter wurde der Boden des Bootes vom Regen überschwemmt. Kwandemi kommt dann ins Haus herauf. Er setzt sich an den gleichen Platz, an dem er mit mir saß, als wir allein waren, und trinkt mit uns Kaffee. Er erzählt, welche Musikgruppe am Fest die schönsten Kostüme getragen und die besten Lieder gesungen hat. Er will mit mir ins öffentliche Gästehaus gehen, das unweit der Anlegestelle am Ufer des Flusses und zu dieser Zeit leer steht. Die jungen Leute, die bereits am Vortag mit uns gefahren waren, warten. Sie stehen alle auf und kommen zum Boot, als sie uns sehen. Kwandemis Entschluß, das heutige Gespräch mit mir in Palimbei abzuhalten und erst danach nach Kanganamun zu fahren, zielt dahin, allen Anwesenden vorzuführen, wie er den Weißen und dessen Motorkanu zu seinem Eigentum gemacht hat und darüber verfügt. Als wir in das Gästehaus hinaufsteigen, setzen sich die jungen Leute wieder ins Gras und warten geduldig weiter.

Kwandemi: »Ich habe meine Frau verprügelt und sie nach Kanganamun zurückgeschickt. Ich habe sie mitten in der Nacht im Regen weggejagt.«

Ich: »Ist sie wirklich nach Kanganamun zurückgekehrt?«

Kwandemi: »Natürlich ist sie nach Hause gefahren. Ich habe es ihr befohlen. Jetzt wartet sie im Haus ihrer Eltern und kocht das Essen für mich. Wenn ich komme, werde ich essen.«

Ich: »Wie war es, als du gestern nach Malingei gekommen bist?«

Kwandemi: »Ich habe die Frau gesehen und bin auf sie zugegangen. Sie fragt mich: ›Warst du mit dem Weißen?‹ Ich sage ja. Sie fragt: ›Hat er dir Tabak gegeben?‹ Ich sage ja. Sie will den Tabak. Ich gebe ihn her. Sie bricht ein kleines Stück ab, behält das große und gibt mir das kleine. Ich werde wütend und breche eine Rute von einem Bambuszweig.«

Kwandemi steht auf, geht zur Wand des Hauses und zieht eine Latte heraus, zeigt sie mir mit einer drohenden Geste und setzt sich wieder in meine Nähe, die Latte zum Zuschlagen bereit.

Kwandemi: »Damit habe ich sie verprügelt. Sie nahm einen Stock und wollte sich wehren. Ich habe sie aber zusammengeschlagen. Sie weinte und schrie. Dann jagte ich sie fort und sagte, sie solle sofort nach Hause fahren. So war das.«

Ich: »Gestern hat es Streit mit der Frau gegeben, weil du zu mir gekommen bist, statt mit ihr zum Fest zu gehen. Deine Frau wollte nicht warten. Sie fühlte sich zurückgesetzt und ist böse geworden. Sie ist eifersüchtig. Deshalb hat sie dir auch den Tabak weggenommen.«

Kwandemi: »Nein, mit dir hat das nichts zu tun. Sie weiß, daß du mein Freund bist und mir den Tabak gibst, den sie gerne raucht. Dann ist sie zufrieden. Wenn du und Marco weggeht, werde ich am gleichen Tag mit meiner Frau nach Yindabu ziehen. Bis dahin kann sie im Haus ihrer Eltern bleiben.«

Ich: »Wenn ich weggehe, wird die Frau an meine Stelle treten. Jetzt bin ich noch da und nehme die Stelle deiner Frau ein. Deshalb ist sie böse geworden. Du hast sie zusammengeschlagen und fortgejagt, damit sie uns nicht stört und wir weiter zusammen reden können.«

Kwandemi: »Überall spricht man davon, daß deine Frau in einigen Tagen in Palimbei ankommen wird.«

Ich: »Sie fliegt von Indonesien nach Wewak. In zwei Tagen fahre ich an die Küste und hole sie ab. Dann kommen wir zusammen nach Palimbei.«

Kwandemi: »Komm, jetzt fahren wir nach Kanganamun.« Er geht voraus und holt unter unserem Haus den Benzintank und das Ruder, während ich die Tasche mit den Ersatzteilen und Instrumenten ins Boot bringe. Die zahlreichen Mitfahrer setzen sich ins Kanu und singen in der Begleitung einer Gitarre eines der melancholischen Lieder, deren Melodien monoton dahingleiten wie das Wasser des Stromes, den wir mit dem Boot überqueren.

Als ich in unser Haus in Palimbei zurückkehre, finde ich Kwandemis Taschenlampe auf dem Tisch. Er hat vergessen, sie mitzunehmen. Am folgenden Tag weisen mich die Frauen Sugukamans zu Kwandemis Schwager, der am Ende der Siedlung wohnt. Ich gehe den schmalen Weg den Bach entlang und erreiche das bezeichnete Haus, das mir durch seine besondere Bauart auffällt. Eine sorgfältig gezimmerte Treppe führt zum Eingang hinauf, der von einem Vordach überdeckt ist. Geschnitzte Figuren schmücken die Hausfront und die Pfosten, auf denen der Bau steht. Der Hauseingang steht offen. Ich rufe meine Begrüßung. Es ist still. Ein Huhn erscheint in der Türöffnung und verschwindet gackernd im Hausinnern. Ich rufe nochmals und nenne den Namen Kwandemis. Unverständlich wie ein Echo ertönt aus dem Innern des Hauses die Stimme einer Frau. Ich betrete die Treppe und rufe Kwandemis Namen. Jetzt erscheint ein etwa fünfjähriges Mädchen mit einem getrockneten Fisch in der Hand und sagt, Kwandemi sei nicht da. Die Frauenstimme im Hintergrund setzt die Aussage des Mädchens fort. Ich verstehe, daß Kwandemi mit seinem Schwager frühmorgens in den Wald gegangen ist, um den Bach, auf dem die Frauen zum Tauschmarkt paddeln, von Salvinia, der Wasserpflanze, die alle Gewässer verstopft, zu befreien. Ich denke unvermittelt an eine unserer ersten Begegnungen, als Kwandemi mit Sugukaman in den Wald gegangen war und mich anderntags in irritierender Weise bemitleidete, weil ich umsonst nach Kanganamun gekommen war. Ich setze mich auf einen Baumstamm, der unter dem Haus liegt, und warte. Ich betrachte die Gegenstände und Instrumente, die herumliegen. In der scheinbaren Unordnung erkenne ich drei Arbeitsplätze. Allmählich ordnen sich die Dinge zu einem Bereich, wo ein Schnitzer am Werk sein könnte, zu einer Stelle, wo Palmblattwände für den Hausbau vorfabriziert werden, und zu einem Platz, wo sich die Leute um eine Feuerstelle zu setzen pflegen, gemeinsam essen oder sich versammeln, um dennoch, ein jeder für sich, eine handwerkliche Tätigkeit auszuüben, ein Fischnetz zu flicken, Instrumente zu schleifen, Farben vorzubereiten, um die Kunstwerke, die hier hergestellt werden, zu bemalen. Während ich mich umsehe und all dies erkenne, entdecke ich einen schlafenden Jüngling, der hinter einem Stoß frischer Palmblätter auf einer Matte liegt. Ich erkenne den Halbwüchsigen als den, der von Kwandemi zurechtgewiesen wurde, als er sich weigerte, das Mädchen zu sich zu nehmen, das ein Kind von ihm erwartet. Hunde bellen in der Nähe. Ich schaue auf und sehe eine Gruppe Männer, die aus dem Wald ins Dorf kommen. Kwandemi ist unter ihnen. Er kommt auf mich zu und begrüßt mich herzlich.

Kwandemi: »Ich will mich waschen und umziehen. Du gehst voraus ins *haus kiap*. Ich komme nach. Hast du meine Taschenlampe gefunden? – Ich habe sie gestern bei euch vergessen.«

Ich gebe ihm die Taschenlampe und gehe zum *haus kiap*. Die Leiter, die wir bisher immer benutzt haben, um ins Haus hinaufzusteigen, ist weggerissen worden. Ich werfe meine Tasche, den Hut und den Schirm ins Haus und klettere zum Eingang hinauf. Nun kommt Kwandemi und schwingt sich elegant zur Plattform, wo ich stehe.

Kwandemi: »Die Leute haben die Leiter weggenommen, damit die Hunde nicht hineingehen.«

Die Leiter, die ich täglich mit Kwandemi hochgehe, um unsere Gespräche abzuhalten, ist von den Bewohnern der benachbarten Häuser oder von Jugendlichen demonstrativ zerstört worden. Das richtet sich gegen mich, denke ich. Ich bin der Hund, der das Haus nicht mehr betreten soll. Kwandemi lacht bloß, als ich ihm meine Vermutung mitteile.

Kwandemi: »Das Haus ist schlecht. Ich will es heute nacht anzünden. Dann wird ein neues, besseres Haus gebaut.«

Er zieht Zeitungspapier aus seiner Tasche und beginnt sich eine Zigarette aus einheimischen Tabak zu drehen, wie er es schon oft gemacht hat. Er nimmt mein Feuerzeug, zündet aber nicht nur die Zigarette an, sondern setzt die ganze Zeitung in Flammen, die auf dem Palmenholzboden liegt. Eine meterhohe Feuersäule steigt qualmend und in bedrohlicher Nähe des dürren Palmblattdaches auf. Ich erschrecke. Kwandemi lacht und löscht mit einem Fußtritt das Feuer.

Kwandemi: »Ich komme morgen mit euch nach Pagwi, wenn du zur Küste fährst, um deine Frau abzuholen. Wenn du mit ihr zurückkommst, fahren wir mit dem Kanu zurück, du, deine Frau, Marco und ich.«
Ich: »Was willst du in Pagwi machen?«
Kwandemi: »Ihr werdet mich kurz vor Pagwi bei der Staatsschule absetzen. Ich gehe zu einem Lehrer, dem ich vor einiger Zeit fünfzehn Kina geliehen habe. Er soll mir das Geld zurückgeben. Ich brauche es jetzt.«
Ich: »Wie ist das mit dem Geld?«
Kwandemi: »Vor längerer Zeit habe ich einmal meiner Schwester nach Lae geschrieben, sie solle mir fünfzehn Kina schicken. Sie schickte das Geld. Ich habe es gut aufbewahrt. Ja wirklich, sehr gut aufbewahrt. Später ist der Lehrer gekommen. Er wollte sich einen Kanumotor kaufen. Ich habe ihm das Geld gegeben.«
Ich: »Was willst du denn jetzt mit dem Geld machen?«
Kwandemi: »Ich habe eine helle Lampe wie du, aber der Generator ist kaputt. Du bringst mir einen neuen Generator von Wewak. Ich gebe dir das Geld, und dann habe ich eine starke Lampe in Kanganamun, wie ihr in Palimbei.«
Ich: »Der Generator kostet vielleicht zwei Kina. Was willst du sonst noch mit dem Geld tun?«
Kwandemi: »Am Tag, an dem du abreisen wirst, werde ich mit dir nach Wewak kommen und im Hotel schlafen. Dann gehst du in dein Land zurück, und ich komme wieder hierher.«
Pause.
»Ich war einmal im Windjammer-Hotel in Wewak. Es ist schon lange her. Als ich von Madang zurückkam, hatte ich eine Frau mitgenommen. Es war nicht die Frau, von der ich dir erzählt habe. Es war eine andere. In Wewak sind wir zu den Leuten aus unseren Dörfern gegangen. Alle sagten, das Haus ist voll und es gibt keinen Platz für euch. So bin ich ins Hotel gegangen. Als ich mit der schwarzen Frau im Speisesaal saß und das Essen gebracht wurde, wie es die Weißen zubereiten, sagte die Frau, sie wolle Reis, sie esse das Essen der Weißen nicht. Ich habe mich sehr geschämt. Ich esse das Essen der Weißen. Gutes Essen ist das!«
Ich: »Als ich Spaghetti kochte an jenem Abend, an dem du bei mir warst, hat es dir gefallen.«

Kwandemi: »Ja, das war sehr gut. Nach dem Essen bin ich mit der schwarzen Frau ins Zimmer gegangen. Wir haben zusammen geschlafen. Am Morgen mußte ich alles bezahlen. Es hat riesig viel Geld gekostet.«
Ich: »So ist es. Wenn ich meine Frau in Wewak abhole, wird es im Hotel viel Geld kosten. Jetzt, da meine Frau an den Sepik kommt, willst du so sein wie die Weißen. Du willst dir Geld holen, eine helle Lampe wie die Weißen haben und im Hotel in Wewak schlafen, wie ich. Wenn du morgen mitkommen willst, mußt du um sechs Uhr bei der Anlegestelle beim Haus von Ngaui stehen. Wir können nicht warten, weil ich um neun Uhr in Pagwi mit einem Lastwagen weiterfahren kann, der auf Touristen wartet, die uns gestern besucht haben.«
Kwandemi: »Ich werde dort stehen und mitkommen. Jetzt gehe ich ins Dorf, wo die Lampe ist und nehme den Generator heraus. Du nimmst ihn mit nach Wewak und bringst mir einen neuen. Wenn ich gutes Licht habe in der Nacht, lese ich das Buch über die Frauen.«
Ich: »Hast du ein Buch über Frauen?«
Kwandemi: »Nein, es ist das Buch von Ngaui. Er gibt es mir. Im Buch steht alles über die Frauen.«
Ich: »Was willst du über die Frauen wissen?«
Kwandemi: »Alles. Das Buch kommt von Australien oder vielleicht aus deinem Land.«
Ich: »Nächste Woche ist meine Frau hier. Du wirst sie kennenlernen.«
Kwandemi: »Meine Mutter hat jetzt kein Geld. Das hat sie mir gesagt.«
Ich: »Sie kann dir das Geld für den Brautpreis nicht geben.«
Kwandemi: »Es ist nicht gut, zur Frau zu gehen, solange der Brautpreis nicht bezahlt ist. 300 Kina. – 200 behalten die Eltern der Frau. 100 Kina bekomme ich für mich und die Frau zurück. Wenn meine Mutter mir das Geld gibt, heirate ich. Erst dann schlafe ich wieder mit der Frau.«
Ich: »Ist der Streit mit deiner Frau vorbei?«
Kwandemi: »Es gibt keinen Streit mehr. Ich will aber nicht mehr mit ihr zusammensein. Morgen gehe ich mit meinem Schwager in den Wald und hole Palmblätter. Dann werden wir das Dach und die Hauswände flicken. Wenn du zu-

rückkommst, warte ich am Nachmittag auf dich. Wir werden wieder zusammen reden.«

Kwandemi denkt offensichtlich, er könnte auch zu Hause bleiben. Die Nähe zu mir ist ihm vielleicht unbehaglich. Ein Gefühl der Rührung ist über ihn gekommen, als er vom starken Licht, dem Buch über die Frauen und dem Hotel in Wewak gesprochen hat. Nun denkt er an seinen Schwager, an sein Dorf und an seine eigene Welt. Die des Weißen ist ihm fremd. Ich sage nichts.

Es entsteht eine lange Pause. Kwandemi wirft die am Boden verstreuten schwarzen Fetzen des verbrannten Papiers durch eine Lücke in der Wand aus dem Haus. Dann erzählt er über die Arbeit, die er heute mit den anderen Männern vollbracht hat.

Kwandemi: »Die Frauen sind zufrieden, wenn sie zum Tauschmarkt paddeln können.«

Er schaut mich an und lacht.

Kwandemi: »Morgen früh stehe ich am Fluß, und wir fahren nach Pagwi.«

Ich: »Oder du bleibst in Kanganamun, und wir sprechen wieder zusammen, wenn ich zurück bin.«

Kwandemi: »Nein, ich bin in Pagwi, wenn du mit deiner Frau kommst, und fahre mit dir und Marco hierher zurück.«

Am folgenden Morgen bringt mich Milan allein nach Pagwi. Wir haben vergeblich an der vereinbarten Stelle das Boot angelegt. Kwandemi ist nicht erschienen.

Vier Tage später komme ich mit Ruth und Marco, der uns in Pagwi abgeholt hat, um die Mittagszeit wieder in Palimbei an. Kurz vor fünf Uhr nachmittags gehe ich an Sugukamans Haus vorbei, um Kwandemi im kleinen Männerhaus zu treffen. Sugukaman ruft mir aus dem Haus zu, Kwandemi sei heute in den Wald gegangen und werde erst spät bei Sonnenuntergang zurückkehren. Als ich im kleinen Männerhaus ankomme und Kwandemi mit anderen Männern sehe, lachen alle und reden wild durcheinander. Kwandemi kommt auf mich zu.

Kwandemi: »Sugukaman hat dich angelogen. Ich bin mich nur waschen gegangen und habe hier auf dich gewartet. Komm, wir gehen ins *haus kiap*.«

Er geht zum großen Männerhaus und über den Waldweg.

Ich folge ihm. Kwandemi vermeidet es, am Haus Sugukamans vorbeizugehen. Auf dem Weg erklärt mir Kwandemi, er sei zu spät gewesen vor vier Tagen und habe uns nicht mehr rechtzeitig erreicht. Beim *haus kiap* müssen wir wieder aufspringen und uns zum Eingang hochstemmen. Im Innern setzt sich Kwandemi gegen die Hinterwand gelehnt und schaut durch einen Spalt nach außen.

Kwandemi: »Da kommt jemand.«

Ich sage nichts.

Kwandemi: »Es ist bloß eine Frau.«

Wir sitzen da, ich schaue ihn an. Ich sage nichts. Kwandemi lacht ein wenig. Er sagt auch nichts. In der Ferne hören wir, wie Leute sich streiten.

Kwandemi: »Gestern hat es einen großen Kampf gegeben. Ein Mann ist aus dem Walddorf Nangusap nach Kanganamun gekommen und hat um Hilfe gebeten. Vierzehn Männer sind gegangen. Ich war auch dabei. Als wir in Nangusap ankommen, sehen wir etwa fünfzig oder sechzig Leute aus einem fremden Dorf. Alle haben Speere und wollen auf uns losgehen, um uns zu erstechen. Diese Leute sind vom Wald. Sie sind klein und schwach. Sie können nicht kämpfen. Sie wollen nur Streit. Wir gehen auf sie zu, nehmen ihnen die Speere weg, zerbrechen sie und werfen sie fort. Wir sagen, wir kämpfen nur mit den Händen. Gut, sagen die anderen und stehen in einem großen Haufen beisammen. Jetzt kommt einer aus dem Haufen und rühmt sich als Boxer, der an der Küste gelernt hat, wie man andere zusammenschlägt. Die von Kanganamun schicken mich in die Mitte. Alle schreien jetzt das Kampfgebrüll. Gut, sage ich, wenn ich kämpfen soll, will ich kämpfen. Als der andere zu boxen beginnt, trifft er mich nur am Arm. Ich aber schlage ihm die Faust an den Kopf. Die ganze Kopfhaut mit den Haaren hängt ihm über die linke Schulter. Ich schlage nochmals zu. Jetzt fällt er zu Boden. Ich trample ihm auf dem Bauch herum, bis er sich nicht mehr bewegt. Vielleicht ist er tot. Seine Leute schleppen ihn weg, wohin weiß niemand. Ich habe dann noch zwei zusammengeschlagen. Mein Freund hat fünf besiegt. Die Leute vom Fluß sind stark, die vom Wald sind nichts. Die ganze Meute ist geflohen und lassen jetzt die Leute von Nangusap in Frieden. Der Kampf mit den Feinden ist etwas Gutes im Leben des Mannes.«

Pause.
»Es gibt Dörfer, die unter sich befreundet sind. Mit den anderen steht man im Krieg.«
Ich: »Als ich dich kennengelernt habe, hast du mir gesagt, daß du Streit und Schlägerei nicht magst. Jetzt ist es anders.«
Kwandemi: »Im Dorf sind Streit und Schlägerei schlecht. Im Dorf leben wir unter Freunden. Mit den feindlichen Dörfern ist es anders.«
Ich: »Du bist ein starker Mann, daß du alle überwinden kannst.«
Kwandemi: »Wir haben viel und gut gegessen, bevor wir gegangen sind. Dann bist du stark. Heute gibt es wenig zu essen. Die Frauen haben keine Fische, und der Sago ist aufgegessen. Alle haben Hunger. Heute bist du nicht stark. Wenn du hungrig bist, bist du schwach.«
Pause.
»Wenn du morgen kommst, sprechen wir miteinander. Dann fahre ich mit dir nach Palimbei und spreche mit deiner Frau. Dann fahren wir nach Kanganamun zurück und sprechen nochmals miteinander.«

Mit seiner unwahrscheinlich klingenden Geschichte vom Kampf mit Waldbewohnern bläht sich Kwandemi vor mir zu einer Hünengestalt auf, als wollte er mir den abgehackten Kopf eines Feindes vor die Füße legen, wenn er sich anschickt, meiner Frau persönlich zu begegnen. Er folgt dem Vorbild der Kopfjagd. Er ist aber auch ängstlich und will meine Frau unter dem Schutz unserer Gesprächsstunden besuchen.

Am nächsten Tag liegt Kwandemi ausgestreckt auf der Veranda des *haus kiap*, als ich erscheine und ins treppenlose Haus hochspringe. Als wir zusammensitzen, zieht Kwandemi ein Messer aus seiner Tasche. Er zeigt mir, wie er es zu schleifen pflegt und zum Schnitzen seiner Holzplastiken benützt. Jetzt beginnt er die Nägel der Finger und Zehen zu schneiden. Er schabt die Fingernägel ab, bis sie ganz weiß sind. Dann vergleicht er sie mit meinen Fingernägeln.
Kwandemi: »Meine Fingernägel sind viel weißer als deine, aber die Haut ist schwarz.«
Er legt sich jetzt hin und schaut mich etwas traurig an.
Kwandemi: »Ja, heiraten ist nicht gut. Die Frau ist mir verleidet. Ich verlasse sie.«

Ich: »Hast du wieder Streit mit der Frau?«
Kwandemi: »Nein, keinen Streit, nur Ärger und Langeweile.«

Er setzt sich auf und beginnt harte Haut von seinen Fußsohlen abzuschneiden.

Kwandemi schneidet zu tief, und es beginnt zu bluten.
Ich: »Es ist nicht gut, wenn du mit dem Messer zu tief schneidest.«

Kwandemi läßt das Messer aus der Hand fallen und schaut mich an.

Kwandemi: »Hast du in den Tagen, seitdem du weggegangen bist, mit deiner Frau geschlafen? Ich habe nichts gemacht. Ich habe mich nur geärgert und will nicht an das denken.«
Ich: »Du ärgerst dich, weil meine Frau gekommen ist, und denkst, ich sollte die Frau verlassen und ganz mit Kwandemi sein.«
Kwandemi: »Als wir zusammen in eurem Haus waren und das Essen der Weißen gegessen haben, war alles gut. Es hat mir gefallen.«
Ich: »Jetzt, wo meine Frau gekommen ist, gefällt es dir nicht mehr.«
Kwandemi: »Nur die Weißen reden mit der Frau. Ich habe es gesehen. Sie reden und reden, und erst dann machen sie Liebe. Die Schwarzen reden nicht mit der Frau. Der Schwanz ist das Wichtige.«
Ich: »Auch ich und du, wir reden und reden immerfort miteinander. In deinem Denken und Fühlen ist auch bei uns beiden der Schwanz vielleicht das Wichtigste.«
Kwandemi: »Es ist gut, wenn wir zusammen sprechen. Mit der Frau will ich jetzt nicht mehr zusammen sein. Auch das Geld wurde noch nicht übergeben.«
Ich: »Als du bei mir warst und wir unter dem Netz saßen, Zigaretten rauchten und die Gaslampe brannte und du dich ausgezogen hattest, wolltest du schon alles wissen über mich und den Geschlechtsverkehr, doch haben wir davon nicht gesprochen. Erst jetzt, wo du weißt, daß Ruth angekommen ist, kannst du mir sagen, was du eigentlich wissen willst. Als wir noch allein waren, nur wir zwei Männer, waren deine Gedanken nicht so nahe an dem Wunsch, den du heute aussprichst.«

Kwandemi: »Der Schwanz ist etwas Gutes im Leben des Mannes.«

Ich: »Gestern hast du gesagt, das Gute im Leben des Mannes ist der Kampf mit den Feinden. Du sprichst vom Penis wie vom Kampf mit den Feinden. In deinem Denken und Fühlen ist das Zusammenschlagen und Besiegen des Boxers in Nangusap ganz ähnlich wie der Geschlechtsverkehr, sei es, daß ein Mann und eine Frau zusammen schlafen, oder zwei Männer, wie du und ich, es miteinander treiben.«

Kwandemi: »Nein, mit dir gibt es keinen Kampf. Du bist mein Freund.«

Kwandemi nimmt sein Messer wieder zur Hand und beginnt, an seinen Fußsohlen herumzuschaben. Er spricht noch davon, daß eine Krokodilsjagd bevorsteht, an der er sich beteiligen will. Als ich mich bereitmache zu gehen, ist nicht mehr die Rede davon, daß er mit mir nach Palimbei kommen will, um mit Ruth zu sprechen.

Am folgenden Tag ist Kwandemi in Kanganamun nicht aufzufinden. Im kleinen Männerhaus wird mir gesagt, er sei irgendwohin gegangen. Ich verlasse das Dorf und gehe zum Sepik zurück. Beim *haus kiap* bin ich unschlüssig. Dann bemühe ich mich, ins Haus hinaufzukommen, und setze mich. Das Haus ist leer. Es ist drückend heiß. Ich bin müde und lege mich hin. Vielleicht bin ich eingeschlafen. Plötzlich höre ich, wie jemand ins Haus hinaufspringt. Kwandemi kommt daher.

Kwandemi: »Ich habe Palmblätter geschnitten und den ganzen Tag nichts gegessen. Plötzlich habe ich Marco gesehen. Dann bin ich hierher gekommen.«

Ich gebe ihm eine Portion schwarzen Tabak. Er ist in fröhlicher Stimmung und dreht sich mit Zeitungspapier eine Zigarette.

Kwandemi: »Ein Mann ist heute von weit her gekommen, um meinen Schwager zu seinem kranken Kind zu holen. Sie sind im Kanu weggefahren. Mein Schwager wird einen Zauber machen und das Kind heilen.«

Jetzt wird mir klar, daß Kwandemis Schwager, dessen besonderes Haus ich vor wenigen Tagen wegen seiner schönen Bauart und den zahlreichen Schnitzereien bewundert habe, ein Zauberer ist. Ich verstehe nun auch Kwandemis Motivation besser, die ihn veranlaßte, seine Beziehung zu seinem älteren Bruder Sugukaman zu lockern und sich mehr der Person seines Schwagers zuzuwenden. In dem Maße, als sich unsere Beziehung vertieft hat und die Sexualität ins Zentrum unserer Auseinandersetzung gerückt ist, sind auch Aggressionen in unsere Beziehung eingeflossen, die schwer zu bewältigende Konflikte heraufbeschwören könnten. Die Zuwendung Kwandemis zu seinem Schwager, dem Zauberer, hat offenbar den tieferen Sinn, die bereitliegende kulturspezifische Institution der Zauberei dazu zu benützen, die in unserer Beziehung aktivierten Aggressionen zu bannen.

Ich: »Dein Schwager ist ein Zauberer. Wie macht er das?«

Kwandemi: »Ich kann das auch machen.«

Ich: »Bist du auch ein Zauberer?«

Kwandemi: »Ja, ich habe es von meinem Schwager gelernt. Nehmen wir an, du wirst krank. Dann komme ich zu dir, mache den Zauber, und du bist wieder gesund.«

Ich: »Wie machst du das?«

Kwandemi: »Ich kann es dir sagen. Nimm dein Buch und schreibe alles auf. Wenn die Männer Kartenspielen gehen, kommen sie zuerst zu mir. Dann gewinnen sie.«

Kwandemi beginnt in einem fremdartigen Rhythmus zu singen. Jetzt hält er an und fordert mich auf, die unverständlichen Laute nachzusingen. Dann fährt er fort, und ich singe Stück für Stück nach, was er mir vorführt.

Kwandemi: »Es geht um einen bestimmten Vogel. Ich rufe ihn herbei und nenne dann die Namen der Männerhäuser, zu denen die Männer gehören, die spielen. Während ich das tue, ziehe ich mit einer schwarzen Muschel Striche vor die Männer, denen ich helfe, in den Boden. Wenn jetzt die anderen kommen und die Markierungen überqueren – sie sehen sie nicht –, können sie nicht mehr gewinnen.«

Ich: »So geht das.«

Kwandemi: »Ich kann auch andere Zaubereien machen.«

Ich sage nichts. Es entsteht eine Pause. Dann beginne ich von mir aus Rhythmus und Laute nochmals nachzusingen. Kwandemi lacht.

Kwandemi: »Nein, so ist das nicht. Du bist eben ein Weißer.«

Ich: »Ich bin ein Weißer und kann nicht zaubern wie du, aber ich habe in meinem Land auch so etwas gelernt wie das, was dein Schwager macht. Wenn die Menschen krank sind, kann ich sie manchmal heilen.«

Kwandemi: »Ich kann mich in ein Krokodil verwandeln und plötzlich an einem anderen Ort sein. Als ich das Krokodil schnitzte, das ich dir gezeigt habe, ist das Krokodil lebendig geworden, öffnete die Schnauze, und ich bin hineingegangen. Dann hat es die Schnauze zugemacht, und ich bin Krokodil geworden. Dann habe ich mich wieder umgewandelt zu Kwandemi und das Holzkrokodil angemalt.

Ich kann auch Krokodil werden, wenn jemand den Speer gegen mich wirft. Als Krokodil gehe ich dann an den Ort, wo der sich wäscht, überfalle ihn und trage ihn an eine verborgene Stelle. Dort töte ich ihn. Dann kommt aber der Tod auf mich zurück, und ich sterbe.«

Nachdem sexuelle Wünsche in Kwandemis Beziehung zu mir eine immer größere Rolle zu spielen begannen, wurden die damit verbundenen aggressiven Regungen durch ein zur Schau getragenes Imponierverhalten unterdrückt. Doch damit konnte es ihm nicht gelingen, den Rivalitätskonflikt mit mir zu lösen, in den er durch das Erscheinen meiner Frau in Palimbei geraten war. Er greift nun auf eine in der Iatmul-Kultur bereitliegende Institution zurück und übernimmt die Imponiergeste eines Magiers. Das gelingt ihm deshalb, weil sein Schwager, dem er sich jetzt immer mehr verbunden fühlt, ein Zauberer ist, dessen Handlungen und Einflüsse unheilvolle Aggressionen zu bannen vermögen. Aus den Schilderungen Kwandemis wird deutlich, daß auch in der Kultur der Iatmul die soziale Bedeutung der schwarzen und weißen Magie eine wichtige Rolle spielt. Zauberer der schwarzen Magie verbreiten Unheil und erleiden als Folge ihrer offenen Aggression den eigenen Untergang, während Zauberer der weißen Magie geachtet und bewundert werden, weil ihre Handlungen sich, sozial gesehen, im Sinne der Entspannung aggressionsgeladener Konflikte auswirken.

Obschon Kwandemi innerhalb der Iatmul-Gesellschaft nicht als Zauberer bestimmt oder erkannt worden war, lehnt er sich in seiner Auseinandersetzung mit mir an diese Rolle an, weil er aus einer Familie stammt, in der es Zauberer gibt. Wenn Kwandemi es vorzieht, sich mir gegenüber als Zauberer zu zeigen, leitet er eine Entspannung seines Rivalitätskonfliktes ein, worauf es ihm möglich wird, sich mir gegenüber so zu zeigen, wie er sich in seiner sexuellen Erregung wirklich fühlt.

Ich: »Hast du schon einmal eine solche Umwandlung zum Krokodil wirklich gemacht?«

Kwandemi: »Ja, einmal. Es gab ein großes Fest in Gaikorobi. Gaikorobi ist ziemlich weit weg von hier. Ich ging zum Bach, verwandelte mich zum Krokodil und war sogleich in Gaikorobi, wo ich mich wieder zum Mann zurückverwandelte. Ich tanzte, und es war lustig. Am anderen Tag haben mich die Leute gefragt, wie ich nach Gaikorobi gekommen sei. Niemand weiß, daß ich mich in ein Krokodil verwandeln kann.«

Kwandemi richtet sich plötzlich auf und kommt ganz nah an mich heran. Er lacht.

Kwandemi: »Vielleicht verwandle ich mich einmal hier in ein Krokodil, schwimme hinüber nach Palimbei und schaue aus dem Sepikwasser heraus, wenn du nackt badest. Dann erschrickst du und läufst schnell davon. Ich verwandle mich zum Mann und gehe ans Ufer, wo ich dich treffe. Du weißt dann nicht, wie ich über den Fluß gekommen bin.«

Wir lachen beide über seine Phantasie. Dann wird er plötzlich ganz besinnlich, greift an seinen Penis.

Kwandemi: »Hier tut es mir weh.«

Ich: »Wo hast du Schmerzen?«

Kwandemi: »Hier am Schwanz.«

Ich: »Seit wann tut es dir weh?«

Kwandemi: »Jetzt gerade tut es mir weh.«

Er knöpft die Hose auf, nimmt den erigierten Penis in die Hand und zeigt auf eine Stelle an der Eichel, die ihn schmerzt.

Ich: »Ich sehe nichts, was die Schmerzen erklären würde.«

Kwandemi: »Jetzt ist auch der Schmerz vorbei.«

Ich: »Der Schwanz ist groß geworden, als du vom Krokodil gesprochen hast, in das du dich verwandelst.«

Kwandemi hält seinen Penis mit der Hand.

Kwandemi: »Das ist der gute Teil des Körpers des Mannes. Nur ein Mann kann sich in ein Krokodil verwandeln.«

Kwandemi zieht sich wieder an und steht auf. Er sagt, er habe gestern im Laden etwas zum Essen gekauft und sei siebzig Toea schuldig geblieben. Er schlägt mir vor, ihm das Geld zu geben. Er würde es mir zurückgeben, sobald er sein Krokodil an die Touristen verkauft habe. Ich gebe ihm die Münzen.

Kwandemi: »Ich habe einen Fisch für euch geschnitzt und heute mit Erde bemalt. Es ist ein Geschenk für deine Frau. Wenn du morgen zur gleichen Zeit kommst, schlafe ich hier im Haus und warte auf dich.«

Am folgenden Tag ist Kwandemi wieder malariakrank und liegt im kleinen Männerhaus. Er berichtet, dass er das Geld im Laden abgegeben hat und niemand wisse, woher er es habe. Das sei gut so. Ein junger Mann kommt herein und setzt sich abseits von uns.

Kwandemi: »Pat ist gekommen. Er möchte gerne mit Marco sprechen, wenn Ngaui jetzt weggeht, um auf dem Hausboot der weißen Touristen zu arbeiten. Du kannst Marco sagen, daß er mit Pat reden kann.«

Ich: »Ich kann da nichts sagen. Das ist Sache von Marco. Es ist nicht gut, wenn der Vater hinter dem Sohn her ist und der Sohn sich verfolgt fühlt.«

Kwandemi: »Es ist nicht gut, wenn der Sohn vom Vater abhängt. Ich mag die Alten nicht. Sie sind böse, verfolgen die Jungen und hängen sie an den Bäumen auf. Sie brechen ihnen das Genick.«

Ich: »Ein Alter bin auch ich.«

Kwandemi: »Nein, das hat mit dir nichts zu tun. Ich rede von den ganz Alten im Dorf, die nur Böses im Sinne haben.«

Jetzt kommen einige Männer zu uns. Sugukaman ist unter ihnen und spricht von der Arbeit, die noch getan werden muß, bevor das Hochwasser kommt. Kwandemi fröstelt und legt sich hin. Er beteiligt sich nicht an den Gesprächen der Männer mit mir.

Kwandemi: »Es wird bald dunkel sein und regnen. Du solltest jetzt gehen. Ich werde morgen um elf Uhr *piem* im *haus kiap* auf dich warten.«

Ich: »Ich werde um elf Uhr bei Tag kommen. Das *piem* ist doch eine Bezeichnung der Weißen, wenn sie den Abend meinen.«

Kwandemi lacht und sagt, er habe den Vormittag gemeint.

Als wir uns dann um elf Uhr vormittags wieder treffen, ist Kwandemi gesund. Er berichtet, daß er mit anderen

Männern frühmorgens Gras beim Männerhaus geschnitten habe. Eine Frau hat für alle gekocht.

Kwandemi: »Wir haben sehr gut gegessen. Ich bin ganz voll. Als du gekommen bist, habe ich gerade Teller und Löffel gewaschen.«

Pause.

»Eine Frau, die Essen kocht, ist gut. Meine Frau kocht nicht. Sie nimmt mir den Tabak weg. Sie streitet. Sie ist mir verleidet. Gestern abend habe ich sie und ihre Eltern im Dorf getroffen. Ich habe gesagt, ich will nicht heiraten, ich will dich verlassen. Die Eltern antworten: ›Gut, dann ist es eben so‹, aber die Frau hat geweint.«

Ich: »Warum willst du eigentlich nicht mehr heiraten?«

Kwandemi: »Heiraten ist schlecht. Ich bin zu meiner Mutter gegangen und habe es ihr gesagt. Sie ist böse geworden. Dann war sie einverstanden.«

Ich: »Schläfst du jetzt mit niemandem mehr?«

Kwandemi: »Nein, jetzt ist es fertig mit dem Schwanz.«

Pause.

»Als ich in Korogo zur Schule ging, habe ich zum erstenmal mit einem *görpren* geschlafen.«

Ich verstehe zunächst das Wort *görpren* nicht. Dieser Ausdruck ist bei den Iatmul nicht üblich. Ein Mädchen heißt am Sepik nie *girl*, und keiner würde eine Freundin *girl friend* nennen, sondern einfach *meri*. Ich erinnere mich an das *piem* von gestern und verstehe, daß Kwandemi auch heute mit dem *görpren* englische Fremdwörter in seine Sprache einbaut. Das hängt damit zusammen, daß er beabsichtigt, mit mir nach Palimbei zu kommen, um Ruth zu begrüßen.

Kwandemi: »Heute will ich mit dir über den Fluß fahren und Ruth sprechen. Ich war nämlich nicht nur in Madang mit meiner Frau, der Krankenschwester, mit der ich verheiratet gewesen bin. Ich war auch in Lae und in Rabaul. Dort habe ich Boote mit Farbe angestrichen. Ich habe ein weißes Hemd mit Abzeichen an den Ärmeln und zwei Paar schwarze Hosen und eine Mütze, wie in der Armee.«

Ich bin etwas verwirrt. Wovon spricht Kwandemi eigentlich? Heute sagt er erneut, er sei in Madang verheiratet gewesen, und spricht plötzlich über eigenartige Kleider.

Kwandemi: »Ich habe zwei Jahre Kurse im Spital von Madang gehabt und gelernt, wie man bei Unfällen erste Hilfe macht. In den Mund hineinblasen, Knochenbrüche fixieren und Kranke transportieren.«

Jetzt erzählt er, wie er auch in Lae und in Rabaul als Pfleger im Spital gearbeitet und eine Uniform getragen hat. Diese Uniform hat er mitgenommen. Sie liegt in einer Kiste im Hause seines Schwagers.

Kwandemi: »Hier im Dorf darf ich die Uniform nicht anziehen. Würde ich es tun, käme ich gerade vor Gericht. Aber heute möchte ich sie anziehen, um nach Palimbei zu kommen. Sie ist schön, meine Uniform. Das würde Ruth gefallen.«

Kwandemi strahlt über das ganze Gesicht. Dann wird er etwas nachdenklich und fügt hinzu, daß er die Uniform später wieder tragen werde, wenn er in die Städte zurückkehrt.

Das Bild, das er sich von mir und der weißen Frau macht, ist von Vorstellungen durchdrungen, die die Identifikation mit mir im Lichte einer Akkulturation verzerrt, doch hat dies keinen spürbaren Einfluß auf seine Haltung und unbefangene Art. Er kommt mit mir nach Palimbei und sitzt mit Ruth und uns im Haus. Er kann mit Ruth kaum sprechen, weil Ruth das Pidgin nicht gut versteht, aber er ißt die Suppe, die sie für uns alle gekocht hat. Danach geht Kwandemi mit mir zum Fluß. Wir sitzen wortlos auf einem umgekehrten Kanu im Schatten eines großen Baumes und schauen auf den braunen Strom und die vielen Baumstämme, die in den Fluten treiben.

Kwandemi reißt einige Bambusblätter ab und beginnt ein feines Geflecht mit Geschick und Vorsicht zu machen.

Kwandemi: »Rate, was das gibt.«

Ich: »Ich glaube, du machst einen Schmuck.«

Kwandemi: »Du hast es erraten!«

Als er seine Handarbeit beendet hat, bindet er sich das Bambusband ums Handgelenk. Dann erscheint Milan bei unserem Boot. Er nimmt Kwandemi mit und führt ihn nach Kanganamun zurück, bevor er weiter nach Yensan fährt.

Nach seinem Besuch bei uns hat sich Kwandemi so geschmückt, wie es in der Kultur der Iatmul üblich ist. Der Spuk mit der Uniform und den englischen Fremdwörtern ist damit verklungen.

In Palimbei werden in diesen Tagen alle Vorbereitungen für die bevorstehende Initiation von vier jungen Männern getroffen. Das Ereignis beschäftigt auch Kwandemi. Als wir uns wiedertreffen und im *haus kiap* sitzen, spricht er zunächst von einem Mann, der einen Polizisten in Pagwi, dem Hauptort des Distrikts, durch einen Zauber töten ließ. Dann fällt ihm nichts mehr ein. Kwandemi weiß nicht recht, was er jetzt machen soll. Der Bambusschmuck am Handgelenk ist weg. Jetzt klopft Kwandemi mit den Fingern einen Rhythmus auf den Boden.

Kwandemi: »Das wird man morgen in Palimbei hören, wenn die Trommeln den Beginn der Initiation ankündigen. Du kommst mich um acht Uhr morgens abholen. Dann gehen wir zusammen hin und schauen zu, wie sie die Krokodilsmuster in die Haut der jungen Leute schneiden.«

Ich: »Sie werden bei Tagesanbruch zu schneiden beginnen. Wenn wir erst um 9 Uhr kommen, wird alles vorbei sein.«

Kwandemi: »Die Initianden liegen nackt auf umgekehrten Kanus und die Männer schneiden mit Rasierklingen um die Brustwarzen, an Oberarmen und Oberschenkeln und in den Rücken die Krokodilsmuster. Schau her« (er zieht sein Hemd aus und zeigt mir die Narben an seinem Körper). »So sieht das dann aus. Wenn alles fertig ist, schreien die Männer auf, und die Initianden werden in den Fluß geworfen und abgerieben. Sie sind blutüberströmt und brechen fast zusammen. Dann werden sie ins Männerhaus geführt. Dort müssen sie den Männern, die sie geschnitten haben, Geschenke machen.«

Kwandemi setzt sich jetzt anders hin, so daß das Licht mich blendet. Diesmal ist es nicht ein Spalt in der Wand, sondern das ganze Fenster, durch das das Licht hinter ihm in den Raum fällt. Ich setze mich auch anders hin und sehe sein Gesicht wieder. Er wendet sich mir zu.

Kwandemi: »Gestern habe ich mit Ngaui gesprochen. Wir gehen jetzt dann für einige Wochen aufs Touristenboot arbeiten, um etwas Geld zu verdienen. Ich habe kein Geld hier in Kanganamun.«

Pause.

»Wenn wir weggehen, Ngaui und ich, steht ihr da ohne etwas, du und Marco.«

Ich: »Dann ist es mit unseren Gesprächen zu Ende.«

Kwandemi: »Nein. Wenn ich zurückkomme, sprechen wir weiter miteinander.«

Ich: »Wenn du zurückkommst, wird unsere Zeit hier vorbei sein, und wir fahren alle fort.«

Kwandemi: »Ich werde traurig sein, wenn wir nicht mehr zusammen reden. Wenn ich aufs Touristenboot arbeiten gehe, bist du traurig, weil ich nicht mehr da bin, wenn du nach Kanganamun kommst.«

Ich: »Wenn du aufs Touristenboot arbeiten gehst, werde ich nicht mehr nach Kanganamun kommen.«

Pause.

»Weißt du, warum du jetzt mit Ngaui arbeiten gehen willst?«

Kwandemi: »Ich will Geld verdienen.«

Ich: »Das ist nur der oberflächliche Grund. In der Tiefe deines Denkens und Fühlens ist es anders.«

Kwandemi schaut mich etwas verdutzt an und spricht erneut vom Geld. Ich sage ihm, daß er schon oft hätte Geld verdienen können, wenn er den Betel aus Sotmeri verkauft oder seine Schnitzereien den Touristen angeboten hätte. Doch das habe er nicht gewollt. Er habe mir erklärt, daß sein Vater ihm beigebracht habe, daß es nicht gut sei, im Dorf Lebensmittel zu verkaufen.

Ich: »Geld kannst du nur verdienen, wenn du dich dem Lebensstil der Weißen anpaßt. In deinem Denken und Fühlen gibt es zwei Wege, denen du folgst. Bist du hier im Dorf, lebst du wie dein Schwager und bist selbst ein Zauberer. Lebst du in den Städten, dann denkst und fühlst du, wie du meinst, daß es die Weißen machen.«

Kwandemi: »Ja, so ist es.«

Ich: »Du und Ngaui wollt aufs Touristenboot arbeiten gehen, obschon ihr dazu gar keine Lust habt. Ihr wollt aber weggehen, Ngaui und du, weil der weiße Marco dem Ngaui und ich dir viel zu nahe kommen. Das macht euch Angst. Ihr laßt die Weißen sitzen und geht aufs Boot der Weißen, wo die Weißen bloß in der Ferne sind. Den engen Kontakt, den wir hier in Kanganamun zusammen haben, habt dann ihr, Ngaui und du, untereinander.«

Kwandemi: »Ja, auf dem Boot können Ngaui und ich miteinander reden, wie du und ich hier im *haus kiap*.«

Ich: »Ich bin dir viel zu nahe gekommen. Du weißt nicht, was du mit dieser Beziehung machen sollst. Du hast mir von der Zauberei erzählt und mir gesagt, daß du selbst ein

Zauberer bist. Du kannst plötzlich fortgehen und etwas anderes sein als Kwandemi. Das ist so, weil Angst auftritt, wenn dir in der Beziehung zu einem anderen Menschen etwas zu nahe kommt.«

Kwandemi: »Ich habe keine Angst.«

Pause.

»Wenn du traurig bist, daß ich weggehe, bleibe ich hier, und du kommst jeden Tag nach Kanganamun.«

Ich: »Wenn wir in sechs Wochen alle wegreisen, kannst du aufs Boot arbeiten gehen.«

Kwandemi: »Wenn ich arbeiten und Geld verdienen will, kann ich ins Spital nach Madang gehen. Dort ist es besser. Die Arbeit auf dem Boot ist schwer.«

Ich: »Das Denken wechselt und geht hin und her. Heute denkst du so und morgen anders. Noch vor einer Woche wolltest du heiraten. Dann änderte sich alles, und jetzt willst du nicht mehr heiraten.«

Kwandemi: »Ich will nicht heiraten und auch nicht aufs Boot arbeiten gehen. Morgen werde ich mit meinem Schwager Palmblätter schneiden und wir werden uns hier im *haus kiap* gegen Abend treffen. Du gehst mit deinen weißen Freunden zur Initiation und schaust zu, wie man das macht. Ich bleibe hier und warte auf dich, bis du kommst.«

Am frühen Morgen des folgenden Tages werden Milan, Marco und ich zum verborgenen Platz im Wald geführt, wo die Initianden auf den umgekehrten Kanus liegen und etwa zwanzig Männer gemeinsam oder abwechslungsweise mit Rasierklingen die Krokodilsmuster in die Haut der jungen Männer schnitzen. Das geschäftige Treiben der Männer, die die Initianden wie leblose Objekte zu betrachten scheinen, löst in mir ein Unbehagen aus. Ich kann mich mit dem offenen Sadismus, der hier spürbar ist, nicht identifizieren und empfinde eine Ablehnung, die sich gegen die traditionelle Institution dieses Initiationsrituals richtet. Das Schauspiel ist eindrucksvoll und dramatisch. Ich stehe als Fremder dabei und überlege, ob das Ritual den Sinn haben könnte, aggressive Regungen zu bannen. Dabei bemerke ich nicht, daß sich meine Überlegungen zum Teil auf Kwandemi beziehen, von dem ich meine, er habe eine heimliche Wut auf mich.

Als ich mit Marco gegen vier Uhr nachmittags in Kanganamun ankomme, beginnt es in Strömen zu regnen. Kwandemi ist im Dorf nirgends aufzufinden. Als wir beschließen, unverrichteter Dinge nach Palimbei zurückzukehren, kommt Kwandemi daher und trifft uns bei der Bootslandestelle. Er bringt einen Brief für Piakna, den Besitzer unseres Hauses. Ich kehre um und setze mich mit Kwandemi ins *haus kiap*.

Kwandemi: »Meine Mutter hat im Fischnetz, das sie im Sepik ausgelegt hat, ein großes Krokodil gefangen. Sie gibt mir die Haut. Ich fahre mit dem Kanu nach Timbunke zu Anton, dem Händler und verkaufe sie für sechzig Kina. Morgen früh fahre ich ab. In zwei Tagen bin ich dort. In Timbunke bleibe ich einen Tag, und dann fahre ich in drei Tagen wieder zurück.«

Pause.

»Meine Mutter denkt, du könntest mich mit dem Motorkanu nach Timbunke führen.«

Kwandemi trägt heute wieder seine Schlangenknochenkette. Er hatte sie bisher nur einmal getragen, wenn er zu unseren Gesprächen kam. Das war der Fall, als er auf Sugukaman so wütend war, daß er ihn zusammenschlagen wollte. Bereits damals war mir klar, daß Kwandemis Wut auf mich gerichtet und bloß auf Sugukaman verschoben war.

Ich: »Heute trägst du zum erstenmal wieder die Schlangenkette, wie damals, als du eine so große Wut auf Sugukaman gehabt hast. Ein junger Mann, den alle Kwandemi nennen, hat eine große Wut auf den Weißen, mit dem er täglich redet. Er will ihn jetzt verlassen.«

Kwandemi: »Der Mann, den alle Kwandemi nennen, fährt morgen mit dem Kanu nach Timbunke. Morgen mittag bin ich dort. Auf dem Wege will ich einen Tag in Kamanebit bleiben.«

Ich: »Du kannst dich doch morgen früh verwandeln. Dann bist du sofort in Timbunke. Dort verwandelst du dich zurück, verkaufst die Krokodilshaut, gehst zum Fluß und verwandelst dich wieder und kannst morgen nachmittag wieder hier sein.«

Kwandemi lacht vergnügt über das Spiel meiner Gedanken und stimmt mir zu. Er habe ohnehin vorgehabt, sich durch Verwandlung schnell nach Timbunke zu begeben. Er ginge aber noch zu verschiedenen anderen Orten und werde erst in einer Woche wieder zurück sein.

Kwandemi: »Meine Mutter will die Krokodilshaut verkaufen, damit sie mir für die Heirat Geld geben kann.«

Ich: »Willst du jetzt wieder heiraten?«

Kwandemi: »Nein, das nicht, aber Geld will ich haben. Führst du mich mit dem Motorkanu nach Timbunke? Dann bin ich morgen abend wieder da, und wir können zusammen reden.«

Ich: »Um nach Timbunke zu fahren und zurück, braucht der Motor Benzin für zwanzig Kina. Soll ich soviel Geld geben, damit wir weiter zusammen sprechen können?«

Was Kwandemi veranlaßt, an seinem Entschluß festzuhalten, mich jetzt zu verlassen, hängt mit der Erwartung zusammen, daß ich ihn in einigen Wochen verlassen werde. Er will mir zuvorkommen. Ich soll es sein, der allein zurückbleibt und traurig ist.

Ich: »Morgen wirst du also mit dem Kanu fahren. Du fährst und fährst und fährst bis Timbunke. Dort kannst du dann nichts machen, weil die Krokodilshaut nicht verkauft werden kann, und dann kommst du ohne etwas nach Hause.«

Kwandemi lacht jetzt laut und ist ganz fröhlich.

Kwandemi: »Ich werde die Haut verkaufen, und alles wird gut gehen. Ich brauche das Geld. Ich will es aufbewahren.«

Ich: »Du willst so sein wie der Weiße, der immer etwas Geld bereit hat und dann wegfahren kann, wann er will. Du fährst jetzt weg und läßt mich allein, weil du denkst, daß ich bald wegfahren und dich allein lassen werde.«

Kwandemi: »Wenn ich will, kann ich Geld auf der Bank holen. Ich gehe einfach zu meinem Bruder nach Yindabu. Er gibt mir das Bankbüchlein, und ich mache die Unterschrift.«

Mit dieser zweiten Phantasie Kwandemis tritt eine Wendung ein, durch welche es ihm gelingt, sich umzustellen und nicht wegzulaufen.

Kwandemi: »Ich will zusammen mit meinem Schwager euer Motorkanu kaufen, wenn ihr von Palimbei abreist. Wieviel wird es kosten?«

Ich: »Ich muß das zuerst mit meinen Freunden besprechen.«

Kwandemi: »Ich werde das Geld beschaffen und es euch

bringen. Am Tage deiner Abreise fahre ich mit euch nach Pagwi und komme mit dem Motorkanu zurück.«

Pause.

»Wenn du morgen kommst, höre ich den Motor. Du gehst hier ins *haus kiap* und ich komme.

Morgen früh gehe ich auf den Markt nach Yensan, wo ich meinen Bruder aus Yindabu treffe. Wir werden alles besprechen. Nachher gehe ich zur Missionsstation in Kapaimari und sage Pater Dominik, er soll dem Händler Anton nach Timbunke telephonieren. Anton soll herkommen und die Krokodilshaut abholen.«

Am folgenden Tag kommt Kwandemi kurz nach meiner Ankunft ins *haus kiap*. Er hat den Bootsmotor gehört.

Kwandemi: »Gestern haben wir lange über meine Reise nach Timbunke gesprochen. Du hast gesagt, ich soll nicht fahren. So bin ich jetzt hier.«

Ich: »Du hast eine Wut auf mich gehabt. Deshalb wolltest du fortgehen.«

Kwandemi: »Nein, ich rede gerne mit dir und bin nicht böse auf dich. Du sprichst ganz oberflächlich daher, wenn du so etwas sagst.«

Pause.

»Gestern, nach unserem Gespräch, habe ich gedacht, du bist böse auf mich.«

Ich: »Jeder von uns hat gedacht, der andere sei böse auf ihn. Dabei freuen wir uns doch, zusammen zu sein.«

Kwandemi: »Ja, so ist es. Gestern dachte ich, es ist gut so. Ich bleibe hier. Übermorgen kommt mein Schwager mit nach Palimbei, und wir besprechen den Kauf eures Motorkanus. Ich habe gestern abend alles mit meinem Schwager besprochen. Er hat das Geld und wird für das Motorkanu sorgen. Ich werde mit Passagieren herumfahren und das Geld, das wir verdienen, meinem Schwager geben, damit er Reparaturen und Benzin bezahlen kann. Er gibt mir dann ein wenig für meine Arbeit.«

Ich: »Woher hat denn dein Schwager so viel Geld?«

Kwandemi: »Er hat zweitausend Kina. Mein Schwager hat das Geld gespart, zuerst 30 Toea, dann einen Kina, dann zehn und so weiter.«

Ich: »Dein Schwager spart schon manche Jahre, daß er so viel Geld hat.«

Kwandemi: »Nein, er hat erst dieses Jahr damit begonnen.«

In seiner Phantasie stattet Kwandemi seinen Schwager mit viel Geld aus, weil er sich jetzt vorstellt, mit dem wertvollen Motorkanu der Weißen herumzufahren und so gleichsam unser Erbe zu übernehmen. Kwandemi stützt sich auf seinen Schwager, den Zauberer, um ebenso mächtig und reich zu sein, wie ich ihm erscheine. In Wirklichkeit besitzt der Schwager nur zweihundert Kina. Das wird sich zwar erst später herausstellen, aber Kwandemi muß es wissen. Er fühlt sich heute nicht so wohl und findet es zu heiß. Jetzt bricht er eine alte morsche Latte aus der Hauswand hinter sich. Licht dringt durch die Lücke und blendet mich wieder, so daß ich ihn nicht mehr sehen kann.

Kwandemi: »Dieses *haus kiap* ist schlecht und morsch. Die Buschmenschen, die herkommen, schlafen hier. Heute nacht werde ich mich verstecken und das Haus anzünden. Dann geht es in Flammen auf, und die beiden Häuser daneben werden auch abbrennen.« (Er lacht voller Schadenfreude.)

Jetzt erscheint Sugukaman und schaut von unten durch die Lücke, die Kwandemi herausgebrochen hat.

Sugukaman fragt mich, ob ich ihn am folgenden Tag mit dem Motorkanu nach Pagwi bringe; er wolle die Fahrt bezahlen.

Ich: »Das Benzin würde allein fünfzehn Kina kosten. Wir können morgen nicht nach Pagwi fahren.«

Nachdem Sugukaman gegangen ist, wird Kwandemi etwas traurig.

Kwandemi: »Heute habe ich nicht gegessen. Als die Frauen Fisch und Sago zubereitet haben, sagten sie mir, ich solle dich dazu bringen, Sugukaman nach Pagwi zu führen, sonst gäben sie mir nichts zu essen. Ich habe nichts gesagt und bin weggegangen. Wenn ich Sugukaman die Bootsfahrt nicht verschaffe, gibt es nichts zu essen. So ist das.«

Plötzlich wird Kwandemi ganz erregt und wütend.

Kwandemi: »Dieses Haus werde ich heute nacht anzünden. Die Leute aus dem Busch können dann sehen, wo sie bleiben!«

Ich: »Was geht da in deinem Kopf vor, wenn du das Haus anzünden willst?«

Kwandemi: »Ich werde es anzünden!«

Er nimmt ein Stück des morschen Holzes, das er aus der Wand herausgebrochen hat, und zündet den Stumpf an. Eine handgroße Flamme entsteht. Kwandemi hält das brennende Stück an den Hausboden, damit sich das Feuer verbreitet.

Ich: »Ich habe Angst, das Haus brennt lichterloh!«

Kwandemi schaut mich ganz traurig an, erstickt das Feuer und wirft den rauchenden Stumpf hinaus.

Kwandemi: »Ich kann doch das Haus nicht anzünden. Heute fühle ich mich nicht gut, wenn ich mit dir rede. Gestern war es schön, ich lachte und hatte viele Gedanken.«

Ich: »Du meinst, gestern bist du farbig und schön gewesen. Heute bist du wie erloschen.«

Kwandemi: »Ja, ich bin wieder traurig über mein Leben. Wenn ich gegessen habe und nicht hungrig bin, ist alles gut in mir. Wenn du jetzt dann gehst, will ich hier schlafen, bis es dunkel wird. Dann gehe ich Enten jagen. Finde ich eine, werde ich essen.«

Ich nehme meine Sachen und stehe auf. Kwandemi begleitet mich zum Ausgang. Er bleibt auf der Veranda stehen. Ich springe hinunter und gehe zum Boot.

Kwandemi: »Ich schaue noch zu, wie du wegfährst, und werde dich und Marco noch im Kanu nach Palimbei hinüberfahren sehen. Dann gehe ich ins Dorf und hole mir im Laden auf Kredit etwas zu essen. Vielleicht Büchsenfleisch.«

Obschon unsere Abreise noch keineswegs bevorsteht, hat Kwandemis Wunsch, unser Motorkanu mit Hilfe seines Schwagers zu kaufen und später zu übernehmen, schmerzliche Gefühle der Trennung in ihm erweckt, die unsere Beziehung belasten. Er empfindet nicht nur deshalb ein Gefühl der Ohnmacht, weil er genau weiß, daß die Mittel seines Schwagers nicht ausreichen, um das Motorkanu zu kaufen. Er fühlt sich hilflos, weil er, wie einst in seiner Kindheit, der bevorstehenden Trennung passiv ausgeliefert ist. Wütend will er das *haus kiap* anzünden, damit die Leute aus dem Busch, die auf das Haus angewiesen sind, ebenso hilflos und ausgeliefert dastehen wie er selbst. Traurig gesteht er dann seine eigene Unfähigkeit, das Haus wirklich zu zerstören, und findet mit dem Hunger den Ausweg aus seiner Krise. Wäre er satt, wäre alles nicht mehr so schlimm, wären auch die Gefühle der Trennung zu überwinden. Kwandemi hängt mit ängstlicher Zuwendung an mir, als ob alle seine Bedürfnisse ungestillt blieben, wenn ich ihn verlasse. Ganz ähnlich verhält sich Sugukaman. Der Druck, den er und seine Frauen auf Kwandemi ausüben, zielt in die gleiche Richtung. Es ist, als ob Sugukaman hilflos im Dorf sitzen bliebe, wenn der Weiße ihn nicht mit dem Boot nach Pagwi führt. Auch in dieser Geschichte spielt das Essen, das Kwandemi vorenthalten wird, die Hauptrolle. Dann tritt die Wendung auf. Kwandemi spricht aus, wie er mir und Marco nachschauen wird, wenn wir über den Fluß fahren, so wie er als Kind der Mutter nachschaute, die, wenn sie am Morgen zum See fischen ging, aus dem Dorf verschwand. Er wird aktiv, will zuerst auf Entenjagd gehen, um seinen Hunger zu stillen, entschließt sich dann aber dazu, sich das Essen nach der Art der weißen Fremden zu beschaffen und im Laden des Dorfes eine Fleischkonserve zu besorgen. Der Hunger ist dann gestillt wie einst in der Kindheit, wenn die Mutter mit Fischen zurückkehrt und sie als Nahrung verteilt, aber das Gefühl der Ohmacht bleibt bestehen, weil die zärtliche Zuwendung der Mutter durch das Nahrungsmittel nicht ersetzt werden kann. Auch heute, als Kwandemi vorhat, im Laden das Essen zu besorgen, fehlen ihm die Mittel, die Konserve zu bezahlen. Der Wunsch bleibt bestehen, meine Zuwendung darin zu erleben, daß ich ihn füttere oder doch das Geld gebe, das er im Laden schuldig bleibt.

Als wir uns wieder treffen, kommt Ruth erstmals nach Kanganamun. Kwandemi begrüßt Ruth. Sie geht ins Dorf, spazieren. Im *haus kiap* zieht Kwandemi seinen neugeschnitzten Holzfisch aus der Tasche und gibt ihn mir als Geschenk für Ruth und mich.

Kwandemi: »Gestern bin ich in den Laden gegangen und habe für zwanzig Toea eine Büchse Fisch geholt. Dann habe ich gegessen und bin nicht mehr so traurig gewesen wie vorher.«

Ich gebe ihm zwanzig Toea.

Ich: »Jeder gibt dem anderen ein Geschenk, du den Fisch aus Holz, ich den Fisch in der Büchse.«

Kwandemi: »Gestern abend hat ein alter Mann ein riesiges Krokodil geschossen. Es war das Krokodil, das den ganzen See beherrschte. Dieses Tier hätte nie getötet werden dürfen. Jetzt wird vielleicht der See auslaufen oder es geschieht ein Unglück. Der alte Mann hat es nicht gewußt.

Die Leute von Kanganamun haben das Krokodil in Stücke geschnitten. Das Fleisch wird auf fremden Märkten verkauft. Niemand im Dorf ißt von diesem Fleisch. Jeder würde krank werden.«

Pause.

»Morgen ist Sonntag. Du kommst um zehn Uhr vormittags mich und meinen Schwager abholen. Wir kommen nach Palimbei, um den Kauf des Motorkanus zu besprechen.«

Pause.

»Ich will eine ganz kleine Schnitzerei für dich machen. Es wird kein Fisch sein, auch kein Krokodil.«

Ich: »Willst du eine Figur schnitzen?«

Kwandemi: »Jeff, der weiße Besitzer des Touristenboots, hat mir einmal gesagt, er wolle die Figur kaufen, die er in unserem Haus in Malingei gesehen hat. Er hätte zweitausend Kina dafür bezahlt. Ich habe ihm gesagt, diese Schnitzerei haben die Ahnen gemacht. Ich kann sie nicht verkaufen, sonst stirbt die ganze Linie der Familie.«

Er nimmt meinen Bleistift und beginnt auf Zeitungspapier, in das er sonst den Tabak rollt, etwas zu zeichnen. Er sucht sich unbedruckte weiße Stellen und beginnt nochmals von neuem. Es geht nicht. Der Platz im Weißen ist zu klein. Ich gebe ihm eines meiner Zeichnungspapiere und den Block als Unterlage. Kwandemi zeichnet langsam und sorgfältig ein Maskengesicht mit einem Vogel unter der Nase. Darunter, viel kleiner, ein zweites Maskengesicht mit flügelartigen Ausläufern statt der Ohren. Während er zeichnet, erklärt er mir, daß diese Figuren weder geschnitzt noch sonstwie dargestellt werden dürften, denn wer sie sähe, müsse sterben.

Ich: »Du zeichnest die Figuren, und ich kann sie sehen.«

Kwandemi: »Ja, ich zeichne sie für dich. Es macht nichts. Du mußt das alles nur für dich behalten und niemandem davon erzählen, die Zeichnung auch niemandem zeigen. Später, wenn du wieder in deinem Land bist, kannst du deinen Freunden erzählen, was ich dir gezeigt und erklärt habe. Nur hier am Sepik darfst du nicht davon sprechen.«

Pause.

»Hier, diese größere Figur enthält den Vogel. Sie ist der Urahne, der seit unzähligen Generationen vom Vater auf den Sohn übergeht. Dieser Urahne fliegt als Vogel ins Dorf

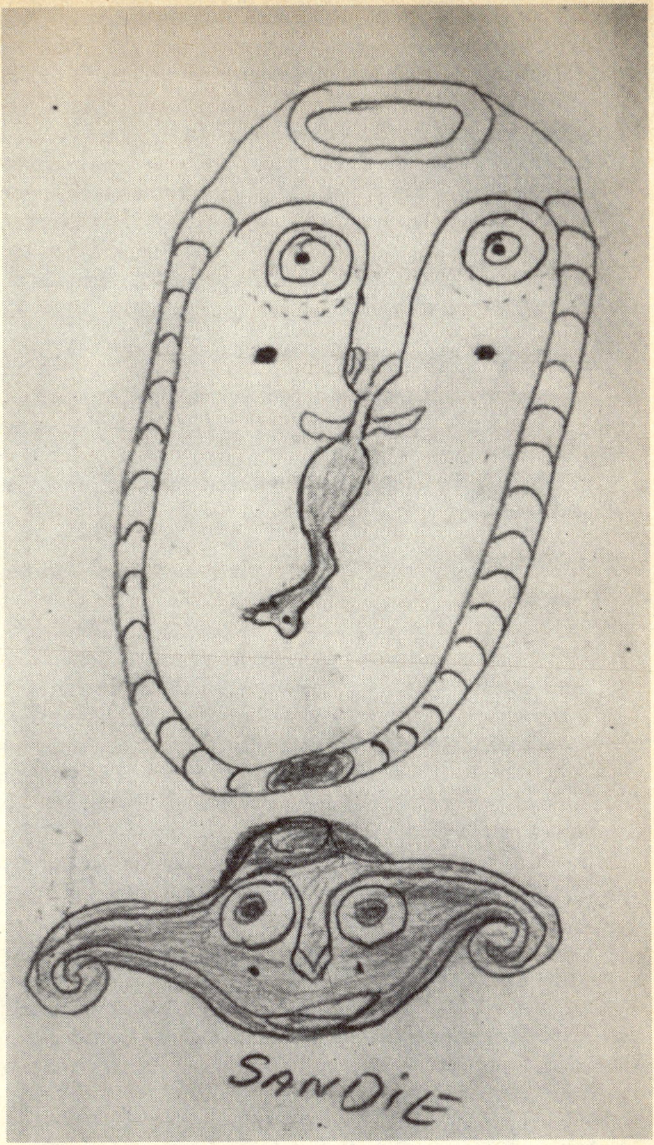

Sandie

und verwandelt sich in die kleine Figur, da unten auf dem Papier. Als solche erscheint sie im Traum eines Mannes und sagt ihm, dass Leute aus einem feindlichen Dorf daherkommen, um auf die Kopfjagd zu gehen. Danach verwandelt sie sich wieder in den Vogel und fliegt davon.

Wer den Urahnen im Traum hört, wacht auf und schlägt die große Kulttrommel. Alle Männer kommen zusammen und verstecken sich im Busch. Wenn am frühen Morgen die Feinde kommen, werden sie überfallen und getötet. Die Männer schneiden ihnen die Köpfe ab und bringen sie ins Dorf, wo sie sie aufhängen.«

Pause.

»Wenn jemand in der Familie stirbt, wird die Figur in die Erde gelegt und begraben. Erde kann sie nicht zerstören.«

Ich: »Wie lange bleibt dann die Figur in der Erde begraben?«

Kwandemi: »Sie hängt jetzt in unserem Haus in Malingei. Das ist alles.«

Pause.

»In der Linie meiner Familie heißen die beiden Figuren Sandie.«

Kwandemi schreibt jetzt diesen Namen unter seine Zeichnung, gibt mir das Blatt und sagt, ich müsse es zudecken und meinen Block so verstecken, daß niemand das Bild sehe.

Wir stehen auf und verlassen das *haus kiap*. Kwandemi begleitet mich. Wir treffen Ruth und gehen zusammen zum Sepik. Ich gebe Ruth den geschnitzten Holzfisch, worauf Kwandemi mich beiseite nimmt und nochmals ermahnt, seine Zeichnung niemandem zu verraten.

Ich: »Als du mir heute den Urahnen aufs Papier gezeichnet hast, ist es so gewesen, als ob du mir den Ahnen weitergegeben hättest, wie ihn die Väter den Söhnen weitergeben.«

Kwandemi ist ganz einverstanden mit dem, was ich sage. Die Umkehrung fällt ihm nicht auf. Dabei ist es offensichtlich, daß seine Erwartung, von mir das Motorkanu zu erhalten, in seine Urahnengeschichte hineinspielt. Insofern der Vater dem Sohne etwas weitergibt, bin ich es, der Kwandemi das Motorkanu weitergeben soll.

Als Kwandemi am Ende unseres Gespräches den Namen des Ahnen, Sandie, unter die Zeichnung setzt, denke ich an *sunday*, den morgigen Tag, den Sonntag, an dem er mit seinem Schwager zu uns nach Palimbei kommen will, um die Übernahme des Motorkanus zu regeln. Ich wollte Kwandemi meine Vermutung nicht mitteilen, wollte ihm den Zusammenhang, der zwischen dem mythischen Vorfahren und dem Motorkanu zu bestehen scheint, nicht deuten, weil er die Gestalt des Ahnen wie ein Geheimnis behandelt, das er jetzt mit mir teilt. Ich habe Kwandemis Wendung zum mythischen Urahnen und zur Bedeutung, die dieser bei der Kopfjagd hat, so verstanden, daß er mir im geheimen die magische Kraft des Ahnen vermittelt, damit sich in der bevorstehenden Auseinandersetzung mit den weißen Kanubesitzern die »Kopfjagd« um das Motorkanu zu seinen Gunsten entscheide. Kwandemis Zeichnung von Sandie, die jetzt in meinem Zeichnungsblock verborgen liegt, ist wie die Botschaft des Ahnen, die im Traum übermittelt wird und die zu einem gemeinsamen Vorgehen führt, um einem drohenden Unheil zuvorzukommen.

Die zwei Figuren, die Kwandemi gezeichnet hat, die große und die kleine, die zusammengehören, entsprechen dem großen Holzkanu und dem kleinen Motor. So wie die kleine Figur die belebende Kraft des Urahnen darstellt, hat der Motor, der das Boot antreibt, etwas von der belebenden Kraft eines Menschen. Ich denke, unser Motorkanu hat für Kwandemi die Bedeutung eines Mediums, das Belebtes und Unbelebtes miteinander verbindet.

Am Abend dieses Tages zerbrechen die Schrauben des Motorschaftes an unserem Kanu zum zweitenmal. Wir improvisieren mit Draht eine Haltevorrichtung, um wenigstens mit dem Boot noch bis Pagwi kommen und vorher mit aller Vorsicht ein oder zweimal den Fluß überqueren zu können. Einer von uns muß nach Wewak reisen, um den Motor reparieren zu lassen. Das Unternehmen ist mühsam, zeitraubend und in fast allen Belangen unangenehm.

Der Kampf um die unentbehrlichen, aber schwer zugänglichen Ersatzteile steht dem bevor, der reisen wird. Für meinen Entschluß, nach Wewak zu fahren oder auch nicht zu fahren, ist zunächst eines wichtig: Ich will jetzt den Kontakt zu Kwandemi nicht abbrechen. Gehen Milan oder Marco nach Wewak, kann ich jedenfalls nicht mehr nach Kanganamun fahren. Würde in diesem Fall Kwandemi täglich zu mir nach Palimbei paddeln? Das will ich abklären.

Ich komme am folgenden Tag um die Mittagszeit nach Kanganamun und gehe zum Haus von Kwandemis Schwager. Kwandemi sitzt unter dem Haus und begrüßt mich.

Kwandemi: »Eine alte Frau ist heute morgen gestorben. Sie wird jetzt begraben. Ich muß beim Begräbnis helfen. Warte hier!«

Schon nähert sich der Trauerzug. Zuvorderst tragen zwei Männer einen offenen Sarg aus Holz. Weiße Tücher sind im Sarg zu sehen. Anschließend folgt ein Mann, der den Sargdeckel trägt. Danach eine Schar von etwa zwanzig Leuten. Fast alle sind Frauen. Nur wenige Männer und Kinder bilden den Schluß des Zuges. Beim Haus des Zauberers, unter dem wir sitzen, biegt der Trauerzug ab und bewegt sich in Richtung auf den nahegelegenen Wald. Kwandemi schließt sich der Gruppe an. Dort, wo die Häuser zum Busch übergehen, liegt das Grab. Eine Grube ist bereits ausgehoben. Auch ich folge dem Trauerzug. Der Sarg wird auf den Boden gestellt. Jetzt beginnt ein lautes Klagen und Weinen der Frauen, die sich der Toten im offenen Sarg zuwenden. Die Männer stehen scheinbar unbeteiligt daneben. Kwandemi und die drei Träger des Sarges verschließen jetzt den Sarg mit Nägeln und versenken ihn in die Grube. Mehrere Frauen liegen weinend am Boden. Das Grab wird zugeschüttet und mit großen vorbereiteten Palmblättern kunstvoll gedeckt. Die Totengräber und Kwandemi gehen weg. Sie begeben sich ins Dorf. Ich kehre zum Haus des Zauberers zurück und warte. Kwandemis Schwager begrüßt mich. Ich sage ihm, daß das Motorkanu zuerst repariert werden muß, bevor wir unsere Besprechung über den Verkauf des Kanus in Palimbei abhalten können. Der Zauberer lacht bloß und deutet mit Gesten daraufhin, daß Kwandemi sich jetzt im Dorf waschen gegangen ist. Da der Mann wenig Pidgin spricht, weiss ich nicht, ob er versteht, was ich sage.

Nach einiger Zeit gehe ich ins Dorf und finde Kwandemi im Haus von Sugukaman. Er hat sich schön angezogen und kämmt sich gerade, als ich eintrete.

Ich: »Wir können heute nicht nach Palimbei fahren. Wir müssen die Verhandlung verschieben. Der Motor ist lokker. Die Schrauben sind gebrochen.«

Kwandemi: »Du gehst voraus ins *haus kiap*. Ich ziehe mich wieder um und komme nach.«

Auf dem Weg zum Sepik holt mich Kwandemi ein.
Kwandemi: »Gestern nacht ist Sandie im Traum zu mir gekommen. So wußte ich bereits, daß die Frau heute stirbt. Sie war schon lange krank und alt. Sie gehört in unsere Familie. Ihre Angehörigen sind gekommen und haben mein Kanu zersägt, um den Sarg zu machen. Jetzt habe ich kein Kanu mehr.«

Wir sind im *haus kiap* angekommen. Kwandemi springt auf die Veranda. Ich klettere nach.

Ich: »Wenn du jetzt kein Kanu mehr hast, könntest du auch nicht nach Palimbei zu unseren Gesprächen kommen, wenn ich hier bliebe und Milan oder Marco mit dem Motor nach Wewak reisen.«
Kwandemi: »Nein, dann können wir nicht mehr zusammen reden. Du bist eben dort drüben, und ich bin hier.«
Pause.
»Heute ist Sonntag (sunday). Das ist wie Sandie.«
Ich (überrascht!): »Ja, das ist mir gestern auch eingefallen, als du mir vom Urahnen erzählt und ihn für mich gezeichnet hast. Er hat einen Namen wie der Sonntag, wie der heutige Tag.«
Kwandemi: »Er schaut uns jetzt von da oben zu« (er zeigt unters Dach). »Er ist gut. Er hilft, wenn alles kaputtgeht. Gestern ist er gekommen. Heute stirbt die Frau, und du hast einen zerbrochenen Motor. So kommt alles zusammen.«
Ich: »Und du hast kein Kanu mehr.«
Kwandemi: »Ich werde mir später wieder eines machen. Nicht jetzt.«
Ich: »Gestern bin ich kurz vor Mitternacht an den Sepik gegangen und habe ein Licht gesehen. Ich leuchtete mit meiner Taschenlampe zur anderen Flußseite. Das Licht drüben gab Zeichen. Da dachte ich, das könnte Kwandemi sein.«
Kwandemi: »Ja, ich habe bei meinem Schwager gegessen und bin noch mit ihm zusammengesessen. Dann ging ich zum Sepik und wollte eine Ente jagen. Ich habe dein Licht gesehen und habe dir mit meiner Lampe geantwortet. So haben wir uns gute Nacht gesagt, du und ich. Das habe ich gedacht. Ich wußte, du bist es, der von Palimbei herüberschaut.«

Ich: »Wenn ich morgen mit dem Motor nach Wewak reise, würdest du mit mir kommen und mir helfen?«

Kwandemi: »Ich komme gerne mit dem Weißen nach Wewak und dann wieder hierher zurück.«

Ich: »Dein Schwager hat mir etwas vom Krokodiljagen am Kanal gesagt. Wenn ich ihn richtig verstanden habe, wollt ihr heute jagen gehen.«

Kwandemi: »Ja, vielleicht gehen wir auf Krokodiljagd. Wenn du und ich aber nach Wewak reisen, ist es anders.«

Pause.

»Wenn du morgen fährst, kommst du heute abend nochmals hierher, um mir zu sagen, daß du fährst. Dann bin ich frühmorgens bereit, wenn du mich abholen wirst.«

So hat es sich also ergeben, daß wir zusammen nach Wewak reisen.

Als Kwandemi für mich den Urahnen gezeichnet hat, brachte er seinen Wunsch zum Ausdruck, mit mir etwas zu teilen. Wir sollten gemeinsam etwas haben oder etwas tun. Was das im einzelnen sein könnte, würde sich dann ergeben. Kwandemi ist nicht auf eine bestimmte Erwartungsvorstellung festgelegt. Dass ich eine solche Gemeinschaft mit ihm anstrebe, war von Anfang an außer Zweifel. Sie stellt die Hauptmotivation meines Aufenthaltes am Sepik dar. Nun hat sich unsere Beziehung soweit entwickelt, daß Kwandemi das gleiche wünscht und in seiner Art das gleiche denkt. Der Urahne Sandie ist zum Medium unserer Gemeinschaft geworden. Am meisten hat mich überrascht, daß Kwandemi von sich aus die klangliche Verwandtschaft von Sandie zu *sunday* erkannt und mir gegenüber ausgesprochen hat. Wir haben uns auch ganz nahe gestanden, als wir uns mit Lichtsignalen über den Fluß gegrüßt haben. Das Gemeinsame kommt aber auch dort zur Geltung, wo uns ein Mißgeschick trifft. Infolge des Todesfalls wird Kwandemis Kanu als Sarg verwendet, und ich habe zur gleichen Zeit einen Defekt an unserem Motor. Kwandemi weist auf Sandie, der uns beide von oben betrachtet und alles zum Guten wendet, wie es seine Art ist. Gemeinsam reisen wir jetzt in die kleine Stadt Wewak am pazifischen Ozean.

Am Sonntag vor Sonnenuntergang fahre ich nochmals nach Kanganamun. Kwandemi hat den Motor gehört und erwartet mich am Flußufer. Ich rufe ihm zu, daß wir morgen früh fahren. Wir verabreden, daß ich ihn um sieben Uhr abholen werde.

Langsam und vorsichtig fahre ich mit dem wackeligen Motor über den Fluß zurück. Milan und Marco verstärken mit einer Holzschiene und Draht den defekten Schaft des Motors und bereiten das Kanu für die bevorstehende Reise vor. Am anderen Morgen sammeln sich einige Leute mit Gepäck an der Landungsstelle, während wir das Boot mit dem ganzen Expeditionsmaterial beladen, das die Reise erfordert. Reservetank, Werkzeuge, Ruder, Plastikplanen, Regenschirm, Moskitonetz, Gummimatratze, Schlafsack und meine persönlichen Sachen mit etwas Eßgeschirr und filtriertem Wasser. Milan erklärt den Leuten, daß niemand mitfahren kann, weil das Boot nicht überlastet werden darf. Es gibt ein Hin und Her von Bitten und Dringlichkeiten der Leute, die mitfahren wollen, doch Milan bleibt gewandt und fest bei seiner Meinung. Ich fahre allein über den Fluß. Kwandemi steht am Ufer bereit. Drei Frauen mit zwei Kindern und einem Jüngling und drei ältere Männer warten aufs Boot. Fest entschlossen, nur Kwandemi einsteigen zu lassen, lege ich an und erkläre den Grund, weshalb wir niemand mitnehmen können.

Kwandemi: »Die drei Frauen sind von meiner Familie. Sie müssen mit uns fahren. Der Jüngling gehört auch dazu.«

Ich: »Wir werden nie nach Pagwi kommen, wenn das Boot so belastet ist.«

Kwandemi: »Die Frauen sind schlank. Der Jüngling ist noch wie ein Kind. Ich komme doch mit, um dir zu helfen. Wir werden nach Pagwi kommen.«

Ich: »Wir können niemand mitnehmen, und dabei bleibt es. Du steigst jetzt ein, und wir fahren los.«

Kwandemi: »Gut, dann kommt nur diese eine Frau mit. Sie lebt im Haus meines Schwagers.«

Ich: »Nein, auch die Frau, die im Haus deines Schwagers wohnt, kann nicht mitkommen.«

Kwandemi steigt jetzt ins Boot. Die Frauen reichen ihm seine Tasche und drei große Melonen. Dann holen sie drei weitere Melonen. Die älteren Männer schleppen einen großen Sack mit Grünzeug herbei. Der Jüngling steht bereits im Boot und nimmt die Melonen in Empfang. Jetzt werden einige Körbe vorne ins Boot geworfen, und der Jüngling hilft den Frauen, ins Boot zu steigen. Ich werde wütend und schreie die Frauen an, sie sollen sofort wieder aussteigen. Kwandemi sitzt wortlos vor mir auf dem Reservebenzintank und dreht sich mit Zeitungspapier eine Zigarette. Die drei Männer mit dem großen Sack stehen ratlos am Ufer. Ich bin sehr verstimmt und fordere Kwandemi auf, mir jetzt zu helfen und die Frauen und Kinder und all die Melonen und Körbe aus dem Boot zu schaffen. Kwandemi steht auf und geht zu den Frauen. Beruhigt setze ich mich zum Motor. Doch Kwandemi geht an den Frauen vorbei zur Spitze des Kanus und löst das Seil. Jetzt treiben wir auf dem Fluß. Kwandemi ruft mir zu, loszufahren. Was soll ich jetzt tun? Soll ich mich weigern und die Reise verschieben? Ich bin ratlos und werfe mir vor, sehr ungeschickt gehandelt zu haben. Hätte ich bloß Kwandemi nicht mitgenommen.

Kwandemi sitzt wieder vor mir auf dem Reservetank. Langsam fahren wir flußaufwärts. Kwandemi lacht mich an, legt seine Hand auf mein Knie und sagt: »Jetzt fahren wir zusammen nach Wewak.«

Die Frauen schneiden eine Melone auf und verteilen die Stücke. Der Jüngling bringt mir die Frucht und setzt sich zu Kwandemi. Bald darauf beginnen die Frauen, mit leiser Stimme ein melancholisches Lied zu singen. Kwandemi verlangt eine Zigarette und gibt sie dem Jüngling weiter. Jetzt sind wir bereits bei der großen Flußbiegung vor Yindabu. Kwandemi gibt mir geschickte Anweisungen, wie ich am besten an Stellen, wo es starke Strömung gibt, vorbeikomme und den grossen Baumstämmen, die im Fluß treiben, ausweiche.

Nach vier Stunden Fahrt liegt das große Dorf Korogo vor uns. Plötzlich kracht es im Motorgehäuse. Der Schaft ist nun ganz gebrochen. Ich stelle den Motor ab. Wir rudern zu einem nahegelegenen Steg am unteren Dorfrand. Leute kommen herbei. Kwandemi begrüßt sie. Er hat in Korogo gelebt, ist hier während mehrerer Jahre zur Schule gegangen. Wir steigen aus. Kwandemi nimmt nun alles in die Hand. Der Jüngling muß unser Boot bewachen. Die Frauen sollen sich in den Schatten setzen und ihre Kinder beaufsichtigen. Er will mit mir ins Dorf gehen und einen seiner Freunde, der ein Motorkanu besitzt, veranlassen, uns nach Pagwi abzuschleppen. Ich denke, wir werden in Korogo übernachten. Doch in weniger als einer Stunde ist alles bereit. Mit Bambusstäben wird unser Kanu an dem Abschleppboot befestigt. Wir steigen alle ins leere Boot des Mannes aus Korogo, der uns nach Pagwi bringt, wo wir am Nachmittag ankommen. In Pagwi gibt es um diese Zeit keine Möglichkeit, am selben Tag weiterzukommen. Um einigermaßen bequem übernachten zu können, ist ein zementierter Boden, der überdacht ist, notwendig. So schleppen wir unsere Sachen unter das Vordach des Hauses, das der Verwaltung gehört, wo bereits viele Leute lagern. Dort baue ich unser Nachtlager auf und setze mich schon in der Abenddämmerung wegen der enormen Mückenplage unter das Moskitonetz. Kwandemi ist bereits seit mehreren Stunden verschwunden. Die Frauen, die wir mitgenommen haben, lagern in meiner Nähe. Der Jüngling ist schon mehrmals zu mir gekommen und hat Zigaretten verlangt. Jetzt klagt er über die Mücken und möchte unter dem Moskitonetz sitzen. In diesem Moment kommt Kwandemi zurück. Ich biete ihm von unseren Vorräten etwas zu essen an. Er lehnt ab. Ich schlage ihm vor, unter dem Moskitonetz zu sitzen, wo ich ihm auch ein Lager vorbereitet habe. Kwandemi lehnt ab. Er will vor dem Moskitonetz sitzen und die ganze Nacht wachbleiben und aufpassen, daß nichts gestohlen wird.

Ich: »Ich habe alle unsere Sachen hier gegen die Wand gestellt. Das Netz deckt sie zu, und alles Wertvolle habe ich bei mir. Es ist nicht gut, wenn du draußen bleibst. Es gibt zu viele Mücken.«

Kwandemi: »Ich mache einen Zauber. Dann stechen mich die Mücken nicht. Ich bleibe hier und bewache dich und die Sachen. Morgen früh werden wir einen Lastwagen finden und nach Wewak fahren. Hast du noch Zigaretten?«

Ich gebe Kwandemi ein Päckchen Zigaretten. Jetzt spricht er mit dem Jüngling in Iatmul. Beide rauchen.

Kwandemi: »Der Bub möchte unter dem Netz sitzen. Die Mücken plagen ihn. Er kann bei dir schlafen. Morgen kommt er auch nach Wewak. Ich bleibe hier draußen und bewache euch.«

Bei Tagesanbruch ist Kwandemi verschwunden. Der Jüngling schläft tief auf dem Lager, das ich für Kwandemi vorbereitet hatte. Die Leute um uns sind im Aufbruch. Ich beginne, unsere Sachen zusammenzupacken, wecke den Buben und schicke ihn, Kwandemi zu suchen. Ein Lastwagen steht auf der nahegelegenen Straße. Ich eile hin und frage, ob er nach Wewak fahre. Ja, sagt der Chauffeur. Er fahre sogleich ab. Er könne nicht warten. Die drei Frauen sitzen bereits im Lastwagen. Ich schleppe meine Sachen hin. Die Frauen helfen mir, sie einzuladen. Nur der schwere Motor liegt noch bei unserer Schlafstelle. Der Chauffeur steigt ein. Kwandemi ist nicht aufzufinden. Der Bub kommt herbei und steigt in den Wagen zu den Frauen. Ich beginne die Sachen wieder auszuladen und ärgere mich über Kwandemi. Eine der drei Frauen steigt aus, spricht gestikulierend mit dem Chauffeur und rennt davon. Bald kommt sie mit Kwandemi zurück. Wir laden alles wieder ein. Kwandemi bringt den Motor. Wir steigen ein, der Wagen fährt los.

Kwandemi: »Ich war am Flußufer. Dorthin kommen gewöhnlich die Lastwagen.«

Ich: »Der Bub hat dich am Fluß gesucht. Du warst nicht dort.«

Kwandemi: »Ich habe gedacht, wir fahren erst später. Schau, da kommt uns ein Lastwagen entgegen. Der fährt nach Pagwi und wird zurückfahren. Ich kenne die Leute. Mit dem hätten wir fahren können.«

Ich: »Jetzt fahren wir. Es ist besser so, als weiter in Pagwi zu warten.«

Kwandemi wendet sich ab und spricht mit den Frauen. Der Jüngling verlangt wieder Zigaretten. Eigenartig, denke ich, daß ich so verstimmt bin. Es ist doch bisher alles gut gegangen.

Nach 50 Kilometern Fahrt müssen wir aussteigen. Der Lastwagen fährt nach Maprik weiter. An der Kreuzung, wo sich eine Tankstelle befindet, warten wir auf einen Wagen, der vielleicht nach Wewak fahren wird. Kwandemi sitzt bei unseren Sachen, die wir bei der Tankstelle abgeladen haben, und plaudert mit den Leuten. Nach einer Stunde kommt ein bereits gut besetzter offener Lastwagen aus den Buschdörfern der Maprikberge. Er fährt an der Tankstelle vorbei, und es gelingt mir gerade noch, ihn anzuhalten. Ich rufe Kwandemi, er solle die Sachen bringen.

Kwandemi: »Es ist besser, auf den Lastwagen zu warten, der von Pagwi zurückkommen wird. Ich kenne die Leute. Dieser Wagen kommt aus den Buschdörfern. Da weiß man nie, was das für Leute sind. Die Frauen fahren jetzt auch nicht gleich weiter. Eine hat Leute aus ihrer Familie getroffen und wird überhaupt erst in einigen Tagen nach Wewak weiterreisen.«

Ich: »Komm jetzt. Wir fahren mit diesem Auto. So erreichen wir Wewak, bevor es dunkel wird.«

Kwandemi: »Es sind zu viele Leute im Auto.«

Ich: »Sie haben schon Platz gemacht für uns. Der Chauffeur ist auch einverstanden.«

Auf Kisten und Säcken hockend, fahren wir bald auf der abenteuerlich gewundenen lehmigen Straße durch die Maprikberge in Richtung pazifischer Ozean. Kwandemi hat sich weit von mir entfernt hingesetzt. Während ich mit den Leuten ins Gespräch komme, spricht Kwandemi mit niemandem. Zweimal hält der Lastwagen bei Marktständen an, die einige tropische Früchte und Betel zum Kauf anbieten. Vor allem die Fahrer decken sich hier mit Betel ein, den sie dauernd kauen. Aber auch die Fahrgäste kaufen sich Betel. Ich besorge mir ein Bündel Bananen und gebe Kwandemi davon. Nun tauscht er mit einer Frau zwei Bananen gegen Betel und beginnt zu meiner Überraschung zum erstenmal, seitdem wir uns kennen, Betel zu kauen.

Wir kommen gerade noch rechtzeitig in Wewak an, um den Motor in der Werkstatt abzugeben. Im Hotel beziehe ich mit Kwandemi ein Zimmer. Der Empfang ist ausgesprochen unangenehm, weil die australische Gerantin ihren Widerwillen gegen meinen schwarzen Begleiter in arroganter Weise zum Ausdruck bringt. Wäre Kwandemi wie die anderen Schwarzen, die in diesem Hotel verkehren, in dunklem Anzug mit Krawatte gekleidet, wäre es vielleicht anders gewesen, obschon ich den Eindruck habe, daß das Motiv der Ablehnung und des kolonialistischen Gebarens der Hotelführung damit zu tun hat, daß ich als Weißer mein Zimmer mit einem Schwarzen teile. Jetzt bin ich nicht mehr wegen Kwandemi verstimmt. Jetzt bin ich auf alle Weißen wütend und hasse mich selbst. Kwandemi ist ganz verschüchtert.

Er trägt seine zerrissene Tasche und die zwei Melonen ins Zimmer, während zwei Hotelangestellte mein ganzes Expeditionsgepäck nachtragen. Nun befinde ich mich in der mir vertrauten Welt. Das Zimmer könnte gerade so gut ein Hotelzimmer in einer deutschen oder englischen Kleinstadt sein. Da steht auch ein vierbeiniges Holzgestell für die Koffer. Die dunkle Ölfarbe ist abgeblättert.

Zwei gepolsterte Stühle in englischer Jugendstilimitation stehen um einen kleinen Tisch in der Mitte des Zimmers. Die zwei Betten stehen in den Ecken. Eine weißgestrichene Türe führt in den Waschraum. Dort gibt es eine Dusche mit kaltem und warmem Wasser. Die Reise war lang und beschwerlich. Ich bin müde und genieße den Luxus. Als ich frisch gekleidet aus dem Waschraum zurückkehre, bin ich wieder in guter Stimmung, doch beim Anblick Kwandemis ganz betroffen. Er sitzt auf dem Holzgestell und hält seine Tasche. Ich versuche ihm zuzureden, er solle sich auch waschen gehen. Kwandemi reagiert kaum. Jetzt entdecke ich erst den kleinen Eisschrank in unserem Zimmer. Gierig trinkt Kwandemi das eiskalte Wasser. Er will sich nun waschen gehen, doch kann er die Schiebetüre nicht öffnen. Ich helfe ihm. Wir stehen im weiß gekachelten Duschraum. Kwandemi schaut hilflos auf sein Hemd und sagt, es sei schmutzig und verfärbt. So könne er nicht herumgehen. Er werde hier im Zimmer bleiben, bis wir wieder an den Sepik fahren. Ich hole eines meiner Hemden. Er strahlt auf, zieht sich jetzt aus und will, daß ich alles für ihn mache. Er will nur kaltes Wasser verwenden und das grosse Badetuch, das ich ihm reiche, nicht benützen. Schließlich sind wir soweit auszugehen. Kwandemi nimmt seine beiden Melonen und sagt, er gehe jetzt in die Stadt zu einer Frau aus seinem Dorf.

Ich: »Weißt du, wo sie wohnt?«

Kwandemi: »Ich werde die Leute fragen.«

Ich: »Wewak ist weitläufig. Die Leute vom Sepik wohnen entweder in der Gegend der Sägerei. Bis dorthin kann man zu Fuß gehen. Oder aber beim Spital, und nach dort ist es sehr weit. Dann mußt du mit dem Bus fahren.«

Kwandemi: »Ich weiß nicht, wo die Familie wohnt. Ich habe die Frau noch nie gesehen. Die Frau meines Schwagers hat mir die Melonen für sie mitgegeben.«

Ich gebe Kwandemi zwei Kina. Wir gehen zusammen den Hügel hinunter bis zur Werkstatt. Dort trennen wir uns. Ich treffe einen Arbeiter, der sich mit unserem Motor beschäftigen wird, und kündige an, daß ich am folgenden Tag mit dem Leiter der Werkstatt sprechen will.

Als ich etwa zwei Stunden später ins Hotel zurückkehre,

sitzt Kwandemi wieder auf dem Koffergestell und trinkt kaltes Wasser. Er ist mit einem Taxi herumgefahren, bis er die Familie fand. Dann haben ihn etwa zehn Leute zum Hotel zurückbegleitet. Alle wollten sehen, wo Kwandemi wohnt. Das Taxi habe er bezahlt und mit dem Rest des Geldes Zigaretten gekauft, die er verteilte. Kwandemi erzählt mir das alles voller Stolz. Er hat jetzt etwas leicht Unterwürfiges, das mich stört. Als wir gehen, will er mir die Türe öffnen und behilflich sein. Ich sage ihm, wir würden jetzt in den Speisesaal gehen. Kwandemi will gern mitkommen. Er bleibt aber im Hausflur stehen, als ich das Restaurant betrete. Ich kehre um und hole ihn. Im Speisesaal sitzen zwei Weiße an zwei verschiedenen Tischen und sprechen miteinander. Sie haben sich offenbar erst jetzt kennengelernt. An einem größeren Tisch sitzen vier japanische Geschäftsleute. Ich setze mich an einen Tisch. Kwandemi will sich an den Nebentisch setzen, wie die beiden Weißen. Ich rufe ihn herbei. Er will sich nicht neben mich setzen, sondern so sitzen, dass er gegen die Wand schaut. Ich zeige ihm den Platz neben mir. Jetzt sitzt er da und schaut neugierig auf die Japaner. Der Kellner bringt die Suppe. Kwandemi versucht sie mit dem kleinen Teelöffel zu essen. Ich reiche ihm den Suppenlöffel.

Kwandemi: »Komm, wir gehen jetzt hinaus. Dort haben sich Leute vom Sepik versammelt, die den Touristen Schnitzereien verkaufen.«

Ich: »Es gibt noch Fleisch und Gemüse.«

Kwandemi: »Ich habe genug gegessen.«

Ich: »Hier kann man nur ein ganzes Nachtessen bestellen. Es kostet viel. Wir werden jetzt die Sachen essen, die man uns bringt, sonst haben wir gleich wieder Hunger.«

Kwandemi: »Wir werden alles aufessen und keinen Hunger mehr haben.«

Als wir fertig gegessen haben, gehen wir hinaus. Kwandemi trennt sich sogleich von mir und mischt sich unter die Sepikleute, die ihre Dinge zum Verkauf anbieten. Die vier Japaner sind dabei, einen ganzen Stoß besonders kitschiger Schnitzereien zu kaufen, die unter der Anweisung eines Missionars in Chambri für die Touristen angefertigt werden. Dieser Missionar hatte die Schwarzen veranlaßt, neben ihren heidnischen Motiven auch christliche für ihre Schnitzereien zu verwenden, und zudem die schwarze Schuhwichse eingeführt, damit die Bemalung der Holzplastiken einen Hochglanz aufweist, der mit der Erdfarbe, die sonst am Sepik gebraucht wird, nicht erreicht wird. Die Japaner verhandeln mit den Schwarzen in einer herablassenden Art, die mich verärgert. Als Weißer gehöre ich zu den Fremden, wie diese Japaner. Ich hasse diesen Zug an mir, der mich den Japanern irgendwie verwandt erscheinen läßt. Liegt nicht in meiner fast fürsorglichen Haltung Kwandemi gegenüber und dem Verdruß, den er mir immer wieder bereitet, ein Stück elitären Bewußtseins, das die Lücke füllt, die ich in meiner Beziehung zu Kwandemi empfinde, wenn ich spüre, wie fremd er mir im Grunde ist und wie fremd ich ihm bin. Unüberbrückbar scheint mir das alles zu sein. Fasziniert schaut Kwandemi zu, wie die Japaner sich verhalten. Jetzt geht er zu anderen Händlern. Bald kommt er aufgeregt zurück, eine aus Stroh geflochtene, mit farbigen Plastikbändchen geschmückte Tasche in der Hand. Ich solle ihm zwei Kina geben, sagt er, er wolle diese Tasche für sich kaufen.

Ich: »Solche Taschen kaufen nur die weißen Touristen. In den Dörfern trägt niemand ein solches Ding. Das geht doch sofort kaputt.«

Kwandemi: »Meine Tasche ist zerrissen.«

Ich: »Mit meinem Nähzeug können wir sie flicken. Ich denke, wir kaufen morgen lieber ein neues Hemd für dich.«

Kwandemi bringt die Tasche dem Händler zurück. Dieser kommt auf mich zu und will sie mir zu einem billigeren Preis verkaufen. Kwandemi schreitet ein und erklärt dem Mann aus Chambri, die Tasche sei gut für Touristen. Ich sei kein Tourist. Ich sei sein Freund und lebe in Palimbei.

Im Hotelzimmer näht Kwandemi die zerrissene Naht seiner Tasche, und am folgenden Morgen kaufen wir im chinesischen Laden ein Hemd. Kwandemi sucht sich ein himmelblaues, viel zu kleines Hemd aus. Der dünne Polyesterstoff glänzt wie die Schnitzereien aus Chambri. Der Preis scheint mir überzogen. Ich sehe ein Baumwollhemd mit einem schottischen Muster. Der Chinese hilft mit, die passende Größe zu finden. Kwandemi will das Hemd nicht anziehen, um zu sehen, ob es ihm passt. Er schämt sich. Der Chinese mißt Kwandemis Halsumfang. Das Hemd wäre richtig. Kwandemi sucht jetzt geschäftig nach anderen Hemden. Ich besorge im selben Laden noch einige Dinge für unseren Haushalt. Nun zeigt mir Kwandemi eine Reihe von Hemden, die er hervorgezogen hat. »Ich nehme dieses«, sagt er fest entschlossen, und hält das Hemd mit dem schottischen Muster in der Hand. Der Chinese lächelt mir wohlmeinend zu. Ich ärgere mich über den Chinesen. Was soll diese Vertrautheit, die zum Ausdruck bringt, daß wir beide, der Chinese und ich, wohl bemerkt hätten, wie selbständig sich der junge Schwarze jetzt gebärdet, wobei er doch so abhängig ist wie ein Kind, unfähig, sich ohne Hilfe der Großen zurechtzufinden. Ich bin wütend auf mich. Weshalb komme ich immer wieder in diese verzerrte Komplizenschaft mit den scheinbaren Herren dieser Welt? Ich will mich dagegen wehren. Kwandemis Art hat mir soeben so gut gefallen. Ich beginne mit ihm ein Spiel.

Ich: »Ist dieses Hemd wirklich gut? Willst du nicht lieber ein anderes?«

Kwandemi: »Nein, dieses Hemd hier mit dem schönen Muster gefällt mir.«

Ich: »Doch dieses hier, das grüne, wäre doch auch gut.«

Kwandemi: »Es ist zu teuer und paßt nicht zu uns.«

Ich: »Alles ist zu teuer. Grün ist doch schön.«

Kwandemi lacht. Er hat mein Spiel sofort verstanden. Der Chinese hat sich anderen Kunden zugewandt. Kwandemi nimmt sein Hemd, ich bezahle. Auf der Straße packt er das Hemd aus. Er will schnell ins Hotel gehen, um sich umzuziehen. Ich sage, wir müssen noch Lebensmittel einkaufen für Palimbei. »Du mußt mir dabei helfen.« Kwandemi zieht sich jetzt auf der Straße um. Er gibt mir mein Hemd zurück und zieht das neue an. Jetzt stehen wir uns wieder nahe. Mein Befremden ist verschwunden.

Im Lebensmittelgeschäft packt Kwandemi die Dinge, die wir kaufen, in eine viel zu kleine Schachtel. Ich muß alles selber machen, aber er trägt die Last den Hügel hinauf ins Hotel. Da es mir gelungen ist, für heute im angenehmen, einfacheren Hotel, direkt am Ozean, ein Zimmer zu bekommen, fahren wir um die Mittagszeit mit dem Autobus mit all unseren Sachen dorthin. Bei unserer Ankunft in Wewak war dieses Hotel, wo wir sonst immer absteigen, voll besetzt. Der Empfang ist freundlich. Die Besitzer kennen mich von früher, und Kwandemi wird respektiert. Wir beziehen unser

Zimmer, das direkt am Sandstrand liegt. Wenige Stunden später setzt ein heftiger Sturm die Brandung so in Bewegung, daß alle Zimmer an der Vorderfront überschwemmt sind. Ich bin zu dieser Zeit in der Stadt und kämpfe mit dem Werkstattchef um die Ersatzteile für den Motor. Als ich am späteren Nachmittag ins Hotel zurückkehre, treffe ich Kwandemi, der mit zwei Angestellten des Hotels, die wie er aus den Sepikdörfern stammen, die überschwemmten Zimmer reinigt. Hier fühlt er sich wohl. Er zeigt mir das neue Zimmer auf der Hinterseite, das wir bezogen haben. Er hat alle unsere Sachen dorthin gebracht, aber die Türe unbewacht offen stehen lassen, während er auf der Vorderseite des Baues mit den anderen weitergearbeitet hat. Obschon in Wewak mindestens ebensolche Vorsicht vor Dieben am Platz wäre wie in Pagwi, hat Kwandemi hier nicht an diese Möglichkeit gedacht.

Am folgenden Tag ist unser Motor repariert. Kwandemi will jetzt in die Stadt gehen, um für den nächsten Tag einen Lastwagen zu finden, mit dem wir nach Pagwi zurückkehren können. Ich gebe ihm ein wenig Geld mit. Als Kwandemi nach mehreren Stunden zurückkehrt, berichtet er von einem Mann, den er getroffen hat und der einen Lastwagenfahrer kenne, der wahrscheinlich morgen nach Pagwi fahre. Falls er diesen treffen würde, wolle er ihm sagen, daß wir mitfahren möchten. Kwandemi ist ganz zufrieden mit seinem Erfolg, denn er glaubt, alles werde klappen. Er sei per Autostop in die Stadt gefahren und habe dem Fahrer dafür Geld geben müssen.

Ich: »Wer hat dich mitgenommen?«

Kwandemi: »Ein Schwarzer natürlich. Die Weißen halten nur an, wenn Weiße ein Zeichen geben. Ihr müßt dann auch nichts bezahlen. Die Weißen helfen sich immer untereinander.«

Ich: »Ihr helft euch doch auch untereinander. Der Mann, von dem du erzählt hast, hilft dir doch auch, für morgen einen Wagen zu finden.«

Kwandemi: »Die Schwarzen wollen immer Geld.«

Ich: »Hast du ihm Geld geben müssen?«

Kwandemi: »Nein, er wollte nur Zigaretten. Die habe ich ihm gegeben, mit dem Geld habe ich mir auch noch ein Notizbuch gekauft. Gibst du mir einen Bleistift?«

Ich sitze auf der Terrasse und habe Briefe geschrieben. Ich

gebe Kwandemi einen Stift und schreibe weiter. Kwandemi schreibt nun auch. Später zeigt er mir, daß er meinen Namen und meine Adresse von einem Zettel abgeschrieben hat, den ich ihm einmal in Kanganamun gegeben hatte.

Am folgenden Tag regnet es. Kwandemi will nicht mit mir unter dem Schirm gehen. Er zieht es vor, naß zu werden. Wir suchen während zwei Stunden vergeblich nach einer Gelegenheit, wegfahren zu können. Kwandemi spricht jetzt mit einem Knaben. Er ruft mir noch zu, dies sei der Sohn des Lastwagenfahrers von gestern, und geht mit dem Knaben im Regen davon. Tatsächlich fährt nach einer weiteren Stunde ein gedeckter Camion zum Lebensmittelgeschäft, wo ich warte. Kwandemi sitzt im Wagen und winkt mir zu, daß wir sogleich nach Pagwi abfahren werden. Ich bringe die tiefgekühlten Lebensmittel aus dem Eisschrank des Ladens, die ich gestern gekauft und bis heute dort gelagert habe. Wir fahren zum Hotel, laden den Motor und unsere Kisten und Schachteln ins Fahrzeug, wo bereits etwa zehn Fahrgäste sitzen. Kwandemi sitzt hinten bei unserem Gepäck. Ich erhalte einen Sitzplatz neben dem Chauffeur. Die Wolkenbrüche in den Maprikbergen sind unheimlich, weil die Lehmstraße vom Wasser überflutet ist und die Wagen wie auf Glatteis schlittern. Mehrmals fahre ich erschreckt zusammen, weil ich glaube, wir würden in einen Abgrund stürzen. Bei Nacht und in einem heftigen Gewitter kommen wir in Pagwi an. Diesmal ist Kwandemi bereit, mit mir zusammen etwas zu essen und dann unter dem Moskitonetz die Nacht zu verbringen.

Am frühen Morgen brechen wir auf. Kwandemi holt das Boot bei unserem Vertrauensmann, der aus Palimbei stammt. An seiner Anlegestelle lassen wir gewöhnlich unser Kanu und verstauen Benzin und Ruder in seinem Haus. Kwandemi vergißt den Benzintank mitzunehmen. Ich stelle drei junge Leute an, die mir helfen sollen, das ganze Gepäck zum Flußufer zu schleppen. Doch Kwandemi bringt ein grosses Durcheinander zustande, indem er widersprechende Anweisungen erteilt, die dazu führen, daß unsere wertvollen Sachen an drei verschiedenen Stellen, meist unbewacht, herumliegen. Ich werde wütend und schreie ihn an. Schließlich ist alles noch gut herausgekommen. Voll beladen fahren wir mit dem frisch reparierten Motor flußabwärts. Zwei junge Burschen, die in Maprik im Gefängnis saßen und jetzt wieder nach Hause gehen können, wollen nach Yensan und sitzen im Boot. Kwandemi kennt sie. Sie leben im Nachbardorf von Kanganamun.

Kwandemi: »Die beiden Burschen müssen die Fahrt bezahlen. So ist das bei uns.«

Ich: »Laß das sein. Die Frauen, die du mitgenommen hast, haben auch nichts bezahlt. Wir fahren jetzt ohnehin an Yensan vorbei.«

Kwandemi raucht jetzt wieder seine mit Zeitungspapier gedrehten Zigaretten. Er sitzt neben mir, lacht und schaut mich mit blitzenden Augen an.

Kwandemi: »Bist du in Pagwi böse geworden?«

Ich: »Ja, ich bin sehr böse geworden. So geht das nicht. Jetzt ist aber alles gut.«

In Yensan legen wir an. Die jungen Leute steigen aus und werden stürmisch begrüßt. Kwandemi kommt mit nach Palimbei und genießt mit mir den festlichen Empfang, den unsere Freunde für uns beide bereiten. Jetzt ist er weder scheu noch verloren. Er bewegt sich in unserem Haus, als gehöre er zur Gruppe der Weißen.

Wir treffen uns am folgenden Tag wieder im *haus kiap*. Kwandemi verlangt sofort zwanzig Toea für Seife, die er im Laden bereits bezogen hat, um sein neues Hemd zu waschen. Es sei schmutzig gewesen, weil er den Motor herumgetragen habe.

Kwandemi: »Du kommst morgen um zwölf Uhr hierher und holst uns ab, meinen Schwager und mich. Wir werden in Palimbei wegen des Motorkanus verhandeln.«

Ich: »Dein Schwager muß das Geld mitbringen, sonst können wir nichts vereinbaren.«

Kwandemi zieht sein neues Notizbüchlein hervor und zeigt mir, was er heute, als er auf mich wartete, gezeichnet hat. Auf der ersten Seite sehe ich den Kopf eines Mannes mit schwarzer Oberlippe.

Kwandemi: »Das bist du. Dein Name steht auch darunter.«

Ich: »Hast du mir einen Schnurrbart gemacht?«

Kwandemi: »Nein, du hast doch keinen Schnurrbart. Ich wollte nur das Gesicht dunkel machen. Dann habe ich mich erinnert, daß du ja weiß bist. Das Schwarze kann ich jetzt nicht mehr wegmachen. Du könntest dir aber einen Schnurrbart wachsen lassen.«

Auf einer anderen Seite hat er Teile des kleinen Einmaleins aufgeschrieben.

Kwandemi: »Ich habe mich erinnert, wie es beim Rechnen zugeht. Ich will jetzt auch alles aufschreiben, was ich ausgebe, wie du es in Wewak gemacht hast.«

Er blättert weiter und zeigt mir zwei Zeichnungen. Die eine stellt die Maprikberge dar, die andere Wewak.

Ich: »Das haben wir alles auf unserer Reise nach Wewak gesehen.«

Kwandemi: »Du hast dort auch gezeichnet.«

Anderntags komme ich um zwölf Uhr vergeblich nach Kanganamun. Kwandemi sei nach Yensan gegangen, berichtet sein Schwager. Er werde gegen Abend zurück sein. Milan, der nach Yensan fährt, um mit einem Mann zu reden, setzt mich in Kanganamun ab. Ich gehe ins Dorf und erfahre, daß Kwandemi noch nicht zurückgekehrt ist. Milan kann sein Gespräch nicht führen, trifft aber Kwandemi zufällig in Yensan und bringt ihn mit, als er mich abholt.

Kwandemi: »Ich bin heute morgen nach Nangusap gegangen, weil mir dort eine Frau sagte, meine Mutter aus Yindabu lasse mir ausrichten, sie hätte morgen Fisch für mich.«

Ich: »Das hast du doch erst in Nangusap erfahren. Weshalb bist du denn dorthin gegangen?«

Kwandemi: »Du verstehst mich nicht. In Nangusap hat mir eine Frau gesagt, meine Mutter erwarte mich morgen in Yindabu. Sie will mir Fisch geben.«

Ich: »Das habe ich gut verstanden.«

Kwandemi: »Siehst du, jetzt hast du verstanden. Du hast immer noch Mühe mit dem Pidgin. Milan spricht viel besser Pidgin als du.«

Ich: »Du fährst also morgen nach Yindabu.«

Kwandemi: »Ja, ich werde gegen Abend zurück sein. Du kommst wieder mit Milan, wenn er nach Yensan fährt.«

Ich: »Ich verstehe noch immer nicht, weshalb du heute nach Nangusap gegangen bist, weil du doch mit deinem Schwager wegen des Motorkanus um zwölf Uhr mittags nach Palimbei hinüberkommen wolltest.«

Kwandemi: »Ich hatte vergessen, meinem Schwager das zu sagen. Als ich heute morgen zu ihm gehen wollte, war er in seinem Garten. Ich ging in seinen Garten. Der liegt zwischen Yensan und Kanganamun. Mein Schwager sagte, er habe Streit mit seiner Frau. Das Gras stehe hoch im Garten. Er schneide jetzt Gras.«

Pause.

»Ich dachte dann nicht mehr an dich und bin nach Yensan gegangen, um mit einem Freund dort zu reden. Dann kamen zwei Frauen aus dem Buschdorf und sagten zu mir, eine Frau in Nangusap wolle mit mir sprechen. So bin ich hingegangen.«

Nach dem Besuch seiner Mutter in Yindabu treffe ich Kwandemi ganz niedergeschlagen und bedrückt im *haus kiap*. Er hat schon zwei Stunden auf mich gewartet.

Kwandemi: »Es ist etwas ganz Schlimmes geschehen. Ich komme ins Gefängnis.«

Ich: »Ich weiß schon. Du brauchst wieder Geld.«

Kwandemi: »Eine Frau hat mich verführt. Ich habe im Busch mit ihr geschlafen. Ihr Mann hat uns ertappt. Dann gab es ein großes Geschrei. Ich soll zehn Kina bezahlen, oder er geht vor Gericht. Mein Schwager kann mir das Geld nicht geben. Er sagt, er könnte sonst das Motorkanu nicht mehr bezahlen.«

Ich: »Er will es dir nicht geben, weil er denkt, der Weiße soll bezahlen.«

Kwandemi: »Ich habe der Frau gesagt: ›Ich will nicht mit dir schlafen‹ und bin davongepaddelt. Als ich von Yindabu zurückkehrte, war sie wieder da und rief: ›Hast du deine Knochen nicht von deinem Vater?‹ Sie hat den Namen meines Vaters ausgesprochen. Dann kann ich sie nur zusammenschlagen oder mit ihr schlafen.«

Ich: »Wenn du nicht mit mir nach Wewak gekommen wärest, hättest du dich nicht so leicht verführen lassen. Du bist mir überall gefolgt auf unserer Reise und genauso bist du jetzt auch der Frau gefolgt. Das hat dich jetzt in diese Lage gebracht.«

Kwandemi: »Die Frau hat gesagt: ›Du bist mit dem weißen Mann in Wewak gewesen und mit einem schönen neuen Hemd zurückgekommen. Jetzt will ich mit dir schlafen und dich heiraten. Sagst du nein, gehe ich zu einem weißen Mann und heirate ihn.‹«

Ich: »Die Frau liebt in dir den weißen Mann. Du bist bloß die Hülle. Sie liebt vor allem das Hemd. Dein Schwager soll die Buße bezahlen. Kann er deshalb das Motorkanu nicht kaufen, werden wir den Preis um zehn Kina herabsetzen.«

Kwandemi: »Wie spät ist es jetzt in deinem Land?«

Ich: »Es ist sechs Uhr abends in Kanganamun. Bei mir zu Hause ist es neun Uhr morgens.«

Kwandemi: »Weißt du, wo Jesus starb?«

Ich: »Ja, er starb in Golgatha.«

Kwandemi: »Weißt du, wo das Land der Toten liegt?«

Ich: »Nein, das weiß ich nicht.«

Kwandemi: »Gut, daß du es nicht weißt.«

Ich: »Du hast Angst vor mir.«

Kwandemi: »Ich habe keine Angst.«

Ich: »Wüßte ich, wo das Land der Toten liegt, wäre deine Angst vor mir so groß, daß du sie spüren würdest.«

Kwandemi: »Ich habe Angst vor dem Gefängnis.«

Ich: »Seitdem wir zusammen in Wewak waren, bist du nicht mehr so selbständig wie früher. Du bist abhängig geworden von mir, von der Frau, vom Schwager.«

Kwandemi: »Ich bin kein Chimbu. Ich bin von niemandem abhängig.«

Jetzt schaut er mich drohend an, legt die Arme über seine Knie und beugt sich leicht nach vorn. Er ist ganz verändert und hat überhaupt nichts Hilfloses mehr an sich.

Kwandemi: »Im Hochland und auf den Inseln gibt es ganz böse Menschen, die Chimbus. Sie lauern auf ihre Opfer, töten die Leute, die sie erwischen, hängen sie an den Bäumen auf und verschwinden im Busch.«

Ich: »Die Chimbus haben nichts und rächen sich an denen, die vieles besitzen und ihnen mächtig erscheinen.«

Kwandemi nimmt wortlos meinen Zeichnungsblock und die Farbstifte aus der Netztasche, die am Boden liegt. Er schaut sich Zeichnungen an, die ich auf der Reise nach Wewak gemacht habe. Er will jetzt mit den Farbstiften auch etwas zeichnen. Ich gebe ihm Papier und öffne die beiden Schachteln mit den Stiften. Ausführlich, langsam und genau komponiert er sein Bild. Er zeichnet eine Landschaft mit Bergen und dem Meer im Vordergrund.

Ich: »Wenn du dich mit dem weißen Mann einläßt, kommst du tief in deinem Innern in immer größere Schwierigkeiten.«

Kwandemi scheint nicht mehr zuzuhören, was ich sage. Er beendet seine Zeichnung und beginnt eine neue. Ich glaube, er zeichnet das Hotel in Wewak mit dem Meer und den Inseln im Hintergrund. Er ist jetzt müde und legt die Farbstifte beiseite.

Ich: »Weißt du noch, wie es war, als ich zum erstenmal nach Wewak fuhr und du die Kinder geschlagen hast? Du bist damals so wütend gewesen, daß ich dich allein gelassen hatte, und hast darauf gewartet, daß ich zurückkomme und dir helfe.«

Kwandemi: »Wenn du in dein Land zurückkehrst und ich hier in große Schwierigkeiten komme, wird mir niemand helfen. Dann sitze ich im Gefängnis und werde dir schreiben.«

Pause.

»Kannst du mir aus deinem Land ein kleines Radio schikken?«

Ich: »Der Weiße hat immer alles, was er braucht. So kann er alle seine Wünsche stets befriedigen. Der Schwarze kann das nicht. Wenn er dann mit dem Weißen zusammen ist, wie du mit mir, versucht er alles so zu machen wie der Weiße, damit er auch alles hat und zufrieden ist. So ist das mit dir.«

Kwandemi hat sich hingelegt. Jetzt setzt er sich auf und schaut mich an.

Kwandemi: »Ja, es ist so, wie du sagst. Weil du aber nicht weißt, wohin die Toten gehen, und das Land nicht kennst, brauche ich auch keine Angst vor dir zu haben.«

Ich: »Wenn du so sprichst, sagst du doch, daß du genau weißt, daß alles nochmals ganz anders ist. Die Weißen tun nur so, als ob sie alles besser verstünden. Du willst doch gar nicht sein wie ein Weißer. Du bist doch Kwandemi, und Kwandemi ist gut so, wie er ist.«

Kwandemi: »Wenn ich die Schlangenkette trage, bin ich stark. In der Schlangenkette sitzt ein Mann, der den Feind zusammenschlägt und tötet.«

Ich: »Was für ein Mann sitzt in der Kette?«

Kwandemi: »Der Knochen des rechten Oberschenkels eines Toten ist in der Kette.«

Ich: »Welches Toten?«

Kwandemi: »Meines Vaters. Etwa ein Jahr nach seinem

Tod habe ich das Grab geöffnet und den Knochen des rechten Oberschenkels herausgenommen, in Papier gewickelt, zugebunden und zum Sandie im Haus in Malingei gelegt. Dann habe ich die Schlangenkette gemacht, die nun die Kraft des Knochens hat, weil ich einen Zauber hinzugefügt habe.«

Als wir uns wieder treffen, will Kwandemi mit meinen Farbstiften weiter zeichnen. Diesmal stellt er den Sepiklauf mit den Dörfern dar, an denen wir vorbeigefahren sind. Dann zeichnet er noch ein Bild mit einem Fisch im Meer und einer Insel, auf der, wie er sagt, niemand lebt.

Kwandemi mag heute nicht viel reden. Erst jetzt bemerke ich, daß er die Schlangenkette trägt.

Kwandemi: »Ich habe sie angezogen, weil heute nachmittag das große Palaver wegen der Frau und der Buße beginnt. Mein Schwager gibt mir acht Kina.«

Wir rauchen. Kwandemi hat sich aus meiner Packung eine Zigarette genommen.

Kwandemi: »Kannst du mir morgen wieder schwarzen Tabak mitbringen?«

Ich sage nichts.

Kwandemi: »Die Kinder haben mit meiner Taschenlampe gespielt. Jetzt sind die Batterien nichts mehr wert.«

Ich: »Wenn ich in mein Land zurückkehre und meine Zeichnungen und Bilder den Leuten dort zeige, weißt du, was dann geschieht?«

Kwandemi: »Sie geben dir Geld dafür.«

Ich: »Du hast es erraten. Einige davon kann ich verkaufen. Das machen wir jetzt auch so. Ich möchte deine Zeichnungen haben und kaufe sie dir ab, fünfzig Toea für jede. Es sind vier. Das gibt zwei Kina.«

Kwandemi: »Nein, das geht so nicht. Dann kommt die große Scham.«

Ich: »Weshalb kommt die große Scham?«

Kwandemi: »Es geht nicht, wegen der schwarzen und der weißen Haut.«

Ich: »Du weißt dann nicht mehr, ob du der Weiße bist oder Kwandemi. Das kommt daher, daß du dich immer mehr von mir abhängig fühlst und alles haben möchtest, was ich habe. Du schenkst mir den Kwandemi, wie einst deine Mutter aus Yindabu dich der Frau in Malingei geschenkt hat. Wenn du ganz zu mir gehörst, sind auch alle Sachen, die ich habe, deine Sachen. Wenn ich dir deine Zeichnungen abkaufe, wie die Touristen dir die Schnitzereien abkaufen, ist es anders. Dann bleibt Kwandemi schwarz, und der Weiße ist ein Fremder. Da du heute die Schlangenkette angelegt hast, wie damals, als du Sugukaman zusammenschlagen wolltest, könnte es ja sein, daß du plötzlich ganz böse auf mich wirst, weil ich dir so vollgefressen erscheine mit all den Dingen, die ich habe, wie damals Sugukaman, der sich auf seinen dicken Bauch geklopft hat, als er dir nichts zu essen geben wollte.«

Kwandemi lacht über meine Geschichte. Er ist ganz fröhlich und spielt mit seiner Kette.

Kwandemi: »Gib das Geld her und nimm die Zeichnungen. Ich schenke sie dir. Du bist wie der *wau*. Auf dich kann ich nie böse werden.«

Könnte ich das gleiche auch von mir sagen? Ich denke an unsere Reise nach Wewak. Mehrmals bin ich auf Kwandemi sehr böse geworden. Das kommt offenbar daher, daß ich viel zielgerichteter handle und auch Erwartungsvorstellungen habe, die ich nicht so leicht fallenlassen kann wie er. Ich erfahre es von neuem, als ich an diesem Tag in unser Haus zurückkomme und Milan und Florence mich mit einer Begebenheit konfrontieren, die meine Beziehung zu Kwandemi belastet. Auf dem wöchentlichen Markt in Yensan haben die beiden Ethnologen Philipp aus Gaikorobi getroffen, der als Schwarzer eine besondere Stellung einnimmt. Er hilft den Ethnologen seit vielen Jahren bei ihren Forschungen am Sepik und wirkt in seinen Umgangsformen und seinem wissenschaftlichen Eifer wie ein Europäer. Es besteht eine herzliche Freundschaft zwischen ihm und Florence und Milan. Philipp berichtet sehr befremdet, daß Kwandemi kürzlich in Gaikorobi aufgetaucht sei und von zwei Burschen, die mit uns von Pagwi nach Yensan gefahren sind, das Fahrgeld nachträglich eintreiben wollte. Kwandemi habe Philipp gegenüber behauptet, das Motorkanu der Weißen in Palimbei gehöre jetzt ihm, und deshalb müßten die Passagiere bezahlen. Philipp konnte das kaum glauben und hat Kwandemi weggeschickt, was ihm wegen seiner Stellung im Dorf leicht möglich war. Nun ist er ganz zufrieden, von Milan und Florence bestätigt zu bekommen, daß von all dem keine Rede sei.

Wir sind neugierig herauszufinden, ob Kwandemi tatsächlich so gehandelt hat, wie Philipp erzählt. In den Augen der Ethnologen ist Philipp so vertrauenswürdig, daß es undenkbar scheint, er könnte diese Geschichte erfunden haben. Ich nehme mir vor, Kwandemi auszufragen.

Die halbverfallene Stiege ist jetzt wieder am *haus kiap* angelehnt, so daß ich vorsichtig hochgehen kann, um auf die Veranda zu gelangen. Kwandemi liegt ausgestreckt am Boden. Er wartet schon lange auf mich. Er setzt sich heute wieder vor eine Lücke in der Wand, so daß ich wegen des Lichts, das mich blendet, statt seines Gesichtes nur einen schwarzen Flecken sehe.

Kwandemi: »Als du gestern weggegangen bist, kam eine alte Frau zu mir und hat sich über dich beschwert. Der Weiße habe sein Kanu an ihrer Landestelle festgebunden und ihr Kanu losgelöst, als er weggefahren sei. Ihr Kanu sei abgetrieben worden. Solch einen Unsinn hat die Frau erzählt. Sie lügt ganz einfach. Du läßt dein Kanu immer draußen liegen und fährst nie in den Kanal hinein, in dem die Frauen ihre Kanus haben. Das habe ich der Frau gesagt. Dann ist ein Mitglied des Dorfausschusses der Frau zu Hilfe gekommen und hat behauptet, die Frau habe recht. Er ist ein ganz dummer Mann. Er lügt, wie die Frau.«

Kwandemi setzt sich jetzt anders hin. Ich sehe sein Gesicht.

Kwandemi: »Der Mann hat einen Kina Buße verlangt. Da habe ich ihm gesagt: ›Du Kurznasiger, du stammst wohl vom Schwein oder vom Hund ab, daß du so lügst, du Schweinesohn. Alles ist erlogen. Ich bezahle keinen Kina.‹ Ich bin dann den Sepik hinuntergefahren und habe der Frau das Kanu zurückgebracht. Das Mitglied des Dorfausschusses stand immer noch da und hat mit einem Gerichtsfall gedroht. Ich habe das blöde Gerede satt gehabt und die sechzig Toea, die meine Mutter mir gegeben hat, bezahlt. Die beiden, der Mann und die Frau, haben sich das Geld geteilt. So etwas Lächerliches. Die beiden ohne Hirn sind dann gegangen.«

Ich: »Ich komme jeden Tag hierher. Die Frau hätte sich direkt an mich wenden können. Du hast doch damit nichts zu tun.«

Kwandemi: »Du bist mein Freund. Ich will nicht, daß

diese Lügen bis zu dir gelangen. Die Frau hat ihr Kanu verloren. Ich habe es für sie zurückgeholt, solange es noch Zeit war.«

Ich: »Das kann ich verstehen, aber weshalb hast du das Geld gegeben? Damit hast du ja zugegeben, daß ich im Unrecht bin.«

Kwandemi: »Ich wollte die beiden loswerden. So ging es am leichtesten.«

Ich denke an die Geschichte, die Philipp erzählte. Hat nicht Kwandemi in ähnlicher Weise wie die Frau und der Mann gelogen und von den beiden Burschen, die aus dem Gefängnis kamen und mit uns nach Yensan gefahren sind, Geld verlangt, wie es das Mitglied des Dorfausschusses getan hat? Ich bin neugierig zu wissen, ob Kwandemi in Gaikorobi gewesen ist. Nangusap liegt auf dem Weg nach Gaikorobi. Sollten die zwei Burschen, die wir mitgenommen hatten, gar nicht in Yensan wohnen, sondern in Gaikorobi zu Hause sein? Kwandemi sitzt wieder vor dem Spalt in der Wand. Wenn ich zu ihm schaue, bin ich geblendet.

Kwandemi: »Jetzt, da ich mit dir hier rede, ist alles gut. Ich denke nichts. Wenn du gehst, werde ich eine große Wut auf die Frau und auf den Mann bekommen. Ihm lauere ich auf und schlage ihn zusammen, wenn er von Kapaimari zurückkommt. Dann verstecke ich mich beim Kanal und warte auf die Frau. Wenn sie im Busch scheißen geht, erwürge ich sie. Sie ist dann tot. Niemand wird wissen, weshalb. Man wird sagen, sie war alt und ist beim Scheißen gestorben. Ich gehe weg und schnitze weiter im Männerhaus, als ob nichts geschehen wäre.«

Ich: »Wenn ich weggehe, sagst du, kommt die Wut. Die Wut geht auch gegen mich.«

Kwandemi bricht in ein Gelächter aus und klatscht mit seiner Hand auf mein Bein, um eine Mücke zu töten. Ein Blutfleck ist sichtbar, er hat die Mücke getroffen.

Kwandemi: »Du redest nur oberflächlich daher. Ich habe doch keinen Ärger mit dir. Wenn du kommst und wir zusammen sprechen, ist es gut.«

Er nimmt jetzt meinen Zeichnungsblock und die Farbstifte und beginnt, ein Schiff zu zeichnen.

Es ist still im *haus kiap*. Ich zünde mir eine Zigarette an. Kwandemi ist mit der Zeichnung beschäftigt.

Ich denke wieder an die Geschichte mit Philipp und wie meine Freunde in Palimbei heute neugierig auf mein Zurückkommen warten, um zu erfahren, was ich im Gespräch mit Kwandemi über den Vorfall in Gaikorobi herausgefunden habe. Während ich ihm zuschaue, wie er jetzt die blauen Hutberge als Inseln im Meer zeichnet, verliert Philipp und alles, was er erzählt hat, an Bedeutung. Ich will Kwandemi nicht ausfragen. Ich will ihn nicht bloßstellen oder verfolgen. Ich werde keine Neuigkeiten nach Palimbei bringen.

Kwandemi hat seine Zeichnung beendet.

Kwandemi: »Als ich in Lae lebte, sind einmal Männer aus den Bergen gekommen und haben mich verfolgt. Es waren die berüchtigten Chimbus. Sie wollten mich töten. Da habe ich um mich geschlagen. Drei sind verletzt, und einer ist tot liegen geblieben. Ich bin geflohen und habe meine Spuren verwischt, bin auf Bäume geklettert und ins Meer gesprungen. Sie haben mich nicht mehr erwischt. Dann hat die Polizei mich gesucht. Ich habe den Bart rasiert und mich mit Erdfarbe angemalt. Von den Leuten habe ich gehört, wie der aussieht, den die Polizei sucht. Das war Kwandemi. Aber Kwandemi hat man nicht entdeckt; er ist der Polizei entgangen.

Kommst du heute abend nochmals nach Kanganamun, wenn Milan nach Yensan fährt?«

Ich: »Nein, heute abend gehen wir alle zum Fest nach Palimbei.«

Kwandemi: »Ich komme nicht nach Palimbei. Ich hole mir die Schlangenkette. Dann erwürge ich die Frau und verstecke mich im Busch. Wenn du kommst, höre ich den Motor. Dann komme ich zu dir. Wenn du gehst, verstecke ich mich wieder im Busch.«

Kwandemi hält meine Sachen, während ich die angelehnte Leiter vorsichtig hinunterklettere. Kinder kommen aus dem Gebüsch und treiben einen hinkenden Raubvogel vor sich her, bis sie vor uns stehen. Sie haben dem Raubvogel die Flügelfedern ausgerissen, heben ihn hoch und werfen ihn zu Boden. Sie lachen kreischend, weil er nicht fortfliegen kann. Das Tier wimmert. Ich beeile mich fortzukommen und habe zwiespältige Gefühle. Die Szene mit dem Raubvogel hat mich veranlaßt, jetzt zu denken, Kwandemi könnte tatsächlich die alte Frau im Busch erwürgen.

Wenn ich Kanganamun verlasse, fahre ich jeweils etwa fünfhundert Meter dem Ufer entlang stromaufwärts, bevor ich den Fluß überquere, weil eine große Sandbank Kanganamun vorgelagert ist. Auf meiner Fahrt in der Nähe des Ufers begrüßt mich heute eine Gruppe nackter Knaben, die tanzend hochspringen, die Arme rechtwinklig abbiegen, mit den Hüften wippen und dann Kopf voran ins Wasser springen. Eilig schwimmen sie zurück zum Ufer und wiederholen das Begrüßungsspiel. Ich winke mit meinem Hut und empfinde ein befreiendes Gefühl. Mir scheint, das Kanu gleite heute besonders schnell und mühelos über den Sepikstrom. Jetzt denke ich, Kwandemi wird die alte Frau nicht erwürgen.

Am Nachmittag machen wir uns alle bereit, ins Dorf zu gehen. Unsere Nachbarn berichten, das Fest zum Abschluß der Initiation beginne erst später. Wir setzen uns an den Tisch und essen. Plötzlich erscheint Kwandemi mit zwei Männern vor unserem Haus. Sie sind nach Palimbei hinübergepaddelt und wollen zum Fest gehen. Ich lade unsere Gäste zum Tee ein. Kwandemi ist fröhlich und selbstbewußt. Er liebt es, seinen Freunden zu zeigen, wie vertraut ihm der Umgang mit den Weißen ist. Das bevorstehende Fest beschäftigt alle. Wir brechen auf und gehen gemeinsam ins Dorf. Kwandemi setzt sich im Männerhaus neben mich, und wir schauen zu, wie die Frauen um die Initianden tanzen und die *wau* hinter den *lawa* mit den Musikanten sitzen und singen. Nach einigen Stunden verlasse ich das Männerhaus und gehe allein zu unserem Haus am Sepik zurück.

Als es dunkel wird, erscheint Kwandemi. Ich sehe ihn und gehe die Leiter hinunter. Seine beiden Begleiter sind bereits zum Fluß weitergegangen.

Kwandemi: »Etwas Großes ist geschehen. Morgen werde ich dir alles erzählen. Jetzt kann ich nicht darüber sprechen.«

Er eilt zum Fluß. Ich gehe ihm nach und sehe, wie die drei Männer, im kleinen Boot stehend, über den Fluß paddeln.

Am folgenden Tag wartet Kwandemi im *haus kiap* bereits auf mich und beginnt sofort von der großen Begebenheit zu erzählen.

Kwandemi: »Mein *wau*, der Abran von Kanganamun, der gestern auch in Palimbei war, ist mir nach dem Fest mit seinem nackten Arsch das Schienbein hinuntergerutscht.

Ich habe mich so geschämt für ihn und bin ganz traurig geworden, weil alle im Männerhaus zugeschaut haben.«

Seitdem ich mich mit der Iatmul-Kultur beschäftige, ist mir, wie auch allen Ethnologen, die die Bräuche dieses Volkes studiert haben, diese Handlung, die der *wau* am Ende eines *naven* an seinem *lawa* vornimmt, wegen ihrer Rätselhaftigkeit besonders aufgefallen.

Kwandemi: »Sie haben den alten Abran bereits am Morgen von Kanganamun nach Palimbei geholt, weil er der einzige ist, der die Lieder singen kann.«

Ich: »Abran ist mit Milan und Florence von früher her befreundet. Ich habe lange mit ihm geredet. Das war noch bevor ich dich kennenlernte. Ist Abran dein *wau*, für den du das Haus gebaut hast?«

Kwandemi: »Abran ist dieser *wau*. Seine Frau mag mich nicht. Sie schaut immer weg, wenn ich komme. Abran hat mich gehalten, als sie mir in Yindabu das Krokodilsmuster in die Haut geschnitten haben. Gestern abend hat er dich gesucht. Er sagte: ›Wo ist der Weiße, der jeden Tag zu dir kommt?‹ Ich habe gesagt, du bist schon weggegangen. Dann ist es geschehen.«

Ich: »Was ist geschehen?«

Kwandemi: »Diese Art und Weise, in den Arsch zu vögeln! Das machen die Männer, die es im Versteckten miteinander treiben. Immer nur im Versteckten! Der *lawa* kann das mit seinem *wau* nicht machen. Das kann der Mann nur mit anderen Männern tun.«

Ich: »Bei allen *naven* rutschen die *wau* den *lawa* am Schluß mit nacktem Arsch das Schienbein hinunter. Das hat wenig Ähnlichkeit mit dem Arschvögeln.«

Kwandemi: »Ich weiß nicht, wie es ist. Wenn ich es zu hören bekomme, werde ich es dir sagen. Ich weiß nur, daß es gestern anders war. Abran ist ja bloß zum Fest gekommen, weil er alle Lieder kennt. Keiner der Initianden war einer seiner *lawa*. Dann hat er mich plötzlich entdeckt und ist mir das Schienbein hinuntergerutscht. Ich war ja auch nur ein Zuschauer wie du oder die anderen.«

Ich: »Gestern war kein *naven* für dich, und dein *wau* ist nicht wegen dir nach Palimbei gekommen. Es war in keiner Weise vorgesehen, daß er dir brauchgemäß mit dem Arsch das Schienbein hinunterrutscht. Deshalb hast du den *wau* als einen Mann erlebt, der möchte, daß du es so mit ihm treibst, wie es die Männer im Versteckten tun.«

Kwandemi: »Es ist ein Brauch bei uns, daß der *wau* nach dem *naven* dem *lawa* das Schienbein hinunterrutscht.«

Ich: »Gestern hat Abran den Brauch bloß als Hülle verwendet. Er ist als Mann auf dich zugekommen und wollte dich verführen, die Rolle des Mannes einzunehmen, der ihn in den Arsch vögelt.«

Kwandemi: »Abran hat dich gestern unter den Leuten gesucht. Wenn ich gewußt hätte, daß er dann auf mich losgeht, wäre ich vorher weggelaufen.«

Ich: »Abran beobachtet uns schon lange. Er weiß, daß wir Freunde sind. Er schaut auf dich und ist eifersüchtig. Er will Kwandemi für sich haben. Wäre er nicht dein *wau*, möchte er es vielleicht mit dir treiben, wie es die Männer im Versteckten tun. Weil er auf dich anspricht, schaut seine Frau immer weg, wenn du zu ihm kommst.«

Kwandemi: »Nachdem er mir gestern das Schienbein hinuntergerutscht ist, hat er mir zwei Hühner gebracht. Das heißt natürlich, daß ich ihm jetzt ein Gegengeschenk machen muß.«

Pause.

»Ich will dich etwas fragen. Wenn du nein sagst, ist alles in Ordnung, und wir sprechen nicht mehr darüber. Gibst du zwei Kina für den *wau*?«

Ich: »Du willst, daß ich dem *wau* ein Geschenk mache.«

Kwandemi: »Ja, es ist nicht für mich. Ich will von dir nichts verlangen. Es ist für den *wau*.«

Ich: »Wenn ich für den *wau* zwei Kina gebe, sind wir beide ein und derselbe *lawa* und gehören zusammen.«

Kwandemi ist begeistert von dieser Idee. Wir sind wie aus einem Bauch, sagt er und meint damit, wir seien Brüder.

Kwandemi: »Wir haben jeden Tag miteinander gesprochen, wir sind zusammen in deinem Haus gewesen und haben unter dem Netz geschlafen. Wir sind zusammen im Lastwagen gefahren und in Wewak im Hotel gewesen. Wir gehören zusammen. Du bist ein Teil des *lawa*.«

Ich: »Bisher bin ich gewöhnlich an die Stelle des *wau* getreten. Jetzt nehme ich die Stelle eines *lawa* ein, eines Teiles von dir selbst. Da hat sich in unserer Beziehung etwas verändert.«

Ein wau *tanzt* naven

Kwandemi: »Ich und du sind ein *lawa*. Du gibst zwei Kina. Ich habe nichts, das ich ihm geben könnte.«
Ich: »Ich gebe dir zwei Kina. Niemand weiß es. Als *lawa* bringst du Abran das Geld. Nur du und ich wissen, daß dieser *lawa* einen schwarzen und einen weißen Teil hat.«
Kwandemi nimmt das Geld und steckt es in seine Tasche.

Ich: »Weil gestern gar kein *naven* für dich stattgefunden hat, war das, was der *wau* mit dir gemacht hat so, als wäre dein Schwanz in seinen Hintern eingedrungen. Das Geld, das ich dir gebe und das du dem *wau* bringst, entschädigt ihn für das, was er gemacht hat.«

Kwandemi: »Der *wau* will nur das Geld, nichts anderes.«

Ich: »Kwandemi will vom Weißen nur das Geld, nichts anderes.«

Kwandemi: »Beim *naven* verkleidet sich der *wau* als Frau und rutscht dem *lawa* als Frau das Schienbein hinunter.«

Ich: »Unter den Frauenkleidern bleibt er ein Mann.«

Kwandemi: »Bei der Frau ist es anders. Wenn sie mit einem Mann schlafen will, wirft sie ihm etwas nach, ein Stück Holz oder sonst etwas. Sie will mit dem Mann zuerst schlafen, dann will sie Geld von ihm.«

Ich: »Auch der *wau* rutscht dem *lawa* zuerst das Schienbein hinunter und will dann das Geld. Bei der Frau ist es gleich wie beim *wau*, aber bei uns beiden ist es anders.«

Kwandemi: »Der *wau* will nur das Geld, und deshalb laufe ich davon und habe Angst, der *wau* wolle mir nochmals das Schienbein hinunterrutschen. Komm, jetzt gehen wir die Hühner töten.«

Kwandemi hat heute zwei Hühner mitgebracht, die ich vor einigen Tagen in Kanganamun für unseren Haushalt bestellt habe, weil es in Palimbei immer schwieriger wird, Hühner zu beschaffen. Ich hatte der Frau, die die Tiere besitzt, den Preis im voraus bezahlt.

Die rituelle Handlung, die Abran an Kwandemi vornimmt, findet in einer außergewöhnlichen Situation statt, die in der Iatmul-Kultur nicht vorgesehen ist. Das hängt damit zusammen, daß ich als Fremder in einer außergewöhnlichen Beziehung zu einem Mitglied der Iatmul-Gesellschaft stehe. Ich habe Kwandemi seit vielen Wochen verführt, sich mit mir immer tiefer einzulassen, bis es jetzt dazu gekommen ist, daß sein *wau* eingreift, um ihn meinem Einfluß zu entziehen und in der Gruppe der Iatmul-Gesellschaft wieder zu verankern. Kwandemi erlebt seinen *wau* in dieser für ihn befremdenden Situation wie einen homosexuellen Verführer. Während das Arschvögeln, wie er sagt, nur im Versteckten stattfindet, ist das Hinunterrutschen auf dem Schienbein immer öffentlich. Das in der Kultur eingebettete Ritual verliert den homosexuellen Charakter und wird zu einer symbolischen Handlung. Sie hat den Sinn, in eine Beziehung einzugreifen, die sich zwischen zwei Personen entwickelt, in welcher die Verführung so stark ist, daß die Zweierbeziehung wichtiger werden könnte als die Zugehörigkeit des einzelnen zur Gruppe. Das Vorbild einer solchen Zweierbeziehung ist die frühkindliche Dualunion zwischen Mutter und Kind. Im Ritual des *naven* stellt die Mutter ihre enge Verbindung mit dem Kind dar. Der auftretende *wau*, Bruder der Mutter, inszeniert in transvestitischer Verkleidung den triebhaften Anteil der Mutter-Kind-Beziehung, indem er symbolisch die Verführung zum Inzest darstellt, bevor er dem *lawa* mit dem Arsch das Schienbein hinunterrutscht. Diese Handlung bildet den Abschluß des *naven* und symbolisiert die Ablösung des Kindes von der Mutter und die Übernahme der mütterlichen Funktionen durch die Gruppe.

Bei den rituellen transvestitischen Anlässen sind alle Beteiligten in einer sexuell gefärbten ekstatischen Erregung, die aber immer in den Dienst eines Gruppenerlebnisses gestellt wird und nicht zu einer direkten sexuellen Handlung führt. Im Erleben der Iatmul hat der *wau* als Prototyp des institutionalisierten Transvestitismus eine schillernde homosexuelle Ausstrahlung. Es ist deshalb nicht verwunderlich, daß Kwandemi ihn als homosexuellen Verführer erlebt und seine rituelle Handlung als Sexualakt empfindet, wenn das Ereignis aus dem kulturell vorgezeichneten Zusammenhang herausgerissen ist.

Nach Abrans symbolischer homosexueller Verführung entspannt sich unsere Beziehung. Es ist nicht mehr die Rede von Lügen, Erwürgen, Verfolgung und Flucht. Jetzt unternimmt es Kwandemi, mich in seine Iatmul-Gruppe einzugliedern. Er verführt mich, ihm das Geschenk für den *wau* zu geben und auf diese Weise zu einem Teil des *lawa* zu werden. Wie in einer Symbiose sind wir symbolisch ein und derselbe. Das Geld, das ich Kwandemi gebe, symbolisiert wie das Ritual Abrans die triebhafte Seite unserer Beziehung.

Als ich Kwandemi wiedertreffe, sitzt er im kleinen Männerhaus und spielt mit anderen Iatmul Karten. Er hat viel Betel und Kalk gewonnen und ist fröhlich. Jetzt verteilt er die Betelnüsse an die spielenden Männer, steht auf und kommt mit mir ins *haus kiap*.

Kwandemi: »Ich habe gestern Abran die zwei Kina gegeben. Jetzt ist alles gut.«

Ich: »Läßt du dir einen Schnurrbart wachsen?«

Kwandemi: »Wenn er größer wird, rasiere ich ihn weg. Ich habe Angst, ich könnte eine Glatze bekommen. Alte Männer haben oft keine Haare mehr auf dem Kopf.«

Pause.

»Dieser Zahn hier ist abgebrochen und ganz braun. Wenn ich in die Stadt zurückkehre, werde ich ihn im Spital flikken lassen.«

Als ich heute gekommen bin, war Kwandemi fröhlich und zufrieden und hat beim Kartenspiel gewonnen. Jetzt, wo wir zusammensitzen, fallen ihm körperliche Schäden ein, die ihn beunruhigen. Er ist aber ausgeglichen und lacht.

Kwandemi: »Heute früh habe ich an meiner Schnitzerei weitergearbeitet. Zuerst wollte ich einen Mann mit zwei Vögeln rechts und links machen. Jetzt wird es eine Frau. Ich habe meinen Plan geändert.«

Ich: »Weshalb?«

Kwandemi: »Ich schnitzte und redete gleichzeitig mit den Männern. Ich war nicht vorsichtig genug. Als ich hinsah, was ich mit dem Beil gemacht hatte, war der Penis am Holz zwischen den Beinen weggehauen. Es ist geschehen, ohne daß ich es wollte. Nun muß ich eine Frau daraus machen.«

Ich: »Besser am Holz fehlt der Penis als bei dir, wenn wir zusammen reden.«

Kwandemi versteht nicht recht, was ich gesagt habe. Er setzt sich jetzt anders hin, mit gespreizten Beinen im Schneidersitz. Er legt die Hand in seinen Schoß.

Kwandemi: »Der Schwanz ist etwas Gutes im Leben des Mannes.«

Ich: »Ist dein Leben jetzt gut?«

Kwandemi: »Es ist sehr gut. Wenn du weggehst, wird es etwas traurig sein. Wann geht ihr fort?«

Wir sprechen nun lange und ausführlich über den Zeitpunkt unserer Abreise und wie es dann sein wird. Wieder ist die Rede vom Motorkanu, das Kwandemi mit seinem Schwager übernehmen möchte, doch bleibt es unklar und unbestimmt, wie sich das im einzelnen abwickeln soll.

Zu dieser Zeit werden in den Dörfern Feste vorbereitet.

Auch finden mehr Totenfeiern statt als sonst, weil zahlreiche Sepik-Bewohner, die ausgewandert sind oder als Fremdarbeiter an der Küste leben, ihre Angehörigen in den Dörfern während der Weihnachtsferien besuchen. In den Dörfern sind die Familien versammelt. So kann man die Totenfeiern, die bereits viele Monate hinausgeschoben wurden, jetzt abhalten. Auch Kwandemi ist an Vorbereitungen solcher Feiern beteiligt. Er geht mit anderen Männern in abgelegene Dörfer, um Schweine zu holen, die geschlachtet werden. Es gibt Tage, an denen wir uns jetzt nicht treffen. Eines Abends gehen wir alle zum Fest nach Yensan. Die Musikgruppen verschiedener Dörfer treten auf. Kwandemi will sich zurückziehen, weil er den Eintritt nicht bezahlen kann. Scherzhaft sage ich ihm.

Ich: »Wir beide sind doch zusammen ein *lawa*. So bezahlen wir nur einen Eintritt.«

Kwandemi lacht und kommt mit mir. Beim Eingang stehen viele Leute. Wir warten.

Ich: »Außer uns weiß niemand, daß wir nur ein *lawa* sind. Es ist besser, wenn wir das Geheimnis behalten. Ich bezahle für beide.«

Kwandemi gefällt mein Spiel. Er ist zufrieden.

In diesen Tagen bereiten wir uns vor, eine Kanureise an den Oberlauf des Sepik zu unternehmen. Milans Freunde in Yensan haben mit großem Geschick ein zweites Kanu mit dem unserigen verbunden sowie eine Plattform und ein Palmblätterdach darüber gebaut. Kwandemi weiß, daß ich während einer Woche abwesend sein werde.

Als ich ihn wiedertreffe, sitzen Frauen aus den Wald-Dörfern um das *haus kiap*, die zum Markt nach Kapaimari gehen wollen. Sie bieten Gemüse und andere Güter zum Kauf an. Ich besorge einige Gurken für unseren Haushalt, weil es oft schwierig ist, sie zu finden. Kwandemi schaut mir zu. Dann gehen wir über die angelehnte Stiege ins Haus. Dort zieht Kwandemi einen kleinen Beutel aus der Tasche und zeigt mir zehn Toea, die er von seiner Mutter erhalten hat. Jetzt steht er auf und geht zu den Marktfrauen. Er kehrt mit einem Bambusrohr, das mit großen Maden gefüllt ist, und mit einem Stück Sago zurück. Jetzt ißt er. Wir sprechen lange nichts.

Kwandemi: »Du solltest bald zurückkehren. Ein Gewitter kommt. Wenn es dann dunkel wird, kannst du allein nicht mehr über den Fluß fahren.«

Ich sage nichts.

Kwandemi: »Ich würde dich dann begleiten und im Gästehaus in Palimbei allein und ohne Moskitonetz übernachten.«

Ich: »Wenn du im Gästehaus wärest, würde ich dir ein Netz bringen und mit dir zusammensein.«

Kwandemi zieht jetzt seine Schlangenkette hervor. Er hat zwei Eberhauer zusammengeleimt und an der Kette befestigt.

Kwandemi: »Gestern hat mir ein Mann vier Kina für die Schlangenkette angeboten. Ich muß mir das noch überleben. Es ist nicht gut, wenn ein fremder Mann die Kette mit der Kraft meines Vaters tragen würde. Der Vater könnte zu sprechen beginnen, und der Fremde würde es vernehmen.«

Ich: »Die Kette gehört zu dir. Du sollst sie behalten.«

Kwandemi weist wieder auf den kommenden Regen. Wir stehen auf und gehen zur Veranda. Tatsächlich steht eine pechschwarze Wolke über Yensan. Jetzt beeile ich mich. Starke Wellen und Wind behindern die Fahrt. Ich komme gerade noch rechtzeitig an. Dann folgt ein gewaltiger Sturm.

Am Tag bevor wir unsere Kanufahrt an den Oberlauf des Sepik antreten, treffe ich Kwandemi beim kleinen Männerhaus. Er hilft dort mit, den Stamm einer großen Palme in Stücke zu zerhacken, die an den Rand eines kleinen Gartens gelegt werden, um beim kommenden Hochwasser die Pflanzen vor Überschwemmung zu bewahren. Als wir im *haus kiap* sitzen, ist Kwandemi lang in Gedanken versunken. Plötzlich steht er auf und sagt:

Kwandemi: »Ich gehe schnell ins Dorf und hole die Kette. Es ist nicht gut, wenn Sugukaman sie fände und jemandem gäbe.«

Kwandemi geht. Nun erscheinen Milan und Marco, um mich abzuholen. Wir wollten noch nach Yensan fahren, um die Vorbereitungen für unsere Reise zu beenden. Als Kwandemi zurückkommt, ist er enttäuscht, daß ich schon gehen will. Ich bleibe, und Milan wird mich mit Marco in der Dämmerung abholen. Kwandemi ist jetzt entspannt.

Kwandemi: »Ich habe zu Ende gedacht. Ich werde die Kette wem immer verkaufen.«

Ich: »Ich bin der Meinung, du solltest sie behalten.«

Kwandemi: »Ich werde eine neue Kette machen und von einem anderen Alten einen Knochen nehmen. Das ist auch gut.«

Ich: »Es ist nicht gut, wenn ein Fremder deine Kette hat. Er könnte die Stimme deines Vaters vernehmen.«

Kwandemi: »Nimm du die Kette mit. Sie wird dich beschützen, wenn ein Feind kommt. Der Feind kann nichts machen. Er bricht sich ein Bein oder fällt irgendwo herunter. Wenn du schläfst, kann ein Dieb nicht in deine Nähe kommen, weil die Kette ihm Angst macht. Wenn du sie hast, bist du mein Freund, und dann beschützt dich mein Vater immerzu.«

Ich: »Du und ich, wir sind wie ein *lawa*. Was der eine hat, kann dem anderen helfen. Es ist gut, wenn ich auf unserer Reise den Schutz habe, über den du verfügst, aber dir soll es auch gut gehen, wenn ich nicht da bin. So gebe ich dir jetzt etwas Geld, damit du nicht in Schwierigkeiten kommst.«

Kwandemi: »Ich muß meine Schulden im Laden bezahlen, sonst gibt es wieder Geschichten.«

Kwandemi sagt »Thank you«, wie er es in den Städten von den Weißen gelernt hat. Ich bin unzufrieden, weil ich spüre, wie phantasielos mein Einfall ist, ihm Geld anzubieten, während er ganz andere Wege findet, um das auszudrücken, was er empfindet. Doch womit hätte ich Kwandemi eine größere Freude bereiten können? Ich bin doch ein Weißer, und das Geld ist das Zaubermittel der Weißen.

Als ich von unserer Fahrt zurückkehre und eine Woche später Kwandemi in Kanganamun wieder aufsuche, finde ich ihn im kleinen Männerhaus. Er wirkt viel einheimischer als sonst und kaut jetzt Betel. Er hat mit einem älteren Mann eine Arbeitsgemeinschaft gegründet, an der vier Männer beteiligt sind. Alle arbeiten zusammen an einer großen neuen Schnitzerei. Kwandemi hat Reis und Büchsenfleisch im Laden gekauft, um die Leute zu ernähren. Als ich komme, wird das Essen gerade zubereitet. Er kümmert sich nicht um mich. Ich warte. Nach dem Essen steht Kwandemi auf und drängt mich plötzlich zum Gehen, als ob ich ihn hätte warten lassen. Im *haus kiap* berichtet er mir, daß er das Geld, das ich ihm gab, verwendet hat, um Nahrungsmittel für seine Mitarbeiter zu besorgen. Kwandemi ist jetzt in noch größeren Schulden als zuvor, weil er für doppelt so viel Geld, als er hatte, Einkäufe besorgt hat. Er möchte jetzt, daß ich seine Schulden bezahle. Ich weise auf die Schnitzerei, die bald fertig sein wird und die er jetzt, wo so viele Touristen kommen, sicher verkaufen kann. Kwandemi ist damit einverstanden und wechselt das Thema.

Kwandemi: »Übermorgen findet im großen Männerhaus ein Fest statt, an welchem die Männer mit dem Fisch tanzen. Sie haben das hölzerne Gerüst des Fisches bereits vom Dachstock des Männerhauses heruntergenommen und schmücken es mit Farbe, Blättern und Blumen. Das Fischfest kommt von den Dörfern, die ganz unten am Sepik liegen, schon fast beim Meer. Der große Fisch ist auch von dort. Wenn man mit dem Fisch tanzt, wird es nächstes Jahr viele Fische geben.«

Pause.

»Die Männer haben gesagt, ich soll mit dem Fisch tanzen. Ich will aber nicht. Kanganamun ist nicht mein Dorf. Wenn du in zwei Jahren wiederkommst, wirst du mich in Yindabu finden.«

Fünf Knaben kommen ins Haus und schauen uns zu. Zwei setzen sich, drei stehen an die Wand gelehnt. Ich erkenne sie. Es sind die Buben, die immer ins Wasser springen und mich begrüßen, wenn ich mit dem Kanu vorbeifahre. Kwandemi schickt sie fort. Sie bleiben. Jetzt steht Kwandemi auf, nimmt einen Stock und verjagt sie. Es gibt ein Geschrei. Die Buben rennen davon. Dann hocken sie sich unter unser Haus und werfen Dinge gegen den Boden.

Kwandemi: »Sie wollen schauen, was wir zusammen machen. Das geht sie nichts an. Du sollst die Schlangenkette verstecken. Es ist nicht gut, wenn jemand sieht, daß du diese Kette hast. Man würde denken, Kwandemi gibt dem Weißen die Kraft seines Vaters.«

Als ich an diesem Abend zurückfahre, springen die Buben, die Kwandemi aus dem *haus kiap* verjagt hat, wieder nackt und die Arme zum Gruß rechtwinklig abgebogen, ins Wasser. Ich bin über mich selbst verstimmt. Europäisch eingeengt und phantasielos, habe ich wieder Grenzen gezogen und mit wohlüberlegten Argumenten Kwandemis Geldforderungen zurückgewiesen. Wenn wir beide zusammen ein *lawa* sind, ist es doch klar, daß ich die Schulden bezahle.

In unserer Beziehung gibt es verschiedene Geheimnisse: der Sandie, die Schlangenkette, das Geschenk für den *wau*, das uns zu einem *lawa* gemacht hat. Kwandemi liebt Geheimnisse. Bevor ich anderntags nach Kanganamun fahre, nehme ich aus unserer Kiste einen Stengel schwarzen Tabak und wickle ihn mit einer kleinen Geldnote in Zeitungspapier. Damit kann Kwandemi seine Schulden im Laden begleichen. Nach unserem Gespräch gebe ich ihm beim Weggehen den so verpackten Tabak, wie ich es schon oft getan habe. Ich bin nun gespannt, am folgenden Tag Kwandemis Reaktion zu erfahren. Ich nehme mir vor, so zu tun, als wüßte ich von nichts und mit Kwandemi zu scherzen, bis wir beide zu lachen beginnen, wie in Yensan, als ich ihm vorschlug, als einen *lawa* zum Fest zu gehen und nur einen Eintritt zu bezahlen.

Wir treffen uns, wie vereinbart, im kleinen Männerhaus, denn nach unserem Gespräch wollen wir zusammen an das Fest des tanzenden Fisches gehen, das vor dem großen Männerhaus stattfindet. Kwandemi schnitzt an seiner Holzplastik weiter, als ich komme. Einige Männer sitzen herum und bereiten Farben vor, mit denen sie sich bemalen wollen. Andere tragen frisch geschnittene Palmblätter und Blumen herbei, mit denen sie sich schmücken werden. Kwandemi verstaut jetzt seine Schnitzereiinstrumente unter dem Dach und setzt sich zu mir.

Kwandemi: »Die Schwierigkeiten sind behoben.«

Ich: »Welche Schwierigkeiten?«

Kwandemi: »Der Ladenbesitzer ist jetzt zufrieden.«

Ich: »Hast du deine Schulden bezahlt?«

Kwandemi: »Ich habe ihm das Geld gegeben.«

Kwandemi steht auf und beginnt sich anzumalen, wie die anderen Männer, die sich jetzt im Männerhaus versammelt haben. Ich schaue Kwandemi zu. Er holt sich Erdfarben und Wasser, zieht ein Stück eines zerbrochenen Spiegels aus seiner Tasche und beginnt, sich sorgfältig und genau die vorgesehenen Muster ins Gesicht zu malen. Während die anderen Männer sich immer reicher mit Gras und Palmblättern, mit Fellen, Muscheln und Blumen den ganzen Körper schmücken, beginnt Kwandemi auch mich im Gesicht anzumalen. Er macht das gleiche Muster wie bei sich selbst. Zuerst will er nur die weiße Farbe verwenden, dann meint er, schwarz sei doch gut im Innern der weißen Umrandung, rund um die Augen.

Dann ändert er das Schwarz in seinem Gesicht und malt das Innere der weißen Umrandung blau. Jetzt stört ihn das Weiße. Er nimmt Rot und übermalt die weißen Striche. Das Rot ist eine chemisch hergestellte Farbe, die aus den Läden in Wewak stammt. Kwandemi schmückt sich jetzt auch mit Blättern, Blumen und Gras. Dann gehen wir alle zum großen Männerhaus, wo das ganze Dorf versammelt ist und auch die Weißen aus Palimbei warten. Alle lachen über meine Gesichtsbemalung. Dann beginnt das Fest. Kwandemi tanzt nicht mit. Er sitzt mit anderen Männern im Zeremonialhaus. Der große, prächtig geschmückte Fisch wird von einem Tänzer an einer Bambusstange getragen und bewegt sich mit den Tänzern im Kreis. Dazu ertönen Flötenmelodien und Trommeln. Der Fisch wird abwechselnd von verschiedenen Tänzern übernommen. Kwandemi ist nicht dabei. Nach einigen Stunden kehren wir nach Palimbei zurück. Das Fest dauert die ganze Nacht weiter. Am nächsten Tag ist Kwandemi erschöpft. Er berichtet vom Fest. Nachdem die Weißen alle fortgegangen sind, hat er sich an den Tänzen beteiligt und den Fisch immer wieder getragen. Er ist so müde, als ich komme, daß wir unsere Gespräche auf den folgenden Tag verschieben. Am letzten Tag des Jahres treffe ich Kwandemi zum sechzigstenmal. Das *haus kiap* ist leer. So gehe ich ins Dorf zum kleinen Männerhaus. Sugukaman begrüßt mich, als ich an seinem Haus vorbeikomme, und sagt, Kwandemi habe eines seiner großen Buschmesser verloren und müsse vier Kina bezahlen.

Kwandemi sitzt verstimmt im Männerhaus.

Kwandemi: »Jetzt hat Sugukaman die alte Geschichte mit dem Buschmesser wieder hervorgezogen.«

Ich: »Welche Geschichte ist das?«

Kwandemi: »Du warst noch gar nicht hier. So weit liegt das zurück. Ich bin in den Busch gegangen, um Rotang zu schneiden. Er war für Sugukamans Haus bestimmt. Ich habe das Buschmesser einmal hingelegt, und danach war es verschwunden. Sugukaman hat schon damals versucht mich anzuklagen, aber alles ist im Sand verlaufen.«

Ich: »Sugukaman greift diese Geschichte wieder auf, weil er weiß, daß ich dir helfe, wenn du in Schwierigkeiten kommst. So hofft er, durch mich Geld zu erhalten.«

Kwandemi: »Du hast damit nichts zu tun. Ich will jetzt

abwarten, was das Gericht sagt. Dann gehe ich zu jedem Mann, der dabei war, und frage ihn: ›Was hast du gesagt … und du und du?‹ Dann werden sich alle zurückziehen und sagen: ›Nichts, nichts.‹ Sie haben Angst. Sugukaman steht dann allein da. Wenn es aber nicht so sein wird, werde ich ihn zusammenschlagen. Wenn er dann tot ist, ist es auch gut. Ich kann nur noch an meine Wut denken.«
Ich: »Du bist wütend, weil du spürst, daß sich Sugukamans Gier nach Geld auf mich richtet. Das ist so, weil er eifersüchtig ist auf Kwandemi, der den Weißen für sich hat.«
Kwandemi: »Ja, eifersüchtig ist er und ein ganz großer Idiot. Ich schlage ihn tot, und wenn ich fünfzehn Jahre ins Gefängnis komme, ist es mir auch gleich.«
Ich: »Du redest so, weil ich jetzt fortgehe. Das ist der Grund deiner Verstimmung. Die Geschichte mit dem Buschmesser ist gar nicht so schlimm.«
Kwandemi: »Ich habe Sugukaman gesagt, wenn ich dir vier Kina fürs Buschmesser gebe, mußt du mir zwei Kina für die Arbeit bezahlen. Weißt du, was dann geschehen ist? Einverstanden war er damit! Das ist es ja. Wenn er so hilflos ist, tut er mir leid. Ich gehe weg und habe wieder die große Wut. Dann sehe ich ihn von neuem, und er tut mir leid. So geht es immerzu. Ich gehe jetzt fort von hier. Kanganamun ist ein schlechter Ort. Wenn du wegfährst, komme ich mit dir bis Yindabu. Dort bleibe ich bei meiner Mutter, die mich geboren hat. Du kannst dann in dein Land zurückreisen.«
Ich: »Du bist so traurig, weil du deinen Freund verlierst, der ich bin. Du weißt nicht, wie du dich einstellen kannst. Sollst du auf mich ganz böse sein und mich totschlagen, oder tue ich dir leid, weil ich nach meiner Abreise keinen Kwandemi mehr habe. Sugukaman mag dich doch auch gut und hat dich in sein Haus geholt. Wenn du weggehst, bleibt er allein und ist traurig. Er hängt an dir, und du bist gern bei ihm gewesen. Jetzt hast du eine große Wut auf ihn, weil du spürst, daß Sugukaman von dir erwartet, daß du ihm das Geld vom Weißen bringst. Im Grunde genommen hat dein *wau* das auch erwartet, als er dir das Schienbein heruntergerutscht ist. Die Männer rund um dich wollen hintenherum von mir mit Geld befriedigt werden.«

Kwandemi: »Du hast recht. Er will das Geld von dir haben. Ich habe ihn angeschrien, als er davon gesprochen hat. Dann ist er einfach weggelaufen.«

Am Neujahrstag gehe ich umsonst nach Kanganamun. Kwandemi ist mit Freunden zu einer Totenfeier in ein anderes Dorf gegangen, um Flöte zu spielen. Das berichtet mir Sugukaman, den ich bei seinem Haus antreffe. Es ist Neujahr, und wir beglückwünschen uns. In unserem Haushalt in Palimbei fehlen für den heutigen, festlichen Abend zwei Hühner. Ich frage nun Sugukaman um Hilfe. Er ist fast etwas unterwürfig bereit, mir dienstbar zu sein. Ich gebe ihm einige Zigaretten, die er zuerst an seine Frauen verteilt. Dann rauchen wir zusammen weitere Zigaretten, während er mit mir von Haus zu Haus geht und mit den Frauen verhandelt. Sugukaman erhält die Tiere. Ich gebe ihm das Geld, und er bezahlt den Preis, den die Frauen verlangen. Ich habe Sugukaman zwei Kina zuviel gegeben. Jetzt steht er etwas ratlos mit dem Geldschein in der Hand vor mir. Ich sage ihm, wie froh ich sei, daß er mir geholfen habe, die Hühner zu finden, und möchte, daß er die zwei Kina für seine Mühe behält. Zufrieden steckt Sugukaman das Geld in seine Tasche, verlangt noch schnell einige Zigaretten für seine Frauen und trägt das flatternde Federvieh für mich zum Sepik. Er hilft mir, das Boot loszumachen, und als ich bereit bin anzufahren, ruft er mir zu, er werde Kwandemi ausrichten, daß ich morgen wiederkäme.

Als ich am folgenden Tag ins *haus kiap* komme, sitzt Kwandemi am Boden und spielt mit einer schönen, geflochtenen Schnur. Lachend zeigt er mir die überraschend wechselnden Figuren und Schleifen, die er mit seinen zehn Fingern an der Schnur hervorzuzaubern versteht. Erst jetzt bemerke ich, daß Kwandemi eine Gitarre mitgebracht hat. Sie liegt am Boden im Halbdunkel.

Kwandemi: »Gestern abend habe ich einen älteren Mann getroffen, der mir vier Kina für zwei Schnitzereien geben wollte. Als ich sie ihm brachte, sagte der Mann, er habe kein Geld. Er hat mich angelogen.«

Ich: »Gestern hat mir Sugukaman geholfen, zwei Hühner zu finden.«

Kwandemi: »Ich weiß. Sugukaman hat mir gesagt, daß du ihm Zigaretten gegeben hast.«

Ich: »Ich habe ihm auch zwei Kina für seine Mühe gegeben.«

Kwandemi: »Ich werde ihn töten, wenn er nochmals vom Buschmesser spricht.«

Ich: »Bei euch hier in den Dörfern dreht sich alles immer ums Geld. Für mich sieht es so aus, als gäbe es bloß das Geld, womit ihr eure Beziehungen untereinander regeln könnt. Mit Geld wird ein Streit behoben, mit Geld wird über die Liebe, über Freundschaft und Feindschaft, über Gefängnis und Freiheit, einfach über alles entschieden.«

Kwandemi: »Ich habe kein Geld.«

Kwandemi hat recht, wenn er sagt, er habe kein Geld. Er drückt damit aus, daß in der Selbstversorgungswirtschaft dieser Kultur die alltäglichen Güter, wenn nicht selbst produziert, im Tausch erworben werden. Das Geld spielt nur eine Rolle, wenn man die Waren der Weißen kauft.

Er steckt die Schnur in die Tasche und nimmt seine Gitarre. Er stimmt die Saiten, doch es gelingt ihm nicht. Endlos dreht er die Stifte hin und her. Lange sitzen wir so und sagen nichts. Dann lege ich mich hin. Kwandemi beginnt, ein Lied zu spielen, und singt dazu. Die Musik, die jetzt das *haus kiap* erfüllt, ist von einer anrührenden zärtlichen Traurigkeit. Die Melodie ist eintönig und von einem fremdartigen Rhythmus. Dann stimmt Kwandemi erneut sein Instrument und singt und spielt weiter. Kwandemi nimmt auf diese Weise Abschied von mir.

Kwandemi: »Hat Marco die Flugbilletts aus Wewak gebracht?«

Ich: »Ja, er hat sie mitgebracht.«

Kwandemi: »Wann gehst du jetzt weg?«

Ich: »In einer Woche. Vorher werden wir noch ein paar Tage flußabwärts fahren und einige Dörfer besuchen.«

Kwandemi spielt weiter und singt noch einige Lieder. Dann legt er die Gitarre weg. Ich setze mich auf. Er schaut mich durchdringend an.

Kwandemi: »Vor mehr als einer Woche hast du mir Tabak gebracht, der in Zeitungspapier eingewickelt war. Ich habe ihn eingesteckt. Du hast zwei Kina eingepackt. Ich habe das Geld erst abends gefunden. Weshalb hast du das gemacht?«

Ich schaue ihn verwundert an und will nun scherzhaft das Spiel beginnen, das ich mir ausgedacht habe.

Kwandemi: »Du verstehst mich nicht. Du hast noch immer

mit dem Pidgin Mühe. Ich sage es dir nochmals. Du bringst Tabak, letzte Woche.«

Ich: »Ja, letzte Woche, du warst ganz böse.«

Kwandemi lacht und wehrt ab, er sei überhaupt nicht böse gewesen.

Kwandemi: »Du hast den Tabak eingewickelt und einen Geldschein von zwei Kina dazugelegt.«

Ich: »Zwei Kina?«

Kwandemi: »Ja, zwei Kina.«

Ich: »Woher sollen denn die zwei Kina gekommen sein?«

Kwandemi lacht mich jetzt von der Seite an.

Er greift nach seiner Gitarre und beginnt sie wieder zu stimmen. Dann legt er sie beiseite und schaut mich wieder an.

Kwandemi: »Meine Mutter hatte mir zwei Kina gegeben. Damit habe ich die Schulden bezahlt.«

Ich: »Soeben hast du doch gesagt, die zwei Kina seien mit dem Tabak eingewickelt gewesen.«

Kwandemi: »Das war nur ein Traum.«

Pause.

»Gestern nacht habe ich von dir geträumt. Du hältst einen Geldschein in der Hand. Auf diesem Geldschein war ein Gesicht. In Wirklichkeit gibt es auf der Zwei-Kina-Banknote kein Gesicht. Es war dein Gesicht. Dann hast du dich verwandelt und warst Sugukaman. In diesem Augenblick zerfiel das Gesicht auf dem Geldschein zu Erde. Sugukaman ist mit den zwei Kina auf einen Mann zugegangen und hat ihm das Geld gegeben. Erst jetzt, als er dem Mann das Geld in die Hand gab, ist das Gesicht zu Erde zerfallen. Da habe ich gewußt, der Mann ist ein Zauberer, dem Sugukaman den Auftrag gibt, ein Gift herzustellen, um mich zu töten.«

Pause.

»Du solltest nicht mehr ins Haus von Sugukaman gehen. Der Zauberer könnte das Gift an der Treppe anbringen. Ich gehe heute weg von dort und schlafe im Haus meines Schwagers. Sugukaman will mich umbringen. Er ist eifersüchtig, weil wir zusammen sprechen und er nicht mit dir redet.«

Ich: »Deshalb hat er die Geschichte mit dem Buschmesser wieder hervorgeholt. Was ist aber mit dem Traum?«

Kwandemi: »Der Traum sagt, wie es ist. Sugukaman will mich töten.«

Im Traum bringt der Zauberer heimlich das Gift an der Treppe an, wie ich die Banknote heimlich in das Tabakpäcklein eingewickelt habe. Das Unheimliche des Zauberers und meiner Banknote weist auf das Bedrohliche der Abhängigkeit, in die Kwandemi geraten ist. Er zieht es vor, zu phantasieren, er habe von seiner Mutter das Geld erhalten. Von ihr kann er sich leichter abhängig fühlen. Meine Rolle als Geldgeber verweist er in seinen Traum.

Ich: »Zuerst bin ich im Traum erschienen. Auf dem Geldschein, den ich hielt, war mein Gesicht.«

Kwandemi: »Ja, du warst zuerst. Dann hat Sugukaman deinen Platz eingenommen.«

Ich: »Auf dem Geldschein, den jetzt Sugukaman in der Hand hält, ist immer noch mein Gesicht.«

Kwandemi: »Es zerfällt in Erde, wenn Sugukaman dem Zauberer das Geld gibt.«

Ich: »… damit der Zauberer Gift macht, das dich tötet. Das Geld mit meinem Gesicht veranlasst den Zauberer, das Gift herzustellen.«

So wie im Traum Sugukaman meinen Platz einnimmt, wird Kwandemi zum Zauberer, der das Geld erhält und statt ein Gift herzustellen den Traum träumt. Das Gift stellt die drohende Abhängigkeit dar, während Kwandemis Traum die Abhängigkeitsproblematik bewältigt.

Kwandemi: »Nein, du bist nicht in dieser Weise im Traum.«

Ich: »In welcher Weise bin ich in den Traum gekommen?«

Kwandemi: »Sugukaman ist eifersüchtig. Deshalb ist er aus dir herausgekommen. Er nimmt deinen Platz ein, wie du früher den Platz des *wau* eingenommen hast. Es war immer gut mit dir hier, all die Zeit. So bist du auch im Traum gewesen. Erst als du nicht mehr da warst, ist Sugukaman gekommen und dein Gesicht auf dem Papier zerfallen. Sie wollen uns beide töten. Das ist alles. Sie denken, wir gehen zusammen in den Busch und dort trifft uns das Zaubergift. Wir sterben am gleichen Ort.«

Ich: »Du und ich, wie ein und derselbe *lawa*.«

Kwandemi: »Ja, du und ich würden dann zur gleichen Zeit sterben, aber es wird nicht dazu kommen. Weil ich den

Traum in der Nacht gesehen habe, kann das alles nicht geschehen. Ich weiß es jetzt, und Sugukaman ist ohne Macht und Kraft.«

Ich: »Du hast mir das Geheimnis vom Urahnen erzählt und Sandie für mich gezeichnet. Er erscheint im Traum und gibt Kunde vom drohenden Unheil. Der Träumer weiß, wie es ist, ruft alle Männer im Dorf zusammen und warnt sie. Dann ist der Feind ohne Macht und Kraft.«

Kwandemi: »Ich gehe einfach in mein Dorf zurück. Hier in Kanganamun ist es nicht mehr gut für mich.«

Kwandemis Vorstellung, wir würden beide am gleichen Ort und zur gleichen Zeit sterben, bedeutet, daß wir beide voneinander abhängig sind und unsere Selbständigkeit einbüßen. So wie ich ihm das Geld im Versteckten gegeben habe, bringt er mir als Gegengeschenk seinen Traum, der zeigt, wie er die Abhängigkeit und Ohnmacht nach dem kulturell vorgezeichneten Muster der Kopfjagd bewältigt. Durch mein Geschenk und sein Gegengeschenk stehen wir uns gleich zu gleich gegenüber. Wenn Kwandemi sagt: »Ich weiß es jetzt, und deshalb ist der Feind ohne Macht und Kraft«, bringt er zum Ausdruck, daß das Bewußtwerden einer Konfliktneigung die Voraussetzung dafür ist, den Konflikt auch zu bewältigen.

Am Tag unserer Abreise kommen Kwandemi und sein Freund Ngaui, mit dem er auf das Touristenboot arbeiten gehen wollte, frühmorgens in unser Haus, um sich zu verabschieden. Er trägt die Uhr, die ich ihm am Tag unseres letzten Gesprächs geschenkt habe, nicht am Handgelenk. Er hatte mir gesagt: »Niemand darf es erfahren. Es bleibt unser Geheimnis.« Es ist nicht mehr die Rede davon, daß Kwandemi mit uns nach Yindabu fahren will. Um den Hals trägt er eine neue Schlangenknochenkette.

Florence Weiss
Magendaua

Seitdem Kinembe mit ihrem Mann und den Kindern unerwartet nach Wewak abgefahren ist, spreche ich täglich nur mit Kwaigambu. Ich genieße es, Zeit und Ruhe zu haben. Es ist Mittag, und eben kehren Fritz und Marco aus Kanganamun zurück. Sie füllen sich die chinesischen Porzellanschalen, die Milan und ich in Hongkong gekauft haben, mehrmals mit Tee. Nach einer Weile sagt Fritz, er habe in Kanganamun einen Gesprächspartner gefunden. Nein, nicht Sugukaman. Kwandemi heiße der junge Mann, der täglich mit ihm sprechen wolle. Neugierig wollen wir wissen, wer Kwandemi sei. Fritz lacht: »Was soll ich sagen? Unsere Gespräche haben erst begonnen.« Nach einer Weile stehe ich auf und gehe zum Sepik.

Heute ist Markttag und viele Leute haben sich am Ufer versammelt. Die Frauen kehren von ihrer langen Reise in die Wald-Dörfer zurück, wo sie Fische gegen Sago eingetauscht haben. Es herrscht ein lebhaftes Treiben: Neuigkeiten werden ausgetauscht, Taschen aus den Kanus ans Ufer gehoben, die ersten Betelfrüchte verteilt. Da fällt mir eine Frau auf; sie ist groß und schlank und hebt die mit Sago gefüllte Tasche mit Eleganz aus dem Kanu. Fasziniert schaue ich ihr zu. Sie hält inne, wendet den Kopf und blickt mich an. Dann hängt sie sich die Tasche um und schlägt den Weg ins Dorf ein. Ich kenne sie nicht. Von den umstehenden Frauen erfahre ich, daß sie Magendaua heißt, sechs Kinder hat und eine Schwiegertochter Mouns ist, mit dem Milan Gespräche führt. Die Frauen lachen, als ich frage, weshalb ich diese Frau nicht kenne. »Als du das letzte Mal hier warst, lebte Magendaua mit ihrem Mann und seiner zweiten Frau in Rabaul auf der Insel Neubritannien, und du warst schon weg, als sie ins Dorf zurückkehrte. Du kannst sie nicht kennen.«

Einige Tage sind verstrichen. Ich sitze mit Kwaigambu unter unserem Haus, da kommt Magendaua. Sie hat eine Tasche voll von Süßkartoffeln umgehängt, einen Säugling auf dem Arm, und drei weitere Kinder begleiten sie. Sie bleibt vor uns

Magendaua

stehen und spricht mit Kwaigambu in Iatmul. Ich erfahre, daß die Süßkartoffeln ein Geschenk für die Weißen sind. Nachdem wir einige Worte gewechselt haben, geht Magendaua in unser Haus, gibt dort die Kartoffeln ab und kommt wieder an uns vorbei. Ich schaue ihr nach, sie dreht sich um und winkt mir mit der leeren Tasche.

Am nächsten Tag bin ich unterwegs ins Dorf. Es ist Mittagszeit. Der Weg führt durch eine schattenlose Landschaft, links Gärten, rechts der Bach Kurupmui. Nach einer halben Stunde erreiche ich das Dorf. Ich gehe auf der schmalen Brücke über den Bach und stehe vor dem ältesten und größten Wohnhaus in Palimbei. Hier lebt Magendaua mit ihrem Mann Minsan, den sechs Kindern und den Schwiegereltern. Kinder springen unter dem Haus hervor und rufen: »Die weiße Frau kommt, die weiße Frau kommt!« Ich bleibe stehen. »Magendaua, bist du da?« »Komm herauf«, tönt es aus dem Haus. Ich steige die Treppe hoch, und als ich die Tür eben aufstoßen will, öffnet sie sich, und mir gegenüber steht Magendaua. Wir geben uns die Hand und lachen uns an.

Da ruft jemand meinen Namen aus dem dunklen hinteren Teil des Hauses. Es ist Magendauas Schwiegermutter, eine alte Frau. Sie kommt auf mich zu, umfaßt mein Kinn mit festem Griff und überschüttet mich mit Begrüßungen in Iatmul. Dann zieht sie sich zurück. Magendaua weist auf den Platz neben der Tür. Als wir uns setzen, folgen die Kinder unserem Beispiel und beobachten mich neugierig. Ich sage, daß uns die Süßkartoffeln geschmeckt haben. Magendaua nickt zufrieden, erzählt dann aber über die Stadt Rabaul, wo sie sieben Jahre gelebt hat. Sie schließt ihre Schilderung mit der Feststellung, daß sie gerne wieder nach Palimbei zurückgekommen sei.

Ich: »Als ich vor sieben Jahren in Palimbei war, lebtest du in Rabaul. Jetzt sind wir beide hier und könnten zusammen tägliche Gespräche führen.«

Magendaua schlägt vor, dass wir gleich morgen beginnen wollen, und wie Milan und ihr Schwiegervater im *haus polis* zusammen sprechen können. Wir vereinbaren, uns zur Mittagszeit zu treffen: Magendaua ist dann vom Fischfang zurückgekehrt und hat bereits für ihre Familie Sagofladen gebacken und die Fische gekocht. Als wir zusammen das *haus polis* aufsuchen, gehen wir nach der Art der Iatmul durchs Dorf, ich voraus, dann Magendaua und hinter ihr die Kinder, die mitkommen wollen. Neugierig fragen die Bewohner der Häuser, an denen wir vorbeigehen, was wir vorhaben. »Wir gehen ins *haus polis*«, antwortet einmal Magendaua, ein anderes Mal ich. Ein vielbegangener Weg führt an diesem Haus vorbei. Jedermann kann uns sehen, der vorbeikommt, weil die Hauswand fehlt, die uns vom nahen Fußweg abschirmen würde. Es kann aber auch niemand ungesehen an uns vorbeigehen. Wir steigen die drei Stufen hinauf und setzen uns in den verandaähnlichen Raum. Es dauert eine Weile, bis auch die drei Kinder hinaufgeklettert sind und einen Platz in Magendauas Nähe gefunden haben. Dann ist es still.

Magendaua: »Heute früh ging ich zum Sepik. Drei Fische hingen in meinem Netz.«

Pause.

»Auf dem Rückweg ins Dorf ging ich an eurem Haus vorbei, es war ganz still, ihr habt alle noch geschlafen.«

Pause.

»Im Dorf gab ich meiner ältesten Schwester einen Fisch. Die restlichen zwei zerschnitt ich in acht Teile, je ein Stück für die sechs Kinder, Minsan und mich. Nachdem ich das Essen gekocht hatte, kam Milan und holte meinen Schwiegervater zum Gespräch ab. Da fragte ich mich, ob du wohl auch kommen würdest.«

Magendaua schaut mich an und schweigt. Ich lache sie an.

Ich: »Ich bin gekommen, und du bist auch gekommen.«

Magendaua schweigt. Die Kinder werden unruhig, stehen auf und springen herum. Magendaua weist sie zurecht, doch es hilft nichts. Jetzt schickt sie sie ins Nachbarhaus Betel holen.

Magendaua: »Ich habe es satt, daß die Kinder unser Gespräch stören.«

Ich: »Deine Kinder sind keine lahmen Hühner.«

Während Magendaua lacht, öffnet sich die Tür, und die drei stehen unverrichteter Dinge wieder da. Sie zwinkert mir zu.

Magendaua: »Geht zum Laden am Ende des Dorfes und fragt, ob sie Biskuits haben.«

Die zwei älteren Kinder sind begeistert, das jüngste hat keine Lust mitzugehen und bleibt. Es kramt in Magendauas Tasche, die neben ihr auf dem Boden liegt, zieht ein Portemonnaie hervor und öffnet es. Münzen fallen heraus.

Magendaua: »Laß das! Morgen werde ich damit auf dem Markt Sago kaufen.«

Ich: »Fangt ihr Frauen jetzt so wenig Fische, daß ihr Sago nicht mehr eintauscht, sondern kaufen müßt?«

Magendaua: »Als ich aus Rabaul nach Palimbei zurückkehrte, gab es viele Fische, jetzt hat aber die Salvinia-Alge die meisten Seen überwuchert, und wir Frauen fangen wenig Fische.«

Pause.

»In Rabaul habe ich von dir und Milan gehört; die Leute sagten, ihr seid liebe Menschen.«

Pause.

»Eines Tages kam mein Bruder nach Rabaul und erzählte, daß meine Mutter alt geworden sei. Schon sieben Jahre hatte ich sie nicht mehr gesehen. Dachte ich an sie, mußte ich weinen. Ich wollte nach Hause zurückkehren. Auch mein Mann hatte Sehnsucht nach seinem alten Vater.«

Auf dem Weg geht eine Frau vorbei. Sie schaut erstaunt, als sie uns sieht, grüßt und geht weiter. Magendaua wartet, bis sie aus unserem Blickfeld verschwunden ist.

Magendaua: »Sie ist die zweite Frau meines Mannes. In Rabaul lebten wir zusammen in einem Haus. Sie gab meinem Mann nichts zu essen. Ich habe sie hinausgeworfen.«

Pause.

»Sie hat nur drei Kinder geboren, ich aber sechs. Sie ist eine schlechte Frau.«

Pause.

»Mein Sago ist aufgebraucht. Morgen fahre ich zum Markt. Kannst du später kommen, du weißt, wie lang die Fahrt zu den Wald-Dörfern dauert?«

Gegen Mittag gehe ich ins Dorf und besuche eine Frau, die in unmittelbarer Nähe von Magendaua wohnt. Plötzlich hören wir Magendaua sprechen.

Magendaua: »Ich bin zurück. Ich backe für meine Familie Sagofladen.«

Als ich eine Stunde später zu ihr komme, ist sie bereit. Die Fladen sind gebacken, und alle haben gegessen. Magendaua hebt den Säugling auf den Arm und weist die drei Kinder, die wieder mitkommen wollen, energisch zurück. Nur die jüngste, die vierjährige Yanamak, gibt nicht nach, und als sie zu weinen beginnt, nimmt sie Magendaua bei der Hand, und wir gehen zum *haus polis*. Nachdem wir uns hingesetzt haben, schweigt Magendaua. Sie gibt dem Säugling die Brust und schiebt Yanamak, die auf ihren Schoß klettern will, die Tasche zu. Zufrieden spielt sie damit. Magendaua schaut ihr zu und schweigt.

Ich: »Du hast mich überrascht, du bist früher vom Markt zurückgekommen, als ich dachte.«

Magendaua: »Fahren zwei Frauen zusammen zum Markt, geht alles schneller. Ich habe mich mit einer Frau verabredet. Wir haben uns beeilt. Ich dachte an unser Gespräch und wollte nicht zu spät zurück sein. Auf der Fahrt zum Markt legten wir Haken aus, und als wir zurückkamen, fanden wir drei Fische. Ein Haken fehlte. Vielleicht hat ihn die Strömung weggetrieben. Wir teilten die drei Fische.«

Pause.

»Auf dem Markt habe ich die Frauen beschimpft, weil einige schon tauschten, als andere noch am Wegrand saßen und plauderten. Der Markt darf erst beginnen, wenn alle Frauen beisammen sind, sonst gehen einige mit leeren Händen aus. Frauen wie ich, mit vielen Kindern, sind darauf angewiesen, Sago nach Hause zu bringen. Was würden wir ihnen denn sonst zu essen geben.«

Pause.

»Zu Hause habe ich die Fische in Portionen zerschnitten und gekocht. Ich habe mich beeilt, um bereit zu sein, wenn du kommst.«

Auf dem Weg, der am *haus polis* vorbeiführt, kommen Frauen und Kinder. Als sie uns sehen, bleiben sie stehen. Eine Frau verlangt eine Zigarette. Ich gebe sie ihr, und wir wechseln einige Worte. Dann gehen sie weiter. Magendaua nennt die Namen der Frauen und erklärt, wie sie mit ihnen verwandt ist und mit welchem Verwandtschaftsbegriff sie sie anspricht.

Magendaua: »Das ist meine *ñame*, meine *mbamburagwa*, *mein ñan*, mein *kanget*.«

Ich wiederhole und füge die Namen der Kinder und Ehemänner bei. Ich kenne sie alle. Es ist wie ein Spiel: Magendaua nennt die Namen einer Frau und ich jene der Kinder und des Mannes. Als wir alle durchgegangen sind, lachen wir. Dann ist es still.

Magendaua: »Mein erstes Fischnetz schenkte mir meine Mutter. Sie sagte: ›Ich bin eine alte Frau, du mußt jetzt hin und wieder für mich sorgen. Auch deine drei älteren Schwestern brauchen deine Hilfe. Da ich dir in den Jahren, als du in Rabaul gelebt hast, nicht helfen konnte, schenke ich dir jetzt dieses Netz.‹ Es war ein gutes Netz, ich fing viele Fische damit. Doch eines Tages lösten sich die Stöcke, an denen ich es festgebunden hatte. Von meinem Netz fehlte jede Spur. Ich nahm ein Kanu und machte mich auf die Suche. Meine Schwestern begleiteten mich. Stunden später gaben wir es auf, das Netz wiederzufinden, und kehrten enttäuscht um. Ich weinte vor mich hin. Ohne Fischnetz kann eine Frau nicht leben. Als meine Mutter mich weinen sah, gab sie mir Geld, und ich kaufte mir mein zweites Netz. Doch nach einiger Zeit wurde auch dieses fortgeschwemmt. Das dritte Netz, das ich mir kaufte, war so lang, daß ich es in zwei Teile schneiden konnte. Bis heute fange ich damit Fische. Das Geld gab mir wieder meine Mutter, aber auch mein Mann und mein Schwiegervater halfen mit.«

Als ich nach unserem Gespräch den Weg zum Sepik einschlage, ist der Himmel mit schwarzen Wolken überzogen, und ein heftiger Regen setzt ein. Unerwartet treffe ich zwei kleine Knaben, die unter einem Baum Zuflucht gesucht haben. Sie haben gewartet, bis jemand kommt, dem sie sich anschließen könnten, denn eben bricht die Dämmerung ein, und Kinder gehen den Weg durch die verlassene Landschaft nicht gern allein. Erfreut springen sie auf, und gemeinsam gehen wir weiter. Wir sprechen kaum, denn jeder paßt auf, daß er auf dem glitschigen Weg nicht ausrutscht. Völlig durchnäßt kommen wir am Sepik an. Amuia steht in der Türöffnung und hält besorgt nach ihren Enkeln Ausschau. Erleichtert winkt sie und ruft mir zu:

»Gut, daß du die Kinder nach Hause bringst, man weiß nie, was ihnen unterwegs passieren könnte.«

Ihre Bemerkung gefällt mir. Jetzt bin ich wie eine Mutter um Kinder besorgt und habe einer anderen Frau geholfen. Später am Abend verstehe ich, daß die Begebenheit, die sich zwischen Amuia, den kleinen Knaben und mir abgespielt hat, mit Magendaua zusammenhängt. In den Gesprächen mit ihr erlebe ich, wie eine Iatmul-Frau ist: sie beschafft täglich für ihre Familie das Essen, fährt fischen und auf den Markt, sie verteilt und empfängt. Magendaua ist mit ihren Problemen und Aktivitäten nicht allein, alle anderen Frauen des Dorfes sind mit der Ernährung ihrer Familien beschäftigt, führen die gleichen Tätigkeiten aus: verteilen und empfangen. Ich weiß, daß ich anders bin, in meiner Art zu leben, zu denken und zu fühlen. Magendaua fasziniert mich, doch habe ich den Eindruck, ich sei ausgeschlossen aus ihrer Welt, in der sich scheinbar alles selbstverständlich ergibt. Ich begleite die Knaben nach Hause, freue mich über Amuias Bemerkung und kann für einen Augenblick glauben, ich sei ein Teil der Frauengruppe und Magendaua ähnlich. Ich begreife, daß es so nicht geht; indem ich die Kinder einer anderen Frau in der Dämmerung und im Regen nach Hause bringe, werde ich Magendaua nicht näherkommen.

Als ich vor Magendauas Haus stehe und ihr »Ich komme gleich« erwarte, ruft sie mich. Sie sitzt vor einer Feuerschale und ist dabei, Fladen zu backen.

Magendaua: »Heute bin ich verspätet.«

Ich: »Das macht nichts, beende deine Arbeit, ich werde in der Zwischenzeit mit Kwaigambu sprechen.«

Als ich eine Stunde später wiederkomme, ist Magendaua dabei, aus einem großen Topf Fisch und Gemüse auf Teller zu schöpfen.

Magendaua: »Ich muß das Essen verteilen. Willst du nicht noch eine andere Frau besuchen?«

Ich: »Nein. Jetzt möchte ich mit dir sprechen.«

Ich setze mich auf den Boden und warte, bis Magendaua mit dem Verteilen des Essens fertig ist. Dann gehen wir ins *haus polis*. Magendaua trägt den Säugling auf dem Arm, ich halte die kleine Yanamak, die wieder mitkommen will, an der Hand. Kaum haben wir uns hingesetzt, beginnt Magendaua zu sprechen.

Magendaua: »Meine Kinder mögen Süßkartoffeln nicht. Sago und Fisch aber schmecken ihnen.«

Ich: »Ich kenne deine Süßkartoffeln, sie sind besonders groß und schön.«

Magendaua: »Das stimmt. Vorgestern, als ich mit meinem Mann im Garten Süßkartoffeln ausgrub, kamen zwei Frauen vorbei. Ich gab ihnen davon. Als sie mir Geld geben wollten, sagte ich: ›Laßt das sein, brauche ich einmal etwas, könnt ihr mir helfen.‹«

Pause.

»Minsan und ich geben anderen Leuten gerne etwas. Seitdem wir uns kennen, ist es so.«

Ich: »Bist du schon lange mit Minsan verheiratet?«

Magendaua legt sich auf den Rücken und streckt sich. Sie

zieht die Bluse hoch und reibt sich Bauch und Brüste. Yanamak, die still in einer Ecke spielte, kommt und schmiegt sich an ihre Mutter. Auch ich lege mich hin.

Magendaua: »Wir waren ein Jahr verheiratet, als ich das erste Kind gebar. Kurze Zeit später starb es. Während zwei Jahren wurde ich nicht mehr schwanger, obwohl ich mit meinem Mann oft Liebe machte und ich mir ein Kind wünschte. Eines Tages sagte mir eine Frau, ich sei eine bloße Hülle ohne Inhalt. – Du kennst die Papierhüllen, die auf den Fischkonserven kleben. Sie sagte, ich sei ein solches Stück Papier. Ich wurde wütend und wollte sie verprügeln. Mein Schwiegervater hielt mich zurück. Als der alte Keno von der Geschichte erfuhr, hatte er Mitleid mit mir und machte für Minsan und mich einen Zauber. Das hat geholfen. In den folgenden Jahren gebar ich sechs Kinder, drei Mädchen und drei Knaben. Das ist gut so. Sie werden für mich sorgen, wenn ich alt bin.«

Magendaua setzt sich auf, hebt den Säugling hoch und schwingt ihn hin und her. Dann stellt sie ihn auf den Boden.

Magendaua: »Heute früh hat keine einzige Frau aus meinem Dorfteil einen Fisch gefangen. Ich habe ihnen gesagt: ›Ich werde meine leere Tasche nicht zeigen, denn ich schäme mich, ohne Fische nach Hause zu kommen.‹ Sie meinten: ›Die arme Tasche kann ja nichts dafür.‹ Wir lachten wie kleine Mädchen, denen es nichts ausmacht, wenn sie beim Fischen Pech hatten. Eine Frau schlug vor, im Wald kleine Früchte zu sammeln und diese statt der Fische nach Hause zu bringen. Als wir uns vorstellten, wie unsere Kinder und Männer diese kläglichen Früchte essen, mußten wir vor Lachen pissen.«

Pause.

»Zu Hause kochte ich mit Süßkartoffeln und einer Kokosnuß einen Eintopf. Was meine Familie morgen ißt, wenn ich auf dem Markt bin, weiß ich nicht.«

Der Säugling krabbelt auf Magendaua zu, hält sich an ihrem Knie fest und schaut sie erwartungsvoll an. Sie lacht, nimmt die linke Brust in die Hand und schlägt sie ihm sanft über das Gesicht.

Magendaua: »Für dich gibt es immer etwas zu essen. Meine Brüste sind dein Essen.«

Gewöhnlich begleitet Magendaua mich nach unserem Gespräch zur Brücke, wo ihr Haus steht und von wo der Weg zum Sepik führt. Heute sagt sie, sie wolle noch jemanden im oberen Dorfteil besuchen, und geht in der entgegengesetzten Richtung weg.

Als ich anderntags zu ihr komme, steht ihr Mann Minsan in der Türöffnung. Ich erfahre, daß Magendaua zum Sepik gegangen ist, um ihr Netz auszuhängen. Minsan sagt, sie würde erst spät zurück sein, und es habe wohl keinen Sinn für mich, daß ich warte. Ich bin erstaunt und habe keine Lust, mich mit ihm auf ein Gespräch einzulassen. Ich spaziere durchs Dorf. Vor einem Haus haben sich Frauen und Kinder ins Gras gesetzt. Die Kinder spielen, und die Frauen plaudern, flicken Netze und flechten Reusen. Sie rufen mich, und ich setze mich zu ihnen. Da kommt Milan und sagt: »Ich gehe nach Hause, Moun ist krank, heute findet kein Gespräch statt.«

Nach einer Weile verabschiede ich mich von den Frauen und gehe zum *haus polis*. Von weitem sehe ich Magendaua vom Fluß her kommen. Sie winkt mir zu, und als wir uns ins *haus polis* gesetzt haben, sage ich ihr lachend:

Ich: »Ich glaubte schon, du würdest nie mehr vom Sepik zurückkehren. Auch dein Schwiegervater hat heute nicht mit Milan gesprochen. Als ich dich zu Hause nicht antraf, dachte ich, Magendaua will heute nicht mit mir sprechen.«

Magendaua hört aufmerksam zu, wendet den Kopf zur Seite und verbirgt ihr Gesicht hinter der vorgehaltenen Hand.

Magendaua: »Was für Gedanken du dir machst!«

Pause.

»Heute morgen hat sich in meinem Netz ein Baumstamm verfangen. Ich rief meine Schwestern zu Hilfe. Sie machten sich über mich lustig: ›Weshalb hängst du dein Netz ausgerechnet hier aus, wo es so viel Treibholz gibt!‹ Das Netz war zerrissen. Ich nahm es nach Hause und flickte es. Nachdem ich Fladen gebacken hatte, kehrte ich zum Sepik zurück und hängte es wieder aus. Vielleicht wird morgen ein Fisch darin zu finden sein. Auf dem Heimweg dachte ich, daß du gewiß nicht auf mich warten würdest. Du aber hast gewartet.«

Ein Mädchen kommt zum *haus polis* und bringt den Säugling, der zu Hause geschlafen hat. Magendaua legt ihn auf den

Schoß und gibt ihm die Brust. Hin und wieder wendet er den Kopf und schaut mich an. Magendaua erzählt, wie die Frauen ihres Dorfteiles zu ihren Netzen gekommen sind. Sie läßt keine aus. Als sie mit ihrer Aufzählung zu Ende ist, schweigt sie eine Weile.

Magendaua: »Kumbra, meine älteste Schwester, fängt am meisten Fische. Sie ist eben älter als ich.«

Pause.

Magendaua zwinkert mir zu.

»Es werden noch Zeiten kommen, da werde ich die meisten Fische fangen.«

Pause.

»Ich habe Minsan gesagt, daß ich dir Süßkartoffeln bringen werde. Heute ist es zu spät. Ich bringe sie morgen.«

Pause.

»Viele meiner Kleider sind zerrissen. Ich habe keinen Faden mehr. Kannst du mir vielleicht Faden geben?«

Ich: »Ich habe wenig Nähzeug mitgenommen. Wenn du Faden brauchst, kann ich dir welchen besorgen.«

Magendaua: »Faden könnte ich brauchen.«

Als wir nach dem Gespräch aufstehen und ich Magendaua frage, in welche Richtung sie heute gehen wird, faßt sie mich am Arm.

Magendaua: »Ich begleite dich zur Brücke, ich lasse dich nicht allein gehen, du bist meine Freundin.«

Wie gewöhnlich erzähle ich abends über meine Gespräche mit den Frauen. Nachdem ich über Magendaua berichtet habe, sagt Fritz überraschend:

»Magendaua hat Angst vor dir. Manchmal bist du ihr unheimlich.«

»Wie kommst du dazu, das zu sagen«, entgegne ich, »es ist doch klar, daß ich sie gern mag, ja, ich bewundere sie. Magendaua hat keinen Grund, sich vor mir zu fürchten.«

Fritz: »Was ich meine, hat nichts mit deinen Gefühlen zu tun. Auch Magendaua mag dich gut. Darum geht es nicht. Deine Art ist ihr fremd. Du bist ganz auf sie ausgerichtet, gehst jeden Tag den weiten Weg ins Dorf, um sie zu treffen, und du bist gespannt auf jedes Wort, das sie dir sagt. Das hat dazu geführt, daß sie dich in den letzten Tagen immer länger warten ließ. Magendaua ist anders als du. Sie beschäftigt sich mit den realen Problemen ihres täglichen Lebens. Sie braucht Fische in ihren Netzen und Sago, den die Frauen aus den Wald-Dörfern mitbringen. Für sie sind die Äußerungen eines Menschen, dem sie begegnet, selbstverständlich und im Grunde problemlos. Du aber bist auf alles, was Magendaua dir sagt und zeigt, angewiesen, um verstehen zu können, was in ihr vorgeht. Eine solche Einstellung ist Magendaua fremd und unverständlich, und deshalb staunt sie über deine komplizierten Überlegungen und sagt: ›Was für Gedanken du dir machst!‹«

Ich: »Vor ein paar Tagen habe ich mich mit derselben Frage beschäftigt. Ich habe erlebt, wie verschieden Magendaua und ich sind. Ich hatte das Gefühl, sie sei integriert und aufgehoben, ich isoliert und ausgeschlossen.«

Fritz: »Das liegt daran, daß du nur leben kannst, wenn du am verinnerlichten Bild deiner selbst festhältst, während Magendaua eine Frau ist, die ihre Selbstbestätigung täglich durch die emotionalen Reaktionen der Gruppe, zu der sie gehört, wiederbelebt und erneuert. Deshalb verteilt sie dauernd alles, was sie hat, und nimmt Anteil an dem, was andere verteilen. Wir kommen aus einer Kultur, in der im Grunde genommen jeder auf sich selbst angewiesen ist und sich von den anderen abgrenzen muß.«

Ich: »Weshalb aber fühlt sich Magendaua dadurch bedroht?«

Fritz: »Sie hat sich mit dir eingelassen und spürt deine Andersartigkeit. Du bist wie ein Fremdkörper, und da du in ihrer Gruppe eine Rolle spielst, fühlt sie sich von dir bedroht. Die Unterschiede, die du zwischen Magendaua und dir wahrnimmst, sind Verschiedenheiten in der Persönlichkeitsstruktur. Wir haben das, was dich und Magendaua unterscheidet, zum erstenmal bei den Dogon in Westafrika erkannt. Ich spreche nicht vom kulturellen Hintergrund und der gesamten Persönlichkeit, die sind bei den Iatmul und den Dogon in beinahe jeder Hinsicht verschieden, ich spreche von der Ichorganisation. Die Ichorganisation Magendauas zeigt die charakteristischen Züge einer oralen Strukturierung auf, wie wir sie bei den Dogon angetroffen haben. Unsere Ichorganisation aber ist von Strukturen durchsetzt, die aus der analen Phase der Libidoentwicklung stammen. Auch die Dogon haben uns in ihren Beziehungen zu ihnen wie Fremdkörper erlebt und fühlten sich durch uns bedroht. Diesen Aspekt unserer Andersartigkeit müssen wir in deinen Gesprächen mit Magendaua berücksichtigen. Sie darf nicht dazu führen, daß eure Beziehung weiter dadurch gestört wird. Achte morgen darauf, ob mein analytisches Konzept dir hilft, besser zu verstehen, was zwischen dir und Magendaua vorgeht!«

Ich treffe Minsan, der unter dem Haus sitzt und eine Maske schnitzt. Er sagt mir, daß Magendaua noch nicht vom See zurückgekommen ist. Als ich gehen will, ruft er mich zurück: »Schau!« Zwischen den Häusern erscheint Magendaua. Sie hat einen Korb umgehängt, den sie mir mit großzügiger Geste zeigt. Er ist bis zum Rand mit glänzenden Fischen gefüllt. Magendaua schickt ein Kind mit den Fischen ins Haus hinauf, ruft nach dem Säugling, den ein anderes Kind bringt, und wir machen uns auf den Weg. Nach wenigen Schritten bleibt sie stehen.

Magendaua: »Als ich vom Fischfang zurückkam, sah ich Milan mit Kumot im *haus polis* sprechen. Komm, setzen wir uns ans Ufer unter den Baum!«

Wir kehren um, gehen über die Brücke und lassen uns im Schatten eines großen Baumes nieder. Einige Palmstämme, die Minsan dort zum Trocknen ausgelegt hat, bilden eine Plattform, auf der wir bequem sitzen können.

Magendaua: »Heute ging ich nicht zum Sepik. Ich paddelte zum Karakame und fischte mit Haken. Ich habe Glück gehabt. Die anderen Frauen fingen kaum etwas. Ich glaube, die Fische lieben mich.«

Pause.

»Ist dir auch aufgefallen, wieviel magere Leute es gibt?

Die Salvinia ist schuld. Wir Frauen mühen uns vergeblich ab, um Essen zu beschaffen. Wir leben an einem sterbenden Fluß.«

Mir fällt ein, daß die Palimbei sagen, ich sei eine dünne Frau und bestünde nur aus Knochen. Würde ich Sago und Fisch essen – meinen sie –, wäre es um mich besser bestellt.

Magendauas sechsjähriger Sohn setzt sich zu uns. Er quengelt. Unter den Fischen, die seine Mutter nach Hause gebracht hat, hat er einen *makau* entdeckt, den er ganz allein essen will.

Magendaua: »Das kommt nicht in Frage. Dieser Fisch wird geteilt. Die andern essen auch gerne *makau*, du bist nicht der einzige.«

Der Junge versucht seine Mutter umzustimmen. Als er sieht, daß er nichts erreichen kann, steht er auf und geht. Magendaua schaut ihm nach, dann wendet sie sich zu mir.

Magendaua: »Siehst du den Strauch auf dem Hügel neben dem Haus? Den brachte ich aus Rabaul. Wenn er wieder Blätter hat, werde ich dir welche geben. Du kannst daraus ein gutes Gemüse kochen. Immer wieder kommen Frauen zu mir und wollen Blätter dieses Strauches. Deshalb ist er jetzt kahl.«

Ich bin erleichtert, als unser Gespräch zu Ende ist. Ich zünde mir eine Zigarette an und genieße es, allein durch die abendliche Landschaft zum Sepikufer zurückzukehren. Fritz hat recht. Obwohl Magendaua und ich uns soeben gut verstanden haben, stört sie etwas an mir. Sie erzählt von mageren Leuten und wie die Frauen sich vergeblich abmühen, Essen zu beschaffen. Erlebt mich Magendaua wie eines ihrer Kinder, das unersättlich Tag für Tag etwas von ihr will? Bin ich wie ihr Sohn, der den Fisch für sich allein behalten und nicht teilen will? Magendaua hält mir einen Spiegel vor, in dem ich Phantasie und Realität zugleich erkenne. Richte ich in meinen Gesprächen meine ganze Aufmerksamkeit auf sie, verbinde ich damit nicht die Vorstellung, sie nur für mich haben zu wollen oder sie mit unersättlichen Forderungen zu bedrängen. Das ist ihre Phantasie. Ganz unrecht hat sie jedoch nicht. Ich bin gewohnt, mit wenigen Leuten intensive Beziehungen zu haben. Fische schmecken mir ungeteilt ebensogut wie geteilt, und ich formuliere meine Gedanken knapp und ohne Umschweife. Magendaua hat mir nicht nur vorgeführt, was sie an mir stört, sie hat mir auch gezeigt, daß sie mich verteilend erleben will, wie sie es selbst ist: Sie gibt den Frauen bereitwillig Gemüse, bis der Strauch kahl ist. Ich fühle mich bedrängt und überlege, was ich denn verteilen könnte. Soll ich Magendaua jeden Tag Betel bringen, jede Woche ein Kilo Salz, statt einer gleich zehn Fadenspulen? Was soll ich tun, daß mich Magendaua nicht mehr als unheimliche, befremdende Frau erlebt, die alles für sich zurückhält? Fritz meint: »Du mußt sie darauf ansprechen, daß sie Angst hat, selbst aufgefressen zu werden, wenn sie nichts mehr verteilen kann. Das wird aber nicht ausreichen, weil ihr Gefühl, daß du anders bist, dadurch nicht aufgehoben wird. Magendaua möchte, daß du ihr ähnlich bist.«

In dieser Nacht schlafe ich schlecht. Die Vorstellung, daß die Gespräche mit Magendaua durch mich gestört werden, vielleicht bald zu Ende sein könnten, ist mir unerträglich. Ich sitze bereits beim Frühstück, als Fritz aufsteht. Er kommt auf mich zu und sagt: »Mit dem Faden könnte es dir gelingen. Du mußt mit diesem Faden umgehen wie Magendaua mit einem Fisch. Nicht du, sondern ich kaufe den Faden für Magendaua. Sie gibt dir, und du mir, den Auftrag, Faden zu besorgen. So bist du auch ein Glied in einer Reihe und verteilst, was du erhältst.«

Ich bin erleichtert und weiß, wie ich mit Magendaua über den Faden sprechen werde. Denn seit dem Beginn unserer Gespräche fasziniert mich nicht nur ihre Art, sich zu bewegen, zu fühlen und zu denken, sondern auch ihre Art zu sprechen. Wenn Magendaua erzählt, reiht sie verschiedene Episoden lose aneinander, sie nähert sich einer Sache auf Umwegen. Den kürzesten Weg zum Ziel schlägt sie nicht ein. Ich stelle mir vor, wie ich mit Magendaua sprechen könnte, und spüre, wie mir das liegt. Spielerisch zu sein, ist mir nicht fremd. Ich treffe sie beim Backen der Sagofladen. Auf einem kleinen Hocker neben ihr sitzt Minsan, und einige der Kinder liegen am Boden und schauen ihr zu. Minsan will wissen, wie es den drei weißen Männern geht, doch bald steht er auf und geht ins Männerhaus. Magendaua hebt den letzten Fladen mit Schwung von der heißen Tonplatte, beträufelt ihn mit Wasser und klappt ihn zu einem Halbmond zusammen. Jetzt steht sie auf und holt von einem Haken, der von einem Dachbalken herunterhängt, acht geflochtene Täschlein. In jedes legt sie einen.

Magendaua: »Dieser ist für Yanamak, dieser für Petseri, dieser für Pagwiyaman ...«

Sie nennt die Namen aller Kinder. Dann legt sie einen größeren Fladen in die Tasche von Minsan und zuletzt einen in ihre eigene und hängt alle Taschen wieder auf.

Magendaua: »Heute fing ich keinen einzigen Fisch. Doch meine Schwester Kara brachte mir Gemüse, das ich gekocht habe.«

Ich: »Du gibst allen zu essen, backst Fladen, kochst Gemüse, fängst Fische. Das ist gut. Hättest du nichts zu verteilen, würden sie dich aufessen.«

Magendaua: »Aber nein, wenn sie das tun würden, müßten sie alle weinen, weil ich nicht mehr da wäre.«

Sie zeigt auf ein Moskitonetz, das im hinteren Teil des Hauses aufgehängt ist.

Magendaua: »Schau, dort am Zipfel ist ein Loch, die Mükken kommen herein. Ich kann nicht mehr ruhig schlafen. Ich möchte es flicken und brauche Faden, um den ich dich gebeten habe.«

Ich: »Fritz wird bald nach Wewak fahren, um seine Frau Ruth abzuholen, die auch zum Sepik kommt. Ich habe ihm gesagt, er solle für dich Faden besorgen. In Wewak gibt es viele Läden. Er wird zu einem Chinesen gehen und für dich einen guten Faden aussuchen. Ich habe ihm erklärt, daß du deine Kleider flicken willst. Wenn Fritz zurückgekommen ist, werde ich dir den Faden bringen.«

Während ich spreche, wischt Magendaua die Sagokrümel in die Spalten des Bodens. Wir hören, wie die Hühner unter dem Haus zusammenlaufen. Zufrieden stelle ich fest, daß Magendaua meine Geschichte gefällt. Hin und wieder huscht ein Lächeln über ihr Gesicht, und mehrere Male unterbricht sie ihre Arbeit und schaut mir direkt ins Gesicht. Dann versorgt sie den Besen und hebt den Säugling auf die Hüfte.

Magendaua: »Komm, gehen wir zu unserem Platz unter dem Baum.«

Zwei Kinder folgen uns. Während wir sprechen, lesen sie kleine Früchte unter dem Baum zusammen und stecken ihrer Mutter und mir immer wieder welche zu. Magendaua erzählt, daß sich erneut ein Baumstamm in ihrem Netz verfangen habe. Plötzlich beginnt der Säugling zu weinen.

Ich: »Es ist das erste Mal, daß er weint.«

Magendaua: »Er ist krank, deshalb weint er.«

Pause.

»Heute früh sah ich auf dem Sepik junge Frauen, die von einem Fest kamen. Sie haben wohl die ganze Nacht getanzt. Die Frauen waren aufgedreht, sie waren schön und lachten. In einem anderen Kanu folgten ihnen junge Männer. Man sah von weitem, wie sehr sie sich über die Frauen freuten.«

Magendaua beugt sich zu mir.

Magendaua: »Du kennst die Frauen vom Sepik. Als ich jung war, war ich auch so.«

Während wir zusammen sprechen, krabbelt der Säugling auf der Sitzfläche herum. Er kommt auf Magendaua zu, und als er bei ihr ist, hebt sie ihn hoch und legt ihn auf den Schoß. Sie hält ihm die Brust hin, zieht sie kurz zurück und stößt sie dem Kind unsanft in den geöffneten Mund.

Magendaua: »Du darfst mich nicht aufessen. Wehe, wenn du mich aufißt!«

Ich: »Was geschähe, wenn dein Säugling dich aufessen würde?«

Magendaua: »Ohne zu überlegen, ißt er mich auf. Erst später wird er bemerken, daß ich nicht mehr da bin. Dann werden alle weinen. Meine Kinder würden sehr traurig sein, denn es gäbe keine Frau, die für sie sorgen könnte. Die zweite Frau meines Mannes kann es nicht.«

Pause.

»Ich begreife nicht, weshalb es uns nicht gelingt, die Vorschriften der Katholiken einzuhalten. Ein Mann sollte nur eine Frau heiraten.«

Ich: »Du hast dir vorgestellt, du könntest deinen Mann für dich allein haben. Deshalb hast du die zweite Frau hinausgeworfen.«

Magendaua: »Ja, so ist es.«

Pause.

»Ich muß immer alles teilen.« (Sie lacht.) »Die Leute haben gesagt, ich habe einen Zauberspruch gemacht, um meinen Mann an mich zu binden. Ach was, ich kenne doch keine Zaubersprüche.«

Ich: »Um einen Mann an dich zu binden, brauchst du keine Zaubersprüche.«

Magendaua: »Zwei Tage habe ich dich an der Nase herumgeführt. Heute abend bringe ich dir die versprochenen Süßkartoffeln.«

Kurz vor Einbruch der Dämmerung höre ich vor unserem Haus ein Räuspern. Ich gehe zur Tür und sehe Magendaua. Sie steht mit vier Kindern unten an der Treppe, die Tasche mit den Süßkartoffeln hat sie auf den Boden gestellt. Sie kommt herauf, und wir setzen uns. Magendaua schaut sich aufmerksam um. Die Kinder rufen laut und stoßen sich gegenseitig an, wenn sie unter den zahlreichen Dingen der Weißen etwas Besonderes entdecken. Milan hat Magendaua bereits begrüßt. Als jetzt Fritz und Marco von Kanganamun zurückkommen, stelle ich ihnen Magendaua vor. Es ist das erste Mal, daß sie mit ihnen spricht. Als Magendaua gehen will, begleite ich sie ein Stück weit und verabschiede mich dann von ihr. Sie hält mich zurück.

Magendaua: »Es ist schön bei euch: die Kochstelle, der große Tisch und die Stühle gefallen mir. Die Kochtöpfe sind aber seit langem nicht mehr gereinigt worden und schwarz von Ruß. Ich werde morgen vorbeikommen und sie putzen.«

Nachmittags hole ich Magendaua zu Hause ab. Schweigend gehen wir über die Brücke zur Sitzfläche unter dem Baum.

Magendaua: »Mein Kind ist krank. Ich bin besorgt. Es hat Durchfall, und in der Nacht mußte ich immer wieder aufstehen. Wenn es heute dem Kind nicht besser geht, fahre ich nach Kanganamun zur Krankenstation. Dort wird man ihm eine Spritze geben.«

Pause.

»Heute früh hing schon wieder ein Baumstamm in meinem Netz.«

Pause.

»Ich habe kein Kanu, um über den Sepik zur Krankenstation zu fahren. Mein Kanu liegt drüben am See.«

Ich: »Marco fährt täglich über den Fluß, er könnte dich mitnehmen. Ich werde mit ihm darüber sprechen.«

Magendaua: »Ist Fritz schon abgereist?«

Ich erzähle, daß Fritz heute früh mit Milan nach Pagwi gefahren ist. Magendaua freut sich über meine ausführliche Schilderung.

Magendaua: »Wären die Schildkröten nicht tot gewesen, die ich heute in meinem Netz gefunden habe, hätte ich dir eine gebracht.«

Pause.

»Ich werde dir morgen die verrußten Töpfe putzen. Heute ist es bereits zu spät geworden.«

Auf der anderen Seite des Baches sehen wir Minsans zweite Frau vorbeigehen.

Magendaua: »Kurz nachdem ich meine älteste Tochter geboren hatte, verließ Minsan das Dorf und zog in die Küstenstadt Madang. Während eines ganzen Jahres blieb er dort. Vor seiner Rückkehr wurde mein Kind schwer krank. Da zog ich zu meiner ältesten Schwester Kara, die sich um mich und mein Kind kümmerte. Sie brachte Maso ein Huhn, damit er Zaubersprüche gegen die Krankheit mache. Danach ging es meinem Kind besser, doch gesund war es noch nicht. Als mein Mann ins Dorf zurückkam, wollte er nichts mehr von mir wissen, denn er hatte nur noch die zweite Frau im Kopf. Sie trieben es zusammen im Busch und heirateten später. Bis zu diesem Zeitpunkt hatte ich nichts unternommen. Dann griff ich ein, und es kam zu einer großen Schlägerei mit der Frau, in die sich auch Minsan einmischte. Wir gingen vor Gericht. Minsan sagte, ich solle weiter mit ihm zusammen leben. Ich wollte nicht und blieb bei meiner Schwester. Später zeigte sich, daß Minsan mich wirklich liebt, und ich kehrte zu ihm zurück. Aus diesem Grund haben die Leute gesagt, ich hätte Liebeszauber gemacht.«

Ich: »Um dein Ziel zu erreichen, brauchst du keinen Zauber anzuwenden.«

Magendaua nickt zufrieden. Am Himmel ziehen Wolken auf, und ein starker Wind setzt ein. Sie ist besorgt, weil ich keinen Regenschutz bei mir habe und ruft ihren Mann, der im Haus ist, und mir kurz darauf einen Regenschirm bringt.

Magendaua: »Geh mit Minsan, er hat denselben Weg wie du. Er holt im Garten Süßkartoffeln.«

Als ich mit Minsan das Dorf verlasse, erzählt er von seinem großen Garten. Dieses Jahr habe er viel Yams, Taro und Süßkartoffeln angepflanzt. Auf halbem Weg begegnen wir seinem Bruder. Die beiden beginnen ein Gespräch, ich verabschiede mich von ihnen und gehe weiter.

Am Morgen schaue ich zum Fenster hinaus und sehe Magendaua. Aufgeregt kommt sie auf mich zu.

Magendaua: »Meinem Säugling geht es schlecht, er erbricht sich dauernd. Glaubst du, jemand kann mich mit eurem Motorkanu nach Kanganamun bringen?«

Ich bespreche mich mit Marco, und kurz darauf fährt er mit Magendaua und ihrem Kind zur Krankenstation auf der anderen Flußseite. Als ich ins Haus zurückkehren will, ruft jemand meinen Namen. Es ist Minsan. Er hat einen Spaten bei sich und sagt, unsere Kanuanlegestelle sei in einem schlechten Zustand. Er würde sie in Ordnung bringen. Stunden später kehrt Magendaua von Kanganamun zurück. Sie legt den zufrieden schlafenden Säugling zu mir ins Haus, nimmt die Pfannen und reinigt sie am Sepikufer. Bald glänzen sie, als wären sie neu. Dann geht Magendaua nach Hause, um für ihre Familie das Essen zu kochen. Wir vereinbaren, daß ich am Nachmittag zu ihr kommen werde.

Ich treffe sie vor dem Haus, sie breitet ihr Netz am Boden aus.

Magendaua: »Schau, das Loch! In meinem Netz hat sich schon wieder ein Baumstamm verfangen. Nach unserem Gespräch werde ich es flicken.«

Ich: »Ich helfe dir, das Netz zu entwirren, zu zweit geht es schneller.«

Als das Netz ausgebreitet am Boden liegt, betrachten wir es zusammen, und ich sehe, wie groß der Schaden sein kann, den ein Baumstamm anrichtet. Das Netz ist beinahe in zwei Teile zerrissen. Magendaua meint, das werde sie in kurzer Zeit geflickt haben. Sie nimmt mich beim Arm und führt mich über die Brücke zum schattigen Baum.

Magendaua: »Als ich heute morgen deine Kochtöpfe reinigte, fragten mich die Frauen, die am Flußufer standen, wem sie gehören. ›Meiner Freundin‹, entgegnete ich. Da sagten sie: ›Es ist gut, daß du deiner Freundin die Pfannen putzt.‹«

Ich: »Wenn Fritz aus Wewak zurückkommt, wird er überrascht sein. Als erstes wird er bemerken, daß die Anlegestelle in Ordnung ist. Er wird nicht wissen, wer es gemacht hat. Im Haus wird er die Kochtöpfe vielleicht nicht gleich sehen, da er von seiner Reise erzählen wird. Kocht er dann Tee, wird er den glänzenden Topf sehen und Fragen stellen. Dann werde ich ihm erzählen, wie es dazu gekommen ist, daß unsere Anlegestelle repariert ist und unsere Töpfe glänzen. Er wird sich freuen.«

Magendaua: »Gestern abend habe ich meinem Mann erzählt, daß du dafür gesorgt hast, daß ich mit meinem kranken Kind nach Kanganamun komme. Er war sehr zufrieden.«

Pause.

»Du bist wie meine Schwester.«

Ich: »Wie Kara, die dir beistand, als dein Kind krank war?«

Magendaua: »Wenn ich jetzt oft zum Sepik komme, tue ich es, weil du dort wohnst. Wenn du nicht mehr hier bist, habe ich keinen Grund mehr, zum Sepik zu gehen.«

Ich: »Du machst in deinen Gedanken einen großen Sprung. Du denkst bereits an meine Abreise.«
Magendaua: »Wenn du fortgehst, habe ich keine Freundin mehr und bin allein.«
Ich: »Dann bist du in Palimbei und ich in meinem Land. Wir können nicht mehr zusammen sprechen, aber wir können an unsere Gespräche denken. Wir werden noch oft zusammen sprechen, bevor ich abreise.«
Magendaua: »Als mein Mann die zweite Frau heiratete, hat er sich nicht mehr um mich gekümmert. Daran änderte sich auch nichts, als ich in sein Haus zurückzog. Schließlich hatte ich genug und klagte ihn an. Er schnitzte mir weder Paddel noch Kanu. Ich war ihm gleichgültig. Das Gericht verurteilte ihn zu zwei Monaten Gefängnis. Am Tag, als die Polizisten ihn holten, hatte ich Mitleid mit ihm und gab ihm Essen für die Reise. Im Gefängnis muß er viel an mich gedacht haben, denn als er entlassen wurde, kümmerte er sich wieder um mich.«
Ich: »Deine Gefühle sind deine Zaubersprüche!«
Magendaua: »Die Leute sagten, ich hätte Liebeszauber gemacht.«

Ich fühle mich in der Beziehung zu Magendaua gut und habe nicht mehr den Eindruck, die unheimliche Frau zu sein, von der sich Magendaua bedroht fühlt. Sie erlebt mich jetzt wie ihre Schwester, die bei ihr war, als es ihr schlecht ging. Magendaua ergriff die Gelegenheit, mit weiteren Mitgliedern der Gruppe der Weißen den Kontakt aufzunehmen. Sie sprach mit Marco, Fritz und Milan. Marco fuhr sie zur Krankenstation in Kanganamun, sie brachte Süßkartoffeln, reinigte unsere Pfannen, und ihr Mann reparierte unsere Anlegestelle. Zwischen Magendauas Familie und meiner Gruppe sind Beziehungen entstanden, in denen Verteilen und Austauschen vorherrschen, wodurch wir Weiße als Fremdkörper weniger störend wirken.

Als ich mich Magendauas Haus nähere, kommen mir Kinder entgegen, die mir sagen, daß ihre Mutter vom Fischfang noch nicht zurückgekehrt sei. Ich spreche mit Kwaigambu, gehe durchs Dorf und besuche Meat. Meat ist empört, daß mich Magendaua warten läßt. Sie legt eine Tonplatte aufs Feuer und backt mir einen knusprigen Sagofladen mit geraspelter Kokosnuß. Sie weiß, wie gerne ich diese esse. Als ich zufällig einen Blick zum Fenster hinauswerfe, sehe ich Magendaua allein unter dem Baum sitzen. Ich stehe auf und will gehen, doch Meat hält mich zurück:

»Du kannst sie ruhig warten lassen.«

Ich lache und sage:

»Du bist meine Freundin. Es war schön, mit dir zu sprechen. Dein Fladen war köstlich wie immer.«

Jetzt lacht auch Meat und öffnet mir die Tür. Als ich mich zu Magendaua setze, schaut diese kurz auf und schweigt. Lange sagt sie nichts. Ich warte.

Magendaua: »Ich mußte nochmals zum See. Auf dem Weg zurück ins Dorf traf ich meine Mutter. Sie sagte, du seist schon zum Sepik zurückgegangen. Ich glaubte ihr nicht, denn ich wußte, daß du auf mich warten würdest. Zu Hause habe ich von den Kindern erfahren, daß du bei Meat bist. Ich wollte euch nicht stören und habe mich unter den Baum gesetzt und gewartet.«

Ich erzähle ihr, wie ich zu ihrem Haus gekommen bin und dort erfahren habe, daß sie zum See gegangen sei, wie ich dann mit Kwaigambu gesprochen habe und anschließend bei Meat zu Besuch war. Magendaua schweigt. Sie wirkt traurig.

Ich: »In unseren letzten Gesprächen hast du viel über dich erzählt. Heute fällt es dir schwer zu sprechen.«

Magendaua: »Es wird wieder regnen, und du solltest rechtzeitig gehen. Wir haben nur noch wenig Zeit für unser Gespräch.«

Ich: »Wir haben genug Zeit. Der Regen macht mir nichts aus.«

Magendaua: »Heute ist die zweite Frau meines Mannes in unser Haus zurückgekehrt. Sie hatte Streit mit ihrem Bruder, bei dem sie wohnte. Er warf ihr vor, sie würde stehlen.«

Pause.

»Die Männer denken nur ans Liebemachen. Ich glaube, es war Minsans Idee, sie zurückzuholen. Gestern nacht sah ich nämlich, wie sie zusammen hinter dem Haus gesprochen haben.«

Ich: »Machst du denn mit Minsan Liebe?«

Magendaua: »Aber nein, das Kind ist noch zu klein. Ich kann nicht schon wieder schwanger werden.«

Ich: »Mit der zweiten Frau kann er Liebe machen, denn ihr Kind ist älter.«

Magendaua: »Das kann er, aber wenn sie stiehlt, werfe ich sie hinaus. Sie wird Minsan kein Essen geben, ich kenne sie. Er repariert jetzt die Hauswand an der Stelle, wo sie ihren Platz bezogen hat. An meinem Platz ist die Wand auch zerbrochen; dort repariert er sie nicht. Zudem gibt es ein Loch im Dach. Wenn es nachts regnet, wachen meine Kinder auf und beschimpfen sich gegenseitig, auf die Schlafmatte gepißt zu haben. Dabei ist es der Regen, der durchs Dach hereinfällt.«

Am nächsten Tag weiß das ganze Dorf, daß Fritz mit seiner Frau angekommen ist. Kinembe und Kwaigambu, auch Meat und viele andere Frauen wollen die neue weiße Frau kennenlernen und kommen sie am Sepik besuchen. Magendaua aber geht Ruth aus dem Weg, und in unserem Gespräch erkundigt sie sich nur nach Fritz. Ich schildere die Reise und die Ankunft der beiden und nehme den Faden aus der Tasche. Magendaua hält die große Spule in der Hand.

Magendaua: »Fritz ist ein guter Mann.«

Pause.

»Heute fing ich nur einen Aal. Ich zerschnitt ihn in acht Teile und kochte ihn. Als die zweite Frau Minsans das sah, schenkte sie mir zwei Fische.«

Pause.

»Hast du die Trommeln gehört, mit denen im Männerhaus die Initiation angekündigt wurde?«

Ich: »Nein, wir sind am Sepik zu weit entfernt.«

Magendaua: »Die Männer besprachen die bevorstehende Initiation. Morgen wird man Betel fürs Fest holen, und dann werden die jungen Männer vom Krokodil gefressen. Die Alten werden ihnen das Krokodilsmuster in den Körper schneiden, damit das Blut, das sie von der Mutter erhielten, herausfließt. Erst dann sind sie Männer. Wir Frauen brauchen keine Initiation, wir erneuern unser Blut bei der Menstruation und wenn wir Kinder gebären.«

Pause.

»Wenn einer meiner Söhne initiiert wird oder eine meiner Töchter heiratet, werde ich ein *naven* tanzen. Ich werde mir Papierumschläge von Fischkonserven in die Ohren stecken.«

Ich: »So beschrieb dich eine Frau, als du noch keine Kinder hattest.«

Magendaua: »Ja, das habe ich nicht vergessen. Ich bin kein Stück Papier, ich bin keine leere Konservenbüchse, ich habe sechs Kinder geboren. Mit dem *naven* werde ich es allen zeigen.«

Pause.

»Als es gestern nacht in Strömen regnete, wurden wir naß, und ich wachte auf. Ich setzte mich mit meinen Kindern in die Mitte des Hauses. Niemand sprach ein Wort, es war ganz still. Da fragte Minsan, ob ich eine Wut auf ihn habe. Ich sagte nichts, ich zeigte nur auf das Loch im Dach. Heute morgen setzte er neue Palmblätter ein.«

Als ich am folgenden Tag das Gespräch mit Kwaigambu im *hauspolis* beendet habe, kommt Magendaua fröhlich auf uns zu.

Magendaua: »Schaut euch die beiden Zauberinnen an!«

Kwaigambu lacht, und nachdem wir uns verabschiedet haben, setze ich mich mit Magendaua ins *haus polis*.

Magendaua: »Meine Kinder haben mir erzählt, daß du und Ruth gestern ins Dorf gekommen seid. Ich war auf dem See und kam erst spät nach Hause zurück.«

Ich erzähle ihr alle Einzelheiten über unseren Spaziergang: Wie wir ins Dorf gekommen sind, welchen Weg wir eingeschlagen und welche Leute wir besucht haben. Magendaua fällt mir mehrere Male ins Wort und ergänzt Namen der Dorfteile, durch die wir gegangen sind.

Magendaua: »Wie schade! Ich habe nichts, das ich Ruth geben könnte. Ich kann sie nicht begrüßen.«

Ich: »Bei den Weißen gibt man sich in einer solchen Situation einfach die Hand.«

Magendaua: »Das kennen wir Schwarzen auch. Wenn Jugendliche, die lange in einer Küstenstadt gelebt haben, in den Ferien ins Dorf zurückkehren, machen wir ein *naven*. Einmal kamen zwei Söhne meines Bruders nach Jahren nach Palimbei zurück. Ich und meine Schwester zogen Männerkleider an. Wir spielten Gitarre, tanzten und sangen. Eine alte Frau stülpte sich eine Schweinemaske über den Kopf. Wir umtanzten die beiden, und nach einer Weile begannen sie zu weinen. Sie waren niedergeschlagen, weil sie so viele Verwandte in den Städten zurückgelassen hatten, und beeindruckt, daß wir ein *naven* für sie tanzten.«

Ich: »Bist du als Schwester deines Bruders aufgetreten und hast deshalb Männerkleider angezogen?«

Magendaua: »Selbstverständlich, ich war ein Mann, ich war mein Bruder. Wenn du für meine Kinder ein *naven* machen würdest, zögest du auch Männerkleider an. Ich als Mutter würde in Frauenkleidern tanzen, und du als Mann würdest in Männerkleidern auftreten.«
Pause.
»Als ich dich und Kwaigambu vorhin gesehen habe, sagte ich, ihr seid zwei Zauberinnen.«
Ich: »Was meinst du damit?«
Magendaua: »Auch wenn wir zwei hier zusammensitzen, denken die Leute, das sind zwei Zauberinnen. Als Zauberinnen besprechen wir, welchen schönen jungen Mann wir töten wollen. Dann machen wir einen Zauber, nehmen ihm seine Seele weg, schlagen ihm den Kopf entzwei, schneiden ihn ab und werfen ihn in den Sepik. Wir können auch anders vorgehen: Wir töten ihn nicht, sondern nehmen ihm seine Leber heraus, und wenn wir Lust haben, holen wir sie aus unserem Versteck hervor und werfen sie uns gegenseitig zu, wie einen Ball. Spielen wir mit seiner Leber, verspürt der junge Mann große Schmerzen und hat keine Ahnung, weshalb.«
Magendaua zeigt auf den Säugling auf ihrem Schoß.
Magendaua: »Es gibt Zauberinnen, die solch hübsche, gesunde Kinder töten und auffressen.«
Ich: »Bis jetzt haben wir nur darüber gesprochen, daß Kinder Mütter fressen, nun fressen aber Frauen Kinder.«
Magendaua: »Klar! Es gibt Zauberinnen, die holen Kinder aus dem Grab hervor. Für ihre Zauberei brauchen sie ein Stückchen Menschenfleisch.«
Pause.
»In Palimbei gibt es keine Zauberinnen mehr, nur noch zwei Zauberer. Du weißt, von wem ich spreche.«
Pause.
»Meine Mutter ist besorgt. In ihrem Haus ist ein Dachbalken gebrochen, der repariert werden muß. Sie ist zu mir gekommen und wollte, daß ich für sie im Laden Reis und Fischkonserven kaufe. Sie ist eine alte Frau und kennt sich mit Geld nicht aus. Reparieren die Männer das Haus, wird sie ein Essen zubereiten müssen.«
Ich: »Es ist gut, wenn sie das Essen für die Männer bereit hat, sie ist eine Iatmul-Frau wie du.«

Magendaua lächelt mich an, schweigt kurz und hält mir unvermittelt ihre linke Hand hin.

Magendaua: »Schau meinen Finger! Den hat mir die zweite Frau Minsans abgebissen, als wir in Rabaul waren. Verwandte hatten mir Holz und Wellblech für das Dach geschenkt, und Minsan baute daraus ein Haus. Als ich mit seiner zweiten Frau Streit bekam, wollte ich, daß sie auszieht. Sie dachte nicht daran. Es gab eine Schlägerei. Ich wollte ihr ins Gesicht schlagen. Da biß sie zu. Sie biß mir ein Stück des Fingers ab. Ich mußte zehn Tage ins Spital. Als ich zurückkam, begann der Streit von neuem, und ich biß sie in die Wange. Ich sage dir, Menschenfleisch schmeckt nicht gut, es hat einen eigenartigen Geschmack. Wenn mich die Kinder fragen, was mit meinem Finger geschehen ist, sage ich ihnen: ›Eine Ratte, die mit einer Nebenfrau stritt, hat mir ein Stück des Fingers abgebissen.‹«

In den letzten Tagen habe ich mich immer wieder gefragt, weshalb Magendaua, im Gegensatz zu den anderen Frauen des Dorfes, Ruth noch immer nicht begrüßt hat. Im heutigen Gespräch hat sie mir eine Erklärung dafür gegeben, sie habe nichts, das sie Ruth geben könne. Es ist bei den Iatmul nicht üblich, jemandem bei seiner Ankunft ein Geschenk zu machen, und Magendaua muß andere Gründe haben, weshalb sie Ruth aus dem Weg geht. Ich habe den Eindruck, daß sie durch die Ankunft Ruths an den Beginn unserer Beziehung erinnert wird, als sie meine Andersartigkeit gestört und bedroht hat. Jetzt, da wir uns gut verstehen, taucht das Fremde an mir, in der Gestalt der neuen weißen Frau, wieder auf, und Magendaua versucht unser gutes Einverständnis aufrechtzuerhalten, indem sie Ruth nicht begegnen will. Magendauas Scheu und Ausweichen haben bei mir dazu geführt, daß ich versuche, zwischen ihr und Ruth zu vermitteln. Ich erzähle ausführlich über unseren Spaziergang durchs Dorf, und ich löse das Problem, daß Magendaua für Ruth kein Geschenk bereit habe, mit dem Vorschlag, Ruth doch einfach in der Art der Weißen die Hand zu geben. Magendaua geht darauf nicht ein; sie bezieht sich auf ihre Iatmul-Kultur und evoziert das *naven* und das Bild der zwei menschenfressenden Zauberinnen. Sie grenzt sich ab und bezieht mich gleich ein, denn beide Male weist sie mir eine Rolle in den Iatmul-Ritualen zu: Einmal tanze ich in männlicher transvestitischer Verkleidung im *naven* mit, das andere Mal bin ich ihre Partnerin, mit der zusammen sie zaubert und tötet. Das Fremde an mir ist gebannt, und mit Ruth drohen keine Probleme. Probleme hat Magendaua mit ihrer Iatmul-Rivalin, der zweiten Frau Minsans.

Als ich am Morgen zum Fenster hinausschaue, sehe ich Magendaua und Ruth am Sepikufer. Sie geben sich die Hand und reden miteinander. Es ist Markttag, und die Frauen von Palimbei kehren mit dem eingetauschten Sago aus den Wald-Dörfern zurück. Als Magendaua bemerkt, daß sich Ruth für den Sago interessiert, bricht sie von einem Brocken ein Stück ab und gibt es ihr. In unserem darauffolgenden Gespräch am Nachmittag, erzähle ich Magendaua, wie erfreut Ruth gewesen sei, sie zu treffen. Magendaua hört mir aufmerksam zu. Außer dem Säugling ist auch ihre kleine Tochter Yanamak bei uns. Jetzt bringt sie Früchte, die sie unter dem Baum gefunden hat und reicht auch mir einige davon. Sie sagt: »Nimm, Herr Milan!« Einige Minuten später geht Milan auf der anderen Seite des Baches vorbei, und Magendaua ruft ihm zu: »Milan, gehst du zum Sepik zurück?« Das Mädchen ist nun ganz verwirrt und schaut seine Mutter fragend an.

> Magendaua: »Das hier ist Florence, dort drüben ist Milan. Florence ist eine Frau. Sie hat wie du eine Vagina. Sie trägt zwar Hosen, aber darunter hat sie das gleiche wie du.«
>
> Pause.
>
> »Die Kleine liebt mich. Am Abend lockt sie mich ins Moskitonetz, um mit mir zu schmusen.«

Magendaua nimmt das Mädchen auf ihren Schoß und beginnt sie zu liebkosen. Die Kleine ist begeistert. Die beiden umschlingen und küssen sich gegenseitig.

Als ich zurück zum Sepik gehe, denke ich an die Szene mit der kleinen Yanamak. Immer wieder bin ich beeindruckt, wenn ich erlebe, wie Kinder die Stimmungen und Gefühle ihrer Mütter aufnehmen und ausdrücken. Die Verwirrung, in die das Mädchen in ihrem Umgang mit den Weißen geraten ist, erscheint mir wie eine Wiederholung der Verwirrung und Irritation, in der sich seine Mutter in der Beziehung zu mir und Ruth befunden hatte. Nachdem Magendaua sich entspannt und mit Ruth gesprochen hat, führt das Mädchen gleichsam nochmals vor, was ihre Mutter eben erlebt hat, und Magendaua kann ihrer Tochter erklären, weshalb sie den weißen Mann und die weiße Frau nicht unterscheiden kann.

Unser nächstes Gespräch wird durch Kindergeschrei gestört. Die kleine Tochter, mit der Magendaua gestern so zärtlich war und die uns bereitwillig Früchte brachte, will heute ihre Früchte nicht mit ihrem Bruder teilen. Die älteste Tochter weigert sich, Wasser zu holen, will aber von Magendauas Wasser trinken und weint, weil ihre Mutter ihr dies untersagt.

Ich: »Die Kinder wollen weder verteilen noch mitarbeiten. Du bist nicht so.«

Magendaua: »Sie haben noch nichts begriffen.«

Ich: »Ich habe zuerst auch nicht begriffen, was in dir vorgegangen ist, als Ruth in unsere Gruppe kam. Für dich war sie das Fremde, das dich auch immer wieder an mir stört.«

Magendaua: »Du teilst alles.«

Pause.

»Ich werde nun an einem Tag mit Ruth sprechen und am anderen mit dir. Ist sie auch gekommen, um Gespräche zu führen?«

Ich: »Sie ist erst angekommen und kann noch nicht gut Pidgin sprechen.«

Magendaua: »Das stimmt, als wir gestern zusammen sprachen, habe ich das auch bemerkt.«

Ich: »Ruth kann keine Gespräche führen, wie wir es zusammen tun. Sie wird nicht mit dir sprechen können.«

Magendaua: »Morgen besuche ich meinen *wau* in Kanganamun. Er wird mir Kokosnüsse geben. Daraus werde ich euch beiden Fladen backen. Ich bringe sie euch zum Sepik hinaus.«

Am folgenden Tag bringt Magendaua nicht selbst die Fladen für Ruth und mich. Sie schickt eine ihrer Töchter ins Haus der Weißen. Als wir uns später wie gewohnt unter den Baum setzen, beginnt Magendaua gleich zu sprechen.

Magendaua: »Mein Kind ist wieder krank, deshalb konnte ich nicht zu euch kommen. Am frühen Morgen paddelte ich über den Sepik nach Kanganamun und besuchte meinen *wau*. Er schenkte mir Kokosnüsse. Zu Hause backte ich für meine Familie Sagofladen, und zuletzt die für Ruth und dich. Ich schickte meine Tochter mit den Fladen zu euch.«

Ich: »Kannst du dir vorstellen, was geschehen wäre, wenn du sie selbst gebracht hättest?«

Magendaua schaut mich erstaunt an.

Ich: »Zuerst hättest du uns erzählt, wie du sie gebacken hast. Ich hätte Ruth jeden Satz übersetzt. Anschließend hätte Ruth Feuer gemacht, die Fladen in einer Pfanne erhitzt, weil sie ja warm besonders gut schmecken, und dann hätte sie etwas gemacht, was nur die Weißen tun. Sie hätte drei Teller geholt und die beiden Fladen in drei Portionen aufgeteilt. Das würdet ihr nicht tun, denn Fladen teilt ihr nie auf. Die Weißen sitzen beim Essen nahe beisammen und schauen sich an. Auch Ruth hätte dich angeschaut. Ihr sitzt beim Essen jeder für sich, und keiner schaut den anderen an. Eure Sitten sind anders. Während Ruth damit beschäftigt gewesen wäre, das Essen vorzubereiten, hätte ich dir die Sitten der Weißen erklärt.«

Magendaua hört zu, und nichts entgeht ihr. Sie lacht hin und wieder und wirkt entspannt. Dann schweigt sie, und es ist, als würde sie das Erzählte nochmals durchgehen.

Magendaua: »Du fährst jetzt bald weg.«

Ich: »Wir werden noch oft zusammen sein.«

Magendaua: »Unsere Gespräche sind zu kurz. Auch heute kam ich zu spät vom See zurück. Morgen bleibe ich den ganzen Tag zu Hause.«

Ich: »Ich werde meine Taschenlampe mitnehmen, damit ich den Weg zum Sepik auch nach der Dämmerung finde.«

Magendaua ist nicht zu Hause geblieben. Als ich im Dorf erscheine, ist sie auf dem See. Ich setze mich unter den Baum und warte. Es geht nicht lange, da kommt sie.

Magendaua: »Heute früh haben mich zwei Frauen aus dem Nachbardorf Malingei gefragt, ob sie mein Kanu ausleihen könnten, um über den Fluß nach Kanganamun zu paddeln. Ich habe es ihnen gegeben, doch als ich am Nachmittag wieder zum Sepik gekommen bin, waren sie noch immer nicht zurück. Ich lieh das Kanu einer anderen Frau aus, um nach meinem Netz zu sehen. Vielleicht muß ich heute nochmals zum Sepik gehen, denn morgen brauche ich mein Kanu unbedingt.«

Ich: »Als ich unter dem Baum saß und auf dich wartete, habe ich an unsere Gespräche gedacht.«

Magendaua: »Hast du unter dem Baum Früchte gefunden? Als du bei Meat warst und ich auf dich gewartet habe, aß ich Früchte, die vom Baum heruntergefallen sind.«
Ich: »Es gab Früchte, aber ich war in Gedanken versunken und stellte mir vor, wie oft wir hier schon zusammen gesessen haben und wie oft wir noch miteinander sprechen werden. Ich dachte an dich, und wie oft du noch auf den See und zum Markt paddeln wirst, und wie viele Baumstämme sich noch in deinem Netz verfangen werden. Wir können es nicht zählen.«
Magendaua: »Als ich heute das Essen für die ganze Familie gekocht habe, hätte ich gern etwas Tee getrunken, doch es gab keinen Zucker. Wahrscheinlich hat ihn Minsan aufgegessen.«
Ich: »Du wirst zu uns kommen. Dann trinken Ruth, du und ich zusammen Tee.«
Magendaua nimmt zufrieden ihre kleine Tochter auf den Arm.
Magendaua: »Ich habe gut genährte, schöne Kinder. Nur ich bin dünn, ich denke an meine Kinder und gebe ihnen zu essen. Es ist wichtig, daß sie einen runden, vollen Bauch haben.«
(Sie hebt ihre Tochter hoch.)
»Gute, schöne Kinder habe ich.«
Jetzt setzt sie die Kleine neben sich und schaut mich an.
Magendaua: »Ich muß dir eine Geschichte erzählen: Es lebten einmal ein altes Ehepaar und zwei junge Männer zusammen in einem Haus. Die alte Frau fing täglich Fische, und ihr Gestell war mit Fischen zum Bersten gefüllt. Den jungen Männern gab sie nichts davon. Da dachten diese: ›Weshalb gibt sie uns keine Fische?‹ Sie heckten etwas aus. Heimlich legten sie ein Bambusrohr von ihrem Moskitonetz zu jenem der beiden Alten. In der Nacht, als die Alten schliefen, hielten sie sich das Rohr an das Arschloch und furzten abwechselnd hinein. Als erster wachte der Mann auf und beschimpfte seine Frau: ›Was furzest du so!‹ Beim nächsten Furz beschimpfte die Frau ihren Mann. So ging es mehrere Nächte hin und her. Eines Tages entdeckte die Frau das Bambusrohr und erzählte es ihrem Mann. Die beiden dachten sich etwas aus. Der Mann schnitzte eine kleine Schleuder, und als die beiden jungen

Männer in der Nacht wieder furzten, jagte er ihnen Holzstückchen ins Arschloch. Sie zogen sich vor Schmerz entsetzt zurück und entfernten sich die Hölzchen gegenseitig. Sie überlegten, wie sie sich rächen könnten. Am nächsten Morgen gingen sie in den Grassumpf und jagten ein Krokodil. Sie ließen es mehrere Tage liegen, bis es zu faulen begann, und aßen davon, so viel sie nur konnten. Sie kehrten nach Hause zurück und legten sich hin. In der Nacht mußten sie scheißen. Sie schissen das ganze Haus voll, auch die Treppen und den Platz um das Haus. Als die beiden Alten bei anbrechender Morgendämmerung aufstanden, wateten sie knöcheltief in der Scheiße. Die Fische, die sie heute fingen und ins Kanu warfen, lagen in der Scheiße. Kurze Zeit darauf starben die Alten.«

Ich sage nichts. Ich denke, das ist aber eine gewaltige Geschichte: Alles endet in Scheiße und Tod. Was will Magendaua damit sagen? Ratlos sitze ich da. Magendaua ruft ihrem Säugling zu. Wie schon öfters ist er an den Rand der Sitzfläche gekrabbelt, von wo er herunterfallen könnte. Plötzlich verdreht sie die Augen, streckt die Zunge heraus und bewegt den Oberkörper und die Arme wild hin und her.

Ich: »Machst du ein *naven*?«

Magendaua: »Ja, ich mache ein *naven*.«

Ich: »Weil der Säugling weggekrabbelt ist?«

Magendaua: »Aber nein, weil er zurückgeschaut hat, als ich ihm zurief.«

Ich: »Du machst ein *naven*, weil er zurückschaut?«

Magendaua: »Ja, er hat zurückgeschaut.«

Ich: »Ein *naven* macht ihr doch, wenn ein Mädchen seinen ersten Fisch fängt, nach der Initiation oder wenn jemand von weither ins Dorf zurückkehrt.«

Magendaua: »Ja, dann machen wir ein *naven*.«

Ich: »Schaut das Mädchen, das mit einem Fisch nach Hause kommt, oder schauen die jungen Männer nach der Initiation auch zurück?«

Magendaua: »So ist es.«

Pause.

»Als Kasoagwi mit ihrem ersten großen Fisch nach Hause kam, tanzten mit den Frauen auch die Brüder ihrer Mütter, die *wau*. Sie hatten Röcke angezogen, und einer hat sich ein großes Kissen darunter gestopft. Er sagte immer wieder,

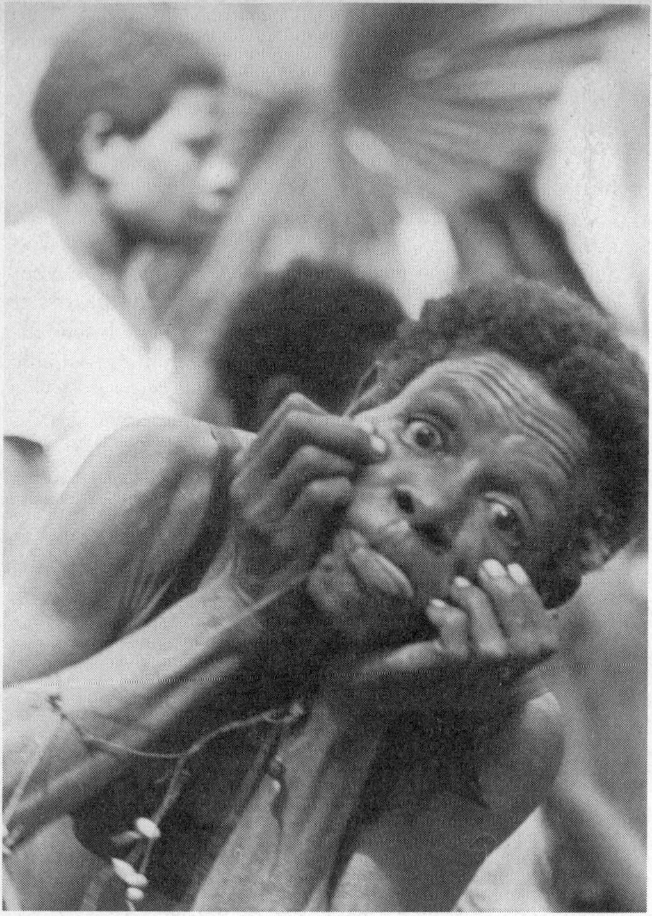

Eine Mutter tanzt für ihr Kind naven

daß er die Mutter von Kasoagwi sei, und hielt seinen dikken Bauch, als wenn er gleich gebären würde. Ein anderer trug einen Hund in seinen Armen und umsorgte ihn zärtlich wie ein kleines Kind. Meine älteste Schwester tanzte als Mann verkleidet mit. Jetzt stellte sie sich vor einem der *wau* auf und sagte: ›Du bist meine Frau. Heute abend werde ich dich beschlafen.‹ Er fragte zurück: ›Hast du auch einen Penis?‹ Da meinte sie nur: ›Sicher habe ich einen Penis, ich habe ihn dir genommen und dir meine Vagina gegeben.‹ Darauf konnte er nichts erwidern.«

Ich: »Solche *naven*, wie du sie beschreibst, habe ich oft gesehen. Ich habe aber keine Ahnung davon gehabt, daß ihr Mütter bereits mit euren Säuglingen *naven* macht. Und ich habe auch nicht gewußt, daß ihr *naven* macht, weil eure Kinder zurückschauen.«

Magendaua lacht mich an. Unser Gespräch ist zu Ende. Wir stehen auf, sie nimmt ihren Säugling auf den Arm, und als wir bei der Brücke angekommen sind, verabschieden wir uns.

Ich gehe schneller als sonst, ich möchte zu Hause erzählen, was ich von Magendaua über das *naven* erfahren habe. Ich bin begeistert. Hatte ich doch die Idee schon aufgegeben, daß wir durch unsere psychoanalytischen Gespräche das *naven* besser verstehen könnten. Meine Begeisterung hat eine Geschichte, die bis in das Jahr 1972 zurückreicht, als wir uns in Basel auf unsere ethnologische Forschung bei den Iatmul vorbereiteten. Unsere wichtigste Quelle war das Buch von Gregory Bateson, das *naven* ins Zentrum seiner Analyse stellt. Das *naven* ist nicht das einzige Ritual, in dem die Iatmul die Geschlechtsrolle umkehren und Männer als Frauen und Frauen als Männer verkleidet auftreten, doch spielt darin der Transvestitismus eine besonders wichtige Rolle. Zwei Personengruppen treten in transvestitischer Verkleidung auf: der Bruder der Mutter, der *wau*, und die Schwester des Vaters, die *yau*. Ich war von Batesons Buch fasziniert, von seinem Scharfsinn und sensiblen Geist. Wenn ich mich rückblickend frage, weshalb ich mich so sehr für das *naven* interessiert habe, glaube ich, daß es mir vor allem um den Transvestitismus ging. Ich sah mich mit einer Gesellschaft konfrontiert, in der das Bedürfnis, von Zeit zu Zeit der eigenen Geschlechterrolle zu entschlüpfen, institutionalisiert war. Getragen von meiner Neugier, eignete ich mir alles Wissen über das *naven* an. Ich kannte die Liste der Anlässe für ein *naven* auswendig: Ein Mädchen fängt den ersten großen Fisch, ein Junge jagt den ersten Vogel, ein Mann schnitzt ein großes Kanu, jemand kehrt von einer Reise ins Dorf zurück, auch nach der Initiation der jungen Männer und, früher, nach einem erfolgreichen Kopfjagdzug findet ein *naven* statt.

Viele Anlässe sind den Iatmul ein *naven* wert. Bateson faßte es zusammen: Immer wenn ein Junge oder ein Mädchen, ein Mann oder eine Frau, eine wichtige Handlung ausführen, vor allem wenn ein Kind dies zum erstenmal in seinem Leben tut, wird für sie ein *naven* veranstaltet.

Während der anderthalb Jahre, welche Milan und ich in Palimbei lebten, haben wir viele *naven* gesehen. Das erste bereits kurze Zeit nach unserer Ankunft. Damals machte ich eine neue Erfahrung: der Transvestitismus war für mich nicht das stärkste Erlebnis, im Gegenteil, die in Männer verkleideten Frauen wirkten in ihren schäbigen Hosen und Hemden geradezu enttäuschend. Beeindruckt aber war ich von den Gefühlen, welche die Tanzenden und die Zuschauer ausdrückten.

Ein *naven* beginnt meist fröhlich, grotesk, und es wird laut gelacht. Dann verändern sich der Tanz und die pantomimischen Einlagen, und es wird still und traurig, und einige Leute weinen. Wenn die Iatmul *naven* tanzen, sind sie nicht wiederzuerkennen, sie sind schillernd, mehrschichtig, und man weiß nicht mehr, wer da nun tanzt, eine Frau oder ein Mann, ein Mensch oder ein Ahne, ein Erwachsener oder ein kleincs Kind. In der transvestitischen Verkleidung wird es besonders deutlich: Weder eindeutig Frau noch Mann, sondern ein stetes Hin und Her von jetzt Frau, jetzt Mann, bis die Konturen unscharf werden. Aber auch die Mütter, Großmütter und Schwestern, die im *naven* tanzen, sind nicht wiederzuerkennen: So sexuell verführend sind Frauen sonst nie. Greifen sie gar zu Masken, die sie überstülpen, werden sie zu Ahnengestalten: Schweinen, Fischen und Krokodilen. Und wenn sie die Augen weit aufreißen, ihre Augenlider nach unten ziehen und die Zunge herausstrekken, werden sie zu menschenfressenden Zauberinnen. Ich stellte meine Arbeit mit den Kindern für mehrere Wochen zurück, um mich intensiv mit dem *naven* zu beschäftigen. Im Gespräch mit den Palimbei versuchte ich mehr darüber zu erfahren, und meine neu gewonnenen Einsichten ermöglichten mir, Batesons Darstellung zu korrigieren und zu ergänzen. Dennoch, an einem Punkt bin auch ich nicht weitergekommen: Über die Gefühle, die so offensichtlich für alle

Beteiligten mit dem *naven* verbunden sind, erfuhr ich nichts. Wohl gingen die Palimbei bereitwillig auf meine Fragen ein, doch was ich so gerne verstanden hätte, ließ sich weder fragen noch beantworten.

Bei den Vorbereitungen auf unsere ethnopsychoanalytische Forschung kamen wir in unseren Diskussionen immer wieder auf das *naven* zu sprechen. Wir hofften, in den Gesprächen vertiefte Einblicke zu gewinnen, und wir hatten uns vorgestellt, daß Fritz mit einem Mann, der ein besonders expressiver *naven*-Tänzer ist, tägliche Gespräche führen würde. Aus diesen Plänen wurde nichts. Wie hätte es auch anders sein können: Einsichten können sich ergeben, aber nicht geplant werden.

Ich bin am Sepik-Ufer angelangt und eile die Treppe unseres Hauses hinauf. Alle sind schon von ihren Gesprächen zurück. So habe ich es mir gewünscht, und ich beginne gleich mit Erzählen. Interessiert hört man mir zu, und als ich ende, ist es eine Weile still. Heute diskutieren wir bis tief in die Nacht. Wir rufen uns alles, was wir über das *naven* wissen, in Erinnerung, Ethnologisches und Psychoanalytisches. Wir entwickeln ein Konzept, in dem Individualpsychisches und Gesamtgesellschaftliches aufeinander bezogen sind. Wir interessieren uns für metapsychologische Zusammenhänge. Es ist der »Blick zurück« ihres Kindes, der Magendaua veranlaßte, das *naven* vorzuführen. Schon oft krabbelte der Säugling in unseren Gesprächen an den Rand der Sitzfläche, und schon viele Male rief ihm Magendaua zu. Doch heute schaute er zurück. Dies löst in Magendaua solche Gefühle aus, daß sie ein *naven* machen mußte. Sie tat es für sich selbst, sie kann den »Blick zurück« ihres Kindes nur bewältigen, wenn sie ihm ein *naven* entgegenstellt. Dies scheint zunächst unverständlich. Was bedeutet denn schon ein Blick zurück, die Rückkehr eines Kindes oder eines Erwachsenen aus einer Stadt oder der Umstand, den ersten Fisch gefangen zu haben und nach Hause zu bringen? Die Motivation der Frauen, ein *naven* aufzuführen, hängt mit der Notwendigkeit zusammen, die Gruppe immer miteinzubeziehen, um das innere Bild ihrer selbst aufrechtzuerhalten. In der Iatmul-Gesellschaft ist das *naven* ein Gruppenereignis, in welches Menschen einbezogen sind, die in einer nahen Beziehung zueinander stehen und sich mittels des Rituals innerlich abgrenzen und festigen, um nicht von ihren triebhaften Regungen überschwemmt zu werden, als Persönlichkeiten zu zerfallen und zu zerfließen. Das Ritual dient nicht dazu, sich von anderen abzugrenzen, um dann zu einer Gruppe zu gehören, die gemeinsame Interessen verfolgt, wie es in unserer westlichen Gesellschaft der Fall ist. Das Ritual ist ein Gruppenereignis, in dem jeder einzelne erst durch den anderen zu dem wird, der er ist. Das innere Bild seiner selbst besteht aus der Summe aller Bilder, die alle aus der Gruppe beziehen. Magendaua hat das *naven* für sich selbst gemacht. Die Vertiefung unserer Beziehung hat dazu geführt, daß sie sich von mir, der fremden weißen Frau, abgrenzen mußte, obschon es mir gelungen war, mich ihr gegenüber so einzustellen, daß sie sich einlassen konnte. Wenn sie mir unmittelbar vor dem *naven* die Mythe erzählt, in der alles von Scheiße überschwemmt wird, bannt sie mit den unheimlichen Phantasien beschwörend Auflösung, Fragmentierung und Untergang, als würde ihr derartiges bevorstehen, wenn sie sich mit mir einläßt.

Die Vorstellung von Auflösung, Fragmentierung und Untergang sind bei den Iatmul nicht nur Phantasien, die ihr Leben dramatisieren. Jahr für Jahr werden Dörfer und Landschaften vom bis zu zehn Meter ansteigenden Wasser des Flusses überschwemmt. Kein Stück Land ist mehr betretbar. Die Pfahlbau-Häuser können nur noch im Kanu verlassen werden. Die Landschaft gleicht einem Meer, aus dem Bäume und Häuser hervorragen. Alles verändert sich, alles ist in Bewegung, Landstriche werden weggerissen, andere entstehen nach dem Rückgang der Fluten, Bäche ändern ihren Lauf, Seen ihre Form. Die großangelegten Siedlungen mit ihren mächtigen Männerhäusern präsentieren sich zur Zeit des Hochwassers wie künstliche Inseln, die vom steigenden Wasser bedroht sind.

Der Blick zurück, die Rückkehr, beides Ausdruck der Zuneigung und der Zusammengehörigkeit, sind für die Iatmul überwältigend. Mit dem *naven* retten sie sich davor, ihren Gefühlen hilflos ausgeliefert zu sein und alles zu verlieren. Jetzt begreifen wir auch, weshalb das *naven* vor allem das Ritual der Frauen ist, erleben doch gerade sie im Kontakt mit ihren Kindern Zuwendung besonders stark. *Naven* sind in der Beziehung zwischen Mutter und Kleinkind eine Alltäglichkeit. Ein Mann hat keine entsprechende Beziehung zu seinen Kindern. Einzig den Kindern seiner Schwester, deren *wau* er ist, kann er wie eine Mutter direkt und körperlich nahe sein.

Für mich war es besonders eindrucksvoll zu verstehen, daß die Vorstellung über Auflösung, Fragmentierung und Verlust der Orientierung, die in der Mythe an anale Inhalte gebunden sind, durch das Ritual des *naven* eine neue Bedeutung erlangen. Magendaua schildert mir, wie alle am *naven* beteiligten Männer und Frauen mit Wortspielen die sexuelle Identität auflösen und fragmentieren, als würde keiner mehr wissen, ob er ein Mann oder eine Frau ist. Magendauas Tochter hat in ihrer Desorientierung über die geschlechtlichen Eigenschaften von Milan und mir intuitiv auf das angesprochen, was in ihrer Mutter emotional vorgegangen ist und was diese dazu bewegt hat, das *naven* darzustellen. Das Verschwimmen sexueller Identitätsvorstellungen ist bei den Iatmul mit dem Ritual des *naven* eng verknüpft und wird immer unverkennbar zum Ausdruck gebracht. Das *naven* hängt mit dem institutionalisierten Transvestitismus zusammen, der in der Kultur der Iatmul eingesetzt ist, um die Kohärenz von Kultur und Gesellschaft zu sichern.

Am folgenden Tag warte ich lange auf Magendaua. Kaum haben wir uns unter den Baum gesetzt, steht sie wieder auf, um mit einer Frau zu sprechen, die auf der Brücke vorbeigeht.

Magendaua: »Diese Frau hat mir ihr Kanu geliehen. Eine andere Frau war damit nicht einverstanden und hat sich beklagt. Was mischt sie sich in unsere Angelegenheiten ein?«

Pause.

Magendaua schaut mich an und streckt die Zunge heraus.

Magendaua: »Meine Zunge ist weiß. Ich habe keinen Betel.«

Ich: »Es ist nicht gut, wenn ich Zigaretten rauche und du keinen Betel hast.«

Magendaua: »Ich habe kein Geld.«

Pause.

»Im Haus dort drüben kann man Betel kaufen.«

Ich gebe Magendauas Tochter, die von ihrer Mutter herbeigerufen wird, eine Münze, und kurz darauf kommt sie mit einem Zweig Betel zurück. Magendaua will, daß sie den

Zweig auf meine Tasche legt, wo er unberührt liegen bleibt, bis wir unser Gespräch beendet haben.

Magendaua: »Ich habe mit meiner älteren Schwester Streit.«

Ich: »Du hast dich doch mit ihr gut verstanden. Was ist geschehen?«

Magendaua: »Heute morgen waren wir vier Schwestern am Sepik. Plötzlich begann sie, laut zu schimpfen, ich sei schuld, daß ihr Kanu verdreckt und voller Wasser ist. Die Frauen aus Malingei, denen ich mein Kanu geliehen habe, sind überall herumgetrampelt. Als ich mich wehren wollte, flüsterte mir meine Schwester Kara zu: ›Laß es sein, einer solchen Kleinigkeit wegen kannst du nicht ein derartiges Aufsehen machen. Laß sie nur schimpfen!‹ Kara und ich fingen nur kleine Fische, die beiden anderen Schwestern aber große. Sie behielten sie für sich. Wir sagten nichts, gingen in den Garten und aßen zu zweit eine große Melone. Heute nachmittag fand ich mein Fischnetz mit einem Tabuzeichen versehen. Das heißt soviel wie: Hier darf nicht gefischt werden! Meine Schwester hat das Zeichen hineingetan. Sie benimmt sich, als gehöre der Sepik ihr allein. Eine Frau, die vom Streit zwischen uns Schwestern erfahren hat, sagte: ›Seltsam, gewöhnlich seid ihr vier Schwestern einig und stark; jetzt zerfallt ihr in zwei Gruppen.‹«

Magendaua ist heute verändert: Sie hat mit ihren Schwestern und anderen Frauen Probleme. Es geht um Kanus, um Fische, um den Alltag einer Iatmul-Frau. Von mir will sie Betel, rührt ihn jedoch in meiner Anwesenheit nicht an. Sie ist selbstsicher und grenzt sich von mir ab, als wären wir uns gestern zu nahe gekommen.

Als ich Magendaua auf dem Weg zum Sepik treffe, hat sie eine Tasche mit Süßkartoffeln umgehängt. Sie grüßt mich von weitem.

Magendaua: »Ich bin unterwegs zu dir und wollte euch Süßkartoffeln bringen.«

Ich: »Das ist lieb von dir. Komm, wir gehen zusammen zum Sepik.«

Magendaua: »Ach nein, die Sonne steht schon tief, es ist zu spät, um noch so weit zu gehen.«

Wir kehren um und nähern uns wieder dem Dorf. Magendaua weiß, daß wir mit Ruth Tee trinken werden, wenn wir zusammen zu uns nach Hause gehen. Das haben wir in den letzten Tagen so vereinbart. Magendaua ist unentschlossen: Einerseits ist sie auf die Begegnung mit den weißen Frauen in ihrem Haus neugierig, andererseits möchte sie ihr aus dem Wege gehen.

Magendaua: »Morgen werde ich dir die Süßkartoffeln bringen, oder kannst du sie heute mitnehmen?«

Ich: »Ich nehme sie gern mit, doch wollen wir jetzt nicht zusammen zu mir nach Hause gehen?«

Magendaua: »Ja, gehen wir zu dir.«

Wir kehren um. Unterwegs begegnen wir Magendauas ältester Tochter, die am Wegrand sitzt und eine Melone aufschneidet. Magendaua nimmt ein Stück und will es mir geben.

Ich: »Die Weißen müssen Melonen mit ihrem eigenen Messer aufschneiden, sonst werden sie krank.«

Magendaua: »Es ist nicht gut, wenn ich esse und du nichts hast.«

Wie gerufen kommen zwei Mädchen mit frisch gepflückten malaiischen Äpfeln vorbei und bieten sie mir an. Ich nehme einige, einen davon gebe ich Magendaua, schäle einen mit meinem Messer und esse ihn. Als wir in der Nähe unseres Hauses angekommen sind, faßt mich Magendaua beim Arm und schaut mich an.

Magendaua: »Den Betel, den du mir gestern geschenkt hast, habe ich vor Minsan versteckt. In der Nacht habe ich heimlich davon gegessen. Am Morgen entdeckte er ihn und fragte, von wem er sei. ›Von meiner Freundin Florence‹, habe ich ihm geantwortet.«

Ich denke, Magendaua muß sich vergewissern, daß wir Freundinnen sind, bevor wir die Treppe hochsteigen, um mit Ruth Tee zu trinken. Sie fühlt sich in der Gruppe der weißen Frauen fremd und unsicher. Als wir dann zusammen sitzen und Ruth den Tee bringt, entspannt sich Magendaua und erzählt vom Markt. Ich übersetze Satz für Satz. Magendaua ist vorerst abwartend, doch macht es ihr immer mehr Spaß, mit uns zusammen zu sein. Als auch der Säugling Tee trinken will, gibt sie ihm und freut sich darüber, daß das Getränk dem Kinde zusagt. Beim Abschied gebe ich Magendaua ein Paket Biskuits für ihre Kinder zu Hause mit. Zufrieden steckt sie es in die Tasche und steigt die Treppe hinunter.

Am Tag nach ihrem Besuch in unserem Haus kommt Magendaua zum erstenmal den weiten Weg zum Sepik hinaus, um hier mit mir zu sprechen. Sie erzählt, daß dem Säugling ihre Milch nicht mehr schmecke und er lieber Tee trinken möchte. Unheimliches sei heute ihrer Schwiegermutter geschehen, die ohnmächtig vor dem Haus zusammenbrach. Nach unserem Gespräch verlangt sie, die bisher nie geraucht hatte, eine Zigarette, steckt sie zwischen die Lippen und sagt: »Jetzt bin ich Florence.«

Das ist nicht mehr Magendaua, wie ich sie kenne. Es ist, als ob der Lebensstil der Weißen sie verführt hätte, so sein zu wollen, wie ich bin: Sie kommt zum Sepik, um mit mir zu sprechen, während ich bisher immer zu ihr ins Dorf gegangen bin; der Säugling trinkt lieber Tee als Milch; und sie raucht Zigaretten. Ich frage mich, ob Minsans alte Mutter, die mit Magendaua zusammenlebt, zufällig das Bewußtsein verloren hat oder ob dieses Erlebnis damit zusammenhängt, daß sich Magendaua nach ihrem Besuch bei uns den weißen Frauen anpaßte und in ihrer Gruppe befremdend wirkte.

Es ist in dieser Jahreszeit nicht ungewöhnlich, daß Stürme und schwere tropische Regengüsse auftreten. Magendaua ist noch nicht vom See zurückgekehrt, und ich warte auf sie bei Meat. Nach einer Stunde kommt sie. Zu Hause nimmt Magendaua einen Rock und eine Bluse von der Leine, die an der hinteren Wand zwischen zwei Pfosten gespannt ist, und zieht sich um. Sie wringt die nassen Kleider aus und hängt sie zum Trocknen auf. Als wir uns hingesetzt haben, spricht sie mit gedämpfter Stimme:

Magendaua: »Heute versammelten sich alle Männer von Palimbei im Männerhaus. Sie machten ein Ritual, es heißt ›Den Hund schlagen, bis er bellt.‹ Bald werden die jungen Männer initiiert werden.«

Pause.

»Darüber, was im Männerhaus geschieht, wissen die Frauen nichts, Milan und Minsan aber kennen sich aus.«

Ich: »Aber Magendaua, was sagst du da, ihr Frauen wißt doch, was die Männer im Männerhaus treiben.«

Magendaua lacht.

Magendaua: »Du darfst niemanden davon erzählen, sonst bekommen wir Probleme und müssen Hühner, Betel, ja sogar ein Schwein als Strafe im Männerhaus abgeben. Große Probleme könnte es für uns geben.«

Ich: »Wann erzählt dir Minsan seine Geheimnisse?«

Magendaua: »Wenn wir unter uns sind. Er weiß, daß ich es für mich behalte. Der zweiten Frau kann er nichts erzählen, weil sie alles ausplaudert.«

Inzwischen hat sich die kleine Yanamak zu uns gesetzt. Sie beginnt mich leicht, dann immer heftiger auf den Arm zu schlagen. Magendaua ruft sie zu sich. Als sie vor ihr steht, hebt sie sie hoch und legt sie wie ein kleines Kind auf ihren Schoß. Der Säugling ist Yanamak gefolgt und will auch auf dem Schoß der Mutter liegen. Magendaua legt ihn kurzerhand auf Yanamak und umschlingt beide.

Magendaua: »Zuerst gebar ich Petseriagwi, dann Petseriabwan, dann Pagwiyaman ...« Sie nennt die Namen aller Kinder.

Magendaua: »Ein Mädchen, ein Knabe! Ein Mädchen, ein Knabe! So gebar ich meine Kinder.«

Jetzt stellt sie Yanamak auf die Füße und hält sie bei der Hand.

Magendaua: »Wenn ich mit Florence zu Ende gesprochen habe, kannst du zu ihr nach Hause mitgehen. Sie wird dir Biskuits geben. In der Nacht schlaft ihr zusammen im selben Moskitonetz. Wenn du willst, kannst du auch mit ihr in die Schweiz gehen. Willst du?«

Yanamak schaut ihre Mutter fragend an, überlegt kurz und nickt dann zustimmend. Magendaua lacht und wendet sich an mich.

Magendaua: »Wenn du sie mitnimmst, wird sie mich und uns alle vergessen. Mit der Zeit wird sie glauben, daß du ihre Mutter bist. Kommst du später einmal nach Palimbei zurück und erzählst ihr, daß eigentlich ich ihre Mutter sei, wird sie dir nicht glauben. So ist das.«

Magendauas Spiel mit ihrer kleinen Tochter ist mir unheimlich. Sie zieht es vor, ihre Wünsche, mir ähnlich zu sein, an Yanamak zu delegieren und sie an ihrer Stelle dem Einfluß der Weißen preiszugeben. Ich denke, wie recht Magendaua damit hat, daß am Ende alle Beteiligten unglücklich wären: die Tochter, die ihre Mutter nicht mehr kennt, die Mutter, die ihre Tochter verloren hat, und die weiße Frau, die versucht, mit Biskuits liebenswert zu erscheinen.

Als ich mich Magendauas Haus nähere, ruft mir eine Nachbarsfrau zu, sie sei nicht da. Ich setze mich auf einen

Baumstamm vor dem Haus und warte. Kurze Zeit später sehe ich sie auf dem Weg daherkommen, auf dem Kopf trägt sie ein großes Bündel Holz. Sie geht an mir vorbei, grüßt mich und lädt das Bündel unter dem Haus ab. Ich stehe auf. Magendaua macht gelassen eine Kopfbewegung, die die Richtung anzeigt, wo der Baum steht. Kaum haben wir uns auf die Plattform gesetzt, werden wir von unzähligen Moskitos überfallen.

Magendaua: »Als ich zum Sepik ging und Holz holte, haben sie mich bereits geplagt. In dieser Jahreszeit kommen die kleinen schwarzen Mücken. Ihre Stiche sind schmerzhaft.«

Plötzlich schaut Magendaua in die Ferne und ruft laut und energisch.

Magendaua: »Hast du ein Kanu mit Motor und ein Auto? Hör sofort auf!«

Ich: »Was ist geschehen?«

Magendaua: »Siehst du, dort drüben auf der anderen Seite des Baches klettert das Kind der zweiten Frau auf dem Gestell herum. Fällt es herunter, brauchen sie ein Motorkanu und ein Auto, um in das Spital nach Wewak zu fahren.«

Pause.

»Meine älteste Tochter hat sich einmal tief in den Finger geschnitten. Es blutete schrecklich. Sie schrie und weinte. Als mein Schwiegervater die Wunde sah, wandte er sich ab und weinte auch. Die ganze Nacht hindurch hielt ich sie in meinen Armen. Am Morgen kam Lami und schlug vor, uns mit seinem Motorkanu nach Pagwi zu fahren. Als wir gegen Abend im Spital von Wewak ankamen, hieß es, man müsse den Finger amputieren. Minsan war entsetzt und sagte: ›Diese Tochter gleicht dir wie keine andere. Ihr darf nichts Schlimmes geschehen.‹ Wir gingen fort. Ein anderer Arzt hat die Wunde genäht, und der Finger ist wieder zusammengewachsen.«

Mir fällt der Streit zwischen Magendaua und der zweiten Frau ein, der für Magendaua mit einem abgebissenen Finger endete. Wie eine Variante mutet die Fingergeschichte ihrer Tochter an: Nicht alles, was schlecht beginnt, endet schlecht. Auch Dinge, die von den Weißen kommen, Motorkanus, Autos und Spitäler, wirken nicht immer zerstörend, man muß nur geschickt damit umgehen.

Magendaua: »Heute begleite ich dich. Ich werde am See Wasser holen.«
Ich: »Ich komme mit dir.«
Magendaua: »Nein, das mußt du nicht tun. Die Baumstämme sind glitschig.«
Ich: »Das macht mir nichts aus. Ich möchte sehen, wo du für deine Familie täglich Wasser schöpfst.«

Magendaua holt im Haus zwei Eimer, und wir verlassen das Dorf. An einer Stelle, die man leicht übersieht, zweigt ein schmaler Weg in den Grassumpf ab. Magendaua geht voran und reicht mir die Hand, als wir über die wippenden Stämme balancieren. Unerwartet öffnet sich die Landschaft, und ich schaue auf die ruhige Fläche des Sees. Es ist still, nur in der Ferne hören wir das Geschrei der Vögel. Mit gefüllten Eimern kehren wir zum Weg zurück und verabschieden uns. Magendaua bleibt stehen, schaut mir nach, und als ich zurückschaue, hebt sie die Hand und winkt.

Wir sitzen zusammen unter dem Baum. Da sehen wir auf der Brücke Magendauas Schwester Kara vorbeigehen. Magendaua ruft ihr, zu uns zu kommen. Kara kann nur wenige Worte Pidgin, und nachdem wir uns begrüßt haben, sprechen die beiden in Iatmul und beachten mich nicht mehr. Ich fühle mich zurückgesetzt. Als Magendaua plötzlich sagt, ich solle mich auf Iatmul am Gespräch beteiligen, ist ihr aggressiver Ton unüberhörbar. Mir fällt nichts ein. Selbst ein Satz in Iatmul würde mir nicht weiter helfen. Magendaua hat mich zum erstenmal abgewiesen.

Als wir am Abend am Tisch sitzen und die Schüssel mit den Spaghetti herumgereicht wird, nehme ich nur wenig. Ich bin enttäuscht. Seit der Stunde, in der Magendaua mir das *naven* vorgeführt hat, fühle ich mich in unseren Gesprächen immer wieder irritiert. Magendaua will eine weiße Frau sein, will mir ihr Kind schenken, und heute sollte ich Iatmul sprechen wie sie und ihre Schwester. Über das *naven* haben wir seither nicht mehr gesprochen. Als wir das Geschirr weggeräumt haben, sagt Milan:

»Florence, erzähle, wie es heute mit Magendaua war.«

Ich hole aus und halte mit meiner Enttäuschung nicht zurück. Ich schließe meine Ausführungen mit der Bemerkung:

»Es ist, als ob die Störung in der Beziehung zwischen Ma-

Pfosten eines alten Männerhauses

gendaua und mir dadurch entstanden ist, daß sie mir das *naven* vorgeführt hat. Meine gute Beziehung zu Magendaua ist mir wichtiger als wissenschaftliche Erkenntnisse. Über das *naven* mag ich kein Wort mehr diskutieren.«
Fritz: »Du weißt, daß das so nicht stimmt. Das *naven*, an dem dir immer so viel lag, ist nicht der Grund für die Stö-

rung in eurer Beziehung, im Gegenteil, Magendaua konnte die Beziehung zu dir dank des *naven* aufrechterhalten. Nun mußt du wieder auf die Stunde zu sprechen kommen, denn damals ist die Verwirrung entstanden, wer von euch schwarz und wer weiß ist.«

Ich stecke mir eine Zigarette zwischen die Lippen, Milan reicht mir das Feuerzeug und sagt:

»Seitdem dir Magendaua die *naven*-Pantomimen vorgeführt hat, geht mir immer wieder die Frage durch den Kopf, ob die vielen fratzenartigen Schnitzereien der Iatmul nicht mit dem *naven* in Zusammenhang stehen?«

Ich nehme einen tiefen Zug und lasse mich gern zu Spekulationen über die Kunst der Iatmul verführen.

Am nächsten Morgen sitze ich mit Kinembe unter dem Haus am Sepikufer bei einem Gespräch. Leute versammeln sich, um die Frauen vom Markt abzuholen. Magendaua ist auch unter ihnen. Beladen mit zwei Taschen geht sie an uns vorbei und bleibt stehen.

Magendaua: »Ich gehe jetzt ins Dorf zurück und backe Fladen für meine Familie und fahre zum See.«

Ich: »Ich werde später kommen.«

Magendaua schüttelt den Kopf, und Kinembe flüstert mir zu: »Ich glaube, sie hat heute keine Zeit für dich.«

Ich: »Am Nachmittag komme ich zu dir ins Dorf.«

Magendaua lacht und geht weiter. Kinembe schaut mich erstaunt an. Ich erinnere mich an gestern, und wieder fühle ich mich zurückgestoßen. Dennoch gehe ich am Nachmittag ins Dorf, um Magendaua zu treffen. Sie sitzt vor dem Haus, neben sich die Tochter Yanamak. Vor ihnen flattern Hühner herum, die sich auf die Sagokrümel stürzen, die sie ihnen hinwerfen. Ich setze mich. Magendaua erwidert meine Begrüßung nicht. Sie schaut mich nur kurz an und fährt fort, Sagofladen zu zerkrümeln. Ich schaue ihr zu. Die gestrige Diskussion kommt mir in den Sinn, und ich begreife, daß sich Magendaua nicht ablehnend, sondern wie eine Iatmul-Frau verhält. Ihre Abgrenzung ist nicht gegen mich gerichtet: Sie sitzt mit ihrer Tochter vor dem Haus und füttert die Hühner, und ich möchte mit ihr ein Gespräch führen. Sie ist eine schwarze und ich bin eine weiße Frau. Ich sage ruhig:

»Komm, setzen wir uns unter den Baum.«

Magendaua: »Dort sind zu viele Moskitos.«

Pause.

»Unter dem Haus wäre es besser.«

Pause.

»Setzen wir uns unter den Baum.«

Kaum haben wir uns hingesetzt, beginnt Yanamak, die uns gefolgt ist, zu quengeln: Sie will unverzüglich zum Sepik und das Fischnetz nachsehen. Alles Zureden Magendauas nützt nichts. Yanamak quengelt weiter.

Ich: »Kannst du dich an unser Gespräch erinnern, als der Säugling an den Rand der Sitzfläche krabbelte, du ihm zugerufen hast, er zurückschaute und du ein *naven* machtest?«

Magendaua schaut mich erstaunt an und nickt.

Ich: »Damals hast du mir ein Geheimnis erzählt: Schaut jemand zurück, macht ihr ein *naven*. Seit diesem Gespräch ist vieles geschehen. Als du die Zigarette verlangtest, bist du beinahe zur weißen Frau geworden. Erinnerst du dich? Beinahe hast du vergessen, wer die Iatmul-Frau und wer die weiße Frau ist.«

Während ich spreche, hebt Magendaua die unzufriedene Yanamak hoch und legt sie auf ihren Schoß. Das Kind beruhigt sich und ist still.

Ich: »Du kennst die Schnitzereien auf den Pfosten des Zeremonialplatzes.«

Magendaua: »Sprichst du von denen, die vom zerstörten Männerhaus übriggeblieben sind?«

Ich: »Ja, die meine ich. Eine der dort dargestellten Figuren streckt die Zunge heraus wie du, als du das *naven* gemacht hast.«

Magendaua: »So ist es.«

Ich: »Viele Figuren, die die Männer schnitzen, sehen ihr ähnlich. Du hast mir erzählt, daß dich Minsan in die Geheimnisse des Männer-Hauses eingeweiht hat. Als du mir das *naven* verständlich gemacht hast, sind wir auf ein Geheimnis gestoßen, von dem die Männer nichts wissen.«

Magendaua legt sich ausgestreckt auf den Rücken, streckt die Zunge weit heraus, reißt die Augen auf und zieht die Lider herunter, fährt mit den Händen hinter die Ohren, daß sie weit abstehen, hebt die Arme hoch und zieht die Beine an. Sie führt Mimik und Gesten des *naven* vor.

Magendaua: »Die Schnitzereien, von denen du sprichst, sind *naven*-Szenen.«

Ich: »Eure Männer kennen den ›Blick zurück‹ des Kindes nicht, ihr Frauen aber kennt ihn.«

Pause.

»Glaubst du, daß Minsan oder dein Schwiegervater wissen, was ihre Schnitzereien darstellen?«

Magendaua: »Sie schnitzen sie einfach so.«

Pause.

»Jeden Abend, wenn Minsan vom Männerhaus zurückkommt, fragt er mich, ob wir zusammen gesprochen haben.«

Ich: »Er ist mit der Initiation der jungen Männer beschäftigt.«

Magendaua: »Die sind jetzt ihre Kinder. Wir Frauen haben unsere.«

Sie umschlingt gleichzeitig den Säugling und Yanamak. Kaum läßt sie die beiden aus ihrer Umarmung los, krabbelt der Säugling eilig davon und macht erst am Rande der Sitzfläche halt.

Magendaua: »Du bist ein wildes Schwein.«

Ich: »Sind Kinder, die nicht zurückschauen, wilde Schweine?«

Magendaua: »Wilde Schweine leben ganz allein, sie denken nur an sich. Begegnen sie einem Menschen, fallen sie ihn an. Sie sind für einen einzelnen Mann gefährlich. Er mag noch so stark sein, ein solches Schwein kann er nicht töten. Meinem Schwiegervater ist das widerfahren. Wäre ihm nicht ein Mann zu Hilfe gekommen, hätte ihn das Schwein zerrissen.«

Bei unserem nächsten Treffen kommt Magendaua wieder auf die Schnitzereien und das *naven* zu sprechen.

Magendaua: »Ich habe mit meinem Schwiegervater gesprochen. Er sagte, daß du recht hast. Die Männer schnitzen die *naven*-Szenen einfach so. Die Hintergründe kennen sie nicht.«

Pause.

»Minsan konnte ich noch nicht fragen.«

Ich: »Die Mutter gibt den Kindern zu essen. Haben sie Probleme, zu wem sollten sie gehen, wenn nicht zur Mutter? So kommen deine Kinder zu dir. Ich habe es oft gesehen. Ein Vater kann für seine Kinder kein *naven* machen.«

Magendaua: »Niemals! Ein Vater beteiligt sich nicht am

naven. Er steht immer außerhalb. Macht die Mutter für ihr Kind ein *naven*, dann weint es. Ein Kind wird nie vergessen, was die Mutter alles getan hat, damit es ihm gut geht.«

Pause.

»Ich glaube, die Männer sind auf die Frauen eifersüchtig. Hast du die jungen Männer gesehen, die eben über die Brücke gegangen sind?«

Ich: »Meinst du Kumbal und seine Freunde?«

Magendaua: »Ja. Keiner von ihnen trägt das Zeichen des Krokodils. Sie sind alle noch nicht initiiert. Diese jungen Männer führen ihr eigenes, unabhängiges Leben. Mit ihren Vätern, mit erwachsenen Männern überhaupt, haben sie wenig zu tun. Deshalb holen sie sie ins Männerhaus und schneiden ihnen das Zeichen des Krokodils in den Körper. Dann gehören sie erst zu ihnen.«

Ich: »Die Frauen haben das *naven* und die Männer die Initiation.«

Magendaua: »So ist es.«

Bereits am frühen Morgen kommen Besucher aus den umliegenden Dörfern nach Palimbei. Das Initiationsritual findet mit einem großen *naven* seinen Abschluß. Zum erstenmal treten die jungen Männer aus der Umzäunung des Männerhauses heraus. Sie tragen auf ihren Rücken die Zeichen des Krokodils, die Zeichen ihrer männlichen Identität. Die Männer haben die Initiation und die Frauen das *naven*. Heute werden die Frauen für ihre Söhne und Neffen, Brüder und Enkel *naven* tanzen. Sie werden sich in sexuell verführende und aggressiv attackierende Tänzerinnen verwandeln, während die jungen Männer ihren Blick starr auf den Boden richten und ihre Tränen hinter der vorgehaltenen Hand zu verbergen suchen. Magendaua ist unter den Zuschauern. Aufgeregt kommt sie auf mich zu und erzählt von ihrer Schwester Kara, die als Mann verkleidet die Treppe am Haus ihres frisch initiierten Neffen mit einer Axt zerhackt hat. Es sei schade, sagt Magendaua, daß sie nicht mittanzen könne. Noch sei die Zeit für sie nicht gekommen.

Am nächsten Tag erzählt sie, daß heute ein weiteres *naven* stattfinden wird. Sie nennt alle Pflanzen, mit denen sich die Frauen schmücken. Magendaua kennt sich aus. Da hören wir, wie jemand die Treppe hochkommt. Es ist Minsan. Er begrüßt mich, holt seinen Hocker und setzt sich zu uns. Magendaua fragt ihn, was er über die *naven*-Schnitzereien wisse. Minsan ist über die Frage erstaunt und antwortet in kurz angebundenem Ton.

Minsan: »*Naven*-Szenen schnitze ich einfach so. Genaueres weiß ich nicht darüber. Bestimmt gibt es dazu mythische Geschichten; ich kenne sie nicht.«

Jetzt schaut er mir direkt ins Gesicht.

Minsan: »Weshalb hast du mir keinen Tabak mitgebracht?«

Ich: »Ich habe nicht daran gedacht, ich habe dich schon lange nicht mehr gesehen.«

Minsan: »Du kannst den Tabak für mich Magendaua geben. Du bist eine schlechte Frau.«

Minsan ist verärgert. Die Frage, die Magendaua über die *naven*-Schnitzereien an ihn gestellt hat, war wie eine Aufforderung, weitere Geheimnisse preiszugeben. Wenn Magendaua in meiner Anwesenheit solche Auskünfte verlangt, vermutet er zu recht, daß sie seine Männerhausgeheimnisse ausgeplaudert hat, und ist wütend auf mich, weil er mich dafür verantwortlich macht, seine Frau dazu verführt zu haben. Jetzt verführt er mich, ihm Tabak zu geben. Ich reagiere auf Minsans Herausforderung so, wie es die Palimbei zu tun pflegen: Ich zeige mich beschämt, wende meinen Kopf zur Seite, werfe Magendaua und Minsan einen kurzen Blick zu und schaue dann auf den Boden. Jetzt bin ich schillernd, halb eine weiße, halb eine schwarze Frau, in meiner Art so, wie es die Iatmul in ihrer transvestitischen Verkleidung sind. Darauf reagieren beide mit schallendem Gelächter.

Minsan: »Ich machte Spaß, wir sind doch Freunde.«

Pause.

»Du und ich, wir sind Männer, Magendaua ist unsere Frau.«

Magendaua weist auf meine Brüste und sagt: »Ein Mann mit Brüsten?«

Minsan (zu mir gewendet): »Sage ihr, daß die Männer im Männerhaus während der Initiation zu Frauen werden und Brüste bekommen. Auch ich habe Brüste.«

Magendaua: »Heute nacht werde ich das nachprüfen.«

Minsan: »Morgen ist die Initiation zu Ende, und ich habe keine Brüste mehr.«

Während er spricht, steht er auf, stellt den Hocker beiseite und kehrt ins Männerhaus zurück.

Ich: »Wie wir drei jetzt zusammen gesprochen haben, so spricht man nur im *naven*. Minsan, du und ich haben zusammen ein *naven* gemacht. Ich wurde zum Mann, ich war wie eine verkleidete *yau*, und Minsan wurde zum *wau* und behauptete, er habe Brüste. Du bist immer die Mutter geblieben.«

Magendaua: »So ist es.«

Als ich mit Kwaigambu im *haus polis* sitze, geht Magendaua vorbei und ruft mir zu: »Komm nach eurem Gespräch zu mir, ich bin zu Hause.« Als ich eine Stunde später in ihrem Hause stehe, erfahre ich von Minsans zweiter Frau, daß Magendaua zum See gegangen ist. Ich mache mich auf den Weg und finde die Abzweigung, an der wir uns wenige Tage zuvor getrennt haben und die durch hohes Schilf zum See führt. Es ist still. In der Ferne erblicke ich ein Kanu. Ich erkenne Magendaua und eine ihrer Töchter. Sie sind dabei, das Fischnetz auszulegen. Ich rufe Magendauas Namen über den See. Sie winkt mir zu. Ich setze mich ans Ufer und warte. So eindeutig hat sich Magendaua noch nie als Iatmul-Frau gezeigt. Fischfang ist ihre Welt, der Wunsch, Gespräche zu führen, meine. Daß es gerade heute dazu kommt, ist kein Zufall. Mir fällt die Diskussion ein, die ich gestern mit meinen weißen Freunden geführt habe. Wir haben uns die Frage gestellt, wie es dazu kommt, daß Magendaua Minsan in unser *naven* Geheimnis einweiht. Damals, als Magendaua mit ihrem Säugling das *naven* vorgeführt hat, hat sie mich teilnehmen lassen an der intimen Zweierbeziehung, die zwischen Mutter und Kind besteht. Täglich inszenieren die Iatmul-Mütter mit ihren Kleinkindern solche *naven*, in einem unformellen, intimen Rahmen. Die Dualunion zwischen Mutter und Kind ist die engste Zweierbeziehung. Sie ist das Vorbild aller späteren Beziehungen zu einer Einzelperson. Deshalb nimmt jedes *naven* seinen Ausgang an einer Beziehung zwischen Mutter und Kind und erfährt eine Erweiterung durch das Auftreten des *wau* und anderer verwandter Personen.

Was sich gestern in der Auseinandersetzung mit Minsan abgespielt hat, wird bei jedem *naven* inszeniert. Minsans Scherzrede, meine gestellte Schamhaltung und die dem transvestitischen Erleben eigene Verwischung der Geschlechtsrollen von Frau und Mann sind die maßgebenden Inhalte des *naven*. Sie werden von allen Beteiligten eingesetzt, um Bindungen an eine Einzelperson zu relativieren und in den Dienst der Beziehung aller Gruppenmitglieder zueinander zu stellen. Da Magendaua mit mir in einer vertieften Zweierbeziehung stand, hat sie vor mir das *naven* aufgeführt und nachträglich Minsan einbezogen. Die Scherzreden, die wir zu dritt gewechselt haben und die unsere Geschlechtsrolle verschwimmen ließen, haben dazu geführt, daß Minsan am *naven* Anteil genommen und beigetragen hat, daß sich die Beziehung, die Magendaua und ich zueinander haben, erweitert hat. Das Persönliche und Intime, das in unserer Beziehung immer spürbar war, scheint jetzt, als ich am See auf sie warte, eine Wandlung zu erfahren. Magendaua tritt mir in der gesellschaftlichen Rolle der Iatmul-Frau entgegen. Das hängt auch damit zusammen, daß seit einigen Tagen das ganze Dorf weiß, daß die Gruppe der Weißen einen mehrtägigen Ausflug mit dem Motorkanu zum Oberlauf des Sepik plant. Zum erstenmal seit dem Beginn unserer Gespräche werden Magendaua und ich uns eine Zeitlang nicht sehen. Mein kurzer Ausflug ist wie eine Vorwegnahme meiner endgültigen Abreise. Eine Viertelstunde vergeht, bis das Kanu Magendauas auf mich zugleitet. Tochter und Mutter steigen aus, und wie zufällig stellt Magendaua ihren Korb neben mich, der mit Fischen bis zum Rand gefüllt ist. Ich nenne die Namen der Fische und rufe beim Anblick eines Aals meine Bewunderung aus. Ich weiß, wie die Iatmul diese Fische schätzen. Magendaua setzt sich neben mich.

Magendaua: »Das Fischnetz, das ich auslegte, gehörte einer Frau, die in Rabaul lebt. Sie verstand nichts vom Fischen und hat es mir geschenkt.«

Ich: »Dich lieben die Fische, dein Korb ist voll.«

Magendaua: »Auf diesem Teil des Sees hängen nur zwei Frauen ihre Netze aus, das ist gut so. Früher durfte man hier kein Netz auslegen, die Leute auf dem Grund des Sees wären darüber böse geworden. Ich glaube, sie haben den See verlassen. Jetzt darf man hier Netze auslegen. Über diesen Teil des Sees bestimmt der Vater Minsans. Er hat mir die Erlaubnis gegeben, hier zu fischen.«

Pause.

»Gestern beschimpften Frauen aus Malingei Frauen aus

unserem Dorf, weil sie zum Bach Ndangimat fuhren. Sie sagten, wir sollen auf unseren Seen fischen, es gebe hier noch viele Fische. Unverschämt benehmen sich die Frauen von Malingei.«

Ich: »Gibt es hier keine Fische mehr, seid ihr Frauen in einer schwierigen Lage.«

Magendaua: »Wenn es hier keine Fische mehr gibt, fischen wir eben im Bach Ndangimat. Wir werden uns nicht um die Malingei-Frauen kümmern.«

Pause.

»Heute sah ich Minsan an meinem Kanu arbeiten. Bald wird das Hochwasser kommen, und ich könnte ein zweites Kanu gut gebrauchen. Vor einiger Zeit trieb ein großer Baumstamm den Sepik hinunter. Ich holte ihn an Land, weil ich dachte, er sei gut für Feuerholz, doch als ihn Minsan sah, meinte er: ›Daraus kann ich dir ein Kanu schnitzen.‹ Wir schwemmten den Stamm gemeinsam ins Dorf. Unterwegs begegneten wir der zweiten Frau. Sie verstand sogleich, daß Minsan mir daraus ein Kanu machen wird. Sie sagte kein Wort und war unzufrieden. Sie dachte an ihr eigenes, schlechtes Kanu.«

Ich: »Schnitzt dir Minsan ein Kanu, gibt es vielleicht Streit mit der zweiten Frau.«

Magendaua: »Niemals. Früher, als wir noch keine Kinder hatten, stritten wir uns oft. Schließlich bin ich die erste und sie die zweite Frau.«

Magendaua schaut mich an, als wolle sie mich etwas fragen. Als ich ihr zunicke, schaut sie weg. So geht es hin und her, bis wir gleichzeitig in Gelächter ausbrechen.

Magendaua: »Wann macht ihr euren Ausflug?«

Ich: »In drei Tagen. Ich werde mich an alles erinnern und dir von meiner Reise erzählen.«

Magendaua: »Das ist gut. Wenn du zurück bist, wirst du mir berichten, was du erlebt hast.«

Pause.

»Wenn wir Schwarzen Reis essen, wird unser Magen nicht voll.«

Ich: »Reis ist das Essen der Weißen, euer Essen ist Sago und Fisch.«

Magendaua: »Sago und Fisch machen uns stark.«

Magendaua weist alle meine Befürchtungen zurück: Weder

mit der Beschaffung der Nahrung noch mit der zweiten Frau gibt es Probleme. Sie hat recht. Probleme gibt es erst, wenn sie sich durch die weiße Frau verführen läßt zu vergessen, daß Sago und Fisch, und nicht Reis, die Schwarzen stark macht.

Das nächste Mal treffen wir uns wieder am See. Magendaua ist gerade dabei, ihr Kanu zu besteigen, um wegzufahren. Als sie mich sieht, hält sie an.

Magendaua: »Ich sah einen großen Fisch, den will ich fangen.«

Ich: »Kann ich mitfahren?«

Magendaua: »Das Kanu ist klein.«

Ich: »Dann sehen wir uns wieder, wenn ich von meiner Reise zurück sein werde.«

Magendaua sticht mit ihrem Paddel ins Wasser, doch bevor sie mit kräftigen Zügen auf die glatte Wasserfläche hinausfährt, winkt sie mir zu und wünscht mir eine schöne Reise. Ich stehe am Ufer und schaue ihr nach. Ich bin etwas traurig, denn ich habe mich auf unser Gespräch gefreut. Mir fällt plötzlich ein, daß Magendaua eine Umkehrung vollbracht hat. Wer da verlassen wird, ist nicht sie, sondern ich; wer eben abgereist ist, ist Magendaua.

Wir sind von unserem Ausflug zurück. Ich sitze beim Tee und denke an Magendaua. Vor unserer Abreise ist es zwischen Minsan und Milan zu einer Auseinandersetzung gekommen. Minsan versprach, bei den Vorbereitungen des Kanus für unsere Reise zu helfen, und ließ Milan im letzten Moment im Stich. Wie unangenehm mir die Angelegenheit ist, merke ich erst jetzt, als ich einen Blick auf die Uhr werfe: Ich sollte schon längst unterwegs zu Magendaua sein. Auf dem Weg ins Dorf überlege ich mir, wie sie wohl auf den Streit zwischen den beiden Männern reagiert hat. Ich treffe sie vor dem Hause sitzend, den Rücken mir zugewandt. Bevor ich sie anrede, kehrt sie sich um.

Magendaua: »Ich habe von dir geträumt.«

Ich: »Was hast du geträumt?«

Magendaua: »Ach nein, das sagte ich nur so.«

Magendaua ist abwartend und vorsichtig. Auch sie scheint zu befürchten, der Streit zwischen unseren Männern könnte unsere Freundschaft gestört haben. Ich hole einen großen Zweig Betel aus meiner Tasche hervor, den ich von unserer Reise mitgebracht habe, und beginne zu erzählen, daß es oberhalb von Pagwi mit der Wasserpflanze Salvinia weniger schlimm ist als hier, und wie dort die Gestelle der Frauen mit Fischen gefüllt sind. Ich lasse es an farbigen Details nicht fehlen. Magendaua ist über meine Schilderung begeistert. Den Frauen, die vorbeigehen, erzählt sie alles, was sie eben von mir gehört hat. Als sich ihre Schwiegermutter zu uns setzt, gibt sie ihr von den Betelfrüchten, die ich mitgebracht habe. Dann berichtet sie mir, was sich in der Zwischenzeit im Dorf ereignet hat. Das Wasser in den Seen und im Sepik ist weiter gesunken, das Hochwasser und der Fischreichtum, den sich die Frauen erhoffen, lassen auf sich warten. Dann schweigt sie eine Weile und beginnt über den Streit zwischen Minsan und Milan zu sprechen.

Ich: »Das Ganze ist eine Angelegenheit zwischen den Männern.«

Magendaua lacht.

Magendaua: »Du kehrst bald in dein Land zurück, nicht wahr?«

Ich: »Ja. Doch bevor ich Papua Neuguinea verlasse, fahre ich noch nach Rabaul. Ich möchte dort die Palimbei besuchen. Ich kenne Rabaul nicht.«

Magendaua: »Du mußt Rabaul sehen! Sieben Jahre habe ich dort gelebt! Wenn du ankommst, mußt du nur nach Sangi und Apran fragen, die werden dir alles zeigen.«

Ausführlich schildert sie die Siedlung der Palimbei am Rande der Stadt und beschreibt, wer dort alles wohnt und wie ich mich zurechtfinden kann. Dann schweigt sie.

Magendaua: »Wenn du gehst, begleite ich dich. Ich muß noch zum See, um Pfannen zu putzen. Als ich heute Eintopf kochen wollte, bemerkte ich ein kleines Loch in meinem Kochtopf.«

Pause.

»Schenkst du mir einen Kochtopf, wenn du weggehst?«

Ich: »Daran habe ich auch schon gedacht.«

In den folgenden Tagen beschäftigt sich Magendaua immer mehr mit Ereignissen, die das Dorf betreffen. Sie erzählt von bevorstehenden Heiraten, von Besuchern aus den Küstenstädten. Magendaua zieht es jetzt vor, mit mir nicht mehr unter dem Baum zu sprechen, sondern vor dem Haus wo Leute vorbeigehen und ins Gespräch einbezogen werden können. Wenn die Trommeln im Dorf ertönen, um den Stand der

Geldsumme anzugeben, die für die bevorstehende Heirat zusammengelegt wird, fordert sie mich auf mitzuzählen. Am Tag, als das *naven* für die Frischverheirateten stattfindet, schlägt sie vor, statt mit mir allein zu sprechen, gemeinsam das Ritual anzusehen. Im überfüllten Haus sitzen wir unter den Frauen, und Magendaua erklärt mir, was vor sich geht, übersetzt, wenn ich etwas nicht verstehe. Als die Frauen die Braut immer wieder umtanzen und das ganze Haus in Bewegung gerät, beugt sie sich zu mir.

Magendaua: »Bald wirst du mich ein *naven* tanzen sehen. Wenn meine Nichte heiratet, werde ich tanzen!«

Pause.

»Wer weiß, vielleicht werde ich auch nicht tanzen.«

Als ich gegen Mittag zu Magendauas Haus komme, ist niemand zu sehen. Ich steige die Treppen hoch und stoße die Tür auf: Magendaua liegt ausgestreckt am Boden, sie hat ein Tuch um die Hüfte gebunden und schläft. Ich setze mich hin und warte. Nach einer Weile wacht sie auf und lacht mich verschlafen an. Aus dem Kessel, der neben ihr steht, schöpft sie mit einer Kokosschale Wasser und trinkt.

Magendaua: »Ich habe gut geschlafen. Du hast mich geweckt.«

Pause.

»Bald fährst du weg.«

Ich: »Ja, in zehn Tagen fahren wir fort.«

Magendaua: »Am Tag deiner Abreise werde ich nicht fischen gehen. Eine Frau soll dann meine Netze nachsehen. Ich komme zu dir zum Sepik, um von dir Abschied zu nehmen. Wenn die Sonne am Himmel steht wie jetzt, werde ich denken: Heute kommt Florence nicht, sie ist nicht mehr hier.«

Pause.

»Gestern kamen Touristen ins Dorf; unter ihnen war eine weiße Frau, die unbedingt ein Schmuckstück von mir kaufen wollte. Es war ein schönes Stück, und ich verlangte dafür fünf Kina. Die Frau hatte aber nur zwei Kina. Ich gab nicht nach, und sie begann zu weinen. Da lieh ihr jemand das restliche Geld, und sie war glücklich.«

Ich: »Bist du die weiße Frau, die weint?«

Magendaua: »Wenn du nicht mehr hier sein wirst, werde ich sehr traurig sein.«

Die älteste Tochter bringt den Säugling. Magendaua hebt ihn hoch und schwingt ihn hin und her.

Magendaua: »Komm, machen wir ein *naven*.«

Ich: »Wenn jemand weggeht, macht ihr kein *naven*.«

Magendaua: »Nein, nur wenn jemand zurückkehrt. Wenn jemand geht, ist es anders, da kann man kein *naven* machen.«

Als ich wieder ins Dorf gehe, begegne ich unterwegs Frauen, die einen besorgten Eindruck machen. Ich erfahre, daß Magendauas Bruder, der in Rabaul lebte, gestorben ist. Magendaua ist nicht zu Hause. Von weitem höre ich das Wehklagen der Frauen, die sich bei Magendauas Mutter versammelt haben. Ich zögere und überlege, ob ich mich zu den Frauen setzen soll. Ich weiß, daß Magendaua ihren Bruder sehr liebte, weiß auch, daß die Iatmul ihren Schmerz nicht so ausdrücken, wie wir es tun. Glaube ich deshalb, nicht dazuzugehören und zu stören? Ich setze mich zu den weinenden Frauen, die zur Seite rücken und mir Platz machen. Magendauas Mutter und ihre drei Schwestern sitzen etwas abseits auf der Wiese vor dem Haus. Sie weinen, rufen die Namen der Ahnen aus und lassen sich ins Gras fallen. Eine Frau flüstert mir zu, Magendaua sei noch auf dem See. Nach einer Weile kommt sie zwischen den Häusern hervor, wirft ihren Fischkorb hin und läßt sich ins Gras fallen. Sie weint und schreit und ist ganz außer sich. Ich bleibe bei den Frauen sitzen. Als ich später aufstehe und gehen will, verabschieden sie sich mit leiser Stimme.

Magendaua und ich sehen uns am folgenden Tag. Sie erzählt mir über ihre Trauer, wie sie weder schlafen noch essen kann und wie schlecht es ihrer Mutter geht, die ihren verstorbenen Sohn schon zehn Jahre nicht mehr gesehen hat. Das einzige, was ihr von ihm übriggeblieben sei, wären zwei Fotos. Magendaua schickt ihre Tochter, die Fotos zu holen, und zeigt sie mir. Ich sehe einen jungen Mann in vollem Schmuck, das Gesicht weiß bemalt. Lebender Mensch und verstorbener Ahne in einem; so sind die Iatmul, wenn sie sich zum Fest schmücken.

Am Abend kommen Moun und Minsan ins Haus der Weißen und fragen, ob sie unser Motorkanu ausleihen können, weil im Nachbardorf Yindabu die Hochzeit einer Enkelin stattfinden würde. Sie sagen, gegen Abend würden sie zurück sein. Wir sind damit einverstanden, und am nächsten Morgen fährt das Kanu bis zum letzten Platz besetzt vom Ufer weg. Auch Magendaua ist dabei. Bevor sie ins Kanu steigt, wendet sie sich an mich.

Magendaua: »Ich werde am *naven* für das junge Paar nicht mittanzen. Ich bin traurig.«

Als ich das Kanu in der Ferne aus den Augen verliere, kommt mir die Szene vor meinem kurzen Ausflug in den Sinn, als mich Magendaua am Ufer zurückließ und auf den See paddelte. Wieder fährt sie, kurz vor meiner Abreise weg, doch jetzt ist sie sichtbar in ihrer Gruppe aufgehoben, umgeben von ihren Kindern, ihrem Mann und ihren Schwiegereltern.

Nach Magendauas Rückkehr gehe ich zu ihr nach Hause und rufe sie beim Namen. Ihr Mann antwortet:

»Komm herauf, wir sind beide hier.«

Minsan sitzt auf einem Hocker, in der Hand hält er ein Stück Papier, in das er Tabak streut und geschickt zu einer Zigarette dreht. Neben ihm auf dem Boden liegt Magendaua. Es entwickelt sich ein Gespräch über Rabaul. Abwechslungsweise schildern Minsan und sie die Schönheit und Vorzüge der Stadt. Sie erklären mir genau, wo die Palimbei-Frauen auf dem Markt sitzen und an wen ich mich wenden soll. Sie rüsten mich mit Informationen aus, die sie in den sieben Jahren, als sie dort gelebt haben, gesammelt haben. Magendaua schlägt mir vor, morgen mit ihr zum See zu kommen. Sie müsse mir das verheerende Ausmaß der Salvinia zeigen, damit ich den Verwandten und Freunden in Rabaul darüber berichten könne. Ich habe den Eindruck, nicht aus eigenem Willen, sondern im Auftrag Magendauas nach Rabaul zu reisen. Sie schickt mich mit wichtigen Informationen fort. Als ich mich verabschieden will, hält sie mich zurück.

Magendaua: »Wenn du morgen ins Dorf kommst, wird man mir die Haare abgeschnitten haben.«

Ich: »Als Zeichen der Trauer?«

Magendaua: »Ja, wenn bei uns jemand stirbt, scheren sich die Frauen den Kopf kahl.«

Anderntags sitzt Magendaua im überfüllten Haus ihrer Schwester. Mit einer Handbewegung deutet sie mir an, mich zu setzen und zu warten. Es herrscht eine ruhige und gelassene Atmosphäre. Während sich die Frauen gegenseitig die Haare schneiden, beginnen sie, mit mir zu sprechen. Sie wollen alles über meine Abreise wissen. Als Magendaua nach einer Weile aufsteht und erklärt, sie zeige mir jetzt den von der Salvinia überwachsenen See, pflichten alle bei. Es sei gut für mich, das zu sehen, denn ich könne mir dann meine eigene Meinung über ihre schwierige Lage machen. Wir gehen durch den lichten Wald hinter dem Dorf und erreichen bald die offene Graslandschaft. Obwohl topfeben, ist sie unüberblickbar. Immer wieder verstellen hohe Gräser die Sicht. Der See kann nicht weit entfernt sein. Magendaua geht voraus, und ich folge ihr. Während wir durch die Landschaft gehen, spricht sie darüber, was ich den Palimbei in Rabaul alles erzählen soll: daß sie mir den See gezeigt hat, und wie wir gemeinsam durch die Gras- und Sumpflandschaft gegangen sind. Nur wenige Leute in Rabaul hätten dies mit eigenen Augen gesehen. Wenn ich ihnen darüber erzählen werde, würden sie traurig werden und an ihre Verwandten im Dorf denken. Ich verspreche, alles genau zu berichten, und ergänze Magendauas Schilderung, was sie zufrieden zur Kenntnis nimmt. Wir gehen in der prallen Sonne; es ist drückend heiß. Der Weg scheint mir unerwartet lang. Liegt das an der Hitze oder wählt Magendaua eine mir unbekannte Route? Jetzt steigt der Weg etwas an, und wir erreichen eine Baumgruppe. Wir durchqueren die schattige Stelle, dann bleibt Magendaua stehen und macht eine ausholende Geste. Vor uns liegt eine von der Salvinia vollständig überwachsene Fläche, der ehemalige See.

Wie ein dicker, häßlicher Teppich hat sich die Salvinia ausgebreitet, so weit der Blick reicht, kein Quadratmeter Wasser glänzt in der Sonne. Wir schauen auf die gespenstische Landschaft.

Nach einer Weile kehren wir um. Wir sind schon einige Schritte gegangen, als Magendaua plötzlich stehen bleibt und auf einen uralten, mächtigen Baum weist.

Magendaua: »Auf diesem Baum saß mein Vater, als er erschossen wurde.«

Ich: »Über deinen Vater habe ich viel gehört.«

Magendaua: »Ich weiß. Jetzt siehst du auch, wo er getötet wurde.«

Nun verstehe ich den Umweg, Magendaua wollte mir diesen Baum zeigen. Jetzt erst kann sie gelassen auf das grausame Schicksal ihres Vaters zurückschauen. Zuerst mußte sie eine Form finden, mit mir umzugehen, wenn ich sie verlasse.

Magendauas Vater war ein gescheiter, großgewachsener, imposanter Mann. Als im Jahre 1927 die ersten australischen Kolonialoffiziere nach Palimbei kamen, hat er wie kein anderer erfaßt, welche Möglichkeiten ihm ein Bündnis mit der weißen Macht eröffnen würde. Er anerbot sich, die Interessen der Weißen im Dorf zu vertreten, und wurde von diesen als Dorfchef eingesetzt. Eine Rolle, welche die egalitäre Iatmul-Gesellschaft nicht kennt und die auch keiner bereit war anzuerkennen. Nur dank den polizeilichen Gewehren gelang es Magendauas Vater, seine Rolle als Despot aufrechtzuerhalten und zu genießen. Die Palimbei vergaßen ihm das nie, weder die Zwangsarbeiten, die er im Interesse der Weißen anordnete, noch die Tatsache, daß er eine Frau nach der anderen heiratete. Während des Zweiten Weltkrieges, als die Australier auf der Flucht vor den Japanern das Sepik-Gebiet verlassen hatten, nutzte man die Gelegenheit. Die Palimbei beschlossen, ihn zu beseitigen. Magendauas Vater, der geahnt haben muß, was gegen ihn im Gange war, verließ das Dorf. Er ging durch die Gras- und Sumpflandschaft und versteckte sich auf dem Baum, den mir Magendaua zeigte. Die Palimbei verfolgten ihn, entdeckten ihn und feuerten den tödlichen Schuß ab. Als ihr Vater starb, war Magendaua noch ein Säugling, doch hat sie die Ablehnung der Dorfbevölkerung, die sich lange Zeit auf die ganze Familie erstreckte, am eigenen Leib erfahren. Heute sind alle Leute gestorben, die in den Tod ihres Vaters verwickelt gewesen waren. Ihr Vater hatte sie im Laufe der Jahre umgebracht. Er hat die Gestalt eines wilden Schweines angenommen und seine Mörder zerfetzt. Noch heute wird er gesehen, wenn er als einsames Schwein durch den Wald irrt und beim geringsten Geräusch im Busch verschwindet.

Magendaua hat mir den Schauplatz der Ermordung ihres Vaters gezeigt. Sie ist mit mir, der weißen Frau, eine Beziehung eingegangen, doch ließ sie sich nie so weit verführen, wie ihr Vater es offenbar geschehen ließ. Magendaua hat ihre Selbständigkeit mir gegenüber immer bewahrt und vermochte es, auf das *naven* zurückzugreifen, als sich in unserer Beziehung Gefühle entwickelten, die sie ihn ähnlicher Weise zu verwirren drohten, wie anzunehmen ist, daß ihr Vater einst in Verwirrung geraten ist. Magendaua ist nicht in Gefahr, ein einsames wildes Schwein zu werden, das den Blick zurück nicht kennt und für das keine *naven* getanzt werden. Sie kennt die ausdrucksvollen Pantomimen und wird weiterhin die Augen verdrehen, die Zunge weit herausstrecken und den Oberkörper und die Arme wild hin und her bewegen. Andere werden für Magendaua ein *naven* tanzen, wenn sie auf die zurückschaut, zu denen sie sich zählt.

Marco Morgenthaler
Wamun und die Gruppe der Jungen

In den Dörfern des Sepiks bestimmt die Gruppe der Jungen den Alltag der Kinder und Adoleszenten. Obwohl die Zugehörigkeit zu einer solchen Gruppe ein ganzes Leben lang bestehenbleibt, treten für den erwachsenen Mann andere Beziehungen in den Vordergrund. Er hat Frau und Kinder und ist in eine Männerhausgemeinschaft integriert. Er ist für den Bau eines Wohnhauses verantwortlich, und die Frau erwartet von ihm, daß er ihr und den Kindern Kanus und Paddel schnitzt.

Die Kinder und Jugendlichen verbringen den Tag unter ihresgleichen und bilden eine abgeschlossene Gruppe, die von der Welt der Erwachsenen getrennt ist und respektiert wird. Jedes Kind hat seinen eigenen Garten, über den es allein bestimmt. Ein Kind kann bei einem Streit mit den Eltern das Haus verlassen und für eine gewisse Zeit zu Verwandten ziehen. Da die Mutter auf dem See Fische fängt, um die Familie zu ernähren, ist bereits ein Säugling darauf angewiesen, sich in der Gemeinschaft der älteren Geschwister zurechtzufinden.

Da ich nur wenig älter bin als die Gruppe der Jungen, für die ich mich interessiere, gibt es kaum Probleme, jemanden für tägliche Gespräche zu gewinnen. Kurz nach meiner Ankunft ist Wamun, ein etwa siebzehnjähriger junger Mann, sofort bereit, mich täglich zu sehen. Obwohl die Gruppe nicht hierarchisch organisiert ist, nimmt er in ihr durch sein Selbstbewußtsein und seine Redegewandtheit eine besondere Stellung ein. Zu Beginn unserer Gespräche läßt er mich durch die Erzählung verschiedener Begebenheiten wissen, daß er ein bedeutender junger Mann ist, mit dem die Weißen sprechen oder zu tun haben, wenn sie ins Dorf kommen. Eine Steinschleuder hängt über seiner Schulter, mit der er hin und wieder Lehmkugeln in die Büsche schießt, in denen er Vögel vermutet. Er ist unsicher, was ich von ihm will, und fragt mich deshalb, welche »kleine Arbeit« die Gruppe der Weißen in Palimbei zu machen gedenke. Auf dem Weg vom Dorf zu unserem Haus am Sepikufer erkläre ich ihm ausführ-

Wamun

lich, was wir beabsichtigen. Als ich zu Ende gesprochen habe, springt Wamun plötzlich vom Weg und rennt auf einen See zu, wo er auf einige Distanz zielsicher eine aufgeschreckte Ente erlegt. Am folgenden Tag erzählt er mir, daß es ein gutes Essen gegeben und seine Mutter ein kleines *naven* gemacht habe. Die Mutter tanzte für Wamun und sang:

Mein Kind hat eine Ente geschossen
Es ist gut
Es hat etwas gemacht, das sein Vater vorher nicht gemacht hat
So hat es den Vater übertroffen.

Wamun übersetzt mir das Lied und erklärt: »Du hast gestern auf dem Weg gut gesprochen, und ich habe verstanden, was du mir gesagt hast. Dann habe ich die Ente getroffen und getötet.«

Ich bin stolz auf die Geschichte mit der Ente, weil ich glaube, es sei mir gelungen, mit Wamun in eine gute Beziehung zu kommen. Doch bereits am folgenden Tag zeigt sich die Angst von Wamun, die Grenzen zwischen uns könnten verschwimmen, und er wüßte nicht mehr, wer er sei. Wamun will sein gekraustes Haar strecken, um mir ähnlich zu sein. Er ist bisher nie auf eine derartige Idee gekommen. Mir gegenüber verhält er sich jetzt distanziert und formell und weiß nicht mehr, was er sagen soll. Plötzlich meint er, die Weißen würden so tanzen, als ob sie zusammen schliefen, und will von mir wissen, ob ich in meinem Land mit Frauen schlafe. Nachdem er sich vergewissert hat, daß dies zutrifft, behauptet er, man werde davon ganz dünn, und spielt dabei auf meinen schlanken Körperbau an. Wamun, der viel kräftiger ist als ich, bemerkt, er wolle nicht so dünn werden und habe deshalb noch nie mit einer Frau geschlafen. Er fürchtet den Kontakt zu mir, denn für ihn sind unsere Gespräche beinahe so, als würden wir in der Art der Weißen zusammen tanzen. Wamun fühlt sich von den Weißen angezogen, weil er ihre Eigenschaften bewundert, befürchtet aber gleichzeitig, sich den Weißen auszuliefern, wenn er sich mit ihnen einläßt. Zu mir verhält er sich so, als ob mein Interesse an ihm zu einer homosexuellen Vergewaltigung führen könnte, die ihn auslöschen würde.

Wamun zieht sich zurück. Es kommt zu keinen weiteren Gesprächen. Wenn ich mich im Dorf oder auf dem Fußballplatz zeige, wo die Gruppe der Jugendlichen oft anzutreffen ist, werde ich kaum beachtet. Wamun grüßt mich nicht mehr.

Etwa zum gleichen Zeitpunkt brechen die Gespräche mit Manpa, einem Freund von Wamun, ab. Er wirkt schüchtern, doch im Schatten von Wamun ist er mein zweiter Gesprächs-

Blick aus der Türöffnung

partner in Palimbei geworden. Manpa geht anders mit mir um als Wamun. Für beide bin ich als Weißer ein Fremdkörper in der Gruppe der Jungen. In einer Art Geständniszwang eröffnet mir Manpa sein intimes Sexualleben und ist danach nicht mehr bereit, mich wieder zu treffen, um weitere Gespräche zu führen.

Oft gehe ich zum Haus von Wamun, doch ist es immer Arawure, sein jüngerer Bruder, der mich erwartet. Er ist etwa zehn Jahre alt und ebenso neugierig und selbstbewußt wie Wamun. Es ist nicht leicht, ihn zu einem Gespräch zu bewegen, obschon wir oft zusammen umherstreifen. Er hat bemerkt, daß Wamun mit mir nicht mehr sprechen will. Für ihn gehöre ich zur Gruppe der älteren Jugendlichen. Schließlich schlage ich ihm vor, mit mir jonglieren zu lernen. Wir gehen mit einem anderen kleinen Jungen etwas abseits vom Dorf in den Busch und setzen uns in einer Lichtung auf einen umgestürzten Baumstamm. Arawure flüstert mit dem anderen Jungen, und ich verstehe, daß er meint, es sei nicht gut, wenn die Gruppe uns hier entdecken würde. Ich denke, die anderen seien vielleicht eifersüchtig, weil sie auch mit Bällen jonglieren möchten. Doch zeigt sich bald, daß Arawure und sein Freund besorgt sind, von der Gruppe isoliert zu werden. Der kleine Junge fühlt sich nicht wohl und verläßt uns bald. Nach einer halben Stunde Training hat Arawure genug vom Jonglieren. Wir setzen uns wieder auf den Baumstamm.

Arawure: »Wir haben einen Eisenkoffer gefunden und ihn auseinandergerissen. Ich habe ein Stück davon mitgenommen und heute das Eisen zu einer Sichel gehämmert, um Gras schneiden zu können. Mein Vater kam unter das Haus, wo ich an der Sichel gearbeitet habe, und war sehr wütend auf mich. Er wollte die Sichel zerbrechen.«

Ich: »Warum denn?«

Arawure: »Ich habe ihm sein Tuch gestohlen, das er sich um die Hüften bindet. Er fand es nicht mehr.«

Arawure kommt nach kurzem Überlegen auf ein Essen zu sprechen, das er mit zwei anderen Jugendlichen im Busch zubereitet hatte. Er schildert ausführlich, wie sie Feuer machten und was sie alles kochten.

Arawure: »Ein Mädchen hat mit mir angebändelt. Wir sind zusammen in den Busch gegangen.« (Er lacht) »Hat dir Wamun nicht erzählt, was man den Frauen dann gibt?«

Er macht einige Andeutungen auf sexuelle Spiele, die Mädchen und Buben miteinander unternehmen, wenn sie allein im Busch sind.

Arawure: »Nachher bin ich ins Dorf zurückgekehrt und

habe das Mädchen im Busch zurückgelassen. Ich habe einen Freund getroffen und ihn zum Mädchen geschickt.
Ich habe Angst vor den Frauen. Es ist nicht gut, wenn meine Gruppe mich sieht, wie ich mit Mädchen flirte. Ich glaube, es ist besser, wenn ich jetzt ins Dorf zurückgehe.«

Arawure schaut sich ängstlich um. Wer kann ihn gesehen haben?

Gefährlicher als der Vater ist Wamun. Er könnte seinen kleinen Bruder zusammenschlagen, wenn er uns beide allein im Busch entdeckte. So wie Arawure seinen Freund zum Mädchen schickt, möchte er seinen älteren Bruder zu mir in den Busch bringen, denn dann wäre die Gefahr eines Streites gebannt. Ich werde dabei zu einem verkleideten Mädchen, mit dem man im Busch spielt und lacht. Die erotisierten Gefühle lassen ihn an die Wut des Vaters denken, die eigentlich den drohenden Streit mit Wamun beinhaltet.

Meine drei Versuche, regelmäßige Gespräche zu führen, sind gescheitert. Ich fühle mich in unserer Gruppe isoliert, denn Milan und Florence haben planmäßig ihre täglichen Gespräche organisiert. In der Nacht träume ich, daß ich meine verlorene Taschenmesserpinzette in einer Ritze des Fußbodens wiederfinde. Tatsächlich ist sie mir am Abend zuvor hinuntergefallen, aber es war Florence, die sie im Halbdunkel entdeckt hat. Der Traum entspricht meinem Wunsch, genauso wie Florence jemanden zu finden, mit dem ich regelmäßige Gespräche haben kann, die mich und meinen Partner unzertrennlich wie die beiden Hälften der wiedergefundenen Pinzette verbinden.

Zu diesem Zeitpunkt beginne ich mit unserem Motorkanu den Sepik zu überqueren, um am anderen Ufer das zu suchen, was ich in Palimbei nicht finden konnte. In Kanganamun treffe ich Ngaui, der sich mit mir einläßt. So kann ich mich besser damit zurechtfinden, in Palimbei Beziehungen zu den Jugendlichen einzugehen, die nicht an Einzelgespräche gebunden sind.

Ich folge der Musik und den Stimmen, die mitten in der Nacht zu unserem Haus am Sepikufer gedrungen sind. Im Busch treffe ich auf eine Gruppe von Jungen, die um ein Feuer sitzen. Sie haben Essen mitgebracht und kochen einen Eintopf über dem Feuer. Ich erkenne Wamun, aber Manpa ist nicht unter ihnen. Ich vernehme von der Gruppe, daß sein

Vater wütend wird, wenn Manpa in der Nacht mit seinen Freunden umherstreift. Kumbal, den ich von meinen Besuchen im Dorf kenne, ruft mich zu sich. In einer melancholischen Stimmung erzählt er mir von seinem Aufenthalt in der Küstenstadt Lae und fügt hinzu, daß viele junge Leute seiner Altersgruppe in der gleichen Stadt waren.

Kumbal: »Wenn wir zusammen in der Stadt umherstreiften, war das gut. Mit den erwachsenen Männern kann ich nicht über alles sprechen. Wenn ich mit den Alten zusammensitze, langweile ich mich bald.«

Neben mir liegen eng zusammengerückt fünf junge Leute, die sich leise über eine schwarze Frau unterhalten. Die anderen essen aus dem Kochtopf oder spielen Gitarre. Als ich müde bin und mich verabschieden will, stehen alle auf, zertreten das Feuer, waschen das Geschirr am Fluß und begleiten mich zu unserem Haus, worauf sie den Weg nach Palimbei einschlagen.

Am folgenden Tag sitzen alle unter dem kleinen Schattendach, nahe vom Flußufer. Wir sprechen über das bevorstehende Gitarrenfest, das in Sotmeri stattfinden soll, und vereinbaren, daß wir gemeinsam mit unserem Motorkanu in das etwa zwei Stunden flußaufwärts gelegene Dorf fahren werden. Nun beginnen sie eifrig in der Iatmul-Sprache zu diskutieren, bis einer Fritz entdeckt, der von unserem Haus kommt und zum Fluß geht, wo das Kanu liegt. Alle springen auf und rennen zum Kanu. Ich bleibe allein zurück und weiß nicht, was das bedeuten soll. Bald kommen sie zurück und besprechen sich kurz untereinander. Agendai, ein junger Mann aus einer Splittersiedlung von Palimbei, erhebt sich und richtet das Wort an mich. Es sei besser, meint er, ich würde Milan fragen, ob ich das Kanu benützen könne, um mit ihnen nach Sotmeri zu fahren. Sie befürchten einen Streit in unserem Haus, wenn ich Milan nicht um Erlaubnis bitte. Es ist offensichtlich, daß sie glauben, es bestehe zwischen mir und der Gruppe der Weißen die gleiche Rivalität, in der sie mit ihren Vätern stehen. Ich erkläre ihnen, daß sie sich vorstellen, Milan sei eine Autoritätsfigur, der ich mich unterordnen müßte. Ich sage, bei uns sei es anders. Am folgenden Morgen zeigt sich, wie die Forderung der Gruppe der Jungen, mich der Autorität Milans zu unterwerfen, der Forderung ihrer Iatmul-Väter entspricht. Obschon sie sich freuen, mit unserem Motorkanu zum Tanzfest fahren zu können, wurden sie in ihrem Verhalten zu mir, dem weißen Fremdling, zum Sprachrohr der Männergesellschaft. Ein älterer Iatmul-Vater kommt in unser Haus und wendet sich an Milan. Er legt ihm nahe, die Jugendlichen nicht zum Fest mitzunehmen. Sie sollten bestraft werden, weil sie an unserem Haus zu wenig mitgearbeitet hätten.

Als wir dann trotzdem unseren Plänen folgen und nach Sotmeri fahren, ist unser Kanu voll von jungen Leuten. Am Fest fällt mir auf, wie ausschließlich die Zusammengehörigkeit innerhalb der Gruppe ist. Nach einer etwas formellen Darbietung der verschiedenen Musikgruppen wird die aus dem Nachbardorf Yensan zum Sieger erklärt. Darauf beginnt der unorganisierte Teil des Festes, doch selbst jetzt, als sich die Möglichkeit bietet, mit jungen Leuten aus den verschiedensten Dörfern zusammenzukommen, bleiben die einzelnen Gruppen größtenteils unter sich, spielen Musik und plaudern miteinander. Frauen und Männer sind voneinander getrennt. Wenn sich eine Frau und ein Mann treffen wollen, tun sie das in der Regel außerhalb des umzäunten Festgeländes.

Um Mitternacht drängt ein Vater, der mit uns gekommen ist, zum Aufbruch. Er hat ein waches Auge auf die Jugendlichen aus Palimbei und befürchtet aus irgendeinem Grund eine Schlägerei zwischen ihnen und den Jungen aus dem Nachbardorf Malingei. Es kommt zu keiner Auseinandersetzung, doch viele unter ihnen sind unzufrieden, daß sie so früh nach Palimbei zurückkehren müssen.

Am folgenden Tag reise ich nach Wewak ab, um gemeinsam mit Milan und Florence unsere Vorräte zu erneuern. Auf der Rückreise brechen die Schaftschrauben des Motors. Während einer Woche bleibe ich in Palimbei, weil ich den Fluß nicht überqueren kann, um Ngaui zu besuchen. Im Dorf treffe ich Wamun, Arawure, Manpa, Kumbal und einige ihrer Freunde, die unter einem Haus sitzen. Wamun nimmt ein Kalenderfoto in die Hand, das an einem Pfosten angebracht ist. Auf dem Bild ist ein toter Mann zu erkennen, um den sich viele Menschen traurig versammeln. Wamun versinkt in eine melancholische Stimmung und erinnert sich an Ndumoi, Kumbals Vater, der vor einiger Zeit gestorben ist. Die anderen jungen Leute wenden sich einem kleinen Kind zu, das noch kaum gehen kann. Sie streicheln es zärtlich und spielen mit ihm. Ohne äußeren Anlaß verändert sich die Stimmung unvermittelt. Manpa schlägt dem kleinen Kind auf den Rükken, so daß es laut heulend weggehen will und umfällt. Zwei Hühner, die sich zufällig in der Nähe des Hauses befinden, werden mit Stöcken verfolgt. Von einem Hund gejagt, verstecken sie sich unter einem Holzstoß, doch zwei Kinder schlagen mit Stangen so lange auf den Holzhaufen, bis die Hühner halbtot hervorkriechen und der Hund sich jaulend verzieht. Dann beruhigt sich die Gruppe.

Die Melancholie und Zärtlichkeit von Wamun und den anderen ist durch meine überstürzte Abreise nach Wewak motiviert. In dem Augenblick, als sich die Gruppe mir zugewandt hat, verlasse ich sie und reise ab. Die dadurch bewirkte Kränkung führt zu einem aggressiven Ausbruch, ähnlich wie ich es mit Ngaui erlebt habe. Er schlug das Haus zusammen, nachdem er von seiner Mutter ein Messer verlangt und sie ihm nicht geantwortet hatte.

Nach dem Zwischenfall sind alle entspannt. Manpa hebt das Kind auf und wirft es spielerisch in die Luft, bis es wieder zu lachen beginnt. Wamun und ich ziehen uns in *haus polis* zurück. Es wurde ursprünglich erbaut, um Regierungsbeamte auf ihren seltenen Inspektionsreisen unterzubringen. Danach verfaulte die Treppe, eine Wand war herausgebrochen, und aus dem Haus entstand eine Art überdeckte Veranda, ein Treffpunkt der Gruppe der Jungen. Ich sage Wamun, daß ich mich nach meiner Rückkehr aus Wewak in Palimbei schon viel besser zurechtfinde. Ich würde die Leute kennen und wissen, welche Wege wohin führen. Ich erzähle Wamun vom Volk der Skipetaren in Albanien, deren eigenartige Hand- und Kopfbewegungen das genaue Gegenteil der unsrigen bedeuten. Ein Kopfschütteln drücke die Zustimmung aus, ein Nicken jedoch die Ablehnung. Die Bewegung der Hand zu sich heiße »gehe weg«, von sich »komme her«.

»Wie seltsam«, meint Wamun. »Das können nicht gute Menschen sein, wenn sie einen so in Unkenntnis lassen.«

Ich: »Es sind keine schlechten Menschen. Für sie sind ihre Zeichen selbstverständlich und unzweideutig. Wenn wir uns darauf einstellen und die andere Bedeutung kennen, gibt es keine Mißverständnisse.«

Wamun: »Dann kann man ja Freunde werden, wenn man die Zeichen versteht.«

Kindergruppe

Allmählich füllt sich die Veranda. Junge Männer und Kinder legen sich zu uns. Wamun nimmt meine Mütze und setzt sie auf seinen Kopf. Er sei nun Marco, meint er, und ginge zum Haus am Sepik, während ich in sein Haus ziehen könne. Ich gebe ihm darauf noch meine Tasche, die er sich umhängt. Alle lachen. Arawure hat sich neben mich gelegt. Durch das

Gelächter angezogen, schlendert Manpa herbei. Wamun sagt zu uns allen: »Heute morgen hat Manpa nach dem Schwanz von Arawure gerufen.« Manpa setzt sich zu mir, grinst und sagt, es stimme gar nicht, das sei nur ein Scherz gewesen. Begeistert nimmt Arawure das Thema auf: Er wolle meinen Schwanz essen, das schmecke ganz süß.

Ich: »Wenn du ihn aufißt, habe ich keinen mehr.«

Arawure: »Gut. Du machst den Mund auf, und ich hänge meinen Schwanz und meine Hoden hinein. Dann kannst du alles abbeißen und aufessen. Zu Hause habe ich noch eine zweite Garnitur.«

Er versichert mir, daß es gut schmecken werde. Das süße Wasser, das in seinen Geschlechtsteilen sei, könne ich trinken. Das süße Wasser, das er mir anbietet, bezieht sich auf die zweite Garnitur, die Arawure zu Hause in Reserve hat. Das Ersatzpaar sind die Brüste der Mutter, die den kleinen Arawure gesäugt hat.

Wamun schlägt nun vor, daß sein Bruder und ich uns nackt ausziehen sollen. Er meint, wer den kleineren Hoden habe, könne den des anderen auffressen. Wir lachen. Alle rücken näher zusammen. Manpa trommelt auf meinem Ellbogen und streicht mir über das Haar. Arawure hat plötzlich die Idee, ich werde heute abend einen Sanguma antreffen; einen Zauberer, der im Dorf wohnt und die Menschen unvermittelt töten kann, wenn er ein böser Sanguma ist. Die Dorfbewohner fürchten sich vor ihm. Wenn die Kinder in der Nacht pinkeln müssen, sagt Arawure, gingen sie niemals in den Busch, sondern höchstens unter das Haus, nachdem sie einen Erwachsenen geweckt haben, der ihnen mit einer Lampe leuchtet.

Ich antworte, daß ich den Sanguma begrüßen und mit ihm sprechen werde.

Arawure: »Er wird ein Messer nach dir werfen.«

Ich: »Für diesen Fall habe ich mein Taschenmesser und werfe es auch. Wir beide weichen aus, und die Messer fliegen ins Gras. Dann können wir aufeinander zugehen und uns die Hände schütteln. Ich lade den Sanguma ein, am nächsten Tag hierher zu kommen, damit er euch kennenlernt.«

Arawure: »Sanguma wird seinen Vater holen, der ein neues Messer hat und seinem Sohn hilft.«

Ich: »Das glaube ich nicht. Wir werden unter uns bleiben. Im anderen Fall hätte mein Vater ja auch noch ein Messer.« Wamun will nun wissen, ob ich den Sanguma auch aufsuchen könne, wenn er einen Menschen getötet habe. In Anbetracht der möglichen Todesfälle im Dorf verneine ich dies, erkläre aber auf die weiteren Fragen Wamuns, daß ich den Sanguma, der die Absicht habe, ihn zu töten, bestimmt treffen könne.

Arawure beginnt von neuem, mit Wortspielen und Witzen die Aufmerksamkeit auf sich zu ziehen. Er verändert meinen Namen zu *mago*, was eine Fischart bezeichnet, und danach zu *magul*, was Arsch heißt, und sagt: »Friß meinen Schwanz und meine Hoden mit ihrem süßen Wasser.«

Von hinten wirft jemand den Ausdruck *kisim win* in die Runde, worauf sich alle vor Lachen schütteln. *Kisim win* heißt wörtlich: Luft holen, atmen, auch ausruhen, aber hier bedeutet es, mit Kindern zusammen zu schlafen, wie mir Wamun erklärt.

In meiner Erinnerung bleibt dieser Nachmittag die angenehmste Zeit, die ich mit der Gruppe der Jungen in Palimbei verbracht habe. Die erotisierte Spannung, die sexuelle Neugier, die sich auf mich richtete, und die Offenheit, mit der Arawure seinen Phantasien Ausdruck gab, faszinierten mich. Diese Lebendigkeit stand für mich in einem auffallenden Gegensatz zur Ruhe, die im Zeremonialhaus herrschte, wenn nicht gerade ein Fest oder ein besonderer Anlaß stattfand.

Die autonome Gruppe der Jugendlichen bestimmt das Leben in der Adoleszenz. Durch ihre Selbstbezogenheit grenzt sie sich von der Welt der Erwachsenen deutlicher ab, als es in unserer westlichen Kultur der Fall ist, in der die jungen Leute den Institutionen der Schule oder der Lehre unterworfen werden und ihre Abhängigkeit vom Elternhaus viel länger andauert als in der Iatmul-Gesellschaft. Wenn die jungen Männer durch Initiation und Heirat selber zu Erwachsenen werden, Häuser bauen und für eine Familie zu sorgen haben, verliert die Gruppe ihre gesellschaftliche Bedeutung, bleibt aber durch die Erfahrung in der Adoleszenz der Bezugspunkt für die neue Rolle in der Männergesellschaft.

Marco Morgenthaler
Ngaui

Mit Fritz zusammen fahre ich nach Kanganamun, das am anderen Ufer des Sepikstroms liegt. Die Spitze unseres schmalen Motorkanus zeigt auf einige Häuser, die zum oberen Dorfteil Kanganamuns gehören. Links und rechts bis zur nächsten Sepikbiegung versperren die wildbewachsenen Uferböschungen den Blick auf das sumpfige Hinterland. Wir drehen flußabwärts und fahren zwischen einer vorgelagerten Insel und Anlegestellen für die Paddelkanus bis zu einer schmalen Bachmündung, wo wir unser Kanu anbinden. Am Eingang des Dorfes trennen wir uns. Fritz will mit Kwandemi sprechen, während ich den Weg zurück zum oberen Dorfteil einschlage. Eine schmale Holzbrücke führt in einen Weg, der von hohen Kokospalmen gesäumt ist, ohne dadurch schattig zu sein.

Seit mehreren Tagen halte ich mich in diesem Teil von Kanganamun auf, um jemanden zu treffen, der bereit ist, täglich mit mir zu sprechen. Als Fremdkörper im Dorf warte ich, bis die Neugier der Einwohner größer wird als die Verunsicherung, die sie mir gegenüber empfinden. Es bewegt sich wenig. Einige Kinder werfen Fruchtkerne im Schatten eines Hauses. Eine Frau geht in den Busch. Ich spaziere am Zeremonialhaus vorbei und grüße diejenigen zurück, die ihr Dösen für einen Moment unterbrochen haben. Heute habe ich keine Lust, im Männerhaus zu sitzen. Dort gibt es keine jungen Leute, mit denen ich reden kann. Die alten Männer erinnern sich jeweils an die Zeit des ersten Aufenthaltes von Milan und Florence und fragen stets das gleiche über unser Motorkanu und Fritz, als hätten sie meine Antworten, die ich ihnen am Vortag gab, vergessen.

Am Ende des Dorfteiles, etwas abgesetzt, aber noch vor der amerikanischen Missionskirche, aus deren Richtung ich nun den Gesang von Kirchenliedern höre, liegt eine kleine Häusergruppe am Sepik-Ufer. Unter einem Haus erkenne ich einen Mann, der an einer Holzplastik schnitzt. Ich schätze ihn jünger ein, als er wirklich ist. Vielleicht ist er jemand, mit

Ngaui

dem ich jeden Tag sprechen kann. Meine Anwesenheit stört ihn nicht, doch bleiben seine Antworten auf das Notwendige beschränkt. So vergeht die Zeit. Der Schnitzer folgt schweigsam und konzentriert seiner Arbeit, und ich schaue ihm dabei zu. Ein junger Mann setzt sich zu uns. Er stellt sich mir vor: Ngaui, neunzehn Jahre alt und Nachbar des Schnitzers. Er meint lachend, sein Freund sei schweigsam, rede selten und schnitze viel. Vielleicht hänge das damit zusammen, daß er Familienvater ist. Ngaui steht auf und verabschiedet sich von uns. Ich spaziere den Weg durch das Dorf zurück. Ein kräftiger Mann behaut einen Holzklotz und ruft seine Kinder, die ihm sogleich eine neue Axt bringen. Er weist sie barsch zurecht und schickt sie fort.

Zu mir: »Für mich sind alle Menschen, die die Kopfjagd nicht miterlebt haben, kleine Kinder, nichts wert. Du bist auch so ein Baby. Ich bin der große Mann hier im Dorf; ich war auch in Australien und habe den Weißen gezeigt, wie man schnitzt.«

Seine selbstgefällige Art ärgert mich.

Ich: »Die Kopfjagd habe ich nicht erlebt. Deshalb bin ich kein Baby. Du denkst falsch. Sicher bist du zusammen mit einem Weißen gereist, um Australien zu finden. Ich aber habe einen viel längeren Weg bis zu den Sepik-Dörfern allein gemacht. Du redest zu mir wie zu deinen Kindern. Du willst die anderen mit deinen Reden erniedrigen.«

Er grinst: »Ja, ich werde mit dir schlafen und meinen Samen in deinen Arsch spritzen. Mein Samen wird dich groß und stark machen, und deine Eltern werden sich freuen.«

Die ganze Zeit schlägt er mit der neuen Axt auf den Holzklotz, wo sich allmählich eine rohe Form abzuzeichnen beginnt. Ich bin froh, nicht eines seiner Kinder zu sein.

Am nächsten Tag setzt sich Ngaui zu mir ins Männerhaus. Er zeigt mir die Zeichen seiner Initiation. Die Wunden, die ihm die Männer mit scharfer Klinge in den Körper geschnitten haben, sind längst verheilt und zeichnen sich jetzt als unzählige Erhebungen am Oberkörper ab. Ngaui erinnert sich, wie er die Schmerzen kaum ertragen hat. Die Initiation war für ihn ein Schock. Ngaui kommt auf die Zeit zu sprechen, als er bei Jeff auf dem Hausboot arbeitete. Jeff, ein Australier, ist der Besitzer des Hausbootes. Auf dem komfortablen Sepik-Explorer organisiert er regelmäßige Flußfahrten für Touristen, die die Dörfer des Mittelsepiks besichtigen wollen. Ngaui kaufte sich damals einen Außenbordmotor und ist der einzige junge Mann in der Umgebung, der ein Motorkanu besitzt.

Ngaui: »Auf dem Sepik-Explorer lernte ich einen älteren Australier kennen. Ich zeigte ihm unsere Dörfer, und er erzählte mir von seinem Land. Am Schluß hat er mich eingeladen, mit ihm drei Monate nach Australien zu gehen. Alles war für die Reise vorbereitet, als im letzten Augenblick meine Mutter einen schweren Anfall mit Atemnot erlitt. Da konnte ich nicht mit dem Australier fortreisen. Ich kehrte nach Kanganamun zurück und bezahlte einen Zauberer, der den Tod der Mutter verhinderte.«

Ngaui ist einverstanden, täglich mit mir zu sprechen. Wir verabreden, daß ich ihn am nächsten Morgen bei seinem Haus treffen werde, wo er mit seinen Eltern wohnt.

Zur vereinbarten Zeit suche ich Ngaui vergeblich. Auch sein Motorkanu ist verschwunden. Ich vernehme, daß er am frühen Morgen mit der ganzen Familie nach Yindabu gefahren ist. Kurz darauf legt Ngauis Kanu am Ufer an. Alle steigen aus und gehen an mir vorbei ins Haus. Ngaui setzt sich zu mir.

Ngaui: »In der Nacht bekam meine Mutter einen Anfall. Sie konnte fast nicht mehr atmen. So habe ich sie heute morgen zum Arztposten in Yindabu gebracht, wo man ihr eine Spritze gegeben hat.«

Ich: »Gestern haben wir das erste Mal verabredet, daß wir heute miteinander sprechen. In der Nacht bekommt deine Mutter einen Asthmaanfall.«

Ngaui: »Gestern habe ich meiner Mutter erzählt, daß ich mit dem jungen weißen Mann von Palimbei sprechen werde. Sie sagte, es sei gut.«

Ich: »Als der Australier dich eingeladen hatte und du bereits abreisen wolltest, wurde deine Mutter krank. Sie hatte Angst, ihren Sohn zu verlieren. Du bist zurückgekehrt und hast einen Zauberer geholt.«

Ngaui: »Damals hatte die Mutter eine richtige Krankheit. Ohne den Zauber wäre sie gestorben. Heute nacht war sie nicht ernsthaft krank. Es reichte aus, daß wir zur Krankenstation fuhren. Es wird keinen Zauber geben.«

Ngaui spricht so, als ob er mich berichtigen wollte. Es scheint, daß der Australier mit seiner Einladung damals zu weit gegangen war. Nur durch den Zauber konnte der Tod der Mutter verhindert werden. Wir aber haben erst begonnen, miteinander zu sprechen. Ein Zauber ist nicht notwendig.

Er will von mir wissen, ob ich verheiratet bin.

Männerhaus

Ngaui: »Ich bin auch nicht verheiratet. Ich will nicht heiraten, sonst muß ich mehr arbeiten als jetzt. Es gibt oft Streit in den Familien. Doch wenn ich heiraten würde, gäbe es keinen Streit zwischen mir und meiner Frau, auch nicht mit meinen Eltern. Den Streit gibt es nur in anderen Familien.«

Ich: »Was führt zum Streit?«

Ngaui: »Alles, was die Söhne verdienen, nehmen die Eltern. Sie sitzen auf dem Geld und schauen, daß das Vermögen größer wird. Wenn die Söhne Geld brauchen, müssen sie die Eltern fragen. Es gibt Streit.«

Am nächsten Tag finde ich Ngaui nach längerem Suchen im Zeremonialhaus des großen Dorfteiles. Er wartet auf eine Gerichtsverhandlung, in der ein jüngerer Mann, der einem älteren die Nase blutig geschlagen hat, angeklagt ist. Nach seinem Bericht über den bevorstehenden Gerichtsfall erzählt er mir über das große Fest, das in der vergangenen Nacht in Sotmeri stattfand, und an dem die Musikgruppen der verschiedenen Dörfer spielten.

Ngaui: »Ich habe am Fest mit einer Frau getanzt. Nachher sind wir zusammen in den Busch gegangen. Ich wollte mit ihr schlafen, doch dazu ist es nicht gekommen. Eine Gruppe von Männern hat uns überrascht, und die Frau ist davongerannt. Sie hat gedacht, es sind ihre Brüder, die auf sie aufpassen und verhindern wollen, daß sie mit mir schläft. Ich aber habe es gesehen. Es waren nicht ihre Brüder. So bin ich ohne Frau nach Kanganamun zurückgefahren.«

Einige Männer kommen ins Zeremonialhaus. Sie konnten den jungen Mann nicht finden. Die Gerichtsverhandlung ist verschoben.

Ngaui: »Ich habe es satt, mit schwarzen Frauen zu schlafen. Die Frauen mit der weißen Haut gefallen mir viel besser.«

Er schwärmt von den weißen Frauen und berichtet, daß Touristen auf dem Hausboot gern mit schwarzen Frauen schlafen.

Ngaui: »Schläfst du gerne mit schwarzen Frauen, wenn du hier bist?«

Ich: »Ich bin nicht an den Sepik gekommen, um mit schwarzen Frauen zu schlafen.«

Meine Bemerkung provoziert einen Lachanfall Ngauis. Er kann sich kaum halten und klopft mir auf den Oberschenkel. Männer, die aus ihrem Halbschlaf aufgeschreckt sind, beginnen zu lachen, obwohl sie kaum wissen, worüber wir gesprochen haben.

Ngaui beruhigt sich etwas: »Es ist schon gut. Wenn eine schwarze Frau mit dir schlafen will, ist es recht.«

Wir verabschieden uns. Ich spaziere über den Zeremonialplatz, in dessen Mitte die Hauptpfosten an den Eingängen des Männerhauses die Palmen überragen, und gelange zu Häusern, um die das Gras kurz geschnitten ist. In der Mitte des Dorfes zweigt der Weg in den Urwald ab. Er führt in einem großen Bogen zu der Stelle, an der unser Kanu festgemacht ist. Ich habe Zeit. Weshalb habe ich mich bei Ngauis Frage überrumpelt gefühlt? Sie lag in der Luft. Es ist mir unangenehm, daß Ngaui mir die schwarzen Frauen anbietet. Ich will ihm auch keine weißen vermitteln. Mit ihm will ich sprechen.

Kann es sein, daß Nguai annimmt, ich hätte in der Schweiz Streit mit den Frauen und sei deshalb nach Neuguinea gekommen?

Am folgenden Tag warte ich eine halbe Stunde auf Ngaui. Niemand weiß, wo er ist. In dem Augenblick, als ich weggehen will, taucht er hinter den Büschen auf. Er sei in seinem Garten gewesen.

Ngaui: »Erinnerst du dich an den Australier, der mich für drei Monate nach Australien mitnehmen wollte? Damals hat er mir erzählt, was wir in seinem Land gemacht hätten. Es gibt ein Haus, das heißt ›Kings Cross‹. Man geht hinein und wählt aus vielen Fotos diejenige Frau, mit der man schlafen will. Er und ich gehen in dieses Haus. Nachher steigen wir in seinen Wagen und fahren durch Straßen, wo Frauen stehen, die man bezahlt, um mit ihnen zu schlafen. So hat er es mir erzählt. Ich wohne in seinem Haus. Es hat zwei Zimmer, in einem schlafe ich, im andern der Australier. Es gibt einen Raum, wo wir zusammen essen und sprechen, aber dann geht jeder auf sein Zimmer.

Wenn du in dein Land zurückkehrst, wollen alle wissen, wie es gewesen ist. Du gehst in dein Haus und sitzt inmitten deiner Freunde. Sie werden fragen: Wie war es? Du erzählst über den Sepik und die Gespräche mit mir. Ihr seid zusammen, eßt miteinander, und alle hören deinem Bericht gespannt zu. Vielleicht komme ich dich besuchen, wenn du zurückgekehrt bist. Ich reise von Kanganamun ab und komme in dein Land. Doch was wird geschehen? Ich kann den Weg verlieren in der fremden Stadt und allein herumirren. Jemand wird mich töten.«

Ich: »Wenn du mich besuchst, werde ich zum Flughafen kommen, und wir werden gemeinsam in die Stadt gehen, so daß du den Weg nicht verlierst. Niemand kann dich töten.«

Ngaui: »Wenn deine Mutter jetzt krank wird, gehst du dann zurück?«

Ich: »In diesem Fall würde mein Vater abreisen und in die Schweiz fliegen. Ich aber würde hierbleiben.«

Ngaui: »Für dich ist alles neu hier, und dir gefällt der Sepik. Meine Gruppe, mit der ich zusammen bin, wird mit der Zeit immer langweiliger. Ich bin es müde, immer die gleichen Gesichter zu sehen und die gleichen Witze zu hören. Mit den Frauen ist das auch so. Ich schlafe nicht mehr gern mit schwarzen Frauen.«

Ngaui beugt sich vertrauensvoll zu mir und fragt: »Wie findest du denn die Frauen vom Sepik?«

Diesmal lasse ich die Frage offen.

Ich: »Jetzt weiß ich, warum du gestern so gelacht hast. Du denkst, ich hätte Streit mit den Frauen in der Schweiz und sie seien mir verleidet. Das ist für dich der Grund, weshalb ich an den Sepik gekommen bin.«

Ngaui lacht und bestätigt meine Vermutung. Seine Frage interessiert ihn nicht mehr.

Ngaui: »Immer gibt es irgendwo Streit, wenn man mit einer Frau schläft. Heiratet man sie, gibt es einen neuen Streit, wie viele zeremonielle Gaben und wieviel Geld übergeben werden sollen. Eine Frau folgte einem Mann in sein Dorf. Der Clan der Frau war aufgebracht und wollte, daß die Frau zurückkehrt. Schließlich einigte man sich über die zeremoniellen Gaben, die getauscht werden. Der Mann heiratete sie, und sein Clan zahlte dem anderen eine hohe Geldsumme. Heute muß man sehr viel bezahlen bei der Heirat. Hat man selbst Kinder, wird man später nach der Heirat der Töchter zeremonielle Gaben zurückerhalten.«

Folgt unsere Beziehung den Spuren, die der Australier zurückgelassen hat? Ngaui lacht, als ich ausspreche, was er als Grund meiner Reise zum Sepik vermutet. So wie er muß auch ich Streit mit den Frauen meiner Hautfarbe haben. Ngaui will mir die schwarzen Frauen vermitteln. Er nimmt damit die Stelle des Australiers ein, der ihn verführte, indem er ihm die weißen Frauen versprach. Doch die Gefühle der Zuwendung können nicht den Frauen gelten. Die Angst Ngauis, vom Australier selbst verführt zu werden, löste damals bei der Mutter einen schweren Asthmaanfall aus. Wenn er mich verführt, befürchtet er, von mir verlassen zu werden. Ngaui malt sich aus, wie er allein in Zürich umherirrt und schließlich umgebracht wird. Er zieht es vor, mich in die Rolle des Verlassenen zu bringen, wenn ich vergeblich auf ihn warte oder Schwierigkeiten habe, ihn aufzufinden. Mein Warten und Suchen beruhigt seine Angst, von mir enttäuscht zu werden.

Am folgenden Tag erscheint Ngaui nicht. Ich erfahre von seinem Vater, der zuerst von nichts wissen will, Ngaui sei mit seinem Bruder nach Maprik abgereist. Später höre ich von Fritz, daß Ngaui mir durch Kwandemi ausrichten läßt, sein Vater habe ihn in den Busch geschickt, Rotangpalmen zu schneiden. Am nächsten Morgen fahre ich vergeblich nach Kanganamun und finde ihn erst am Nachmittag bei seinem Haus. Neben ihm sitzen ein kleiner Knabe und etwas entfernt Ngauis Eltern, die näherrücken, als ich mich zu ihm setze.

Ngaui: »Heute morgen konnte ich nicht mit dir sprechen. Ich bin mit Kwandemi zum Markt nach Yensan gegangen.«

Die Eltern beenden ihre Unterhaltung und hören aufmerksam zu. Ich schlage Ngaui vor, einen kleinen Spaziergang zu machen. Er weist auf zwei Kratzer am Schienbein.

Ngaui: »Vorgestern wollte ich den Motor an dem Kanu meines Großvaters, meines Tumbuna, befestigen. Ich rutschte aus, und der Motor fiel auf mein Bein. Deshalb kann ich nicht gehen. Als ich vom Markt zurückkam, haben die Schmerzen wieder begonnen.«

Ich fühle mich nicht wohl; die Anwesenheit der Eltern stört mich.

Ngaui: »Vorgestern ist ein alter Mann im kleinen Dorf auf der anderen Seite des Flusses gestorben. Doch weshalb ist er gestorben? Zauberer, Sangumas von Palimbei, sind in ihm hineingegangen und haben ihn getötet. Jetzt bewegen sie sich unsichtbar. Wir sehen sie nicht. Es ist möglich, daß sich die Sangumas von Palimbei mit den Sangumas von Kanganamun und anderen Dörfern treffen und miteinander besprechen, wen sie als nächsten umbringen. Der, den sie auswählen, wird dann unbeweglich und verwirrt im Kopf. Er stirbt.«

Ich: »Und dein verletztes Bein?«

Ngaui: »Damit haben die Sangumas nichts zu tun. Es ist eine gewöhnliche Verletzung. Nur wenn ein Fluch auf mir lastet oder mein Tumbuna jemanden durch Zauber umgebracht hat, kann es auf mich zurückfallen. Nur dann bin ich in Gefahr.«

Ich: »Die Sangumas können dich nicht töten, denn zwischen uns gibt es keinen Streit, wenn wir zusammensitzen und sprechen. Es ist so, wie wenn du in die Schweiz kämest und ich dich abholte. Wir sind zusammen, und niemand wird dich töten können.«

Unvermittelt steht Ngaui auf und geht hinkend zum Haus, um Betel zu holen. In der Zwischenzeit verabschieden sich die Eltern von mir und nehmen den Kleinen mit. Als Ngaui zurückkommt, sind wir allein.

Ngaui: »Mein Tumbuna ist der große Zauberer. Einmal hat er den Touristen auf dem Hausboot seine Zaubereien vorgeführt. Plötzlich ist er aufgetaucht. Man hat nur seinen Kopf gesehen. Dann ist er auf dem Sepik-Fluß spaziert, und alle haben gestaunt. Die Touristen haben ihm viel Geld gegeben. Mit seinen Kräften bewirkt er nur Gutes, obwohl böse Sangumas zu ihm kommen und ihn überreden wollen, mit ihnen zusammenzuarbeiten. Doch mein Tumbuna geht darauf nicht ein und schickt sie fort.

Weißt du, was geschieht, wenn jemand krank wird? Dann geht sein Geist aus ihm heraus und streift im Busch umher. Wenn ein Freund des Kranken in den Busch geht und dessen Geist sieht, kommt er zurück und berichtet es ihm. Der Kranke opfert ein Huhn, um seinen Geist zurückzuerhalten, denn ohne den Geist ist er krank.«

Ich: »Hast du gestern oder heute einen Geist im Busch gesehen?«

Ngaui: »Nein.«

Ich: »Wenn ich krank bin und du meinen Geist siehst, mußt du nach Palimbei kommen. Wenn du krank wirst und dein Geist im Busch von Palimbei umherstreift, werde ich zu dir kommen.«

Ngaui lacht zufrieden.

Ngaui: »Einmal war ein Fremder hier in Kanganamun, ein junger Mann wie du. Ich habe ihn in meinem Haus aufgenommen; damals wohnte ich allein.«

Er zeigt auf ein kleineres Haus, das zwischen dem seiner Eltern und dem Ufer liegt.

Ngaui: »Dem jungen Mann ging das Essen aus, und ich habe ihm Essen gegeben. Wir beide arbeiteten im Garten, aßen und schliefen im gleichen Raum.«

Ich: »Wenn du zu mir kommst, werden wir alle zusammen

in einem Raum essen, schlafen und miteinander sprechen. Es hat nicht zwei Zimmer wie beim Australier.«

Ngaui: »Wir lebten einige Zeit zusammen. Wir gingen nach Yensan, Bier einkaufen, kamen zurück und tranken das Bier. Genau an diesem Tag starb eine Frau. Alle versammelten sich bei der Toten und weinten. Auch meine Mutter kam aus ihrem Haus. Der junge Mann sagte zu meiner Mutter: ›Geh nicht zur Toten. Sie wird es gut haben im Totenland, du aber mußt hart arbeiten.‹ Die Frau wurde begraben. In der Nacht wollte der junge Mann zum Grab der Frau. Wir gingen zusammen und kamen am Haus meines Tumbuna vorbei. Je näher wir dem Grab kamen, desto größer wurde meine Angst.« (Ngaui macht mir vor, wie er vor Angst gezittert hat.) »Ich sagte dem Weißen, daß ich Angst hätte und fragte ihn, was er auf dem Friedhof wolle . Er antwortete: ›Wenn wir dort sind, werde ich dir etwas zeigen. Wir Weißen haben keine Angst vor den Toten und dem Friedhof.‹ Ich konnte nicht mehr weitergehen und versteckte mich hinter einem großen Pfosten des Zeremonialhauses. Dort wartete ich, bis der junge Mann vom Friedhof zurückkam. Er trug einen Beutel voll Geld in der Hand.«

Ngaui unterbricht seine Erzählung und wirft einen kurzen Blick auf seinen Vater, der in einiger Entfernung vorbeigeht. Er raunt mir zu: »Es ist nicht gut, wenn mein Vater diese Geschichte hört.« Auf seinen Vorschlag setzen wir uns an einen anderen Platz. Ngaui wählt ein umgekehrtes Kanu, das unter einem Baum liegt, und hinkt nicht mehr, als er sich eilig dorthin begibt.

Ngaui: »Ich bin hinter dem Pfosten hervorgekommen, und wir sind ins Haus zurückgekehrt. Er hat den Beutel geöffnet und einen Haufen Geld ausgeschüttet. Dann haben wir es gezählt.«

Ich: »Woher kam das Geld?«

Ngaui: »Sicher hat es ihm die Tote gegeben. Sie ist aus dem Grab gestiegen und hat mit dem jungen Mann gesprochen. Deshalb hat sie ihm das Geld gegeben.

Kurz darauf ist der Weiße abgereist. Ich habe ihn bis zum Flugplatz begleitet und mich dort verabschiedet. Er hat mich eingeladen, ihn in Europa zu besuchen.«

In der zweiten Beziehung zu einem Fremden, von dem Ngaui heute zum erstenmal erzählt, wird deutlich, daß der junge Mann mir näher steht als der alte Australier. Diesmal ist es Ngaui, der den Fremden zu sich nach Hause einlädt und ihm zu essen gibt. Es ist nicht mehr die Rede von Frauen, Bordellen und Straßenstrich. Man lebt in einem Raum zusammen. Sobald aber die Frauen verschwinden, was durch den Todesfall im Dorf angedeutet wird, verliert Ngaui seine Aktivität und der junge Weiße übernimmt die Initiative. In der Nacht will er Ngaui auf den Friedhof führen. Was dort geschehen soll, ist in der Antwort des Weißen unklar. Ngauis Ängste zwingen ihn, sich hinter dem großen Männerhauspfosten zu verstecken. Er nimmt an, daß sein Freund das Geld von der Toten erhalten hat, die ihm das Geld übergibt, wie man bei einer Heirat zeremonielle Gaben austauscht. In unserer Beziehung will mir Ngaui zuerst die schwarzen Frauen vermitteln. Als ich das ablehne, verschwinden die Frauen und werden durch das Geld ersetzt. In der Heiratsgeschichte verläßt die Frau ihren Clan und zieht zu einem Mann in ein anderes Dorf. Der Streit, der dadurch ausbricht, kann erst gelöst werden, wenn zeremonielle Gaben ausgetauscht sind und der Clan der Frau eine hohe Geldsumme erhält. In unserer Beziehung droht ein Streit, wenn ich auf sein Angebot nicht eingehe. In den Gesprächen übernimmt jetzt das Geld die Rolle der Frauen, wie in der Kultur der Iatmul die zeremoniellen Gaben den Clan entschädigen, der durch die Heirat die Frau verliert. Mit seiner Erzählung vom jungen Mann, der vom Grab mit einem Beutel voll Geld zurückkehrt, drückt Ngaui aus, daß er etwas ähnliches von mir erwartet.

Ngaui und ich sitzen am Fluß und sprechen. Keiner von uns geht auf den Friedhof und hat einen Haufen Geld, das wir zählen können.

Während der nächsten fünf Tage reist Ngaui mit drei alten Männern nach Maprik, um Essen für ein Fest einzukaufen. Er müsse mitgehen, sagt er mir, weil die Alten nicht mit Geld umgehen können. Doch die Reise dauert kürzer als geplant. Bereits am Samstag sind alle zurückgekehrt, ohne daß ich davon erfahre. Am Montag trifft Fritz Ngaui im Zeremonialhaus. Er wartet auf mich und ist enttäuscht, daß nur Fritz gekommen ist. Noch am gleichen Tag fahre ich über den Fluß und treffe Ngaui, der dabei ist, das Dorf zu verlassen.

Ngaui: »Ich gehe mit zwei Frauen in den Garten und kann jetzt nicht mit dir sprechen.«

Ich: »Wie lange wird es dauern? Ich kann hier auf dich warten.«

Ngaui weiß es nicht und winkt mit seinem Buschmesser den zwei Frauen. Er verabschiedet sich lachend von mir und folgt ihnen in den Busch. Ich schaue ihm nach, bis er an der nächsten Wegbiegung verschwindet. Nach etwa einer Stunde kommt er vom Garten zurück. Er ist überrascht und freut sich, daß ich gewartet habe.

Ngaui: »Ich war in Maprik. Am Samstag sind wir bereits zurückgekehrt. Die Alten haben es so gewollt. Nachts habe ich mit Leuten von Maprik Karten gespielt. Das Spiel nahm seinen Lauf. Zu Beginn habe ich beinahe all mein Geld verloren. Fünfzehn Kina hatte ich schon verspielt und nur fünf Kina blieben mir noch übrig. Ich verteilte sie an fünf Leute, die unserem Spiel zuschauten. Jeder bekam einen Kina und spielte mit diesem Einsatz. Alle gewannen, und ich hatte zehn Kina. Wieder verteilte ich das Geld an die fünf, die für mich weiterspielten, und so ging es bis zum Morgen. Ich hatte einen Haufen Geld gewonnen. Ich habe es gezählt. Es waren neunzig Kina. Am Tag haben wir die Einkäufe erledigt. In der Nacht hätte ich gern noch einmal Karten gespielt. Doch mein Tumbuna war dagegen. Er wollte möglichst schnell nach Kanganamun zurückkehren. So sind wir bereits am Samstag in Kanganamun angekommen.«

Es ist nicht zufällig, daß Ngaui gerade jetzt im Kartenspiel gewinnt. Die Spannung in unserer Beziehung kann nicht durch Geld gelöst werden. So reist er ab und holt sich das Geld in Maprik, wo kein Weißer mitspielt. Daß er erst gewinnt, wenn er den Einsatz in der Gruppe der Schwarzen verteilt, verstärkt den Eindruck, daß ich hier ausgeschlossen bin.

Ngaui fährt fort: »Heute morgen habe ich Fritz im Männerhaus getroffen. Alle Männer haben mit ihm über die Zeit geplaudert, die in unseren Ländern verschieden ist. Wenn es in deinem Land Tag ist und alle Menschen arbeiten, ist es in Kanganamum Nacht, alle schlafen. Dann wird es hier Tag und in der Schweiz ist es dunkel. Alles ist umgekehrt. Wie kommt das zustande?«

Ich: »Weil die Erde rund ist, hat die eine Seite Licht und die andere liegt im Dunkeln. So sind Tag und Nacht immer zusammen. Nie ist überall Tag.«

Ngaui: »Einmal gab es einen großen Streit zwischen meiner

Schwester und ihrem Mann. Beide beschimpften sich, bis der Mann mit einem Stock auf meine Schwester losging. Sie wehrte sich, und am Ende mußten beide ins Spital nach Madang gebracht werden. Soweit kam es, weil der Mann, mit dem sie verheiratet ist, ihr Geld im Kartenspiel verloren hatte.«

Ich: »Es ist gut, daß du in Maprik gewonnen hast, sonst hätte es einen großen Streit geben können.«

Ngaui weist diese Möglichkeit weit von sich.

Ngaui: »Nein. Ich bin ledig. Ich kann mit meinem Geld machen, was ich will. Keine Frau kann mir dreinreden. Weißt du, wenn eine Frau, mit der man verheiratet ist, viel redet und den Mann darin übertrifft, schlägt dieser seine Frau so lange, bis sie aus Angst nicht mehr spricht.«

Ich: »Wir sprechen auch viel, aber bei uns ist es anders. Niemand schlägt den andern, wenn einer von uns redet.«

Ngaui: »Ja, wir beide sind nicht verheiratet, bei uns ist es anders. Wenn wir zusammen sind, ist es gut. Wenn eine schwarze Frau einen weißen Mann heiratet, kann sie gar keinen Streit beginnen. Der Weiße kann sich nicht aus dem Garten ernähren. Er muß das Essen einkaufen, und deshalb kann die schwarze Frau ihm nicht böse sein, wenn er viel Geld ausgibt. Wenn du meine Schwester heiratest und ihr beide wenig Geld habt, sammelt meine Familie Geld und schickt es euch. Nur wenn Schwarz und Schwarz zusammen sind, gibt es Streit.«

Ich kann ein zwiespältiges Gefühl nicht loswerden. Streit, Frauen und Geld tauchen in immer neuen Variationen auf. Im Fluß der Erzählung erfahren die Motive neue Bedeutungen und verknüpfen sich mit alten. Der Geldverlust, den Ngaui im Kartenspiel noch abwenden konnte, war in seiner Verwandtschaft Anlaß zu einem heftigen Streit, der in einer Schlägerei endete. Zuviel Reden führt in einer anderen Situation zu Prügel. Um den Konflikt abzuwenden, stellt sich Ngaui vor, wie ich seine Schwester heirate. Es gäbe keinen Streit um zeremonielle Gaben, denn sein Clan würde uns Geld schicken, das Ngaui im Kartenspiel gewonnen hat. So sind Frauen und Geld beieinander, und wenn Schwarz und Weiß zusammen sind, haben böse Gefühle keine Berechtigung. Aber das ist nur Phantasie. Ngaui weiß so gut wie ich, daß diese Heirat niemals stattfinden wird.

Der Dorfteil, in dem Ngaui wohnt, liegt ziemlich genau unserem Haus gegenüber. Der Sepik ist an dieser Stelle so breit, daß ich Einzelheiten am anderen Ufer kaum erkenne. Erst wenn ich den Fluß zu zwei Dritteln überquert habe, kann ich ausmachen, ob Ngauis Kanu an seiner üblichen Stelle angelegt ist. Ist sein Kanu zu sehen, steigt auch die Wahrscheinlichkeit, daß ich ihn treffe. Tatsächlich entfällt heute das Suchen. Ngaui sitzt vor dem Haus und bearbeitet Palmblattrippen, die er mit einem Buschmesser auf die gleiche Länge zurechthackt. Eine Wand des Hauses ist herausgebrochen, die alten Hölzer sind am Boden aufgeschichtet. Ngaui unterbricht seine Arbeit keinen Augenblick, als ich mich zu ihm setze.

Ich: »Komm, wir gehen in den Schatten, sprechen eine Stunde, und du arbeitest dann weiter. Die Wand wird heute fertig sein.«

Ngaui: »Nein, das geht nicht. Ich will heute nicht sprechen. Den ganzen Tag muß ich arbeiten.«

Alle meine Bemühungen schlagen fehl. Er läßt sich nicht dazu bewegen, mit mir zu sprechen. Er meint, es wäre gut, wenn wir zusammen arbeiten würden.

Ich: »Was willst du: Sollen wir zusammen arbeiten oder zusammen reden?«

Ngaui: »Du kommst am Morgen, und wir arbeiten. Danach können wir sprechen. So ist es gut.«

Ich: »So wäre es gut, aber es geht nicht, weil du jetzt arbeitest, damit wir nicht miteinander sprechen können.«

Ngaui arbeitet weiter. Die kleinen Stücke, die er von den Hölzern abhackt, fliegen mir um die Ohren.

Ngaui: »Nächste Woche begleite ich meinen Tumbuna nach Wewak. Dann werde ich für zwei Wochen herumreisen. Es gibt ja noch andere, mit denen du sprechen kannst. Vielleicht gehst du zu meinem Bruder oder zu Kwandemi.«

Ngaui macht einen zufriedenen Eindruck. Ich werde unruhig. Die Zurückweisung ist eindeutig und läßt sich nicht mit seiner Beschäftigung am Haus erklären. Ich setze mich etwas näher, da ich sonst nicht verstehe, was er sagt, weil er mit dem Buschmesser arbeitet.

Ich: »Ich mag deine Art nicht, wie du jetzt zu mir bist. Das gehört nicht zu uns. Denkst du, unsere Gespräche seien nichts?«

Ngaui: »Sie bedeuten mir gar nichts.«

Das trifft mich. Ngaui provoziert mich, als ob er einen Streit heraufbeschwören wollte. Die kurze Begegnung mit dem alten Schnitzer fällt mir ein. Er nannte mich ein kleines Kind, und als ich mich wehrte, wollte er mir seinen Samen in den Arsch spritzen. Statt eines Streites, stellte er sich vor, mit mir zu schlafen. Mit Ngaui ist es anders. Die Gespräche, auf die wir uns eingelassen haben, bedrohen unsere Unabhängigkeit. Es liegt ein Streit in der Luft, der gar Anlaß zu einer Prügelei sein könnte. Doch dazu kommt es nicht.

Ngaui: »Mein Tumbuna hat auf mich aufgepaßt, als ich klein war. Jetzt ist er ein alter Mann, und ich passe auf ihn auf, bis er stirbt. Dann begrabe ich ihn. Jetzt will ich arbeiten.«

Ich: »Gut, ich komme morgen.«

Ngaui: »Nein, morgen habe ich den ganzen Tag zu tun. Es gibt andere, mit denen du reden kannst. Ich will nicht mehr.«

Während einiger Tage will ich Ngaui nicht mehr sehen. Ich schließe mich Milan und Florence an, die nach Wewak aufbrechen, um unsere Einkäufe für den folgenden Monat zu besorgen. Zwei Tage später fahren wir über die neue Straße von Wewak nach Timbunke zurück, wo wir unsere Kisten ins Kanu einladen. Auf dem Rückweg flußaufwärts schlägt der Motor auf ein Stück Holz, das unter der Wasseroberfläche treibt. Die Schrauben am Schaft sind gebrochen, so daß wir nur langsam weiterkommen. Um Mitternacht erreichen wir ein Haus, wo wir das Ende eines heftigen Gewitters abwarten. Mit einem gemieteten Kanu, das uns abschleppt, setzen wir Stunden später die Fahrt fort. Ab und zu regnet es, und wenn die Wolken den Mond verdecken, habe ich den Eindruck, nur Wasser um mich zu haben. Erst im Morgengrauen erreichen wir Palimbei und stellen fest, daß der Motor in Wewak repariert werden muß.

Eine Woche ist nun vergangen, seit ich Ngaui zum letztenmal gesehen habe. Soll ich jemanden bitten, mich über den Fluß zu paddeln? Heute hat das Hausboot, der Sepik-Explorer, an unserem Ufer angelegt. Vielleicht kann ich mit den Touristen nach Kanganamun fahren. Meine Gedanken werden durch den Lärm eines Motorkanus unterbrochen, das sich in schneller Fahrt von Kanganamun nähert. Es ist Ngaui. Ich freue mich, daß er hinübergekommen ist. Ngaui will Jeff, den Bootsbesitzer, besuchen. Wir gehen zusammen zum *haus win*, einem Unterstand in der Nähe des Ufers, wo er mit der Besatzung spricht, die er gut kennt. Er schaut mir manchmal lachend ins Gesicht und klopft mir aufs Bein. Er legt sich auf den Rücken, umarmt mich halb und sagt: »Meine Gedanken sind durcheinander.« Ngaui zeigt auf eine entfernte Mädchengruppe, ist aber bewegt vom Zusammentreffen mit mir. Die Besatzung geht auf das Hausboot. Zurück bleibt eine Gruppe von Kindern, die uns stört. Ngaui fordert mich auf, ihm in sein Kanu zu folgen, wo wir zusammen sprechen können.

Das Kanu ist wie alle Motorkanus weit über fünf Meter lang, aus einem Baumstamm gehauen und gerade so breit, daß eine Person bequem sitzen kann. Die Spitze ist als Krokodilskopf geschnitzt. Ngaui beginnt von einem Freund zu erzählen, der in Yindabu wohnt. Sie helfen sich gegenseitig und kennen sich so gut, daß ihm der Freund sein großes Kanu geliehen und er sein kleines in Yindabu zurückgelassen hat.

Ngaui: »Gestern nacht hat es sich in Yindabu von selbst losgemacht und ist den Sepik heruntergetrieben. Früh am Morgen hat es Kanganamun erreicht und ist einer Frau, die auf dem Weg zum Fischen war, aufgefallen. Sie hat mein Kanu erkannt und es gerettet. Sonst wäre es jetzt endgültig verloren.«

Ich: »Als ich von Timbunke zurückkam, die Schrauben am Motor brachen und ich mitten in der Nacht nur langsam den Sepik hinauffuhr, dachte ich, was nun geschehen würde, wenn der Motor ganz aussetzte. Die Strömung hätte das Kanu mit mir weggetragen, geradeso wie dein kleines Kanu. Ein Glück, daß eine Frau dein Kanu am Morgen entdeckt hat. So ging es nicht verloren.«

Ngaui nennt lachend meinen Namen.

Ngaui: »Nachdem ich den Außenbordmotor gekauft und ihn das erste Mal an meinem Kanu festgemacht habe, gab es ein Fest. Meine zwölf *wau* sind gekommen und haben im Kanu getanzt. Sie sind ins Wasser gesprungen und haben sich am fahrenden Kanu festgehalten. Ich habe alle beschenkt: Jeder erhielt zehn Kina, eine Kiste Bier und Betel.«

In diesem Augenblick fährt das orangefarbige Aluminiumboot des Sepik-Explorer mit Touristen nach Kanganamun. Die Wellen erreichen uns und lassen das Kanu hin und her schaukeln.

Ngaui: »Als ich bei Jeff arbeitete, sind wir einmal auf Krokodiljagd gefahren. In der Nacht haben Jeff und ich ein junges Krokodil angeschossen. Im Todeskampf drehte es sich im Wasser. Ich bin hineingesprungen, um es zu fangen. Das Wasser reichte mir bis zu den Hüften und war rot vom Blut. Jeff hat mit der Taschenlampe nur auf das kleine Krokodil geleuchtet, so daß wir die Krokodilmutter nicht bemerkt haben, die herangeschwommen war. Erst im letzten Augenblick erkannte ich den Schwanz des großen Krokodils, das auf mich zuschoß. Ich rettete mich durch einen Sprung und schleuderte ein Stück Holz in das offene Maul der Mutter. Dann warf ich mich auf das große Tier und konnte es so lange umklammern, bis Jeff ihm die Nase wegschlug.

Ein anderes Mal begleiteten wir zwei Amerikaner in den Wald oberhalb Ambuntis. In dieser Gegend gibt es noch wilde Menschen, Kannibalen, denen man aus dem Weg gehen muß. In der Nacht hörten wir die Rufe der Wilden, die sich uns näherten. In unserem Versteck warteten wir still und entschlossen, alle zu erschießen, die zu nahe an uns herankommen würden. In einer langen Reihe gingen sie an uns vorbei, ohne uns zu bemerken.«

Um die Distanz zu verdeutlichen, weist Ngaui auf einen Baum am Ufer.

Ngaui: »Die ganze Nacht blieben wir in unserem Versteck. Die Amerikaner schlotterten vor Angst, und der Morgen wollte nicht anbrechen. Auf unserem Rückmarsch gingen uns allmählich die Vorräte aus, bis wir endlich die Stelle erreichten, wo wir unser Kanu zurückgelassen hatten. Außer dem Motorkanu und ein paar Liter Benzin hatten die Wilden alles zerstört. Drei Tage trieben wir auf dem Sepik, bis wir zu einer Missionsstation gelangten, wo wir Benzin erhielten. Keine einzige Zigarette war aufzutreiben. Erst in Ambunti, wo das Hausboot lag, konnten wir unsere Rückkehr feiern. Im Eßraum stapelten wir Zigaretten und Bierflaschen. Mit dem Bier haben wir uns gegenseitig gewaschen. Wir haben uns betrunken, bis wir halbtot waren.«

Es ist Abend geworden. Als ich an Land gehe, kündigt mir

Ngaui an, er werde am übernächsten Tag für etwa eine Woche nach Wewak gehen, um Geld zu verdienen. Dann startet er den Motor und schießt mit Vollgas auf das Treibholz zu, das in der Strömungslinie des Sepiks liegt. In einer eleganten Schlangenlinie weicht er den Stämmen aus und winkt mir zu. Ein Flußvogel fliegt aufgeschreckt aus dem Schilfgras. Ich bleibe ratlos am Ufer stehen. Der Nachmittag taucht in meinen Gedanken auf, an dem mich Ngaui abgewiesen hat.

Ich erinnere mich, als Kind einen Zauberer im Zirkus gesehen zu haben, der mit seinen Händen die unwahrscheinlichsten Kunststücke vollbrachte. Besonders beeindruckt war ich, weil ich nicht herausfand, wie die Gegenstände, einer nach dem andern, in den Händen des Zauberers erschienen und auf die gleiche unerklärliche Art wieder verschwanden. Später habe ich in einem Buch gelesen, wie aus den Ärmeln einer speziell genähten Jacke allerlei Objekte hervorgezogen werden können. Mit Ngaui ist es so, als ob ein Clown kurz vor der Vorstellung dem Zauberer den Frack ausgetauscht hätte, und dieser es erst bemerkte, wenn er schon vor dem Publikum steht. Im Zirkus wird sich der Zauberer etwas einfallen lassen, damit die Vorstellung weitergeht, doch an jenem Nachmittag, als Ngaui Palmblattrippen zurechthackte, war die Vorstellung unterbrochen. Ngaui ist mit seinen Einfällen umgegangen wie der Zauberer mit seinen Gegenständen. Indem er die schwarzen und weißen Frauen, das Geld, den Streit und seine Bereitschaft, sich mit mir einzulassen, hervorzauberte und wieder verschwinden ließ, lenkte er meine Aufmerksamkeit und mein Interesse auf seine Kunststücke, um einen Streit zu verhindern. Als er an jenem Nachmittag bemerkte, daß er mit leeren Händen dastand und keine Mittel mehr zur Verfügung hatte, die Gefühle zu überspielen, die uns in eine gegenseitige Abhängigkeit drängten, brach er die Beziehung zu mir ab. Er wollte mich nicht mehr sehen und sich lieber seinem Großvater, dem Tumbuna zuwenden, von dem er als Kind abhängig war und der für ihn sorgte. Es schien, als ob die Gespräche ein plötzliches Ende gefunden hätten. Ich fühlte mich zurückgestoßen und leer und ging nach Wewak, weg von Kanganamun und Palimbei.

Die bedrohliche Vorstellung der gegenseitigen Abhängigkeit taucht wieder auf, als Ngaui in Palimbei erscheint und wir zusammen in seinem Kanu sitzen. Ngaui erzählt von Situationen, in denen er einer großen Gefahr nur knapp entronnen ist. Er schiebt das Bedrohliche in unserer Beziehung auf vergangene Erlebnisse, die er mit einem weißen Freund gehabt hatte.

Als ich Ngaui am folgenden Tag treffe, hat er seinen Plan, in Wewak zu arbeiten, geändert. Er will in einer Woche die Arbeit auf dem Touristenboot aufnehmen.

Ngaui: »Jeff hat mich gebeten wiederzukommen, um die River-Trucks zu fahren, die seine Angestellten nicht richtig bedienen können. In diesen Booten werden die Touristen zu den Dörfern gebracht. Jeff ist mein Freund, und deshalb habe ich eingewilligt. Es tut mir leid wegen unserer Gespräche. Aber du kannst ja einen anderen finden.«

Ich: »Morgen bringe ich drei Bälle und jongliere für dich.«

Ngaui: »Ich werde drei Bälle auftreiben und es auch lernen.«

Ein Mann aus dem anderen Dorfteil hat sich ins Zeremonialhaus gesetzt. Unter den Männern beginnt eine Unterhaltung, die Ngaui auf das Wort »sambra« bringt.

Ngaui: »Wenn man verheiratet ist und sogar mehrere Kinder hat, kann man *sambra* sagen, und die Frau muß weggehen. Die Heirat ist dann zu Ende, fertig, aus. Es muß nicht zum Streit gekommen sein. Der Mann schlägt mit der Hand an den großen Zeremonialhauspfosten und sagt *sambra*, die Frau geht weg und man ist die Sache los.«

Es scheint mir unwahrscheinlich, daß der Mann mit einem Zauberwort die Kleinfamilie sprengen und die Frau wegschicken kann. Und wovon sollte er leben, wer bringt ihm den Fisch und backt die Sagofladen?

Ich: »Am nächsten Montag, wenn du auf das Hausboot gehst, wird es so sein, als ob du zu mir ›sambra‹ sagst: Unsere Gespräche sind zu Ende, und du bist die Sache los.«

Ngaui schaut mich etwas verwirrt an. Er antwortet nichts und folgt der Unterhaltung der Männer, die Witze über einen tauben Dorfbewohner machen. Habe ich seine Bemerkung richtig verstanden? War es nicht umgekehrt, weil ich plötzlich wegging und die Gespräche unterbrach, ohne daß es Ngaui erwartet hätte?

Ngaui: »Der Mann sieht und hört nichts. Er ist taub. Er geht durch das Dorf und trägt ein Ei in seiner Netztasche.

Von hinten nähert sich ein Junge, der den tauben Mann ärgern will. Doch der Taube erkennt ihn am Geruch und kann ihn später aufsuchen.«

Ngaui hat sich auf den Rücken gedreht und erblickt am Dachfirst eine Netztasche, ein *Bilum*.

Ngaui: »Das ist das *Bilum* meiner Ahnen. Siehst du es? Dort ist es. Wenn es verloren geht, bekomme ich Blasen auf meiner Haut und sterbe. Darauf stirbt mein Bruder, mein Vater, meine Mutter. Schließlich ist mein ganzer Clan ausgestorben. Die Japaner haben das Zeremonialhaus zerbombt, doch das *Bilum* ging nicht kaputt. Das *Bilum* hat eine Kraft in sich.«

Ein gedrungener Mann sitzt ebenfalls im Männerhaus. Als Ngaui auf ihn zeigt, erkenne ich den Schnitzer, der mich damals mit seinem Samen groß und stark machen wollte.

Ngaui: »Dieser Mann war in Australien eingeladen, um zu zeigen, wie wir am Sepik schnitzen. Als er zurückkam, hat er uns über das Kings Cross erzählt.«

Ich: »Ist das das Haus, wo man Frauen kauft, um mit ihnen zu schlafen?«

Ngaui bestätigt meine Vermutung und berichtet, wie das Bordell organisiert ist. Er verwendet dabei die gleichen Worte wie damals, als er mir vom Australier erzählte, der ihn mitnehmen wollte.

Ngaui: »Vor kurzem habe ich einen Brief erhalten. Gil, eine Australierin, die ich auf dem Hausboot kennenlernte, hat mir geschrieben, daß sie bald wieder kommt. Auf dem Hausboot habe ich mit ihr geschlafen.«

Ich: »Willst du auf dem Hausboot arbeiten, um sie wieder zu treffen?«

Ngaui lacht verhalten. Für einen Augenblick ist er allein mit seinen Gedanken an ein zukünftiges Wiedersehen oder seiner Erinnerung an eine vergangene Nacht.

Ngaui: »Ja, so ist es. Eine Nacht war ich mit Gil zusammen. Sie hat mich unter einem Vorwand in ihr Zimmer gelockt, mit mir geflirtet und mich verführt. Ich habe vor Angst schrecklich gezittert und ihr gesagt, es sei das erste Mal und ich hätte Angst. Schließlich konnte ich mich unter einem Vorwand in mein Zimmer flüchten und bin dort eingeschlafen. Als jemand an die Tür klopfte, dachte ich, es sei Jeff und öffnete. Gil zog mich am Arm und bat mich, mit ihr zu schlafen. Die Angst war vorbei. Wir gingen in ihr Zimmer und schliefen miteinander. Am Morgen, als wir beide nackt und schlafend nebeneinanderlagen, kam Jeff herein und fragte, was wir da machen. Jeff hat der Mannschaft gesagt, daß es nicht gut sei, wenn sie mit weißen Frauen schlafen. Von einigen könnten sie eine Geschlechtskrankheit auflesen. Ich glaube das nicht.«

Ich: »Bist du sicher, daß es so sein wird, wie du dir vorstellst? Wird Gil kommen und mit dir schlafen?«

Ngaui: »Ja, es wird so sein, wie ich es denke. Ich schreibe Gil einen Brief, und dann kommt sie in zwei Monaten. Wenn Gil aber mit einem anderen schläft, ist alles vorbei.«

Wir rauchen eine Zigarette. Als ich ihm Feuer gebe, sagt er: »Wenn Mann und Frau zusammen schlafen und die Eltern es bemerken, gibt es großen Streit. Ist es bei euch auch so? Wenn Florence jetzt hier ist, sind ihre Eltern nicht wütend auf sie?«

Ich: »Nein, weshalb sollten sie wütend sein?«

Ngaui: »Am Sepik glauben die Eltern, ihre Tochter werde mit Männern schlafen, wenn sie an ein Fest gehen will. Wenn sie fort will, gibt es Streit.«

Ich: »Du meinst, daß wir alle mit Florence schlafen: ich, Fritz und Milan.«

Ngaui erkundigt sich genau. Ich erkläre ihm, daß nur Milan mit Florence schläft. Beide würden in der Schweiz zusammenwohnen.

Unvermittelt wendet Ngaui seine Aufmerksamkeit einem Mann zu, der in einiger Entfernung mit einem Kind spielt. Die beiden sind mit mir nach Kanganamun gefahren, um hier jemanden zu besuchen, während ich mit Ngaui spreche.

Ngaui: »Ah, er ist unglücklich. Er ist einsam, und niemand spricht mit ihm.«

Voller Mitgefühl mit dem Mann will Ngaui, daß wir uns zu ihm setzen und mit ihm sprechen, damit er nicht so allein ist.

Ich: »Dieser Mann fühlt sich gar nicht einsam. Schau, wie er zufrieden dasitzt und mit seinem Kind spielt. Du denkst, er ist traurig, weil du derjenige bist, der sich allein fühlt.«

Ngaui: »Ja, wenn ich in Palimbei wäre und mich im fremden Dorf nicht auskennen würde, wäre ich allein wie er. Niemand spricht mit ihm.«

Ngaui möchte eine Zigarette und holt sich Feuer bei dem Mann aus Palimbei. Nach einer kurzen Unterhaltung kommt er zurück und berichtet, daß der Mann ihn gefragt habe, ob Ngaui ihm ein Paddelkanu ausleihe, damit er zurückrudern kann.

Ngaui begleitet mich zum Kanu, löst das Seil und schiebt das Boot vom Ufer weg. Wir winken uns zu. Vorn sitzt der Mann mit seinem Kind. Es ist nicht nötig, daß er hinüberpaddelt. Die Geste von Ngaui, mit der er dem Mann die frühe Rückkehr in sein Dorf vermittelt, hängt mit dem Gespräch über die Australierin und Florence zusammen. Er wollte nichts mehr von mir wissen, nachdem sich herausgestellt hatte, daß ich als Weißer seine Ansicht nicht teile, nur sexuelle Wünsche veranlaßten die Frauen, von zu Hause wegzugehen. Meine Ansicht könnte auch die Ansicht der weißen Frau aus Australien sein. Er wäre dann auf dem Touristenboot der Mann im fremden Dorf, mit dem niemand spricht und der sich verlassen fühlt.

Am nächsten Tag finde ich ihn bei seinem Haus. Ausgelassen springt er von der Leiter und begrüßt mich. Er fragt mich, ob ich ihm Benzin ausleihe, da er keinen Tropfen mehr hat. Er will sein Kanu an unseres anbinden, nach Palimbei mitkommen und noch heute abend das Benzin von Yensan zurückbringen. Morgen muß er seinen Tumbuna von Pagwi abholen, der seine Ankunft gestern im Radio angemeldet hat. Ich freue mich, wenn ich von Ngaui in seine Reisevorbereitungen einbezogen werde, indem ich ihm Benzin geben kann.

Ngaui erzählt, wie sich am Gitarrenfest in Malingei eine Frau in ihn verliebt hat.

Ngaui: »Sie fragte meine Schwester, ob sie mit mir tanzen darf. Wir tanzten, und dann fragte sie mich: ›Willst du mich heiraten?‹ Ich lehnte ab, und es gab einen kleinen Streit.«

Ich: »Dieser Streit hängt mit unseren Gesprächen zusammen. Vielleicht war sie eifersüchtig, weil wir oft zusammen sind.«

Ngaui: »Ich sagte der Frau, daß sie warten muß, weil ich jetzt aufs Hausboot gehe. Später kann man vielleicht an eine Heirat denken, aber solange mein älterer Bruder noch nicht verheiratet ist, kann ich ohnehin nicht heiraten. Das ist so Sitte bei uns.«

Ich: »Was kann geschehen? Du gehst auf das Hausboot, die Frau ist verliebt und wartet. Aber eines Tages sind die Gefühle erloschen, und sie heiratet einen anderen. Dann bist du wieder allein.«

Ngaui stimmt bedauernd zu. Seine Verlassenheit komme daher, daß alle seine Freunde entweder gestorben oder in die Städte abgewandert seien.

Ich: »Jetzt hast du einen Freund, und der bin ich.«

Wir setzen uns in den Schatten.

Ngaui: »Ich will dir eine Geschichte erzählen, die zu meinem Clan gehört. Du darfst sie deshalb niemandem weitererzählen. Die Geschichte geht so: Der Raubvogel hat Federn, die schwarz wie die Nacht sind. Er kreist über dem Wasser, stürzt sich hinab und fängt große Fische. Eine Frau im Dorf konnte sich in den Vogel verwandeln. Am Morgen ging sie auf den See, aber nicht mit den anderen Frauen, sondern allein. Sie schaute sich um, und wenn niemand am See war, verwandelte sie sich in den Vogel und fing große Fische. Wenn sie genug Fische gefangen hatte, paddelte sie ins Dorf zurück und röstete die Fische über dem Feuer. Ihrem Mann war aufgefallen, daß sie größere Fische heimbrachte als andere Frauen. Er wollte von ihr wissen, wie sie das zustandebringt. Sie antwortete ihm: ›Ist das deine Sache? Ich fange die Fische mit dem Speer.‹ Ihr Mann glaubte es nicht und schwieg. Doch eines Morgens schlich er seiner Frau nach und versteckte sich im Schilf. Die Frau glaubte sich allein, verwandelte sich in den Vogel und fing so Fische. Als der Mann dies sah, sprang er ins Kanu und paddelte eilig ins Dorf. Er setzte sich ins Männerhaus und tat, als ob nichts geschehen wäre. Später, als die Frau zurückgekommen war, ging er ins Haus und fixierte sie mit seinen Augen. Sie erwiderte ihm: ›Was ist los? Ich bin deine Frau und habe keinen anderen Mann, mit dem ich etwas habe. Was schaust du mich so an?‹ Er blieb still, und sein stechender Blick war weiter auf die Frau gerichtet. Da bekam sie Angst und stieg aus dem Haus. Vor der Leiter nahm sie die Gestalt des Vogels an und flog für immer davon.«

Ich: »Er hat etwas entdeckt, das die Frau heimlich in sich trug. So hat sie Angst bekommen und ihn verlassen.«

Ngaui erzählt mir seine Mythe, nachdem er von seiner

Verlassenheit sprach, und meinte, seine Freunde seien entweder gestorben oder ausgewandert. Als ich ihm sagte, ich sei sein Freund, sah er voraus, daß ich ihn auch verlassen würde.

Eine Erfahrung, die jedes Kleinkind am Sepik macht, taucht in unserer Beziehung auf und nimmt in seiner Geschichte, die er mir erzählt, Gestalt an. Wenn die Mutter das Kind verläßt, um auf dem See Fische zu fangen, erlebt das Kind diese Trennung als Kränkung, denn es kann noch nicht wissen, daß das Fortgehen für die Nahrungsmittelbeschaffung notwendig ist.

Ich habe gesehen, wie eine Frau zur Mittagszeit in der Nähe unseres Hauses in ihrem Kanu wegpaddelte. Ihr Kind, das am Ufer zurückgeblieben war, schrie und weinte und war außer sich, während es der Vater vergeblich zu trösten versuchte. Die Mutter trieb flußabwärts, drehte sich um und lachte laut auf, worauf das Kind noch stärker zu heulen begann. Am Nachmittag wird sie ihrem Kind den Fisch geben, den sie auf dem See gefangen hat, und es wird den Fisch genießen wie die neugewonnene Nähe zur Mutter. Doch im Erleben des Kindes bleiben Kränkung und Schmerz zurück, als wäre es seine Zuneigung gewesen, die die Mutter vertrieben hatte.

Ngaui: »Auf dem Hausboot gab es einen Wettbewerb, wer die beste Mythe erzählen kann. Ich habe alle übertroffen und viele Preise bekommen, darunter tausend Zigaretten.«

Ich: »War es diese Geschichte, mit der du den Wettbewerb gewonnen hast?«

Ngaui: »Nein, nicht diese, eine andere. Ich erzähle sie dir. Tausend Kasuare gibt es, aber eigentlich sind es Frauen. Sie leben im Land der Kasuar-Frauen und werden von einem Mann bewacht. Eine der Kasuar-Frauen lebt in einem Dorf. In diesem Dorf ist am Männerhauspfosten ein armer, häßlicher Mann geschnitzt. Doch es stellt keine gewöhnliche Schnitzerei aus Holz dar. Es ist ein Zauberer. Er stampft auf die Erde, bis ein Kind erscheint. Das Kind ist so häßlich wie der Zauberer, der es aus dem Boden gestampft hat. Es steht auf und geht zur Kasuar-Frau, die es wegschickt. Geh fort, du bist nicht mein Kind! Doch das Kind weicht nicht von ihrer Seite, bis die Kasuar-Frau einen Wutanfall bekommt und es kratzt und schlägt. Immer wieder wirft sie es zu Boden. Jedesmal steht das Zauberkind wieder auf und ist unverletzt. Alle Bewohner des Dorfes strömen zusammen und wundern sich, woher das Kind kommt. Man fragt es nach seinem Vater, und alle Männer des Dorfes stellen sich in eine Reihe. Das Kind geht vom einen zum anderen und nachdem es die Reihe abgeschritten hat, zeigt es auf den Mann am Zeremonialhauspfosten: Das ist mein Vater. In diesem Augenblick löst sich der Mann aus dem Männerhauspfosten, springt auf die Erde und geht zur Kasuar-Frau. Er packt sie an Armen und Beinen und schleppt sie in ihr Haus, wo sie von da an zusammenleben und miteinander schlafen. Das Zauberkind verschwindet, doch werden drei Kinder geboren, und die Familie lebt wie jede andere im Dorf. Als die Mutter vom Fischfang zurückkehrt und auf dem Feuer die Sagofladen macht, verlangt das älteste Kind den ersten Sagofladen, den die Mutter zubereitet hat.

Die Mutter gibt dem Kind den Sagofladen. Sie sind allein im Haus, und das Kind tanzt für die Mutter. Darauf verläßt die Kasuar-Frau das Dorf und kehrt nicht wieder zurück. Ihr Mann macht sich auf die Suche nach seiner verlorenen Frau und trifft auf dem Weg eine alte Frau, die ihm einen ihrer Zähne gibt. Sie sagt ihm: ›Den Zahn kannst du als Schlüssel für eine Steintüre verwenden. Paß auf, daß du ihn nicht verlierst!‹ Er versteckt den Zahn in seiner Peniskalebasse, einem langgewachsenen Kürbis.

Von ihr erfährt er auch, daß seine Frau genau in der Mitte einer langen Reihe von Kasuar-Frauen steht. Dann erreicht er das Land der tausend Kasuar-Frauen, die sich auf Befehl ihres Bewachers in einer langen Reihe aufstellen. Der Aufseher befiehlt dem Mann, seine Ehefrau aus der Menge aller gleichaussehenden Kasuar-Frauen zu wählen. Wenn er die falsche herausgreife, werde er ihn sofort töten. Der Mann hat furchtbare Angst, denn der Ratschlag der alten Frau ist ihm entfallen. Der Aufseher droht, ihn gleich zu erschlagen. Vor Schreck wird der Penis des Mannes ganz klein wie eine Fingerbeere. Da kugelt der Zahn aus dem Kürbisrohr und fällt zu Boden. Der Mann zeigt auf die Kasuar-Frau, die genau in der Mitte steht und hat gewonnen. Es ist seine Frau, und der Aufseher kann ihn nicht töten.

Das ist die Geschichte, mit der ich den Wettbewerb auf

dem Hausboot gewonnen habe. – Gehen wir nach Palimbei, sonst wird es zu spät, und ich kann kein Benzin kaufen.«

Als Ngaui sein Kanu an unserem festgebunden hat, meint er lachend zu Fritz:

»Jetzt bist du nicht mehr der Vater von Marco; er und ich, wir sind nun Brüder geworden.«

Nachdem die Drohung des Weggehens in der zweiten Mythe glücklich aufgefangen wurde, werden Ngaui und ich zu Brüdern, »aus einem Bauch«, wie das Wort in Pidgin-Englisch heißt. Die Väter, als Inbegriff der Hierarchie in der Gesellschaft der Iatmul, treten in den Hintergrund. Ngaui und ich werden wie die beiden Kanus, die jetzt aneinandergebunden im Wasser liegen. Dieses Verhältnis entspricht den Beziehungen, die die jungen Männer in der Adoleszenz zueinander haben. In ihrer Gruppe streifen sie im Busch umher, ernähren sich zum Teil aus ihren eigenen Gärten und gewinnen dadurch eine relative Unabhängigkeit zu ihrem Elternhaus.

Die Bemerkung, mit der Ngaui heute den Gedanken an eine Heirat beiseiteschiebt, ergänzt dieses Bruderverhältnis. Er sagt, solange sein älterer Bruder noch nicht verheiratet sei, könne er die Frau, die ihn in Malingei zum Tanz aufforderte, nicht heiraten. Ein solches Heiratsverbot gibt es bei den Iatmul nicht. Mit dem älteren Bruder kann er nur mich meinen. Solange ich nicht verheiratet bin, will er als mein jüngerer Bruder nicht an Heirat denken.

Ngaui hat mir zu Beginn unserer Gespräche gesagt, er sei neunzehn Jahre alt. Ich habe ihn nie mehr danach gefragt, obwohl er als Initiierter bereits zur erwachsenen Männergesellschaft gehört und ein paar Jahre älter sein muß als ich. Die Zugehörigkeit zu dieser Gruppe bedeutet ihm zusätzliche Arbeit, Streit und den Verlust der Unabhängigkeit. Wenn er und ich zu Brüdern werden, wird unsere Beziehung durch die Erfahrungen in der Adoleszenz bestimmt, die er seinem Leben innerhalb der Männergesellschaft entgegenstellt.

Es ist dunkel geworden, als Ngaui das Benzin zurückbringt, und wir verabreden uns auf den späten Nachmittag des folgenden Tages. Doch scheint irgend etwas die Rückkehr aus Pagwi zu verzögern, und so sehe ich ihn erst am übernächsten Tag, als er mit seinem Kanu voll von Passagieren in Kanganamun anlegt. Nachdem alle ausgestiegen sind und sich auf die verschiedenen Wege des Dorfes verteilt haben, setzt Ngaui sich zu mir.

Ngaui: »Gestern nacht ist die Schwester meiner Mutter zu uns gekommen und hat geklagt, daß ihre Tochter heimlich nach Sotmeri aufgebrochen ist, um einen Mann in diesem Dorf zu heiraten. Ich habe mich bereit erklärt, heute morgen mit anderen nach Sotmeri zu fahren, um sie zurückzuholen. Es hat sich nämlich herausgestellt, daß der Mann sie angelogen hat. Er sagte ihr, daß er noch unverheiratet ist, dabei hat er in Sotmeri eine Frau. Damit ist mein Clan nicht einverstanden, und so haben wir sie zurückgeholt.«

Ich: »Wollte sie den Mann nicht mehr heiraten und seine zweite Frau werden?«

Ngaui: »Sie interessiert sich nicht mehr für den Mann. Er hat sie angelogen.«

Als am folgenden Tag das Touristenboot in der Nähe unseres Hauses anlegt, spazieren alle Fremden nach Palimbei. Noch während einige von ihnen unser Haus besuchen und fotografieren, höre ich das Motorengebrumm von Ngauis Kanu. Wenig später steige ich die Leiter hinab und sehe Ngaui, wie er zusammen mit einem Besatzungsmitglied auf dem hinteren Teil des Hausbootes den Generator für den elektrischen Strom repariert. Vom Ufer aus frage ich ihn, ob er jetzt festangestellt sei. Er verneint. Erst wenn Jeff aus dem Dorf zurückkehre, werde er eine Besprechung mit ihm haben. Ich springe auf das Schiff und will mich gerade zwischen Benzinfässern hindurchzwängen, als der Generator anspringt und nach einigen Fehlzündungen gleichmäßig zu knattern beginnt. Zufrieden packt Ngaui das Werkzeug ein und klettert auf das Beiboot, wo er sich am Außenbordmotor zu schaffen macht.

Ich schlage Ngaui vor, erst später aufs Hausboot arbeiten zu gehen, so daß wir unsere Gespräche weiterführen können.

Ngaui: »Du kannst mir nicht helfen, wenn ich mir etwas kaufen muß. Bald kommt Jeff zurück. Wenn er einverstanden ist, möchte ich jetzt bei ihm arbeiten.«

Nach der Besprechung mit Jeff erfahre ich von Ngaui, daß er bereits vom folgenden Tag an auf dem Hausboot arbeiten wird.

Ngaui: »Ich werde meinen Motor unter dem Haus einstellen, damit er nicht kaputt geht. Dann gehe ich zu Fuß nach

Yensan, wo das Hausboot einen Halt macht. Jetzt will ich nach Kanganamun, aber mein Tank ist ganz leer.«

Nachdem ich ihm Benzin gegeben habe, fahren wir zusammen über den Sepik. Am anderen Ufer bringt Ngaui die Tasche und den Benzintank ins Haus und läßt mich allein. Nach einer Weile rufe ich ihn, ohne eine Antwort zu erhalten. Ich gehe um das Haus und sehe seinen Vater in der hinteren Türöffnung sitzen. Er behauptet, nicht zu wissen, wo sein Sohn ist. Möglicherweise sei er im Busch hinter dem Haus. In diesem Augenblick steigt Ngaui die vordere Leiter hinab. Wir setzen uns.

Ich: »Hast du deinem Vater gesagt, daß du morgen aufs Hausboot arbeiten gehst?«

Ngaui: »Ja. Er meinte, es sei schon recht. Ich habe genug von Papua-Niugini. Ich will fort nach Australien, Japan oder sonstwohin. Einmal hätte ich nach Australien reisen können, aber die Mutter wurde schwer krank und ich konnte nicht gehen.«

Er wird traurig und schaut verzweifelt vor sich hin.

Ngaui: »Ah, ich habe eine Wut in mir. Ich bin wütend auf meine Mutter. Warum konnte ich nicht fortgehen?

Einmal brauchte ich ein Messer. Ich stand vor dem Haus und rief der Mutter, sie solle mir das Messer bringen. Sie antwortete nicht. Vielleicht war sie gar nicht da. Ich schlug aus Wut die Hauswand zusammen und ging ins Männerhaus schlafen. Später habe ich sie wieder repariert.

Ich werde Geld zur Seite legen. Wenn ich genug Geld habe, gehe ich fort. Hier sind immer die gleichen Gesichter. Im Dorf ist es langweilig. Als in Sotmeri ein Fest war, habe ich meinen Vater gefragt, ob er mir Geld für das Benzin geben würde. Der Motor gehört mir und meinem Bruder, er aber behauptete, er besitze den Motor und gebe ihn für das Fest nicht her. Ich wurde wütend, ging zum Kanu und warf den Motor in den Fluß. Der Vater kam erschrocken angerannt und suchte vergeblich im Wasser. Er hat ihn nicht gefunden. Ich habe den Motor an Land geschleppt und ihn gereinigt. Dann gab mir der Vater zwanzig Kina für das Fest in Sotmeri.

Jetzt sind sie alt geworden. Ich kann nicht starrköpfig sein wie andere junge Leute im Dorf. Früher, als ich klein war, haben die Eltern gut für mich gesorgt. Die Mutter hat mir Essen gebracht. Heute ist sie alt und wird wie ein Kind, und das Kind wird wie die Mutter. Ich schaue gut zu meinen Eltern.

Gibt es wohl in deinem Land einen Zauberstein oder ein Öl, das einen Zauber hat? Sicher gibt es welche. Du mußt mir Steine schicken, wenn du in dein Land zurückkehrst. Einmal habe ich in einer Zeitung eine Adresse gefunden. Man kann dorthin schreiben und erhält dann Zaubersteine zugeschickt. Ich habe verschiedene ausgewählt und bestellt. Doch alle waren gewöhnliche Steine ohne Zauberkraft. Ich habe im Kartenspiel nicht gewonnen, und keine Frau hat sich in mich verliebt.«

Ich: »Was machst du mit dem Öl?«

Ngaui: »Das Öl reibt man sich ein, dann gewinne ich im Kartenspiel. Es wird sicher ein gutes sein, das du mir schickst. Eine Frau verliebt sich und heiratet mich. Nicht so ein Huhn, das mich immer fragt: ›Was hast du gesagt?‹ Es wird eine ruhige Frau sein, die mir gut zuhört und mir antwortet. Ich werde ihr auch gut zuhören.«

Ich: »In Maprik hast du im Kartenspiel viel Geld gewonnen. Am Fest in Malingei hat sich eine Frau in dich verliebt und wollte dich heiraten. Ein wenig ist es so, als ob ich dir den Zauberstein schon gegeben hätte, weil ich mit dir zusammen bin.«

Am Tag, als Ngaui die Arbeit auf dem Hausboot aufnehmen will, fahre ich trotzdem nach Kanganamun. Er ist fort. Die Eltern sagen mir, er sei zu Fuß nach Yensan gegangen. Ich fahre dorthin und frage eine Gruppe von jungen Männern, die am Ufer sitzen, nach Ngaui. Alle kennen ihn: »Ja, Ngaui. Er wohnt in Kanganamun und ist mit Kukumbia verheiratet. Aber heute ist er den ganzen Tag nicht nach Yensan gekommen.« Ich denke, sie sprechen von jemand anderem. Doch eine Verwechslung ist ausgeschlossen. Es gibt nur einen Ngaui in Kanganamun, der ein Motorkanu besitzt. Verwirrt fahre ich wieder zurück. Zwei junge Männer sind zu mir ins Kanu gesprungen und wollen nach Kanganamun. Im Haus von Ngaui sitzt Kukumbia und liest eine Bibel. Sie ist allein. Ngaui sei im großen Dorfteil, sagt mir Kukumbia und fügt hinzu: »Alle haben dich angelogen. Ich bin Kukumbia, seine Frau.«

Immer noch in Begleitung der jungen Männer gehe ich den Weg zum großen Dorfteil. Dort sagt mir ein Mann, den ich kaum kenne, daß Ngaui mich hinters Licht geführt hat. Das plötzliche Interesse und die öffentlichen Kommentare im Männerhaus sind mir unangenehm. Gerade als ich aufbrechen will, werde ich auf Ngaui hingewiesen, der mit einem anderen Mann am Rand des großen Zeremonialplatzes auftaucht. Ich eile zu ihm, er aber beachtet mich kaum. Heute habe er viel Arbeit, außerdem gehe er erst in einigen Tagen auf das Hausboot. Ngaui gesellt sich zu den beiden Jungen aus Yensan und überläßt mir die Begleitung des anderen. Wir spazieren den Bach entlang zum Sepik. Ngaui ist etwas zurückgeblieben und unterhält sich angeregt mit seinen Freunden aus dem Nachbardorf. Alle drei beschließen, mit mir nach Palimbei zu fahren. Im Kanu wird Ngaui wieder unschlüssig. Er möchte nach Yensan, um Bier zu kaufen, willigt aber ein, als ich ihm vorschlage, ein Bier bei uns zu trinken.

Auf der anderen Seite des Flusses verabschieden sich die beiden jungen Männer von uns. Ngaui gibt ihnen einige Münzen für Betel, den sie für ihn in Palimbei kaufen sollen. Dann steigen wir die Leiter zum Gästehaus hinauf und setzen uns auf die Veranda. Ngaui überlegt, ob er den zwei Männern aus Yensan ins Dorf folgen soll, um mit ihnen Bier zu trinken. Er würde mich dann allerdings allein lassen. Jetzt fällt mir meine Einladung wieder ein, und ich hole zwei Bierflaschen aus unserem Haus. Ngaui achtet darauf, daß uns niemand sehen kann, als wir aus unseren Flaschen trinken. Er erinnert sich, wie er auf dem Hausboot mit anderen zusammen Bier getrunken hat. Alle waren bereits betrunken, als Ngaui auf die Toilette ging und Kalk in den Mund nahm, den man sonst mit den Betelnüssen zerkaut. Eine Stunde lang blieb er mit zusammengekniffenen Augen stehen, bis er wieder nüchtern war. Nur Jeff, dem Bootsbesitzer, vertraute er dieses Gegenmittel an.

Ngaui: »Jeff ist ein guter Kerl, er ist wie ein Schwarzer. Manchmal tauscht er mit uns die Kleider und balgt sich mit der Mannschaft. Damals habe ich auch Gil kennengelernt und mit ihr geschlafen. Ich hatte zuerst Angst vor ihrem langen Schamhaar. Was macht sie wohl jetzt? Vielleicht liegt sie gerade mit jemandem im Bett. Jeden Tag schläft sie mit einem Australier, und ich bin hier allein und habe keine Frau.«

Ich: »Bist du allein? Du bist doch mit Kukumbia verheiratet.«

Es gelingt mir nicht, meine Bemerkung so hinzuwerfen, daß sie die innere Unruhe verbergen könnte, in die ich seit dem Vorfall in Yensan geraten bin. Ich denke nicht daran, Ngaui vorzuwerfen, er habe mir verschwiegen, was ich dann durch Zufall erfahren habe. Die öffentliche Neugier und Diskussion, die sich an der Begebenheit entzündet haben, und die Vermutung, meine Begleiter aus Yensan hätten Ngaui sicher davon erzählt, veranlassen mich, das auszusprechen, was doch mir und ihm bekannt ist. Ich möchte nicht, daß er sich von mir ertappt fühlt, und schlage ihm deshalb vor, so zu tun, als ob er beim Gedanken an Gil für einen Augenblick vergessen hätte, daß er mit Kukumbia verheiratet ist.

Davon will Ngaui nichts wissen. Er beharrt darauf, unverheiratet zu sein, wenn er mit mir zusammen ist.

Ngaui: »Aber nein! Kukumbia ist die Frau meines ältesten Bruders. Weil sie mit ihm verheiratet ist, sagen alle, sie sei auch meine Frau. Aber nur mein Bruder darf mit ihr schlafen, ich kann gar keine enge Beziehung zu ihr haben. Das ist so Sitte bei uns.«

Es entsteht eine Pause. Wir trinken einen Schluck Bier. Ich beschließe, nicht weiter auf die Heirat mit Kukumbia einzugehen und die Frage auf sich beruhen zu lassen. Ngaui bricht das Schweigen und setzt an dem Punkt fort, wo ich ihn unterbrochen habe.

Ngaui: »Ich fühle mich leer und ganz allein. Manchmal denke ich, wie ich mich umbringe. Ich lege ein Seil um den Hals und hänge mich an einem Baum auf.«

Ich: »Du denkst daran, dich umzubringen, wenn du dich leer und allein fühlst. Aber diese Gefühle sind nicht erst heute entstanden, sondern stammen aus früherer Zeit. Du hast mir die Geschichte mit dem Messer erzählt, das dir die Mutter nicht gegeben hat, und vom Streit mit dem Vater wegen des Motors. Da hast du dich leer und kaputt gefühlt. Du bist wütend geworden, hast das Haus zusammengeschlagen und den Motor in den Fluß geschmissen. Jetzt willst du dich selbst kaputtmachen und dich umbringen. Wenn wir zusammen sind, ist es anders. Wir sprechen, und du bist nicht so leer.«

Ngaui: »Wenn du weggehst, werde ich ganz einsam sein.

Es gibt keine Abwechslung und nur Streit, wenn man mit einer Frau schläft. Dann werde ich daran denken, mich umzubringen. Ein Mann aus Indien sagte mir, ich dürfe vor dem Tod keine Angst haben. Das Totenland sei ein guter Ort. Es gibt keine Arbeit und alles, was man sich wünscht.«

Ich: »Du stellst dir vor, das Land der Toten sei etwas ganz Phantastisches. Später, wenn es doch nicht so sein wird, wie die Phantasie es ausmalt, wirst du enttäuscht sein.«

Ngaui: »Während wir jetzt sprechen, schlafen sie in der Schweiz. Wenn die in der Schweiz sprechen, ist es hier Nacht und wir schlafen.«

Ein Blick auf die Uhr überzeugt mich, daß die Stunde eigentlich beendet wäre. Da aber Ngaui auf die zwei Männer aus Yensan wartet, die ihm für dreißig Toea Betel bringen sollen, schlägt er mein Angebot aus, ihn nach Kanganamun hinüberzufahren.

So bleiben wir auf der Veranda liegen und dösen in der Hitze vor uns hin. Wir sind beide müde. Ab und zu unterbricht Ngaui die schläfrige Ruhe.

Er schaut auf die Bierflaschen, die vor ihm stehen.

Ngaui: »Schau, die Bierflaschen. Sie sind leer. Ich mache einen Zauber, und die Flaschen füllen sich. Ich trinke sie aus und warte. Dann mache ich einen neuen Zauber, die Flaschen werden voll, und ich trinke sie wieder aus.«

Ich: »Das Zaubermittel ist auch in unseren Gesprächen.«

Für lange Zeit geht jeder für sich seinen Gedanken nach, bis Ngaui erneut auf die Bierflaschen zu sprechen kommt.

Ngaui: »Wenn das Essen in der Flasche ist, kannst du es nicht fortwerfen.«

Ich verstehe nicht, was das Wort für Essen oder Nahrung in diesem Zusammenhang bedeutet.

Ngaui erklärt: »Das Essen ist das, was in der Bierflasche ist. Es ist so wie bei einem Baum. Schau dieser dort, der am Ufer steht: Jetzt trägt er viele Früchte. Später hat er weniger und dann überhaupt keine mehr. Vielleicht wachsen noch einige Früchte, aber man weiß, daß der Baum bald sterben wird. Beim Menschen ist es auch so. Es ist harte Arbeit, das Essen zu finden.

Die Mutter steht am Morgen auf und geht auf den See, um Fische zu fangen. Sie rudert in einem fort, und es ist mühselig, doch sie denkt an ihre Kinder, die hungrig sind. Das Kind wacht auf und ruft nach seiner Mutter, aber sie ist fortgegangen. Dann sucht das Kind die Mutter, schreit und ist hungrig. Wenn man zu essen hat, ist man glücklich. Wenn die Mutter nach Hause zurückkehrt, schreit das Kind nach Essen. Wenn sie keinen Fisch gefangen hat, macht sich der Mann auf den Weg und geht in den Garten. Zuerst trinken sie den Saft des Zuckerrohrs, es schmeckt gut, aber man hat davon nicht gegessen. Im Garten gibt es Yams, Taro, Süßkartoffeln und vieles andere. Das ist richtiges Essen. Jeden Tag geht die Mutter auf Fischfang. Sie paddelt und paddelt, bei Sonne und Regen, und oft hat sie genug von der Arbeit. Doch dann denkt sie an ihre Kinder und rudert weiter. Sie schaut in den Reusen nach Fischen.«

In diesem Augenblick treffen die Männer aus Palimbei ein, die Ngaui den Betel bringen. Alle drei steigen zu Milan ins Kanu, der in Yensan eine Verabredung hat.

In den nächsten zwei Tagen treffe ich Ngaui nicht, obwohl ich nach Kanganamun hinüberfahre. Das zweite Mal steht sein Vater verstört am Ufer, als ich anlege. Er zeigt auf das Wohnhaus, wo an der Frontseite ein großes Loch klafft. Ein Teil der Hauswand liegt herausgebrochen am Boden, zusammen mit Scherben von Tongefäßen. Ngaui habe heute in einem Wutausbruch seine Frau und das Haus zusammengeschlagen und sei nachher zu Fuß nach Yensan gegangen. Ein tropischer Regen überrascht mich. Ich renne ins Männerhaus, wo ich das Ende des Gewitters abwarte. Nach einer Stunde ertönt das Geräusch eines wegfahrenden Motors. Später kann ich nur noch feststellen, daß Ngauis Kanu verschwunden ist. In der Nacht höre ich ihn auf dem Sepik herumfahren.

Am folgenden Morgen erfahre ich von Florence den Grund von Ngauis Wutausbruch. Er hat mit Satmagwi, der Frau von Baburundu, geschlafen und wurde von Kukumbia entdeckt. Darauf gab es eine große Szene, in deren Verlauf Ngaui seine Frau und einen Teil der Hauswand zusammengeschlagen hat. Satmagwi wohnt mit Baburundu in unmittelbarer Nachbarschaft zu uns, in der gleichen Splittersiedlung, die zwar zu Palimbei gehört, aber etwa eine halbe Stunde vom Dorf entfernt am Sepik liegt.

Das Verhältnis mit der schwarzen Frau soll das Gleichgewicht wiederherstellen, das ich störte, als ich Ngaui auf seine Heirat mit Kukumbia hingewiesen habe. Er sucht die sexuelle Beziehung nicht mehr im Kontakt zu den Weißen, sondern schläft mit einer Frau, die seiner Kultur angehört. Er verhält sich ähnlich wie bei seiner Reise nach Maprik, als er im Kartenspiel mit den Schwarzen viel Geld gewonnen hat. Doch diesmal gibt es Streit, weil Ngaui sich als verheirateter Mann nicht an die Regeln hält.

Am Nachmittag ist das Haus bereits wieder repariert. Ngaui führt aushilfsweise Touristen mit seinem Kanu herum und ist nicht anzutreffen. Wie schon oft lege ich mich in der Nähe des Hauses in den Schatten und schnitze an einem Holz. Überraschend setzt sich heute Ngauis Mutter zu mir und beginnt von sich aus zu erzählen.

Die Mutter: »Ich habe keine Zeit, um auszuruhen. Ich muß hart arbeiten, und das ist wirklich keine Spielerei. Am Morgen rudere ich auf den See und fange Fische, dann gehe ich oft auf den Markt und schleppe die schweren Sagobrocken nach Hause. Das wird mir zuviel. Ich möchte nach Madang auswandern oder auf der Missionsstelle angestellt werden, denn dort ist das Leben weniger anstrengend. Am Morgen, wenn das Kind noch schläft, stehe ich auf und sage meinem Mann, er soll auf das Kind aufpassen. Das Kind wacht auf und bemerkt, daß die Mutter fortgegangen ist. Dann beginnt es zu schreien. Mittags, wenn die Mutter müde und verschwitzt zurückkommt, verlangt der Mann, daß sie die Sagofladen bäckt. Sie antwortet ihm: ›Das kommt mir nicht in den Sinn. Ich will jetzt etwas ausruhen, denn ich habe die ganze Zeit gearbeitet.‹ Der Mann beharrt darauf, daß sie sogleich Fladen zu backen beginnt, denn er hat den ganzen Morgen nichts gegessen und ist hungrig. Er wirft ihr vor, nicht zu hören, wie das Kind schreit. Beinahe kommt es zum Streit, doch dann bereitet die Mutter die Sagofladen über dem Feuer zu. Nach dem Essen geht der Mann ins Zeremonialhaus, während die Frau an ihren Netztaschen arbeitet.«

In unserer Nähe schreit ein Kind. Ngauis Mutter horcht auf.

Die Mutter: »Ai, ist das nicht Ngauis Kind? Wer kann es geschlagen haben? Wahrscheinlich war es seine Mutter. Ich will jetzt gehen und schauen, was geschehen ist.«

Die alte Frau steht auf und begibt sich langsam zum Haus.

Als ich mir überlege, ob ich zurückfahren soll, legt Ngaui sein Kanu am Ufer an. Er lacht, als er mir als erstes erzählt, weshalb er das Haus zusammengeschlagen hat.

> Ngaui: »Baburundus Frau ist in mich verliebt. Zuerst wollte ich nicht mit ihr schlafen, doch sie verführte mich. Ich fuhr mit dem Motorkanu auf eine Sandbank. Während der Nacht schliefen wir zweimal im Schilfgras miteinander. Niemand hat uns beobachtet. Doch gestern entdeckte uns die Frau meines ältesten Bruders. Es gab einen großen Streit und eine Schlägerei mit der Frau. Dann schlug ich die Hauswand zusammen. Baburundus Frau will mich heiraten, aber ich will mich auf keinen Fall darauf einlassen. Heiraten führt nur zu Streit und Arbeit.«

Ngaui will ins Zeremonialhaus gehen, um seine Lage mit den Männern zu besprechen. Offenbar kommt es zu einer Art Gerichtsverhandlung, weil Babrundu wütend ist und zu seiner Entschädigung von Ngaui Geld verlangt. Im Männerhaus verstehe ich kein Wort, weil die Diskussion in der Iatmul-Sprache geführt wird. Ich verabschiede mich bald von Ngaui und fahre zurück.

Am folgenden Tag treffen sich unsere Kanus auf dem Sepik. Ngaui ist soeben von Pagwi zurückgekommen, wo er seinen Großvater abgeholt hat. Nach unserer Landung in Kanganamun verschwindet Ngaui in seinem Haus, während ich draußen warte. Nach einer Weile rufe ich ihn. Ngaui antwortet, sein Rücken sei steif, er wolle sich ausruhen. Ich erinnere mich, daß ich eine Menge von Sammelmarken von unseren Zigarettenpackungen ausgeschnitten habe, um die er mich vor einigen Tagen gebeten hatte. Ich rufe ihm zu, daß ich die Marken mitgebracht hätte, worauf Ngaui erfreut in der Türöffnung erscheint und sich bedankt. Er läßt sich aber nicht dazu bewegen, mit mir zu sprechen und verschwindet wieder im Haus. Kurze Zeit plaudert er mit jemand, dann steigt er die Leiter herab und schlägt den Weg zum Zeremonialhaus ein. Zu mir sagt er, es habe keinen Sinn, daß ich mitkomme, da er sich schlafen lege, und nimmt keine weitere Notiz von mir. Plötzlich empfinde ich die Situation absurd: nach Kanganamun zu fahren, um nach ein paar nutzlosen Worten in der Hitze mit einem Schwarm Fliegen allein zurückzubleiben. Die Gespräche erscheinen mir seltene Ereignisse, die von aufreibenden Umständen begleitet sind.

Schließlich habe ich den Eindruck, daß mein Engagement an Ngaui zerbröckelt und verpufft. Mit diesen Gedanken trete ich die Rückfahrt an und bemerke, daß die Schrauben am Motorschaft erneut gebrochen sind. Das bringt mich noch mehr aus der Fassung. Heute verwünsche ich den Tag, an dem ich nach Palimbei gekommen bin.

Die Verhandlungen über Baburundus Forderungen werden am folgenden Tag im Männerhaus von Kanganamun fortgesetzt. Ngaui erscheint erst, als sich alle schon versammelt haben. Er setzt sich zu mir. In Erwartung der Dinge, die auf ihn zukommen, drückt er meine Finger in seiner Hand zusammen. Nach langen Erwägungen gibt es erneut keine Einigung über die Geldsumme, die Ngaui an Baburundu zahlen sollte. Es wird beschlossen, daß alle am folgenden Tag nach Yensan gehen, um das Problem in einem größeren Rahmen zu erörtern.

Fritz und Kwandemi sind nach Wewak abgereist, um den Motor reparieren zu lassen. Nach einigen Tagen paddeln Milan und ich nach Kanganamun. Ngaui ist im Busch verschwunden. Da das kleine Flugzeug gestern angekommen ist, spaziere ich nach Kapaimari, um in der Missionsstation unsere Post abzuholen. Ich habe keinen Brief erhalten und gelange nach zwei Stunden enttäuscht und gereizt wieder nach Kanganamun. Ich sehe voraus, daß Ngaui mich heute gewiß wieder stehenlassen wird, wenn wir uns treffen sollten. Diese Phantasie löst sich schnell auf, als Ngaui fröhlich aus dem Haus springt und mich begrüßt. Er beginnt sogleich zu erzählen.

Ngaui: »Gestern hat mich Jeff besucht. Er wollte mich aufs Hausboot mitnehmen. Ich sagte ihm, meine Mutter huste und habe Fieber. Ich kann nicht weggehen und auf dem Hausboot arbeiten. Jeff ist zu euch hinübergefahren und hat Baburundu engagiert.«

Ich: »Arbeitet Baburundu auf dem Hausboot? Dann ist seine Frau allein, und ihr könnt miteinander schlafen, ohne daß er euch entdeckt.«

Ngaui lacht: »Ich habe die Krankheit meiner Mutter erfunden, damit mich Jeff in Ruhe läßt. Ich habe ihm Baburundu als Fahrer der Beiboote empfohlen. Gestern nacht habe ich gewartet, bis Satmagwi mit ihrem Kanu weggefahren ist, und bin ihr gefolgt. Es ist so schön, mit ihr zu schlafen.

Wir haben uns halb ins Wasser gelegt, und mein Schwanz ging in sie hinein. Baburundu verlangte zuerst sechzig Kina, später wäre er mit dreißig zufrieden gewesen. Doch ich wollte ihm nur zehn Kina geben. Man konnte sich nicht einigen. Aus der Gerichtsverhandlung in Yensan wurde nichts, weil der Regierungsbeamte nicht kam. Jetzt werde ich Geld sammeln und Baburundus Frau heiraten. Ja, ich werde ihre Scheide heiraten.«

Ich: »Wenn du sie heiratest, wirst du in das kleine Haus ziehen, in dem du früher gewohnt hast?«

Ngaui: »Nein, ich werde mit ihr im Haus zusammenleben, wo ich jetzt wohne.«

Es fällt ihm ein, daß es doch nicht so gut wäre, mit Satmagwi zu schlafen, wenn die Eltern im gleichen Raum sind.

Ngaui: »Ich würde mich schämen. Man kann nicht mit der Frau Liebe machen, wenn die Eltern oder andere Leute im gleichen Haus schlafen. Am nächsten Tag würden sie Anspielungen machen und im Dorf herumerzählen, sie hätten in der Nacht nicht einschlafen können.«

Ich: »Als du ein Kind warst, hast du auch mit deinen Eltern in einem Raum gewohnt.«

Ngaui: »Hat man Kinder, wartet man die tiefe Nacht ab, um mit der Frau Liebe zu machen, wenn die Kinder schlafen. Ein Kind weiß davon noch nichts. Schaut es aber einmal zu, vergißt es später alles, weil neue Gedanken die früheren überdecken.«

Mit seiner Heiratsphantasie ist Ngaui in Widersprüche geraten. Er stellt sich vor, mit seiner Frau im Elternhaus zu wohnen, und weist diese Möglichkeit im selben Augenblick zurück. Wenn er dann von den Kindern spricht, die alles vergessen, meint er sich selbst, der sich so einstellt, als wüßte er nicht, daß seine Heirat mit Satmagwi eine Phantasie ist, die er weder verwirklichen möchte noch könnte.

Da ich kein Motorkanu habe, überlege ich mir, wie ich nach Palimbei zurückkomme. Ngaui ist bereit, Milan und mich hinüberzuführen. Wir beschließen, unser Gespräch am anderen Ufer fortzusetzen. Als wir uns im *haus win* hingesetzt haben, spricht Ngaui nur noch mit halblauter Stimme. Er scheint verängstigt zu sein. Ich frage ihn, ob er wegen Satmagwi besorgt sei.

Ngaui: »Ja, sie ist am Bach Kurupmui. Ihr Bruder lebt

auch hier. Ich habe Angst, er könnte einen Zauber machen und mein Kanu gefährden.«

Ich versuche ihn zu beruhigen und setze das Prestige, das wir als Weiße im Dorf genießen, gegen die Macht der Zauberer.

Ich: »Wenn du mit mir in Palimbei bist, kann weder dir noch deinem Kanu etwas geschehen.«

Ngaui vergißt für einen Augenblick den drohenden Zauber und spricht davon, das kleine Haus instand zu setzen, um dort mit Satmagwi einzuziehen.

Ngaui: »Es ist so schön, mit ihr zu schlafen. Sie ist nicht so schwarz wie die anderen Frauen. Ihre Haut ist ein wenig weiß, und das gefällt mir.«

Auch mir ist aufgefallen, daß Baburundus Frau eine etwas hellere Haut hat. Ngaui hat sich einer Frau zugewandt, die neben unserem Haus wohnt und deren Hautfarbe ihn an die weißen Frauen erinnert, von denen er mir erzählte. Nachts überquert er den Sepik, um mit der Frau zu schlafen, wie ich täglich nach Kanganamun fahre, um mit ihm zu sprechen. Ngaui ist aber nur vorübergehend dem Eindruck gefolgt, meine Gegenwart und Satmagwis Hautfarbe würden die Schwierigkeiten von ihm fernhalten, in die er seit der Aufdekkung seiner nächtlichen Treffen geraten ist.

Ngaui: »Ich habe Angst, ihr Bruder könnte doch einen Zauber machen. Dann würde mir auf der Überfahrt etwas Unheilvolles zustoßen. Es ist besser, ich breche jetzt auf und verlasse Palimbei.«

Wir füllen seinen Tank mit Benzin und verabreden, daß er morgen mittag zu mir herüberkommt. Anderntags beginnt es zu regnen, als Ngaui mich besucht. Wir haben gerade noch Zeit, mit vielen anderen unter dem Dach des *haus win* Schutz zu suchen. Ngaui beteiligt sich ab und zu an der Unterhaltung der Männer. Von den Befürchtungen, die er gestern hatte, ist nichts zu spüren. Da es bereits eindunkelt, als der Regen endlich aufhört, verschieben wir unser Gespräch auf den folgenden Tag.

Es kommt nicht dazu, daß Ngaui ein drittes Mal den Fluß überquert, um mich zu besuchen, denn Fritz ist mit dem reparierten Motor zurückgekehrt.

Mit Milan fahre ich dem Ufer entlang nach Yensan. In Kanganamun hat man mir angedeutet, ich könnte Ngaui dort antreffen. Auf halbem Weg liegt im Schilfgras eines der orangen Aluminiumboote des Sepik-Explorers. Eine jüngere weiße Frau sitzt unter dem Sonnendach, hinter ihr erkenne ich ein Besatzungsmitglied und Ngaui, die den Motor auseinandergenommen haben. Ich wechsle von unserem Kanu auf das Beiboot und verabschiede mich von Milan. Nach vergeblichen Versuchen, den Motor zu starten, lassen wir uns zu Ngauis Anlegestelle treiben, wo wir alles Gepäck in sein Kanu umladen. Zusammen mit Josef, dem Besatzungsmitglied, und der weißen Frau, einer Australierin, will Ngaui eine Rundreise machen, die bis nach Ambunti führen soll. Ngaui beauftragt seine Eltern, auf das Aluminiumboot zu achten, das wir ans Ufer gezogen haben. Er ist fröhlich und macht Witze mit mir. Als er das Getriebeöl an seinem Motor wechselt, spritzt weißes, milchiges Öl in den Fluß.

Ngaui: »Schau, deine Pisse spritzt heraus.«

In der nahen Mission beginnen die Glocken zu läuten.

Ngaui: »Geh zur Mission und mach die Messe mit. Du hast Sünden auf dich geladen.«

Er macht eine Anspielung auf Frauengeschichten, in die ich verwickelt sei und die seinem Verhältnis, das er mit Satmagwi hat, ähnlich sind. Ngaui füllt mit einer Pumpe neues Öl in den Motor, bis oben ein brauner Strahl herausspritzt.

Ich: »Jetzt ist es deine Pisse, die oben herausfließt.«

Ngaui lacht: »Aber nein, das ist so, wie wenn du am Scheißen bist!«

Bald brechen die drei auf, ohne sagen zu können, wann sie zurückkommen werden.

Die Witze, die Ngaui mit mir macht und die ich entsprechend erwidere, überspielen die Tatsache, daß er Satmagwi genauso sitzen läßt wie mich, wenn ihn ein neues Abenteuer lockt.

Nach einigen Tagen teilt mir Ngaui seine Rückkehr mit, indem er mit aufheulendem Motor am anderen Ufer entlangfährt. Statt ihn in Kanganamun zu treffen, besuche ich einen meiner Gesprächspartner in Palimbei und fahre erst am folgenden Tag zu Ngaui. Als er von einem Passagierdienst zurückkommt, will ich ihm helfen, das Kanu ans Ufer zu ziehen, rutsche dabei aus und falle beinahe ins Wasser. Ngaui lacht kurz auf und verschwindet in seinem Haus. Er scheint heute eher abweisend zu sein; wahrscheinlich deshalb, weil ich gestern seiner Einladung, ihn zu besuchen, nicht gefolgt war. Umständlich reinige ich meine Kleider vom feinen Schlamm. Ngaui steigt plötzlich die Leiter herab und begrüßt mich fröhlich, als wäre ich soeben erst angekommen.

Ngaui: »Am letzten Samstag sind wir flußaufwärts gefahren und erst um acht Uhr abends angekommen. Auf der Fahrt sagte die weiße Frau, wir sollten am Ufer anlegen, da sie scheißen müsse. Wir suchten einen günstigen Platz, und sie verschwand hinter einem Busch. Dann fuhren wir weiter, doch nach fünf Minuten bat die Frau, noch einmal anzuhalten. Sie müsse unbedingt pissen. Ich schlug ihr vor, es vom Kanu aus zu machen, doch sie schämte sich. Wir hielten an, und als wir weiterfuhren, ging alles von neuem los. Sechsmal mußten wir unsere Reise unterbrechen, jedesmal mußte sie entweder scheißen oder pissen. Josef und ich hatten bald genug von dem ewigen An- und Abstellen des Motors. Wir überlegten uns, ob wir die Frau nicht im nächsten Dorf zurücklassen und allein weiterfahren sollten. Josef hatte Angst vor den Folgen, wenn wir die Frau gegen ihren Willen absetzen würden. Ich schlug ihm vor, mit der Australierin anzubändeln. Auch davor hatte er Angst. Ich übergab ihm das Steuer und setzte mich zur Frau. Wir lachten und redeten viel, bis ich sie fragte, ob sie mit mir schlafen wolle. Sie wehrte ab und hatte Angst. Ich beruhigte sie; miteinander schlafen sei doch ein ganz alltägliches Vergnügen. Sie weigerte sich, im Kanu zu schlafen, und meinte, im Schilfgras sei man vor Schlangen nicht sicher. In Ambunti sind wir aufs Hausboot gestoßen. Niemand war dort, und nach langem Suchen fanden wir den Schlüssel zum Kühlschrank. Wir tranken viel Bier, und ich fragte Josef, ob er mit der Frau schlafen möchte. Er wollte immer noch nicht. Die Frau hatte auch viel getrunken und sich bis auf den Slip ausgezogen. Ich setzte mich zu ihr und legte meine Hand auf ihren Oberschenkel. Als wir beide ganz erregt waren, löschte Josef das Licht. Ich trug die Frau in eine Kabine und schlief mit ihr. Nachher war Josef an der Reihe. Am nächsten Morgen wollte die Frau wissen, wer als erster mit ihr geschlafen hatte. Wir machten uns einen Witz daraus, daß jeder behauptete, der andere habe zuerst mit ihr geschlafen. Die weiße Frau wollte mich dazu überreden, bis am Montag zu bleiben. Als ich unschlüssig war, versteckte sie den Benzinschlauch meines Motors.

Während der folgenden Nacht schliefen Josef und ich abwechselnd mit ihr. Der eine ruhte sich aus, während der andere in der Kabine war. Am Morgen bat mich die Frau, ja nichts auszuplaudern, sonst würde es einen großen Streit mit ihrem Ehemann geben.

Mein Tumbuna hat mich in Ambunti zum Essen eingeladen. Danach erhielt ich von Jeff Benzin und Geld und bin zurückgefahren.«

Ich: »Wenn du Kanganamun verläßt, geschehen immer viele Dinge: Du machst mit Josef ein Reise und schläfst mit einer weißen Frau. Es ist, als ob Gil von Australien gekommen wäre.«

Ngaui: »Sie ist wie Gil, aber sie war eine andere Frau von Australien.«

Ich: »Wie heißt sie?«

Ngaui denkt nach: »Ach, ich habe ihren Namen vergessen. Aber es ist schon so; im Dorf ist nicht viel los. In Kanganamun ist es langweilig. Würde ich auf dem Hausboot arbeiten, wäre ich täglich mit der Frau zusammen und könnte mit ihr schlafen.«

Ngaui hat nicht nur den Namen seiner neuen weißen Frau nicht mehr erinnert. Er stellt sich so ein, als hätte er auch seine Liebesgeschichte mit Baburundus Frau vergessen. Erst kürzlich hatte er es abgelehnt, auf dem Hausboot zu arbeiten, damit er sein Liebesverhältnis zu ihr ungestört weiterführen könnte. Inzwischen interessiert ihn Satmagwi nicht mehr. Er bedauert jetzt, nicht auf dem Hausboot beschäftigt zu sein, wo er täglich mit der neuen Frau schlafen könnte, deren Hautfarbe noch viel heller ist als die seiner früheren Geliebten. Ngaui vermeidet, sich auf etwas festzulegen, und folgt sprunghaft allem, was ihn anzieht. Er führt ein Leben, wie es für die Adoleszenten in den Iatmul-Dörfern typisch ist.

Gleichzeitig gehört Ngaui zur Männerhausgesellschaft Kanganamuns und hat Frau und Kind. Er ist an seine Eltern gebunden und folgt besonders den Signalen, die ihm seine Mutter immer dann vermittelt, wenn er vergessen könnte, daß er ein Iatmul ist.

In diesem Widerspruch der Altersgruppen wäre es für Ngaui naheliegend gewesen, wenn ich mich wie Josef eingestellt hätte, von dem er mir heute erzählt. Gemeinsam wären wir durch die Gegend gezogen und hätten abwechselnd mit den Frauen geschlafen, denen wir begegneten.

Ich wollte mich nicht in dieser Weise mit ihm einlassen, denn ich bin kein Iatmul. Ich gehöre zu der Gruppe der Weißen, die an den Sepik gekommen ist, um ethnopsychoanalytische Gespräche zu führen. So haben Ngaui und ich jeder auf seine Art den Weg gefunden, die Auseinandersetzung mit sich selbst und seiner Kultur an unserer Beziehung widerzuspiegeln und zu vertiefen.

In der Dämmerung fahre ich nach Palimbei, ohne mir bewußt zu sein, daß das eines der letzten Gespräche gewesen ist, die wir zusammen führen. Der Zeitpunkt unserer Abreise rückt immer näher, und ich erwarte in diesen Tagen meine Freundin Manu, die aus Europa zu uns reist, um während der letzten drei Wochen mit mir zusammenzusein. In der verbleibenden Zeit am Sepik sehe ich Ngaui nur noch selten, weil er jetzt damit beschäftigt ist, Passagiere des Hausbootes mit seinem Motorkanu in die umliegenden Dörfer zu führen.

In den letzten Tagen unseres Aufenthaltes am Sepik lädt mich Ngaui das erste und einzige Mal zu sich nach Hause ein. Das Haus, das er mit seiner Familie und seinen Eltern bewohnt, unterscheidet sich nicht von anderen Häusern. Auf der einen Seite stehen die Feuerstellen mit den großen Tonschalen. Den Raum der anderen Hälfte des Hauses nehmen die Schlafplätze ein, die mit fast undurchsichtigen Moskitonetzen voneinander getrennt sind. Wir sind allein, und durch die Einmaligkeit der Einladung entsteht eine eigenartige Atmosphäre, die Vertrautes und Fremdes miteinander verbindet.

Wenig später kommt Ngaui mit Kwandemi in unser Haus nach Palimbei. Sie bringen zwei riesige Eier, die sie im Busch gefunden haben, und bleiben bis spät in die Nacht.

Florence Weiss
Kwaigambu

Ich will mit einer jungen unverheirateten Frau Gespräche führen. Nachdem ich seit einiger Zeit täglich mit Kinembe spreche, überlege ich mir, welches Mädchen in Frage käme. Auf meinen Spaziergängen durchs Dorf begegne ich ihnen, doch es fällt mir schwer, mich zu entscheiden. Meine Erfahrungen vom ersten Aufenthalt sind mir gegenwärtig, als ich erlebte, wie schwierig es war, mit jungen Frauen in eine nahe Beziehung zu treten. Sie verhielten sich mir gegenüber selbstsicher und zurückhaltend und gaben mir zu verstehen, daß sie sich zwar in der Iatmul-Kultur wie erwachsene Frauen auskennen, aber nicht gewillt waren, mit mir darüber zu sprechen. Sie zogen sich in ihre Gruppe zurück und überließen es ihren Müttern, sich mit mir zu befassen.

Es ist Nachmittag. Meat kommt mit ihrem Säugling und der ältesten, etwa achtzehnjährigen Tochter Kwaigambu zu uns. Wir setzen uns auf den Boden und plaudern. Fritz, Marco und Milan sind im hinteren Teil des Hauses in ein Schachspiel vertieft. Als ich aufstehe, um vom Tisch Zigaretten zu holen, schaut Fritz Kwaigambu an und meint: »Das wäre doch eine junge Frau, mit der du Gespräche führen könntest.« »Das ist Meats Tochter«, antworte ich. Für mich steht fest, daß ich mit meiner Freundin Meat keine analytischen Gespräche führen will. Erst jetzt bemerke ich an meiner Reaktion, daß ich auch ihre Töchter darin eingeschlossen habe. Ich biete Meat eine Zigarette an. Während wir rauchen, schaue ich Kwaigambu an. Aus dem Mädchen von damals ist eine junge Frau geworden. Sie blickt mich prüfend an. Ohne zu lächeln, mustert sie mich aufmerksam. Im Gegensatz zu Meat knüpft sie weder mit Worten noch mit Gesten oder Blicken an gemeinsame Erfahrungen an. Dabei gehörte Kwaigambu vor sieben Jahren zu den Kindern, mit denen ich engen Kontakt hatte. Meine Beziehung mit Meat brachte es mit sich, daß wir uns oft sahen. Kwaigambu begegnet mir jetzt mit einem abwartenden und verschlossenen Gesichtsausdruck. Ich bin unentschlossen, Kwaigambu scheint mir

Kwaigambu

von allen jungen Frauen die charaktervollste, aber auch die eigenwilligste zu sein. Ausgerechnet mit ihr, meint Fritz, soll ich Gespräche führen. Zudem ist sie die Tochter von Meat, mit der mich eine enge Freundschaft verbindet. Ich habe nicht die Absicht, Meat gegen Kwaigambu einzutauschen. Ich werde das Gefühl nicht los, daß mich diese Gespräche in Schwierigkeiten bringen würden.

Am nächsten Morgen treffe ich Kwaigambu am Sepik-Ufer, und als ich ihr vorschlage, täglich mit mir zu sprechen, sagt sie trocken: »Gut.« Wir verabreden, daß ich sie am Nachmittag zu Hause abhole und wir ins *haus polis* gehen, dem Ort, wo wir zusammen sprechen wollen. Als ich Stunden später den Weg ins Dorf einschlage, rufen zwei Kinder meinen Namen. Ich drehe mich um und erkenne Kwaigambus jüngere Schwestern. Sie wollen mich begleiten. Sie lachen und tuscheln, und wem immer wir unterwegs begegnen, erklären sie: »Die weiße Frau geht zu unserer ältesten Schwester.« Als wir an einem Garten vorbeikommen, verschwinden sie und kehren mit einem langen Zuckerrohr zurück, von dem sie mir ein Stück hinhalten. Ich löse die harte äußere Schicht und genieße den süßen kühlen Saft. Das Wohnhaus der Familie steht am Rande des Dorfes. Von seinem einzigen Fenster aus überblickt man den Weg, der Dorf und Sepik-Ufer verbindet. Schon von weitem sehe ich Kwaigambus Winken im Fenster. Als ich mich dem Haus auf wenige Schritte genähert habe, kommt sie die Treppe heruntergelaufen, sagt im Vorbeigehen ihren Geschwistern etwas in der Iatmul-Sprache und wendet sich an mich.

Kwaigambu: »Ich dachte, du wirst nicht kommen.«

Ich: »Ich möchte mit dir sprechen.«

Kwaigambu lacht mir über die Schultern zu und schlägt den Weg durchs Dorf zum *haus polis* ein. Den Frauen, denen wir unterwegs begegnen und die uns fragen, wohin wir gehen, antwortet sie, ohne zu zögern: »Ins *haus polis*, ich werde Florence mythische Geschichten erzählen!« Wir steigen die drei Stufen des Hauses hinauf und setzen uns auf den Boden.

Kwaigambu: »Was soll ich dir erzählen? Sag, was du wissen willst.«

Ich: »Als ich das erste Mal nach Palimbei kam, wußte ich nichts über euer Leben. Ich konnte mir nicht einmal vorstellen, wie ihr Frauen Fische fangt.« (Kwaigambu lacht.) »Heute weiß ich über euren Alltag gut Bescheid, doch wie ihr Frauen denkt und fühlt, verstehe ich noch nicht. Ich möchte keine Fragen stellen. Wir können sprechen, worüber wir Lust haben.«

Kwaigambu schweigt eine Weile und schaut zum Fenster hinaus. Dann beginnt sie zu sprechen. Ohne Pausen und ohne eine Frage oder Antwort von mir zu erwarten, schildert sie sieben Begebenheiten: Fahrten zum Markt und Ausflüge der Jugendlichen in die Umgebung des Dorfes. Sie spricht selbstsicher und beschreibt anschauliche Einzelheiten. Je länger sie spricht, um so mehr habe ich den Eindruck, mir sitze nicht Kwaigambu, sondern ihre Mutter Meat gegenüber. Kwaigambu hat als Kind erlebt, wie es ihrer Mutter gelungen ist, mich mit eben solchen Erzählungen zu begeistern und zu verführen. Jetzt, bei unserem ersten Treffen, greift sie auf diese Erfahrung zurück und bewältigt die Situation, daß nun sie mit mir Gespräche führt, indem sie wie ihre Mutter ist. Ich sage nichts und höre zu. Als wir uns nach dem Gespräch verabschieden, schlägt sie vor, morgen zu mir zum Sepik zu kommen, sie habe gehört, daß vor dem *haus polis* eine Dorfversammlung abgehalten wird. Als ich später nach einem Besuch den Weg zum Sepik einschlage, kommt mir Kwaigambu durch den Bach watend entgegen. Sie will mich begleiten. Auf halbem Weg schließt sich uns Yaimange an, ein Mädchen Kwaigambus Alter. Zu dritt gehen wir durch die abendliche Landschaft.

Als ich nach dem Frühstück zum Sepik-Ufer spaziere, sitzt Kwaigambu im Gästehaus. Sie springt auf und kommt mir entgegen. Da alle Weißen weg sind, gehen wir zu uns nach Hause. Kwaigambu schweigt lange und blickt abwesend zur Türöffnung hinaus.

Ich: »Gestern hast du mir sieben Begebenheiten erzählt. Die erste handelte von einer Fahrt zum Markt, die zweite von einem Ausflug ...«

Sie fällt mir ins Wort und zählt kurz alle Geschichten nochmals auf.

Kwaigambu: »Ich kenne noch mehr. Einmal habe ich an einem *naven* mitgetanzt. Wir Frauen weihten das neugeschnitzte Kanu eines Mannes ein. Wir schmückten uns, bestiegen das Kanu und paddelten durchs Dorf. Wir tanzten und schwangen die Paddel durch die Luft, bis das Kanu kenterte und wir alle ins Wasser fielen. Dann kletterten wir wieder hinein und begannen das Spiel von neuem.«

Wir sehen beide Meat, die am Ufer des Sepik vorbeigeht.

Kwaigambu: »Sie hat mich beschimpft. Auf der Rückreise vom Markt ist überraschend ein Gewitter ausgebrochen. Im Nu hat sich das Kanu mit Wasser gefüllt, und ich kam nicht nach mit Schöpfen. Ein Teil des Sagomehls, das wir

Frauen gegen Fisch eingetauscht hatten, ging dabei verloren. Deshalb war sie mir böse.«

Pause.

»Vor einiger Zeit bin ich mit jungen Frauen und Mädchen drei Tage weggefahren. In einem weit entfernten Dorf im nördlichen Grasland haben wir Fisch gegen Betel eingetauscht. Spät in der Nacht bin ich erschöpft nach Palimbei zurückgekommen. Da rief mich Nagwan, Meats Vater, zu sich. Er hatte auf mich gewartet, ein Feuer entfacht und Essen für mich bereitgestellt.«

Pause.

»Du darfst Marco nicht allein ins Dorf gehen lassen.«

Ich: »Weshalb?«

Kwaigambu: »Alle jungen Frauen sind in ihn verliebt. Sie könnten ihn schlagen.«

Ich: »Als Beweis ihrer Liebe?«

Kwaigambu: »So ist es bei uns. Sie könnten ihn auch töten.«

Ich: »Du willst, daß ich Marco für dich zurückbehalte?«

Kwaigambu (lachend): »So ist es.«

Wie verabredet, gehe ich am nächsten Tag zu Kwaigambu nach Hause. Sie ruft mir aus dem Fenster zu, sie müsse hierbleiben und ihre jüngeren Geschwister hüten. Ich steige die Treppe hinauf und setze mich zu ihr. Zwei kleine Kinder halten sich an ihr fest und schauen mich ängstlich an.

Kwaigambu: »Meat fischt auf dem See, und meine Schwester Kasoagwi ist zum Sepik gegangen. Sie versprach, gleich wieder zurück zu sein. Alle wissen, daß ich mit dir ein Gespräch verabredet habe.«

Das jüngste Kind beginnt zu weinen, und das andere klammert sich an Kwaigambu. Unwirsch stößt sie beide von sich weg.

Ich: »Heute ist es schwierig, zusammen zu sprechen.«

Kwaigambu: »Ich habe die Kleinen satt, sie stören uns.«

Ich: »Jetzt können wir nicht reden.«

Kwaigambu: »Ist meine Mutter zurück, komme ich zu dir zum Sepik, und wir sprechen zusammen.«

Ich warte bis zum Abend, doch Kwaigambu kommt nicht.

Am folgenden Tag treffe ich Meat, die lachend auf mich zukommt.

Ich: »Gestern wollte ich mit Kwaigambu sprechen. Es war

nicht möglich. Du bist fischen gegangen, und Kasoagwi war am Sepik.«

Meat reagiert, wie es die Iatmul tun, wenn sie sich beschämt zeigen: Sie lächelt mich an, verbirgt ihr Gesicht hinter dem hochgehobenen Arm und wendet sich zur Seite. Wider Willen muß ich lachen, und Meat stimmt erleichtert ein. Sie verspricht, daß das nie mehr vorkommen werde. Doch auch am nächsten Tag kommt Kwaigambu nicht zum Gespräch.

Es ist Mittagszeit, und wir sind alle zu Hause. Jemand räuspert sich, und als ich zur Türe gehe, kommen mir Meat, ihr Mann Temben und alle Kinder, darunter auch Kwaigambu, entgegen. Milan spricht mit Temben, und ich setze mich mit Meat unter das Haus.

Ich: »Nicht wahr Meat, wir sind alte Freundinnen.« (Sie schaut mich erstaunt an.) »Wenn ich jetzt mit deiner Tochter tägliche Gespräche führe, kann dies unsere Beziehung nicht stören.«

Meat: »Aber nein, wie kommst du darauf?«

Ich: »Früher habe ich viel mit dir gesprochen.«

Meat: »Ich habe dir noch viel zu erzählen.«

Pause.

»Mit Kwaigambu kannst du aber trotzdem reden.«

Während Meat und ich uns in ein Gespräch vertiefen und eine Zigarette rauchen, rückt Kwaigambu immer näher zu mir. Sie beginnt mit meinem langen Haar zu spielen. Nach einer Weile stehe ich auf und verabschiede mich von Meat.

Ich: »Ich werde dich besuchen. Jetzt haben Kwaigambu und ich unser Gespräch.«

Auf der Suche nach einem geeigneten Platz finden wir am Sepik-Ufer ein Kanu unter einem schattigen Bambusstrauch, das jemand umgekehrt dort hingestellt hat. Wir setzen uns darauf.

Ich: »Meat macht dir wegen unserer Gespräche Schwierigkeiten, deshalb ließ sie dich die Kinder hüten.«

Kwaigambu: »Aber nein.«

Ich: »Vielleicht gerate ich in Schwierigkeiten mit deiner Mutter.«

Kwaigambu: »Du? Niemals.«

Ich: »Du hast recht, deine Mutter und ich sind alte Freundinnen.«

Kwaigambu: »Im Dorf Sotmeri wird bald ein Fest mit einem Gitarrenwettbewerb stattfinden. Jedes Dorf hat seine eigene Musik-Band. Die beste wird einen Preis bekommen. Hast du vom Streit zwischen den Palimbei und den Bewohnern von Malingei gehört? Es geht darum, wer das Recht hat, auf dem See Karakame zu fischen. Der Streit ist noch immer nicht geschlichtet.«

Pause.

»Meine Eltern wollen nicht, daß ich nach Sotmeri gehe. Sie sagen, die Palimbei und Malingei würden sich dort in die Haare geraten.«

Ich: »Der Streit zwischen deiner Mutter und mir ist beendet.«

Kwaigambu: »Manchmal ärgert mich meine Mutter maßlos.«

Heute früh treffe ich Meat am Sepik-Ufer. Sie lädt mich und Marco, der noch nie bei ihr gewesen ist, zu sich nach Hause ein. Wir sollen sie am Nachmittag besuchen. Erfreut sage ich zu. Als ich von Marco erfahre, er habe zu dieser Zeit ein Gespräch mit Ngaui verabredet, mache ich mich ohne ihn auf den Weg ins Dorf. Statt Meat treffe ich Kwaigambu. Außer ihr ist niemand zu Hause. Wir sind beide erstaunt. Meat habe ihr nicht gesagt, daß ich kommen würde, und sei eben in den Garten gegangen.

Ich: »Deine Mutter hat alles so eingerichtet, daß wir in Ruhe zusammen sprechen können.«

Am folgenden Tag kommt Kwaigambu nicht wie vereinbart zu mir. Ich warte und entschließe mich dann, sie zu suchen. In jeder Person, die mir auf dem Weg ins Dorf entgegenkommt, glaube ich sie zu erkennen, doch ich treffe sie erst zu Hause. Im Halbdunkel sitzt sie vor einer Feuerschale und rührt mit einer großen Kelle in einem Topf.

Kwaigambu: »Du bist es?«

Pause.

»Wo wollen wir reden?«

Ich: »Wo du willst.«

Kwaigambu: »Komm, gehen wir zu dir zum Sepik.«

Sie hebt den schweren Topf vom Feuer, löscht die Glut mit etwas Wasser und zieht sich einen anderen Rock an. Dann machen wir uns auf den Weg. Wir gehen hintereinander auf dem schmalen Pfad durch die schattenlose Mittagshitze. Wir sprechen wenig. Kommen uns Leute entgegen, wechselt

Kwaigambu mit ihnen die üblichen Fragen und Antworten: Woher man kommt und wohin man geht. Am Sepik angekommen, setzen wir uns unter den Bambusstrauch.

Kwaigambu: »Früher starben in Palimbei viele Leute, auch Frauen und Kinder. Schuld daran waren die Zauberer, die alten Männer, die selbst noch Kopfjäger waren. Zum Glück sind die meisten gestorben. Die Zeiten haben sich geändert, sie können uns nichts mehr anhaben.«

Pause.

»Unsere Band wird auch nach Sotmeri gehen.«

Wir sprechen über die verschiedenen Musikgruppen. Kwaigambu kennt sich aus: Sie nennt ihre Namen, beschreibt, wie sie sich jeweils schmücken, und weiß genau, welche Gruppe bei welchem Wettbewerb den ersten Preis gewonnen hat. Nur der Name einer Band fällt ihr nicht ein, obwohl sie lange danach sucht. Ich stelle Fragen, denn bei meinem ersten Aufenthalt am Sepik hat es diese Wettbewerbe noch nicht gegeben. Sie sind neu und eine Angelegenheit der Jungen, die die Alten nicht mögen. Ich interessiere mich dafür, und Kwaigambu ist begeistert. Nach unserem Gespräch begleitet sie mich nach Hause und schaut sich bei uns um. Auf dem Tisch erblickt sie in Blätter eingewickelte Fische, die wir geschenkt bekommen haben. Sie packt sie aus und riecht an ihnen.

Kwaigambu: »Dieser Fisch ist nicht frisch. Man muß ihn wegwerfen.«

Sie behält den Fisch in der Hand und will schon gehen, da verlangt sie von mir eine Zigarette. Nachdem ich ihr Feuer gegeben habe, steigt sie die Treppe hinunter. Ich schaue ihr nach und sehe, wie sie den Fisch in hohem Bogen in den Fluß wirft.

Am folgenden Tag kommt Kwaigambu nicht. Im Dorf treffe ich niemanden von der Familie. Ich erfahre aber, daß Meat sie zum Markt nach Kapaimari geschickt hat. Am nächsten Tag kommt Milan mit der Nachricht aus dem Dorf zurück, Kwaigambu würde bald kommen. Auch ihre Schwester Kasoagwi, die ich am Sepik-Ufer treffe, sagt mir dasselbe. Doch Kwaigambu kommt nicht. Die Einmischungen und Manipulationen von allen Seiten sind mir unangenehm. Ich überlege, ob ich die Gespräche mit Kwaigambu nicht abbrechen soll. Meat scheint es nicht zu ertragen, daß ich mich ihrer Tochter zuwende.

Ich trinke einen Kaffee und schaue in Gedanken versunken zum Fenster hinaus, lange bemerke ich nicht, daß Kwaigambu auf der obersten Treppenstufe sitzt und mich anschaut.

Ich: »Du?«

Kwaigambu: »Ja.«

Ohne ein Wort zu sagen, gehen wir am Sepik-Ufer entlang zu unserem Gesprächsort unter dem Bambus und setzen uns auf das Kanu. Kwaigambu erzählt zwei Begebenheiten von Männern, die auf Schweinejagd gingen und dabei beinahe umgekommen sind. Nur mit größter Anstrengung ist es ihnen gelungen, die wilden Schweine zu töten.

Kwaigambu: »Eine Frau ging einmal mit ihrer Tochter in ein entferntes Wald-Dorf, um Sago einzutauschen. Unterwegs wurden sie von einer Riesenschlange angegriffen. Die Mutter nahm ein Messer und tötete sie. Sie legte die Schlange in eine Tasche und hängte sie um. Kurze Zeit später lief ihnen ein Schwein über den Weg. Die Mutter tötete es, legte es auch in eine Tasche und hängte sich diese um. Im Dorf erhielten die beiden von den Frauen viel Sago. Damit füllte die Mutter eine weitere Tasche. Dann machten sie sich auf den Heimweg. Nach Stunden kehrten Mutter und Tochter nach Hause zurück. Bevor sie das Haus betraten, stellte sich die Mutter mit ihren drei prallgefüllten Taschen auf und rief ihrem Mann zu: ›Schau mich an, bin ich eine Frau? Bin ich nicht vielmehr ein Mann?‹ Der Ehemann sagte: ›In der Tat, du bist ein Mann!‹«

Ich: »Zwei Tage haben wir nicht zusammen geredet, und jetzt hast du mir drei Geschichten erzählt, von Männern, die beinahe getötet wurden, und von einer Frau, die über unglaubliche Kräfte verfügt.«

Kwaigambu: »Ich überlege mir zu Hause immer, was ich dir erzählen soll. Auch gestern überlegte ich mir, worüber wir sprechen könnten. Bin ich allein, ist mir alles klar, bin ich mit dir, entfällt mir die Hälfte.«

Ich: »Alle deine Geschichten habe ich gut verstanden. Auch deine Beschreibung der Musikgruppen in unserem letzten Gespräch fand ich sehr schön. Die war nicht vorbereitet. Nicht wahr?«

Kwaigambu (lacht): »Nein. Jetzt fällt mir auch der Name der Band ein, an den ich mich nicht erinnern konnte. Sie heißt ›Baumgeister‹. Tritt sie auf, streichen sich die Spieler schwarz an und malen weiße Ringe auf den Körper, genau wie die Männer es tun, wenn sie sich schmücken, um die Baumgeister im Ritual darzustellen.«

Als wir uns nach dem Gespräch verabschieden, schlägt Kwaigambu vor, morgen wieder zum Sepik zu kommen. Auf eine bestimmte Zeit will sie sich nicht festlegen.

Ich kehre mit Fritz von einem Besuch in Kanganamun zurück. Als sich unser Kanu dem Ufer nähert, sehe ich Kwaigambu an der Böschung stehen. Sie ruft und winkt mir zu und hält mir die Hand hin, als ich aus dem Kanu steigen will. Zu zwei jungen Frauen aus dem Nachbardorf Malingei, mit denen sie eben noch gesprochen hat, sagt sie: »Wir gehen jetzt zum Bambus, Florence und ich haben jeden Tag ein Gespräch.« Die beiden schauen uns beeindruckt nach.

Kwaigambu: »Der alte Palivan hat mit seiner Zauberei unzählige Menschen getötet. Es sind so viele, daß man sie nicht aufzählen kann.«

Ich: »Was geht wohl in ihm vor?«

Kwaigambu: »Ich glaube, er ist auf die Jungen neidisch.«

Ich: »Dann ist er wie deine Eltern, die dich auch beneiden und nicht wollen, daß du es in Sotmeri lustig hast.«

Kwaigambu: »So ist es. Meat hat gesagt, daß ich hingehen kann, wenn du auch gehst.«

Ich: »Ich soll deine Mutter spielen, die auf dich aufpaßt? Das liegt mir nicht.«

Kwaigambu: »Doch, ich bin jetzt deine Tochter. Ich bin wie Marco.«

Pause.

»Wenn ich mit dir spreche, bin ich wie ein Knabe.«

Ich: »Du glaubst, als Junge hättest du weniger Schwierigkeiten und man würde dich weniger kontrollieren.«

Kwaigambu: »Ja, die haben es einfacher. Es gibt junge Frauen, die mit jedem Liebe machen, andere haben keine Lust und lassen es bleiben, andere wiederum werden von ihren Eltern überwacht. Es gibt auch gute Frauen, die schlechte Männer heiraten.«

Ich: »Ihr jungen Frauen habt es nicht einfach.«

Kwaigambu: »Nur die Männer können tun und lassen, was ihnen paßt.«

Bei unserem nächsten Treffen ist Kwaigambu verändert. Sie

ist weniger lebhaft als sonst und erzählt mehrere traurige Begebenheiten.

Ich: »Heute gehen dir nur traurige Dinge durch den Kopf.«

Kwaigambu: »Ja.«

Pause.

»Leben deine Eltern noch?«

Ich: »Ja, beide leben noch.«

Kwaigambu: »Und die Geschwister deiner Eltern, deine Tanten und Onkel?«

Ich: »Zwei Onkel sind gestorben.«

Kwaigambu: »Wirklich, nur zwei? Wo lebe ich nur? Hier sterben alle Leute früh.«

Pause.

»Die Adventisten sind das letzte. Die dürfen weder Fleisch essen noch Betel kauen. Zwei Frauen von Palimbei wollen zu ihnen übertreten. Die katholische Mission ist viel besser. Ich bin froh, daß ich katholisch bin. Bist du auch katholisch?«

Ich: »Nein, ich gehöre zu keiner religiösen Gruppe.«

Kwaigambu: »Das ist nicht gut, Florence. Du mußt unbedingt katholisch werden.«

Ich: »Du denkst, dann wäre ich wie du. So kritisch, wie du die Adventisten beurteilst, beurteile ich alle religiösen Gruppen.«

Kwaigambu (lacht und blickt mich erstaunt an): »Was bist du für eine Frau!«

Heute sage ich alle Gespräche ab, denn ich habe Malaria und hohes Fieber. Ich schlafe und ruhe mich aus. Anderntags kommen Meat, Temben und einige Kinder zu Besuch. Sie bringen frischen Mais, Süßkartoffeln und eine große Wassermelone. Alle sind erleichtert, daß es mir wieder gut geht. Als sich Meat verabschiedet, verspricht sie, Kwaigambu auszurichten, daß ich mit ihr sprechen möchte. Kurze Zeit später kommt Kwaigambu, und wir setzen uns unter den Bambus.

Ich: »Es ist gut, daß ich wieder gesund bin.«

Kwaigambu: »Mein Vater war gestern auch krank. Als ein Mann ihn sprechen wollte, schickte ich ihn fort und sagte, mein Vater ist krank und muß schlafen.«

Ich: »So habe ich es auch gemacht.«

Heute abend wird das Fest in Sotmeri stattfinden. Kwaigambu ist ganz aufgeregt und spricht die ganze Stunde nur davon. Sie weiß, daß ich nicht kommen werde, weil ich mich erholen muß. Fritz und Marco aber fahren hin, und Kwaigambu wird in unserem Motorkanu mitfahren. Sie freut sich auf den Abend und verspricht mir, darüber zu erzählen.

Nach der Rückkehr vom Fest macht Kwaigambu einen niedergeschlagenen Eindruck.

Kwaigambu: »In Sotmeri hat sich eine meiner Freundinnen in einen Mann aus einem anderen Dorf verliebt. Während wir tanzten, paddelte sie mit ihm davon. Bis jetzt ist sie noch nicht nach Palimbei zurückgekehrt. Bestimmt werden ihre Eltern mit dieser Liebschaft nicht einverstanden sein und sie zurückholen.«

Pause.

»Vorhin sah ich die beiden jungen Frauen Mbuni und Grengren, die eben vom Fest heimkehrten. Sie sind gegen den Willen ihrer Eltern nach Sotmeri gegangen.«

Pause.

»Die Palimbei-Band hat den ersten Preis nicht bekommen.«

Ich: »Du bist enttäuscht.«

Kwaigambu: »Sie haben zu leise gespielt und gesungen; man hat sie nicht gehört.«

Pause.

»Kaum kamen wir in Sotmeri an, legte sich Fritz hin und schlief. Und in der Nacht, als es interessant wurde, wollte er gleich wieder heimfahren.«

Ich: »Weshalb bist du nicht geblieben?«

Kwaigambu: »Mein Vater hat gesagt, daß es zwischen den Palimbei und den Malingei eine Schlägerei geben werde. So konnte ich nicht bleiben.«

Ich: »Hast du wenigstens die verschiedenen Musikgruppen mitangehört?«

Kwaigambu: »An diesen Festen wird es erst nach Mitternacht wirklich interessant. Viele haben getrunken und führen sich entsprechend auf. Dann treiben es die Mädchen und die jungen Männer miteinander.«

Kwaigambus Enttäuschung und Unzufriedenheit überraschen mich.

Zwei Tage kommt sie nicht zu unserem Gespräch. Das eine Mal hat Meat Kwaigambu auf den See geschickt, das andere

Mal mußte sie, wie bereits früher, die kleinen Geschwister hüten. Unerwartet erscheint sie am dritten Tag bei mir zu Hause.

Kwaigambu: »Das Mädchen, von dem ich dir erzählt habe, heiratet den Mann, in den sie sich verliebt hat. Nachdem wir Sotmeri verlassen haben, ist es beinahe zu einer Schlägerei zwischen den Palimbei und Malingei gekommen. Heute hat man deshalb eine Dorfversammlung einberufen. Alle sind außer sich. Ich bin immer noch böse, daß ich so früh weggehen mußte.«

Ich: »Davon hast du erzählt.«

Kwaigambu: »Mein Vater sagte immer wieder, es wird bald regnen und wir müssen abfahren.«

Ich: »Du hast mir gesagt, Fritz sei an eurem frühen Aufbruch schuld gewesen, dabei hat dein Vater zur Rückkehr gedrängt. Du bist gar nicht auf Fritz böse, sondern auf deinen Vater.«

Kwaigambu: »Ich habe eine unglaubliche Wut auf ihn; er hat mich hinters Licht geführt.«

Ich: »Auf mich hast du auch eine Wut.« (Kwaigambu lacht und schaut mich erstaunt an.) »Du bist böse auf mich, weil ich krank war und nicht mitgekommen bin. Du glaubst, alles wäre anders verlaufen, wenn ich dabei gewesen wäre.«

Kwaigambu: »Du hättest mir gegen meinen Vater geholfen, und ich wäre allein in Sotmeri geblieben.«

Ich: »Noch besser wäre es gewesen, wenn du dich von den Weißen ganz unabhängig gemacht hättest und wie andere junge Frauen im eigenen Kanu hingepaddelt wärest. Dann hättest du tun und lassen können, was du willst. So aber bist du von den Weißen abhängig gewesen.«

Kwaigambu: »Vorgestern, als wir nicht zusammen sprachen, hat mich Meat auf den See geschickt, um ihr Fischnetz nachzusehen. Ich konnte es nicht finden, weil sie mir nicht genau erklärte, wo sie es ausgehängt hatte.«

Ich: »Wegen Sotmeri hast du auch keine Lust gehabt, mit mir zu sprechen.«

Kwaigambu: »Ich habe eine Netztasche in Arbeit. Meat hat den Anfang gemacht, doch er ist nicht gut. Habe ich die Tasche beendet, kehre ich sie einfach um, dann ist der Anfang nicht mehr sichtbar.«

Ich treffe Kwaigambu zu Hause, und wir gehen zusammen ins *haus polis*.

Kwaigambu: »Ich habe auf dich gewartet. Eigentlich wollte ich zuschauen, wie im oberen Dorfteil ein Hund getötet wird, der bösartig geworden ist und die Leute anfällt. Vor etwa einer Stunde sind Freundinnen zu mir gekommen, sie wollten, daß ich mit ihnen komme. Jetzt blühen die Pflanzen *maso* und *weigen*. Aus den Fasern ihrer Stengel drehen wir Schnüre für unsere Netztaschen und Fischnetze. Die Mädchen schlugen vor, in der Umgebung des Dorfes solche Gräser zu sammeln. Jetzt warten sie auf mich, bis wir unser Gespräch beendet haben.«

Ich: »Heute willst du nicht mit mir sprechen. Jetzt bist du bei mir und kannst nicht zuschauen, wie der Hund getötet wird, und nicht mit den jungen Frauen Gräser suchen. Du bist unzufrieden, weil dich deine Bindungen und Abhängigkeiten stören. In Sotmeri bist du von deinem Vater abhängig gewesen, und heute bist du es von mir.«

Kwaigambu: »Vielleicht hast du recht.«

Pause.

»In Wewak lebt eine junge Frau, die schon lange schwanger ist und noch immer nicht geboren hat. Es ist die Schuld ihres Vaters. Er hat etwas Unrechtes getan.«

Pause.

»In unserem Dorfteil ist ein Verbot verhängt worden: Wir dürfen keiner Frau aus dem oberen Dorfteil Gräser für die Schnüre geben. Bei uns gibt es zur Zeit eine Unmenge davon. Man sagt, diese Frauen würden uns ausnützen, da sie mehr Taschen an Touristen und Händler verkaufen als wir. Mich geht das alles nichts an. Gestern habe ich meiner Großmutter, die im andern Dorfteil wohnt, heimlich ein großes Bündel gebracht. Ich denke nicht daran, mich an dieses Verbot zu halten.«

Pause.

»Meat will ein Mädchen von einer Frau aus einem Nachbardorf adoptieren.«

Ich: »Hat Meat nicht schon genug Kinder?«

Kwaigambu: »Mädchen sind etwas Gutes. Sie helfen der Mutter und denken auch nach der Heirat noch an sie. Knaben sind schlecht; kaum sind sie verheiratet, verlieren sie keine Gedanken mehr an ihre Mütter.«

Pause.

»Ich kenne das Mädchen, es ist ganz lieb.«

Pause.

»Gestern kam der junge Mann Yuwandabwan mit zwei großen Wassermelonen zum Sepik-Ufer. Wir Frauen umlagerten und bedrängten ihn so lange, bis er uns eine Melone gab. Mbuni nahm ein Messer und schnitt sie auf. Ausgerechnet sie, die sich doch immer das größte Stück selbst gibt. Sie kann nicht teilen. Ich kann das viel besser. Auch rudern kann ich ausgezeichnet. Deshalb haben mir die Frauen vorgeschlagen, mit einem neuen Kanu auf den Markt zu paddeln, um es einzuweihen. Meat war gar nicht einverstanden, aber ich ging trotzdem. Als wir ins Dorf zurückkehrten, wurde für uns ein *naven* gemacht. Ich bin davongelaufen. Alle müssen sich nämlich ins Kanu legen und werden geschlagen. Schlagen lasse ich mich nicht.«

Der Himmel überzieht sich mit dunklen Wolken; es sieht nach einem Gewitter aus. Wir stehen auf.

Kwaigambu: »Es wird regnen. Ich gehe dennoch mit den jungen Frauen Gräser holen. Was kann mir der Regen schon antun. Sprichst du noch mit Magendaua?«

Ich: »Ja.«

Kwaigambu: »Sie ist eine gute Frau.«

Ich: »Hast du davon gehört, daß die Weißen morgen einen Ausflug nach Yindabu machen? Wir werden uns erst übermorgen wieder sehen.«

Kwaigambu: »Ja, ich weiß. In Yindabu leben viele Verwandte von meiner Mutter. Besuche sie!«

Ich freue mich, einen Tag lang keine Gespräche zu haben, in Yindabu alte Freunde zu besuchen und im Sepik zu baden.

Als ich mich Kwaigambus Haus nähere, kommt mir Meat ganz aufgeregt entgegen. Außer Atem faßt sie mich am Arm.

Meat: »Du weißt, vor einigen Tagen ist Aibak gestorben. Gestern wurde beschlossen, mit dem Trauerritual zu beginnen. Viele Frauen haben sich gemeldet. Ich bin mit dem Verstorbenen verwandt. Ich selbst konnte nicht gehen, so habe ich eine Tochter hingeschickt. Drei Monate wird sie dort bleiben. Ich schäme mich sehr. Ich habe Angst, mit dir zu sprechen.«

Ich: »Weshalb?«

Meat: »Ich habe die falsche Tochter hingeschickt.«

Ich: »Doch nicht etwa Kwaigambu?«

Meat: »Doch.«

Ich: »Das ist nicht wahr!«

Meat: »Ich gehe gleich hin und werde mit den Frauen alles besprechen. Vielleicht kannst du weiterhin mit Kwaigambu tägliche Gespräche führen. Ich könnte an ihrer Stelle Kasoagwi, die jüngere Schwester hinschicken. Ich backe die Fladen zu Ende und gehe ins Trauerhaus. Heute abend komme ich zu dir und gebe dir Bescheid.«

Obwohl Meat immer wieder verhindern wollte, daß Kwaigambu mit mir spricht, nahm ich ihre Absicht wegen unserer Freundschaft nicht ernst. Unerwartet trifft mich ihr Eingriff, den ich als feindseliges Verhalten empfinde. Auf dem Weg zurück zum Sepik bin ich wütend. Ich habe keine Lust, Meat oder Kwaigambu wiederzusehen. Jetzt ist das eingetreten, was ich von Anfang an befürchtet habe, und ich stehe vor Schwierigkeiten, denen ich nicht gewachsen bin. Meat greift in unsere Beziehung ein, nachdem es mir gelungen ist, mich mit Kwaigambu wohlzufühlen, und uns beiden die Gespräche Freude bereiten. In meiner Wut auf Meat macht sich auch eine Wut auf Fritz bemerkbar, der mir doch zugeredet hat, ausgerechnet mit Kwaigambu tägliche Gespräche zu führen. Zu Hause treffe ich ihn. Nicht ohne leisen Triumph sage ich: »Mit Kwaigambu ist Schluß. Meat hat sie ins Trauerhaus geschickt. Jetzt nimmt sie am Trauerritual teil, und ich werde nicht mehr mit ihr sprechen können.« Fritz will genau Bescheid wissen. Ich erzähle, und wir geraten in Diskussionen. Er sieht nur die Möglichkeit, die Herausforderung Meats aufzugreifen und mich ihr zu stellen. Mich ärgert, wie recht er hat. Es gibt in der Tat keinen anderen Weg, doch wehre ich mich, denn ich brauche Zeit, um meine Beziehung zu Meat neu zu überdenken.

Zum erstenmal steht in unserer Beziehung die Rivalität im Vordergrund. Meinen Gesprächen mit ihrer Tochter stellt sie ihre eigenen Interessen entgegen und schickt sie als Vertreterin ihrer Familie ins Trauerhaus. Meat hat mich bisher geschont, weil sie ihre Interessen meinen Wünschen unterordnete. Man kann auch sagen, sie habe mich früher nicht ernst genommen. Jetzt spürt sie, wie eng die Beziehung zwischen ihrer Tochter und mir geworden ist und richtet ihre Wut auf mich. In meiner Beziehung zu Kwaigambu bin ich Meat gegenüber in die Rolle einer Iatmul-Frau gekommen, mit der man sich streitet und mit der man mit allen zur Verfügung stehenden Mitteln rivalisiert. Meat kämpft um ihre Tochter. Sie verhält sich so, wie alle Iatmul-Mütter es tun, wenn sich ihre Töchter in der Zeit des Übergangs von der Adoleszenz zur erwachsenen Frau vorübergehend abwenden und in eine intensive Beziehung zu einer andern Frau treten. Viele junge Frauen verlassen in dieser Zeit ihre Familie, um im Haushalt einer anderen Frau zu leben. Die Trennung von der Mutter und die Reaktionen, die sie auslöst, ermöglichen den jungen Frauen, so selbständig zu werden, wie sie es am Vorbild ihrer Mutter erfahren haben. Kurz vor meiner Ankunft in Palimbei zog Kwaigambu zu einer nah verwandten Frau und war kaum noch zu Hause erschienen. Als wir unsere Gespräche begannen, packte sie ihre Sachen zusammen und kehrte in ihre Familie zurück. Damals wußte ich nicht, was das zu bedeuten hatte. Statt sich mit einer Iatmul-Frau in eine intensive Beziehung einzulassen, hatte Kwaigambu sich mir zugewandt.

Meat rivalisiert nicht nur mit mir um ihre Tochter, sie rivalisiert auch mit ihrer Tochter um mich. Sie hält an unserer Freundschaft fest, will ihre Tochter in den Schatten stellen und meine einzige Freundin sein.

Ich habe keine Wahl. Verzichte ich auf weitere Gespräche mit Kwaigambu, bedeutet dies das Ende meiner Freundschaft mit Meat. Ich könnte nicht vergessen, daß sie die Gespräche verunmöglicht hat. Ich werde die Rolle einer rivalisierenden Frau, die mir so befremdend erscheint, übernehmen und meine eigenen Interessen vertreten.

Als Meat am Abend zu mir kommt, setzen wir uns ans Sepik-Ufer.

Meat: »Die Frauen im Trauerhaus sagten, es sei nicht möglich, daß du täglich mit Kwaigambu sprichst.«

Ich: »Selbstverständlich geht das nicht. Deshalb habe ich auch so eine Wut auf dich.« (Meat schaut mich erstaunt an.) »Nicht nur ich bin wütend. Du bist es auch. Du bist auf mich, auf diese fremde weiße Frau böse. Bereits bei meinem ersten Aufenthalt hast du dich manchmal über mich geärgert. Aber erst jetzt, wo du spürst, daß Kwaigambu und ich uns nahe stehen, zeigst du deine Gefühle offen. Deshalb hast du sie auch ins Trauerhaus geschickt.«

Pause.

»Du wirst sie wieder herausholen.«

Während ich spreche, versteckt Meat ihr Gesicht hinter dem hochgehobenen Arm, lächelt und schaut beiseite.

Ich: »Du zeigst dich beschämt. Jetzt soll ich dich trösten. Das kann ich nicht. Meine Wut ist noch nicht verflogen. Du solltest mich trösten, nicht ich dich.«

Meat lacht laut in die Stille der Abenddämmerung, springt auf und hält mir die Hand hin.

Meat: »Morgen hole ich Kwaigambu aus dem Trauerhaus, morgen wirst du wieder mit ihr sprechen können.«

Das ganze Dorf spricht über den Streit zwischen Meat und mir. Besonders die Frauen wissen genau Bescheid: »Wer hätte gedacht, daß ihr zwei in eine solche Affäre geratet. Meat war eifersüchtig und hat dir Kwaigambu genommen. Du aber hast dich gewehrt. Heute früh hat sie Kwaigambu schnell aus dem Trauerhaus geholt. Was seid ihr für Frauen!«

Am Nachmittag gehe ich ins Dorf, um mit Magendaua zu sprechen. Als ich bei Meat vorbeikomme, ruft sie mir aus dem Fenster zu: »Kwaigambu ist hier.« Eine Stunde später steige ich die Treppe zu ihrem Haus hinauf. Im Halbdunkel sehe ich mich der versammelten Familie gegenüber. Ganz im Hintergrund, nahe an der Wand, sitzt Kwaigambu. Sie fährt sich verlegen mit der Hand über den kahlgeschorenen Kopf. Man hat ihr im Trauerhaus die Haare abgeschnitten. Es ist still, alle schauen Meat und mich an.

Meat: »Ich habe Kwaigambu aus dem Trauerhaus geholt und Kasoagwi hingeschickt.«

Ich: »Weißt du noch, wie wütend ich war?«

Meat: »Jetzt ist die Wut vorbei.«

Ich: »Unser Streit hat nichts mit Kwaigambu zu tun. Es geht um uns beide. Du hast dich über mich geärgert, das hat sich an Kwaigambu gezeigt.«

Meat: »Ich habe nie etwas gegen dich gehabt.«

Temben steht auf, nickt uns zu und sagt: »Ich gehe ins Männerhaus.«

Ich: »Einfach ist es mit mir nicht gewesen. Erinnerst du dich noch an unser Gespräch vor sieben Jahren, als du mich davor gewarnt hast, Milan könnte es mit einer anderen Frau treiben?« (Meat lacht.) »Etwas Streit kann unsere Beziehung nicht zerstören. Heute ist die Wut von gestern verflogen.«

Meat: »Hast du Temben gesehen? Er dachte, wir zwei geraten uns noch in die Haare, deshalb ist er schnell weggegangen. Er weiß nicht, daß Frauen, die sich streiten, auch dann Freundinnen bleiben, wenn die eine schwarz und die andere weiß ist.«

Die Kinder beginnen zu reden und springen im Haus umher. Ich rauche noch eine Zigarette mit Meat, dann stehen Kwaigambu und ich auf. Bevor wir gehen, holt sie ein Tuch und bindet es um ihren geschorenen Kopf. Heute steht sie im Mittelpunkt der Aufmerksamkeit der Leute im Dorf; alle, denen wir unterwegs zum *haus polis* begegnen, machen eine Bemerkung: »Schon aus dem Trauerhaus zurück? Hat dir das Essen dort nicht geschmeckt?« Kwaigambu antwortet nur: »Hier gefällt es mir besser« und zieht ihr Tuch fester um den Kopf.

Kwaigambu: »Als ihr vorgestern von Yindabu auf dem Sepik zurückgefahren seid, habe ich euch vom Trauerhaus aus gesehen. Ich winkte dir, aber du hast mich nicht erkannt. Du hast noch nicht gewußt, wohin Meat mich geschickt hat. So kurz wie ich war noch keine Frau im Trauerhaus! Sie wollte nicht, daß wir zwei zusammen reden. Du hast aber eine Wut bekommen! Darauf holte sie mich heraus.«

Pause.

»Ich bin oft im Trauerhaus gewesen, ich kenne das.«

Pause.

»Ich habe Mitleid mit Kabel. Er ist ein lieber Kerl, doch die Frauen mögen ihn nicht. Ich muß eine Frau für ihn finden.«

Pause.

»Vor einiger Zeit lagen mir meine Eltern mit Heiratsgeschichten in den Ohren. Sie wollten, daß ich Abrak heirate. Jemand machte einen Zauberspruch, und dann heiratete ihn eine andere Frau.«

Ich: »Hast du ihn gern gehabt?«

Kwaigambu: »Nein. Man redet davon, daß ein Mann in der Küstenstadt Rabaul etwas mit mir haben will. Ja man spricht von Heirat. Er verließ Palimbei als kleiner Junge. Ich kenne ihn nicht. Leute, die ihn getroffen haben, sagen, er sei ein blöder Kerl.«

Ich: »Wer schlägt dir diese Heirat vor?«

Kwaigambu: »Meat. Sie soll ihn doch heiraten, wenn er ihr gefällt.« (Lachend) »Wenn sie darauf besteht, heirate ich einfach einen Mann aus dem Dorf.«

Ich: »Kannst du nicht nein sagen? Mußt du gleich heiraten?«

Kwaigambu: »Sprich du mit ihr, auf dich hört sie.«

Ich: »Gerade hast du erlebt, wie sie dich schnell aus dem Trauerhaus holt, wenn ich es von ihr verlange.«

Kwaigambu nickt. Sie schweigt. Jetzt schaut sie mich an.

Kwaigambu: »Wann fahrt ihr nach Wewak?«

Ich: »Übermorgen.«

Kwaigambu: »Ich war noch nie in Wewak. Du kommst von weit her und hast schon viele Orte gesehen.«

Ich: »Ich ließ dich aus dem Trauerhaus holen. Soll ich dich jetzt auch nach Wewak mitnehmen?«

Kwaigambu: »Ja, machen wir zusammen eine Reise.«

Seit ihrem Aufenthalt bei den trauernden Frauen trägt Kwaigambu an ihren Hand- und Fußgelenken kunstvoll geschlungene Schnüre. Jetzt löst sie diese auf und schleudert sie zum Fenster hinaus.

Kwaigambu: »Mit diesen Schnüren habe ich nichts mehr zu tun, das sind die Zeichen der Trauer.«

Als ich nach unserem Gespräch den Weg zum Sepik einschlage, winkt Kwaigambu mir lange nach. Verwickelt in die Auseinandersetzung mit Meat, habe ich mir nicht überlegt, wie Kwaigambu auf meinen Streit mit ihrer Mutter reagieren wird. Unsere Beziehung änderte sich und wird intim wie nie zuvor. Sie erzählt mir Heiratsgeschichten. Sie behauptet tun zu wollen, was ihr zusagt, und erwartet, daß ich ihr dabei helfe; sie möchte mit mir eine Reise unternehmen, um so zu sein wie ich. In der Auseinandersetzung mit ihrer Mutter zeige ich ihr, wie groß mein Einfluß sein kann. Jetzt hat sich unsere Beziehung soweit vertieft, daß ich bei den Auseinandersetzungen, in die sie gerät, eine vermittelnde Rolle einnehme. In diesem Sinn habe ich in der Rivalität, die Meat mit mir austrägt, eine neue Funktion erhalten. Durch das große Ansehen, das ich im Dorf durch meinen Einfluß auf Meat gewonnen habe, richtet sich Kwaigambus Beziehung zu mir immer mehr darauf aus, selbst einen Mann zu haben wie ich, um so zu sein, wie sie mich erlebt.

Als ich mich Kwaigambus Haus nähere, ruft sie mir aus dem Innern zu.

Kwaigambu: »Warte, ich muß noch die Schweine füttern.«

Sie kommt die Treppe herunter, eine große hölzerne

Schüssel auf dem Kopf, und lacht mich an. Ich folge ihr hinter das Haus. Sie stellt die Schüssel zwischen die quietschenden Schweine, die sich aufs Essen stürzen. »Komm, gehen wir ins *haus polis*«, sagt sie. Kaum haben wir uns dort hingesetzt, beginnt sie zu sprechen.

Kwaigambu: »Gestern haben die Jungen versucht, den Laden im unteren Dorfteil auszurauben. Hunde entdeckten sie und bellten, so daß sie fliehen mußten. Sag Marco, er soll sich in acht nehmen. Es sind bestimmt seine Freunde gewesen. Bieten sie ihm Essen an, weiß er nicht, ob es gestohlen ist.«

Pause.

»Einmal sind Piakna, seine Frau Kinembe und ich über den großen See von Chambri nach Timbun gefahren, um dort Betel einzutauschen. Der See ist viel größer als unsere Seen hier: Bald gibt es kein Gras und Schilf mehr, nur weites offenes Wasser ohne jeden Schutz. Als plötzlich ein Wind aufkam, dachte ich, wir würden kentern. Ich hatte schreckliche Angst. Doch Piakna, kühl und entschlossen, setzte die Fahrt fort. Auch Kinembe zitterte vor Angst, und wir pißten beide vor Aufregung über den Kanurand. Schließlich kamen wir in Timbun am anderen Seeufer an. Wir tauschten eine Menge Betel ein. Ich erhielt vier große Zweige als meinen Anteil. Zu Hause meinte mein Vater, das sei zu wenig, ich solle niemanden mehr auf solche Ausflüge begleiten. Schließlich hätte ich auch gepaddelt.«

Pause.

»Reist ihr mit dem Motorkanu oder mit dem Flugzeug nach Wewak?«

Ich: »Es kommt darauf an: Finden wir Platz im Flugzeug, das heute nachmittag auf der Missionsstation landet, fliegen wir. Im andern Fall fahren wir morgen mit dem Motorkanu nach Timbunke und von dort mit einem Auto weiter nach Wewak.«

Kwaigambu: »Timbunke kenne ich auch nicht. Wenn ihr hinfahrt, begleite ich dich.«

Nach unserem Gespräch verspricht Kwaigambu, am Nachmittag zum Sepik zu kommen. Stunden später sitzen wir alle zu Hause und warten gespannt auf das Flugzeug. Als wir den Motorenlärm vernehmen, eilen wir zum Kanu. Am Ufer stehen Kwaigambu, ihre Freundin Minsandaua und der junge

Mann Kabel. Als wir das Kanu vom Ufer abstoßen, springen sie auf. Es herrscht eine ausgelassene Stimmung. Kwaigambu streichelt mein langes Haar und fährt lachend mit der Hand über ihren kahlgeschorenen Kopf. Wir kommen rechtzeitig an, doch das kleine Flugzeug ist mit Kranken und Priestern bis auf den letzten Platz gefüllt. Wir sind enttäuscht, aber Kwaigambu ist glücklich, weil sie morgen mit uns nach Timbunke fahren kann.

Es ist ein heißer, strahlender Tag. Vier Stunden dauert die Fahrt. Kwaigambu nimmt eine vermittelnde Rolle ein und nennt mir die Namen der Ortschaften, an denen wir vorbeifahren, auch die Namen von Pflanzen und Vögeln. Sie macht mich auf die Frauen aufmerksam, die in ihren schmalen Kanus im seichten Wasser unweit des Ufers ihre Netze und Fischreusen nachsehen. In Timbunke auf der landwirtschaftlichen Station sieht Kwaigambu zum erstenmal in ihrem Leben Rinder. Jetzt ist es an mir, zu vermitteln und zu erklären. Wir gehen zusammen in den kleinen, reich ausgestatteten Laden der Mission und kaufen Getränke und Biskuits. Wir tragen die Dinge unter ein schattiges Dach. Nach der langen Fahrt im engen Kanu genießen wir es, ausgestreckt zu liegen, etwas Kühles zu trinken und zu dösen. Mir geht Kwaigambus Schilderung der dramatischen Reise nach Timbun durch den Kopf, und es fällt mir auf, wie problemlos unsere Fahrt verlaufen ist. Nach einiger Zeit taucht auf der staubigen Straße ein Entwicklungshelfer auf. Er ist bereit, Milan, Marco und mich in seinem Jeep nach Wewak mitzunehmen. »Ich werde auf dich warten!« ruft mir Kwaigambu zum Abschied zu.

In Wewak gibt es einen von Palmen gesäumten Sandstrand, kühle Getränke, Alkohol, Fleisch und ein Kino. Nach drei Tagen, die wir mit Ausruhen und Einkäufen verbracht haben, möchte ich nach Palimbei zurück. Die Gespräche mit Kinembe, Magendaua und vor allem mit Kwaigambu fehlen mir. Früh am Morgen fahren wir mit Vorräten beladen in Wewak ab und sind am späten Nachmittag in Palimbei. Es dauert nicht lange, und Kwaigambu steht in der Tür und begrüßt uns. Unterwegs zum Bambus fragt sie mich über meine Reise aus. Ich schildere, wie es in Wewak war. Jetzt berichtet sie, was sie nach unserem Abschied erlebt hat.

Kwaigambu: »Am folgenden Tag fand ein Fußballmatch zwischen Aibom und Palimbei statt. Viele Familien kamen von Aibom, und Palimbei war voller Menschen. Auch bei uns sind Verwandte aus Aibom eingezogen. So übernachtete ich bei meiner Großmutter hier am Sepik. Zuerst gab es im Dorf ein Fest mit Musik und Tanz. Spät in der Nacht machte ich mich mit meiner Freundin Ndebwa und den beiden Männern Kabel und Yuwandabwan auf den Weg zum Sepik. In Yuwandabwans Garten gruben wir Süßkartoffeln aus, die wir vor dem Schlafengehen im Feuer rösteten.

Am Morgen legte ein großes Schiff an. Kabel stieg ein und mit ihm ein weiterer Mann. Sie wollten das Dorf verlassen und in die Küstenstadt Madang fahren. Als das Schiff abfahren sollte, die Seile bereits losgelöst waren, rannte eine Frau herbei, ergriff eines der herabhängenden Seile und zog sich daran hoch. Sie wollte ihren Mann nicht allein weggehen lassen. Wir standen am Ufer und winkten. Plötzlich legte das Schiff wieder an, die drei Palimbei stiegen aus, sie hatten ein Leck entdeckt und weigerten sich weiterzufahren.«

Pause.

»In der Nacht hörte ich Geräusche. Ich schaute zwischen den Spalten der Hauswand hinaus und sah eine junge Frau, die zum Sepik ging. Ich dachte mir, sie ist verliebt und geht zu ihrem Geliebten nach Kanganamun. Später kamen Leute, die sie suchten, doch gefunden haben sie sie nicht.«

Ich: »Die Jungen verstehen sich.«

Kwaigambu: »Aber die Alten lassen uns nicht aus den Augen.«

Pause.

»In Palimbei gibt es eine Frau, die verdächtigt ihre eigene Tochter, mit ihrem Vater Liebe zu machen. Stell dir das vor! Schließlich hatte die junge Frau genug und zog zu Verwandten nach Yindabu.«

Unterwegs ins Dorf treffe ich Meat. Ich erfahre, daß Kwaigambu am frühen Morgen weggegangen und noch nicht zurückgekehrt ist. Als ich Stunden später, nach den Gesprächen mit Magendaua, wieder zum Sepik unterwegs bin, kommt Kwaigambu mir entgegen. Auf dem Kopf trägt sie ein großes Bündel Gräser, läßt es zu Boden fallen und reibt sich mit beiden Händen ihren Kopf. Am Wegrand bricht sie ein Schilfrohr ab und knüpft es an das Bündel.

Kwaigambu: »Das ist das Verbotszeichen. Niemand wird es wagen, die Gräser anzutasten. Komm, gehen wir zu dir nach Hause. Ich bin seit heute morgen unterwegs.«

Pause.

»Gegessen habe ich noch nichts.«

Wir haben zu Hause reife Bananen. Ich hole noch ein Paket Biskuits und schneide eine Wassermelone auf. Wir setzen uns auf die oberste Treppenstufe. Kwaigambu ißt, dann schlürfen wir den Saft der Melone und spucken die schwarzen Kerne vor uns auf den Boden. Aufgeregt flattern Hühner herbei und picken sie auf.

Kwaigambu: »Noch vor Tagesanbruch kamen einige Frauen und sagten, ich solle mit ihnen kommen, um Gräser für die Schnüre zu sammeln. Wir waren zu sechst. Wir gingen durch hohes Schilf und fuhren über Seen, bis wir endlich die Gegend erreichten, wo diese Gräser wachsen. Keine der Frauen wollte an der Spitze gehen, weil es mühsam ist, den Weg zu bahnen und die scharfen Blätterkanten einen schneiden. Ich schonte mich nicht und ging voran. Der Rückweg war einfacher, doch kamen wir erschöpft und hungrig ins Dorf zurück. Wir gingen zu den Frauen ins Trauerhaus, weil wir dachten, sie würden uns etwas zu essen geben. Nichts hatten sie. Sie warteten selbst auf Frauen, die ihnen Fische bringen sollten.«

Pause.

»Heute morgen kamen Miamba und seine Frau zu Besuch. Ach, wie heißt sie nur, sie stammt aus einem andern Dorf.«

Ich: »Die Frau heißt Kumbra, kommt aus Palimbei und ist die Schwester von Kara und Magendaua.«

Kwaigambu: »So etwas! Du kennst die Palimbei besser als ich. Gestern abend ging ich zum Fußballspiel in Malingei. Unterwegs traf ich Yuwandabwan. Er lachte wegen meinem geschorenen Kopf. Weshalb nur schneidet man den Frauen bei der Trauer die Haare ab! Man könnte doch die Männer kahl scheren. Oh, lange Haare finde ich schön. In Malingei lebt ein Mann mit ungewöhnlich langen Haaren. Drei Frauen haben ihn geheiratet.«

Seitdem wir sprechen, kratzt sich Kwaigambu immer wieder an den Beinen und Armen, die von feinen Einschnitten übersät sind. Sie rückt nahe zu mir, so daß wir uns berühren.

Kwaigambu: »Die Schnitte brennen und beißen.« (Sie legt

mir beide Hände aufs Bein.) »Schau, meine Fingernägel sind tot, sie brechen immer ab. Zeige mir deine!« (Ich lege meine Hände daneben.) »Wie rosig sie sind! Wie schön sie sind!«

Pause.

»Meine schlechten Nägel habe ich von meinen mütterlichen Verwandten geerbt, meinen Kopf von den väterlichen.«

Ich: »Und deinen Körper?«

Kwaigambu lacht: »Der gehört mir.«

Pause.

»Wie still es ist, nur unser Lachen ist zu hören. Morgen komme ich zu dir, du brauchst nicht ins Dorf zu gehen.«

Kwaigambu kommt. Wir setzen uns auf die Veranda des Gästehauses. Wir schweigen. Die weite Fläche des Sepik-Flusses liegt vor uns. Da kommt der alte Kurumbui und setzt sich auf das Gestell unter dem Haus. Wir lassen uns nicht stören, denn er hört schlecht und versteht kein Pidgin.

Kwaigambu: »Ich stand auf, backte für alle Geschwister Sagofladen, röstete drei Bananen, und nachdem ich gegessen hatte, bin ich gleich zu dir gekommen.«

Ich: »Ich freue mich, daß du gekommen bist.«

Kwaigambu zeigt auf einen Mann, der zum Sepik geht.

Kwaigambu: »Schau dir diesen dicken Kerl an, wie unmöglich der ist. Er läuft allen Frauen nach. Ich kann ihn nicht ausstehen.«

Sie wendet sich ab, reibt sich wie gestern Beine und Arme und sucht etwas in den Spalten des Bodens. Sie zieht ein Stück einer Rasierklinge hervor und schabt ihre Fingernägel weiß.

Kwaigambu: »Tut ihr das auch?«

Ich: »Nein, wir schneiden sie nur, wenn sie zu lang werden.«

Kwaigambu: »Schau, hier an der Hand habe ich eine kleine Warze.«

Ich: »Du sprichst über deinen Körper und fragst dich, ob ich als Frau gleich bin wie du. Schwarze und weiße Frauen sind gleich. Wir haben etwas, das die Männer nicht haben: Eines Tages menstruieren wir.«

Kwaigambu: »Hörst du Kurumbui, er ist traurig und singt. Er denkt an seine verstorbene Frau. Gleich wird er weinen.«

Ich: »Jetzt, da ich über die Menstruation spreche, fällt dir Kurumbuis Trauer ein. Warst du damals auch traurig?«
Kwaigambu: »Ja. Als ich ein Säugling war, hatte es meine Mutter schwer. Ich war ja das erste Kind, es gab keine Geschwister, die für mich sorgen konnten, wenn sie aus dem Haus gehen mußte. Manchmal, wenn sie am Seeufer Wasser holte, ließ sie mich allein im Haus zurück, und ich weinte. Meine jüngeren Geschwister hatten es einfacher, denn ich hütete sie. Ich kann mich an diese frühe Zeit nicht erinnern. Meine Eltern erzählten mir darüber. Wenn ich erwachsen bin, werde ich den Leuten nicht helfen, die meiner Mutter damals nicht geholfen haben. Sie sind schuld, daß ich manchmal unglücklich gewesen bin.«
Ich: »Das hast du ihnen nicht vergessen und willst dich rächen. So wie es dir schlecht ging, soll es auch ihnen schlecht ergehen« (Kwaigambu nickt).
Pause.
»Wie war es, als du das erste Mal menstruiert hast?«
Kwaigambu: »Das war vor etwa einem Jahr. Ich fuhr mit dem Mädchen Yaimange auf den See fischen. Plötzlich sagte sie: ›Schau deinen Rock an, der ist ja voll von Fischblut.‹ Ich dachte mir nichts dabei. Erst als ich pißte, sah ich, daß meine Hose ganz blutig war. Ich erschrak, lief nach Hause und fragte meine Mutter. Sie sagte, das sei bei Frauen so. Jetzt sei ich eine Frau und würde jeden Monat menstruieren. Meine Mutter sprach ganz leise mit mir. Sie sagte, das sei ein Geheimnis der Frauen, und ich müsse es für mich behalten.«
Ich: »Du hast erfahren, daß man über diese Sache nicht spricht.«
Kwaigambu: »Ja. Meine Mutter hat mich aufgeklärt.«
Ich: »Hast du nicht gesagt, daß du erschrocken warst? Hätte dir deine Mutter im voraus alles erklärt, wärest du nicht so überrascht gewesen.«
Kwaigambu: »Recht hast du.«
Pause.
»Einmal bin ich mit jungen Frauen und dem Sohn Kurumbuis nach Aibom gegangen. Wir besuchten Verwandte, bei denen wir auch übernachteten. Mitten in der Nacht entdeckte eines der Mädchen, daß sie menstruierte. Auch sie hatte keine Ahnung, was das bedeutete. Kurumbuis Sohn

wachte auf und fragte, was los sei. Zuerst wollte sie nichts sagen, dann erzählte sie es ihm. Er erklärte ihr alles. Er war ganz lieb. Er wollte ihr sogar ein Stück Stoff von seinem Hemd abreißen, da sie keinen Lappen zum Umbinden bei sich hatte. Diesen jungen Mann lieben alle Frauen. Er ist zärtlich und will es doch nicht mit uns treiben. Einmal war in Sotmeri ein Fest, zu dem ich gehen wollte. Meat war dagegen. Wir stritten uns und schlugen aufeinander ein. Ich bin dann doch nach Sotmeri gegangen. Es war ein sehr schönes Fest. Ich wußte, daß ich nicht nach Hause gehen kann und schlief bei Verwandten. Am Morgen gelang es mir, meinen Onkel zu überreden, daß er mich begleite. So konnten meine Eltern mich nicht ausschimpfen.«

Heute fährt Kwaigambu zum Tauschmarkt, und ich treffe sie erst am späten Nachmittag, als ich vom Dorf zum Sepik zurückkomme. Schon den ganzen Tag liegt ein Touristenschiff am Ufer. Kwaigambu ist mit jungen Leuten zusammen, die einem alten Amerikaner zuschauen, der sie mit Faxen zum Lachen bringt.

Kwaigambu: »Da bist du ja, ich habe auf dich gewartet. Schau diesen Weißen an, er macht schon seit einer Stunde Unsinn. Lustig ist er.« (Unterwegs zum Bambus fährt sie fort.) »Vorhin habe ich mit Marco geredet. Er schaute auf die Uhr und sagte: ›Jetzt ist meine Mutter bereits in Wewak angekommen.‹ Als ich ihm sagte, ich wisse nicht, wo ich heute nacht schlafen werde, vielleicht in eurem Haus, lachte er nur.

Gestern bin ich mit anderen jungen Leuten zum Sepik gekommen. Ich wollte mit dir reden und habe nach dir gerufen. Als aber Milan in der Tür erschien, versteckte ich mich.«

Ich: »Bist du es gewesen? Jemand hat mich gerufen, und als ich antwortete, meldete sich niemand.«

Kwaigambu: »Das bin ich gewesen. Ich hörte nur die Stimmen von Milan und Marco.«

Pause.

»Ich sagte meiner Mutter, du seiest krank. Ich wollte sie an der Nase herumführen. Sie war besorgt und nahm sich vor, dich zu besuchen.«

Pause.

»Wenn Leute in eurem Kanu mitfahren, müßt ihr dafür

Geld verlangen. Mein Vater meinte, ihr solltet einen Laden aufmachen, wenn ihr wieder nach Palimbei kommt.«

Ich: »Denkst du, ich interessiere mich für Geschäfte? Wenn ich einen Laden aufmachen würde, glaube ich nicht, daß ich dann noch mit dir und den anderen Frauen tägliche Gespräche führen könnte.«

Kwaigambu: »Die Idee ist nicht gut. Geschäfte sind Geschäfte.«

Pause.

»Gestern abend, als ich ins Dorf gehen wollte, kam ein starker Wind auf. Ich hatte Angst, den Weg allein zu gehen, und überredete zwei Frauen, mit mir zu kommen. Als ich zu Hause ankam, setzte ein heftiger Regen ein. Die ganze Familie saß unter dem Haus. Sie hatte Angst, es könnte einstürzen. Ich ging hinauf und backte mir einen Sagofladen. Ich dachte: Dann sterbe ich eben.« (Lacht, ganz ernst:) »Es ist nicht gut, wenn du mit Wariworese sprichst. Sie ist eine schlechte Frau. Sie treibt es mit dem dicken Lami und will ihn noch heiraten. Stell dir vor, die Frau hat acht Kinder. Ihre Tochter ist auch dagegen.«

Ich treffe Meat. Seit unserer Auseinandersetzung verstehen wir uns besser als je zuvor. Wir kauen Betel, rauchen eine Zigarette, und sie erzählt in ihrer lebhaften Art über aktuelle Ereignisse im Dorf. Als Kwaigambu eine Stunde später kommt, gehe ich mit ihr ins *haus polis*.

Kwaigambu: »Gestern abend fragte mich die Frau von Lami, ob ich das Gras vor ihrem Haus schneiden würde. Heute ging ich mit Kabels Schwester zu ihr. Wir mähten das Gras und putzten den Laden. Lamis Frau gab uns Reis, Büchsenfleisch und einen großen Zweig Betel.«

Pause.

»Sie fragte mich, ob sie mir Einschnitte am Rücken machen soll. Zuerst lehnte ich ab, dann willigte ich ein. Ich legte mich auf den Bauch, und sie schnitt mit einer Rasierklinge ein Muster in meinen Rücken, wie es die Männer mit den Initianden im Männerhaus tun.« (Sie zieht ihre Bluse hoch.) »Schau, so sieht es aus.«

Ich: »Hat es weh getan?«

Kwaigambu: »Es darf kein Mann davon erfahren, sonst gibt es Schwierigkeiten. Als Lami nach Hause kam, habe ich mit ihm geschäkert. Ich schlug ihm vor, er solle mit mir eine Reise nach Wewak machen. Da lachten alle.«

Pause.

»Ein Mädchen, Kamiamboi, hat meiner Schwester, die jetzt im Trauerhaus ist, etwas Unverschämtes an den Kopf geworfen: ›Du stellst deine Schamlippen zur Schau!‹ sagte sie. Diese Kamiamboi treibt es auch mit jedem Mann.«

Ich: »Du sprichst über die Sexualität der andern. Wie steht es mit dir?«

Kwaigambu: »Darüber kann ich nicht sprechen, ich würde mich schämen.«

Ich: »So war es auch mit der Menstruation, dann haben wir doch darüber gesprochen.«

Kwaigambu: »Auch über die Sexualität spricht man nicht, sonst kommt man ins Gerede, und es gibt Schwierigkeiten.«

Ich: »In unserem Land können gute Freundinnen über diese Dinge sprechen.«

Kwaigambu: »Vielleicht ist es bei euch besser. Bei uns tut man das nicht. Haben zwei junge Leute sich zusammengetan und Liebe gemacht, gibt es ein Aufsehen. Es ist noch nicht lange her, da fragte man uns junge Frauen bei einer Dorfversammlung öffentlich aus, wen wir gern haben. Ich sagte nur: ›Ich liebe keinen Mann!‹«

Ich: »Gilt das auch heute noch?«

Kwaigambu: »Ja.«

Ich: »Und du, gefällst du einem Mann?«

Kwaigambu: »Davon weiß ich nichts. Einmal schrieb mir ein Mann aus einem anderen Dorf Liebesbriefe. Ich habe sie nicht einmal geöffnet.«

Pause.

»Ich mache es nicht, sonst werde ich noch schwanger.«

Ich: »Da muß man doch nicht gleich schwanger werden.«

Kwaigambu: »Ich habe noch mit keinem Liebe gemacht.«

Pause.

»Was muß man tun, daß man nicht schwanger wird?«

Ich erzähle über verschiedene Verhütungsmaßnahmen. Sie hört interessiert zu und stellt Fragen.

Kwaigambu: »Über diese Dinge wußte ich nichts. Meine Eltern wollen nicht, daß ich an Feste in andere Dörfer gehe. Ich sage ihnen immer: ›Jetzt ist meine Zeit! Ich will das Leben genießen! Bin ich einmal verheiratet, kann ich nicht mehr tun und lassen, was ich will.‹«

Pause.

»Wenn ihr weggeht, bleibe ich ganz allein zurück. Ich komme lieber mit euch. Ich werde zusammen mit Marco weggehen. Sagt doch meine Mutter immer wieder: ›Gefällt dir kein Mann aus dem Dorf, heiratest du eben einen Weißen.‹ Ich meine nur: ›Weshalb soll ich überhaupt heiraten?‹«

Pause.

»Schlagen die Weißen die Frauen?«

Ich: »Es kommt vor.«

Kwaigambu: »Dann schlage ich zurück, die Weißen sind schwach. Fritz schlägt seine Frau bestimmt, er redet auch immer so laut. Milan ist ein guter Mann, er hört auf dich.«

Ich: »Und Marco?«

Kwaigambu: »Marco würde seine Frau nie schlagen. Er ist auch ein guter Mann.«

Am Abend besucht uns Kwaigambu. Sie fährt morgen zum Markt und schlägt vor, Früchte für uns zu besorgen. Ich gebe ihr Geld, auch für Betel, den sie für sich kaufen soll. Sie bleibt noch eine Weile mit uns sitzen und trinkt einen Tee. Es macht ihr Spaß, mit den Weißen gute Beziehungen zu haben.

Der Markt in Yensan findet beim Anbruch der Morgendämmerung statt und dauert nicht länger als eine Stunde. Als Kwaigambu zurückkommt, sind wir eben daran aufzustehen. Lachend steht sie an der Tür, läßt ihre volle Netztasche auf den Boden gleiten und packt eine Ananas und viele Mangos aus.

Kwaigambu: »Das ist ein Geschenk an euch, ich habe die Früchte mit meinem eigenen Geld bezahlt. Mit eurem Geld habe ich Betel für mich gekauft.«

Nachdem wir die Früchte auf einen großen Teller gelegt haben, geht Kwaigambu nach Hause. Am Nachmittag treffen wir uns wieder unter dem Bambus.

Kwaigambu: »Gestern abend kehrte ich ganz allein ins Dorf zurück. Unterwegs hörte ich plötzlich Geräusche. Ich erschrak und dachte, es sei ein Geist. Dabei war es eine Freundin, die sich mit ihren kleinen Geschwistern in einem Garten versteckte, weil sie dachte, ich sei ein Geist. Zu Hause wartete Meat auf mich. Sie hatte eine Portion Fisch und Sagofladen für mich bereit.«

Pause.

»Morgen findet in Malingei ein Fußballspiel und anschließend ein Fest mit Gitarrenwettbewerb statt. Ich gehe hin, wenn mein Vater seine Zustimmung gibt.«

Ich: »Kann er etwas dagegen haben?«

Kwaigambu: »Selbstverständlich. Gehe ich gegen seinen Willen, wird er mir Schwierigkeiten machen.«

Ich: »Es gab Zeiten, da konntest du zu allen Festen gehen.«

Kwaigambu: »Als ich so alt war wie Sapet (achtjährig), ließ ich kein Fest aus. Später begannen meine Eltern mich an der Nase herumzuführen. Sie sagten: ›Du darfst nie allein auf ein Fest gehen, es könnte eine Schlägerei ausbrechen. Zu Beginn glaubte ich ihnen, dann bemerkte ich, daß das nur Tricks sind. Ich wurde wütend auf sie. Seltsam, manchmal glaube ich ihnen dann doch wieder. Es ist ein Hin und Her. Jetzt aber werde ich tun, was mir gefällt. Wäre nur mein Vater fort! Weshalb arbeitet er nicht in einer Küstenstadt wie Palios Vater? Palio kann machen, was sie will.«

Pause.

»Marco sollte mehr essen, er ist zu dünn. Würde er das Essen der Schwarzen zu sich nehmen, wäre er stärker. Seine Mutter würde über ihren Sohn nur staunen.«

Pause.

»Bei meiner ersten Kommunion hatte ich keine Ahnung, was das eigentlich ist. Ich wußte nur, daß man beichten muß, aber was das ist, konnte ich mir nicht vorstellen. So erging es noch anderen. Wir wandten uns an ein erfahrenes Mädchen, das uns alles erklärte. Wir lernten auswendig, was sie uns vorsagte. Als dann der Pater ins Dorf kam, um uns die Kommunion zu geben, wußte ich, was ich zu sagen hatte. Unsere gebeichteten Sünden gibt der Pater dem Bischof weiter, und der Bischof sagt es dem Papst. Sie meinen, dann sei alles gut.«

Pause.

»Der Bischof hat bei uns Geld gesammelt. Wir waren nicht geizig. Seine Taschen wurden dicker und dicker. Ich dachte schon, sie würden platzen und alles Geld falle heraus.«

Pause.

»Bald ist Weihnachten, und ich werde wieder beichten. Jetzt weiß ich, wie das geht, nur den Anfang habe ich vergessen.«

Ich: »Bald kommt Ruth, die Frau von Fritz, die kennst du nicht. Mich kennst du. Bist du neugierig, was sie für eine Frau ist?«

Kwaigambu: »Wann kommt sie?«

Ich: »Fritz fährt heute weg, um sie in Wewak abzuholen. In wenigen Tagen werden sie in Palimbei sein.«

Milan spricht mit Moun im *haus polis*, und Kwaigambu und ich überlegen, wo wir hingehen könnten. Sie sagt, hinter ihrem Haus im Wald sei ein schöner Platz. Wir verlassen das Dorf und setzen uns auf die Wurzeln eines großen Baumes.

Kwaigambu: »Mein Vater ärgert mich maßlos. Er schnitzt eine Plastik und sagt, er wolle sie mir geben. Das stimmt nicht. Er sagt es nur so. Heute kaufte er für meine Brüder Hosen und als ich meinte, auch ich könnte einen Rock brauchen, sagte er, bald gebe er mir Geld. Er lügt, denn er wird mir kein Geld geben und redet nur so daher.«

Ich: »Bisher bist du immer über Fritz hergezogen.«

Kwaigambu: »Er hält Marco von mir fern. Ist Fritz zu Hause, kann ich nicht zu euch kommen. Ich fürchte mich vor ihm. Er will Marco nicht hergeben.«

Ich: »Das sind deine Phantasien.«

Kwaigambu: »Es war während einer Initiation. Wir Frauen gingen zu nahe ans Männerhaus. Die Männer wurden böse und verfolgten uns. Als wir in Sicherheit waren, haben wir uns die Bäuche gehalten vor Lachen. Kennst du Timogwa?« (Ich nickte.) »Ist das eine lustige Frau! Die tanzt *naven*, da kann man nur staunen. Beim *naven* zum Abschluß der Initiation kroch sie vor ihrem Sohn auf allen Vieren auf dem Boden herum. Die Muster am Rücken ihres Sohnes setzten sie in solche Begeisterung, daß sie sie ableckte. Dann nahm sie einen Stock und verprügelte die Männer.«

Pause.

»Ich bin eine wilde Frau. Wenn ich *naven* tanze, fragen mich die Frauen nach dem Fest: ›Schämst du dich nicht, dich so zu zeigen?‹ Ich antworte: ›Mich schämen, weshalb? Wartet nur, bis eure Söhne initiiert werden, dann werdet ihr etwas erleben. Ihr versteht es nicht, *naven* zu tanzen!‹«

Pause.

»Wenn Meat tanzt, kann ich nur von weitem zuschauen. Ich schäme mich für sie.«

Ich: »Wer *naven* tanzt, vergißt alles um sich herum. Nur die, die zuschauen, können Gefühle der Scham haben.«

Kwaigambu: »So ist es.«

Von weitem sehen wir eine Gruppe junger Leute unterwegs zum Fest in Malingei.

Kwaigambu: »Vor einem Jahr haben junge Frauen hier, wo wir zwei jetzt sitzen, ein Frauenfest gemacht. Es war eine Art Wettbewerb: Wir tanzten um Wassermelonen. Wir haben uns gut unterhalten.«

Pause.

»Ich weiß noch nicht, ob ich nach Malingei gehen werde. Weil Palimbei und Malingei im Streit liegen, wurde ein Verbot verhängt.«

Pause.

»Beim Kartenspiel ist es wichtig, daß sich zwei Frauen zusammentun, die dasselbe Blut haben. Dann gewinnen sie. Früher habe ich oft Karten gespielt und immer gewonnen. Mein Vater hat einen Zauberspruch für mich gemacht, der gewirkt hat.«

Als wir uns verabschieden, bleibt offen, ob sie und ich heute abend ans Fest nach Malingei gehen werden. Nachdem wir gekocht und gegessen haben, beschließe ich, zu Hause zu bleiben. Am nächsten Tag erfahre ich von Kwaigambus Geschwistern, daß sie nach Malingei gegangen und noch nicht zurückgekehrt sei. Man rede davon, sie halte sich in Yindabu auf. Vier Tage bleibt Kwaigambu fort. Ich frage mich, was sie bewogen hat wegzugehen, ohne mir etwas zu sagen oder eine Nachricht zu hinterlassen. Ich habe Zeit, mir über unsere Beziehung Gedanken zu machen. Seit dem Zwischenfall im Trauerhaus ist Kwaigambu zur jungen Frau geworden, die sich für Heiraten, Sexualität, ihren eigenen Körper und die Männer interessiert. Ich bin zur Vermittlerin geworden, mit der sie über ihre Ängste sprechen kann, die sie bisher davon abhielten, sich in eine Liebschaft einzulassen. Jetzt ist Kwaigambu, wie andere junge Frauen, ohne Rücksicht auf die Eltern und die öffentliche Meinung weggefahren und benimmt sich wie eine Frau, die bereit ist, sich sexuell mit Männern einzulassen.

Ich sitze am Sepik-Ufer, als Kwaigambu erscheint. Sie kommt selbstsicher auf mich zu.

Kwaigambu: »Vor einer Stunde bin ich aus Yindabu zurückgekehrt. Ich wollte nicht so lange wegbleiben, doch das Wasser ist gestiegen, und der Weg nach Palimbei war nicht mehr begehbar. Ich mußte warten, bis jemand mit einem Kanu nach Palimbei fuhr.«

Ich: »Hast du es schön gehabt?«

Kwaigambu: »Obwohl das Verbot bestand, bin ich nach Malingei aufs Fest gegangen. Ich habe aufgepaßt, daß mich niemand erwischt, und habe die ganze Nacht getanzt. Kabels Schwester hat sich in einen Mann aus einem anderen Dorf verliebt und ist mit ihm weggegangen. Ich habe ihr abgeraten, doch sie ging trotzdem. Im Morgengrauen bin ich nach Hause gekommen. Mein Vater machte mir Vorwürfe. Da bin ich mit Ndebwa und Kamiamboi, zwei jungen Frauen, nach Yindabu gegangen. Ich habe niemandem etwas gesagt. Kamiamboi hat ein eigenes Haus. Bei ihr habe ich gewohnt. Wir haben viel geredet und gelacht. Als ich heute zurückkehrte, habe ich ihr nichts gesagt.«

Ich: »Weshalb bist du eigentlich weggegangen?«

Kwaigambu: »Ich hatte eine Wut auf meinen Vater.«

Ich: »Hast du daran gedacht, wie ich auf dein Weggehen reagieren würde?«

Kwaigambu: »Ich war sicher, daß du böse bist.«

Ich: »Dann wäre ich wie deine Eltern, die böse werden, wenn du dich wie eine Frau verhältst, die gern mit jungen Männern geht.«

Kwaigambu: »Das erste, was ich Meat nach meiner Rückkehr fragte, war, ob du nun mit einer andern jungen Frau Gespräche führst.«

Ich: »Du wolltest wissen, ob ich nicht von dir enttäuscht bin. Du willst so selbständig und frei sein, wie du meinst, daß ich es bin.«

Kwaigambu: »Meine Mutter will auch so sein wie du. Sie will mit dir sein und ist böse, weil wir zusammen reden.«

Ich: »Du bist wie deine Mutter. Als sie so alt war wie du und es ihr zu Hause nicht mehr paßte, lief sie fort und wohnte bei Verwandten in Yindabu. Es ist, als hätte sie vergessen, wie wichtig es für sie war, eine selbständige Frau zu sein, denn jetzt wird sie wütend, wenn du sein willst wie sie und mich brauchst, damit ich dir helfe.«

Kwaigambu hält mich am Arm und schaut mich erstaunt an.

Kwaigambu: »Was bist du für eine Frau, Florence?«

Am folgenden Tag erlebt Kwaigambu eine Überraschung. Sie lernt Ruth kennen, die angekommen ist. Begeistert erzählt sie mir, daß Ruth ganz anders ist als Fritz, weder alt noch weißhaarig, noch würde sie wie Fritz laut reden. Kwaigambu ist voller Einfälle, sie will Ruth Pidgin lehren, sie möchte sie jeden Tag sehen, ihr das Dorf zeigen, sie in das Leben der Iatmul einführen. Auch mit ihrer Mutter versteht sich Kwaigambu gut. Gemeinsam holen sie Gräser, um daraus Schnur zu drehen, und finden eine große Menge, viel mehr als das letzte Mal, als Kwaigambu mit den jungen Frauen gegangen war. Gemeinsam mit ihrer Mutter verbringt sie auch die letzte Nacht im Trauerhaus. Auch in der Beziehung zu mir fühlt sich Kwaigambu gut. Einzig Fritz macht ihr zu schaffen. Vor der Ankunft Ruths war er für sie das störende Element in der Gruppe der Weißen. Jetzt fällt es ihr schwer, ihm diese Rolle weiter zuzuschieben, weil sie sich mit Ruth so gut versteht. In einem unserer nächsten Treffen spreche ich sie darauf an.

Ich: »Mit den weißen Frauen hast du sehr gute Beziehungen ...«

Kwaigambu: »Auch mit Marco und Milan.«

Ich: »Mit allen Weißen, nur mit Fritz nicht. Das ist eine schwierige Situation.«

Kwaigambu: »Ich habe mir in letzter Zeit auch überlegt, weshalb ich eigentlich böse auf ihn bin. Ich weiß es nicht. Manchmal mag ich ihn und ganz unerwartet bin ich ihm wieder böse.«

Ich: »Du bist auf Fritz böse, weil du meinst, er halte mich zurück, dir zu helfen, Marco für dich zu gewinnen.«

Vier junge Männer gehen vorbei. Mit Zeichen geben sie mir zu verstehen, daß sie Feuer für ihre Zigaretten wollen. Kwaigambu greift nach meinem Feuerzeug und hält ihnen die Flamme hin. Jeder läßt sich seine Zigarette anzünden. Sie lachen, nicken uns zu und gehen weiter. Kwaigambu, die ihnen eben noch mit selbstbewußter Geste Feuer gegeben hat, hält sich plötzlich mit beiden Armen den Bauch und verzieht das Gesicht.

Ich: »Was hast du?«

Kwaigambu: »Ich habe Bauchschmerzen. Wenn ich huste, tut es besonders weh.«

Ich: »Du weißt, Fritz ist Arzt. Vielleicht kann er dir helfen.«

Kwaigambu: »Gut, wenn wir zu Ende gesprochen haben, komme ich mit dir zum Sepik, und er soll mich untersuchen.«

Nach unserem Gespräch gehen wir gemeinsam durchs Dorf und überqueren die Brücke. Dann kehrt Kwaigambu um, weil sie vergessen hat, jemanden im oberen Dorfteil zu besuchen. Sie läßt sich am folgenden Tag von Fritz untersuchen. Als er ihr Tabletten gegen ihre Magenschmerzen hinhält, schaut sie ihm lachend und direkt ins Gesicht.

Das Dorf ist verändert. Morgen werden fünf junge Männer im Männerhaus initiiert; deshalb herrscht eine geschäftige Stimmung. Frauen tragen prallgefüllte Netztaschen auf dem Rücken in die Häuser. Man benötigt Feuerholz, Sago, Fisch und Kokosnüsse, denn morgen wird es ein Festessen geben. Im Männerhaus diskutieren die Männer laut über das bevorstehende Ritual.

Ich treffe Kwaigambu vor dem Haus, inmitten von weißleuchtenden zerfaserten Gräsern. Sie lacht mir von weitem zu.

Ich: »Sind das die Gräser, die du gesammelt hast?«

Kwaigambu: »Ja. Nachdem sie einige Tage im Wasser gelegen haben, läßt sich die harte Schicht mühelos wegziehen. Jetzt binde ich die Fasern zu Bündeln zusammen.«

In diesem Augenblick erscheint Meat in der Fensteröffnung und begrüßt mich. Ich sage Kwaigambu, daß ich ins Haus hinauf gehe und dort auf sie warten werde. Meat und ich vertiefen uns in ein Gespräch. Es vergehen keine fünf Minuten, bis Kwaigambu heraufkommt, aus ihrem Vorratstäschlein Fisch und Sago holt und zu essen beginnt. Sie läßt sich Zeit. Dann gehen wir ins *haus polis*. Obschon Kwaigambu mir im Verlauf des Gesprächs mehrmals zu verstehen gibt, wie falsch es gewesen sei, mich Meat zuzuwenden, bemerke ich es nicht.

Kwaigambu: »Gestern abend kamen drei Frauen zu mir

und baten mich, auf dem Markt Sago für sie einzutauschen. Sie ärgerten mich. Ich hatte keine Lust dazu.«

Ich: »Aber sagen konntest du es ihnen nicht.«

Kwaigambu: »Nein, ich dachte es mir bloß. Ich kam vom Markt zurück und hoffte mindestens, Meat werde am Ufer sein und mir helfen, die schweren Taschen ins Dorf zu tragen. Sie kam nicht.«

Pause.

»Gestern fragte mich die Mutter Tangawis, der mein Clanbruder ist, ob ich während der Tage des Initationsrituals für ihn Sagofladen backen könne. Morgen werden sie ihm das Krokodilmuster in den Rücken schneiden. Ich habe Mitleid mit ihm.«

Pause.

»Ich kenne eine Mythe, in der die Mutter gleichzeitig zwei Söhne in die Initiation schickt. Einer stirbt an den Folgen der Einschnitte, doch davon erfährt sie nichts. Es kommen keine Nachrichten heraus. Erst am Tag des großen Festes, als alle jungen Männer zum erstenmal die Umzäunung des Männerhauses verlassen, trägt ein Mann den Schädel des Toten heraus.«

Pause.

»Während der Initiation müssen wir Frauen aufpassen, denn die Männer sind dann immer sehr schwierig. Auch wir müssen uns in acht nehmen. Sind die Männer unzufrieden, ja böse, spielen sie eine bestimmte Flöte meines Clans. Sie heißt wie ich: Kwaigambu.«

Da Kwaigambu nicht zum Gespräch kommt, mache ich mich auf den Weg, um sie zu suchen. Ich treffe sie auf der Wiese hinter dem Dorf, wo eine Gruppe Fußball spielt. Sie sieht mich und kommt mir entgegen. Schweigend gehen wir ins *haus polis*.

Kwaigambu: »Gestern kam die Nachricht, daß der Mann in Rabaul, der mich heiraten will, in Wewak ein Flugbillett für mich hinterlegen ließ. Ich soll zu ihm nach Rabaul kommen. Ich denke nicht daran. Was soll ich mit diesem Mann? Heute ist mein Vater nach Wewak gereist, um die Sache abzuklären.«

Pause.

»Gestern habe ich für Tangawi Essen gekocht. Er wartete zu Hause, bis ihn die Männer holten. Er konnte gar nichts essen, weil er große Angst gehabt hat. Unruhig rutschte er auf dem Hocker hin und her. Als ich sah, wie sein Herz immer heftiger schlug, seine Angst immer mehr zunahm, beschimpfte ich ihn. Das half. Er wurde wütend, und seine Angst war verflogen.«

Pause.

»Vor zwei Tagen bin ich zum Markt gefahren. Haben wir darüber gesprochen?«

Ich: »Ja, ich traf dich vor dem Haus, inmitten deiner Gräser, und du lachtest mich an. Dann ließ ich dich sitzen und sprach mit Meat. Darauf bist du böse geworden.«

Kwaigambu (lacht): »Ich böse auf dich?«

Ich: »Du bist ins Haus hinauf gekommen ...«

Kwaigambu: »Ich hatte Hunger und aß Fisch und Sago.«

Ich: »Gut, daß du gegessen hast, denn damit verging die Wut, die du auf mich hattest, weil ich dich sitzen ließ.«

Kwaigambu: »Du hast recht, ich war sehr böse auf dich.«

Pause.

»Tangawi geht es gut im Männerhaus. Yuwandabwan, sein Freund, sorgt für ihn wie eine Mutter.«

Pause.

»Ich ärgere mich über Wariworese. Redet die blödes Zeug daher. Sie sagt, ich würde Yuwandabwan lieben, nur weil ich ihm Betel gab. Wie dumm diese Frau ist. Ich werde sie verprügeln. Ich liebe weder den Mann in Rabaul noch Yuwandabwan.«

Als wir auf das *haus polis* zugehen, kommt eine Frau und meint, es sei besser, wenn wir anderswo reden würden. Die Männer seien mit der Initiation beschäftigt und würden keine Frauen in der Nähe dulden. Vom *haus polis* kann man das Männerhaus sehen, auch wenn es durch einen dichten Blätterzaun verdeckt wird. Kwaigambu faßt mich fest am Arm.

Kwaigambu: »Komm, wir müssen uns vor den Männern in acht nehmen. Wir gehen lieber zum Waldrand. Gestern abend ging ich zum Tanzfest auf die Missionsstation Kapaimari. Stell dir vor, dort wird ein Eintrittsgeld verlangt. Nur wer zahlt, darf tanzen. So ist das auf einer Missionsstation! Ich hatte kein Geld und schaute nur zu. Mit der Zeit wurde es mir langweilig, und ich wollte gehen. Ich fragte Yuwandabwan und Kabel, ob sie auch nach Hause kämen. Sie wollten bleiben. So ging ich allein zurück. Kaum hatte ich mich etwas entfernt, sah ich, wie sie mir folgten. Ich versteckte mich im hohen Schilf und beobachtete sie. Die beiden suchten mich verzweifelt und riefen immer wieder meinen Namen. Sie taten mir leid, und ich kam aus meinem Versteck hervor. Mir hat es Spaß gemacht, sie aber waren sauer. Wir kehrten zum Fest zurück, warteten bis Mitternacht, denn von da an war der Eintritt frei, und wir konnten tanzen.«

Pause.

»Ein Junge aus Kanganamun tanzte wie wild und schiß dabei in die Hose. Es stank fürchterlich. Wir lachten über ihn.«

Pause.

»Alle benehmen sich, als wäre ich schon verheiratet. Das ist die Schuld dieses Mannes aus Rabaul, der mir das Flugbillett geschickt hat. Da meinten verschiedene Leute, das sei ein Grund für mich, nicht nach Kapaimari zu gehen. Sie stellen sich vor, ich sitze jetzt nur noch zu Hause. Ich kenne diesen Mann nicht und will auch nichts von ihm wissen. Das Gerede ärgert mich.«

Nach unserem Gespräch begleitet mich Kwaigambu zu Magendauas Haus. Magandaua ist noch nicht vom See zurückgekehrt. Wir setzen uns unter ein Nachbarhaus. Zwei junge Frauen schließen sich uns an. Sie reden über das gestrige Tanzfest und über Liebesbeziehungen, die im Gange sind. Plötzlich nimmt Kwaigambu ihre Kette vom Hals und hängt sie mir um.

Kwaigambu: »Die Kette paßt zu dir. Kasoagwi hat sie im Trauerhaus gemacht und mir geschenkt.«

Auch die beiden Frauen finden, die Kette stehe mir gut und sagen, ich sei jetzt eine Iatmul-Frau.

Als ich nach dem Gespräch mit Magendaua das Dorf verlasse, eilt Kwaigambu herbei, um mich zu begleiten. Es ist schon dunkel, als wir am Sepik ankommen.

Kwaigambu: »Deine Freunde kommen dir nicht einmal entgegen. Es ist doch Nacht.«

Am nächsten Tag ist Kwaigambu verändert; sie wirkt traurig und erzählt eine Reihe unheimlicher Erlebnisse, die sich in der Zwischenzeit ereignet haben. Nachdem sie sich von mir verabschiedet hatte und nach Hause ging, wurde sie von Geistern erschreckt, und in der Nacht plagten sie Moskitos, die auf unerklärliche Weise ins Schlafnetz eingedrungen waren.

Ich: »Was ist geschehen? Gestern warst du lebhaft und fröhlich, heute bist du traurig.«

Kwaigambu: »Zwei Frauen sagten, ich hätte nicht zum Tanzfest nach Kapaimari gehen dürfen. Ich sei doch jetzt mit dem Mann in Rabaul verheiratet. Darüber habe ich mich geärgert.«

Pause.

»Gestern nacht hat mich der Bruder meiner Mutter, Piakna, nach Hause begleitet. Dort, wo die Kokospalme am Wegrand steht, sind wir einem Geist begegnet.«

Ich: »Du konntest nicht allein nach Palimbei zurückgehen. Piakna mußte dich begleiten.«

Kwaigambu: »Spätestens beim Erscheinen des Geistes wäre ich aus Angst umgekehrt und zu dir gekommen.«

Ich: »Gestern hast du dich über die Sitten der Weißen gewundert. Als wir uns unserem Hause näherten, hast du vorwurfsvoll gesagt, daß mir meine Freunde nicht entgegenkommen, wenn es Nacht ist.«

Kwaigambu: »Wir würden uns nie so verhalten, wir lassen niemanden allein in der Nacht herumgehen. Überall sind Geister, die uns etwas antun könnten.«

Ich: »Die Weißen sind anders. Hören wir in der Nacht Geräusche, denken wir es sei ein Tier, eine Fledermaus oder eine Ratte.«

Kwaigambu: »So denkt ihr, für uns aber sind es Geister.«

Ich: »Ich hätte dich nicht allein heimgehen lassen sollen. Du bist enttäuscht.«

Kwaigambu: »Du hast es nicht gewußt.«

Aus der Ferne ertönen Rhythmen der großen Zeremonialtrommeln. Kwaigambu hört aufmerksam zu und berichtet mir, was für Nachrichten getrommelt werden. Sie ist nicht mehr bedrückt. Selbstbewußt klopft sie verschiedene Rhythmen auf den Boden und erklärt mir, was sie bedeuten. Nach dem Gespräch begleitet mich Kwaigambu wieder nach Hause. Sie weiß, daß Ruth heute Brot backen wird. Mehrere Frauen haben sich bereits versammelt, auch Marco ist dabei. Nachdem Ruth die Brote gebacken und allen ein Stück zum Kosten gegeben hat, kehren die Frauen in ihre Häuser zurück. Nur Kwaigambu bleibt. Sie holt aus ihrer Tasche

Schnur hervor und zeigt Ruth, wie die Schlingen für die Netztaschen gelegt werden. Auch Marco ist interessiert. Als ich zu Magendaua ins Dorf gehe, sehe ich die drei, in ein Gespräch vertieft, auf der obersten Leitersprosse unseres Hauses.

Wir sitzen wieder unter dem Bambusbaum am Sepik.

Kwaigambu: »In Palimbei lebt eine Frau, die ihren Sohn für sich behalten will. Sie verjagt jede junge Frau, die ihn heiraten will. Wenn sie kocht, sitzt ihr Sohn neben ihr. Ich glaube, die beiden haben auch schon zusammen Liebe gemacht.«

Ich: »Gestern hast du bei uns gesehen, wie Mutter und Sohn zusammen Brot backen. Denkst du nun, nicht Fritz, sondern Ruth könnte Marco von dir fernhalten?«

Kwaigambu: »Nein. Ruth ist anders. Sie ist nicht wie diese Iatmul-Frau, von der ich vorhin sprach.«

Ich: »Die Weißen sind überhaupt anders; Mutter und Sohn backen Brot, und Marco, ein Mann, interessiert sich dafür, wie Frauen Netztaschen machen.«

Kwaigambu: »Bei uns gibt es das nicht.«

Ich: »Je mehr du dich mit den Weißen einläßt, desto deutlicher spürst du, wie anders sie sind.«

Kwaigambu: »Als ich gestern keine Lust mehr hatte, bei Ruth und Marco zu bleiben, bin ich gegangen.«

Pause.

»Meat hat mir gesagt, daß der Tabak, den du ihr gegeben hast, aufgebraucht ist.«

Ich: »Als ich sie heute traf, hat sie mir nichts davon gesagt.«

Kwaigambu: »Sie redet ständig von dir und denkt an dich.«

Ich: »Du findest, sie sei auch von uns Weißen abhängig.«

Pause.

»Ich denke oft an sie, doch wenn ich mit dir zusammen bin, denke ich an unser Gespräch und an dich.«

Kwaigambu: »Als ich vorhin zum Sepik kam, setzte ich mich kurz ins Gästehaus. Da dachte ich, ich will jetzt mit Florence sprechen. Ich stand auf und kam zu dir. Wenn wir zusammen sind, sind meine Gedanken bei dir.«

Kwaigambu nimmt eine von meinen Zigaretten, steckt sie sich zwischen die Lippen und versucht, sie anzuzünden. Ein leichter Wind, der vom Fluß her weht, löscht die Flamme immer wieder aus. Sie hält mir die Zigarette hin. Nun stecke ich sie zwischen die Lippen und halte die Hände schützend davor, um sie anzuzünden. Zufrieden nimmt Kwaigambu den ersten Zug und weist auf den Sepik.

Kwaigambu: »Schau die vielen Baumstämme, welche die Strömung mit sich treibt. Brauchen wir Frauen Feuerholz, springen wir in den Fluß, stoßen die Stämme ans Ufer, ziehen sie auf den festen Grund und lassen sie trocknen. Das gibt gutes Feuerholz.«

Kwaigambu erzählt von den verschiedenen Bereichen der Flußströmung. Sie erklärt mir, wie man aufgrund der Farbe des Wassers und der Oberfläche unterscheiden kann, wo das seichte, langsam fließende Wasser aufhört und wo der Fluß bereits tief ist und die starke Strömung schwimmende Grasinseln und Baumstämme mit sich führt.

Wie ich von Ruth erfahre, setzte sich Kwaigambu nach unserem Gespräch zu den Frauen ans Sepik-Ufer und sprach mit Ruth. Als sie sich für den Markt interessiert zeigte, schlug ihr Kwaigambu vor, sie am folgenden Tag in die Walddörfer zu begleiten. Nach der Rückkehr vom Markt holt mich Kwaigambu zu Hause ab. Sie ist von Ruth begeistert. Ruth habe gepaddelt, obwohl sie ihr immer wieder sagte, sie solle sich ausruhen. Sie habe auch Sago getragen. Ruth sei wie eine gute Mutter gewesen.

Ich: »Ihr seid beide gleichzeitig Mutter und Tochter. Du hast ihr den Markt gezeigt, wie es eine Mutter mit ihrer Tochter tut. Und Ruth hat dir wie eine gute Mutter geholfen.«

Kwaigambu: »Gestern abend habe ich zwischen Kabel und der jungen Frau Wolingen vermittelt. Beide sind nicht gerade schön, und niemand verliebt sich in sie. Hoffentlich klappt es zwischen den beiden.«

Pause.

»Ich bin eine gute Vermittlerin, und viele bitten mich darum. Ich überbringe Nachrichten, und wenn sich zwei treffen, sorge ich dafür, daß sie nicht erwischt werden. Wir Jungen helfen uns gegen die Alten.«

Ich: »Und wie ist es mit deinen sexuellen Wünschen?«

Kwaigambu: »Manchmal möchte ich schon ein Abenteuer haben. Dann singe ich einfach.«

Ich: »Du singst?«

Kwaigambu: »Ich singe irgendwelche Lieder vor mich hin. Singe ich, vergeht meine Lust auf einen Mann.«

Pause.

»Wäre im Dorf ein guter Mann, würde ich mich mit ihm einlassen.«

Ich: »Du hast schon oft für andere vermittelt, jetzt könnte ich es für dich tun. Zum Beispiel zwischen dir und Marco.«

Kwaigambu: »Aber nein! Das machen nur wir Schwarzen, ihr Weißen tut das doch nicht. Ihr habt eure eigenen Sitten. Kommt ein guter Mann aus einer Küstenstadt hierher, finde ich schon jemanden im Dorf, der für mich vermittelt.«

Kwaigambu verweist mich in meine Kultur und lehnt die Vorstellung ab, ich würde zwischen ihr und Marco vermitteln. Je näher wir uns in der letzten Zeit gekommen sind, um so stärker wurde ihr die Andersartigkeit der Weißen bewußt. Kwaigambu hat immer wieder versucht dies aufzuheben, indem sie Ruth oder mich der Gruppe der Iatmul-Frauen nahe brachte. Sie hängt mir eine Kette um den Hals und läßt andere Frauen aussprechen, ich sei eine Iatmul-Frau. Sie nimmt Ruth mit auf den Markt und ist begeistert, wie leicht es zu gelingen scheint, sie in den Alltag der schwarzen Frauen einzuführen. Doch bleibt das Fremde an uns Weißen bestehen. Das stört Kwaigambu, da sie sich mit mir eingelassen hat und sich wünscht, mir ähnlich zu sein. Einen weißen Mann heiraten wie ich, kann sie nicht. Allzu fremd ist ihr Marco, der mit seiner Mutter Brot backt und sich für Netztaschen interessiert. Am Morgen paddelt Kwaigambu mit einer jungen Frau und ihrem kleinen Bruder ins Nachbardorf Yensan, um dort Leute aus dem Grasland abzuholen und nach Palimbei zu bringen.

Kwaigambu: »Wir mußten lange auf sie warten. Diese Leute vom Grasland wissen nicht, wie man sich im Kanu verhält. Sie rutschten ängstlich hin und her, und beinahe wären wir gekentert. Als wir mitten auf dem Sepik waren, zogen Wolken am Himmel auf. Ich dachte mir: Die blöden Leute, sollen sie doch mit ihrem Gepäck naß werden. Ich hörte auf zu paddeln, so daß wir nur langsam mit der Strömung dahintrieben. Dann dachte ich, so kannst du nicht sein. Diese Leute kennen das Wasser nicht, sie leben im

Grasland, deshalb benehmen sie sich so unmöglich. Darauf paddelte ich wieder.«

Ich: »Du hast zu diesen Leuten die gleiche Einstellung wie zu Fritz: ein Hin und Her zwischen Abneigung und Mitgefühl.«

Kwaigambu: »Genauso ist es mit Fritz. Gestern nacht hörten wir Motorenlärm. Wir dachten, Fritz sei von Wewak zurückgekehrt. Kasoagwi und ich gingen den weiten Weg zum Sepik, um ihn zu begrüßen. Dann stellte es sich heraus, daß es jemand anderer war.«

Ich: »Auch mit mir gibt es ein Hin und Her in deinen Gefühlen. Du möchtest, daß ich dir Marco als Mann vermittle, und möchtest es auch nicht, weil dir die Weißen zu fremd sind.«

Ein Gewitter zieht auf. Kwaigambu ist besorgt, daß ich noch vor Einbruch der Dunkelheit und vor dem Regen nach Hause komme. Ich denke, so wie sie sich bei mir gut aufgehoben fühlt, liegt ihr daran, mich zu beschützen.

Als ich Kwaigambu unter dem Gästehaus treffe, schaut sie mich nicht einmal an und geht, ohne ein Wort zu sagen, ins Haus ihrer Großmutter. Ich folge ihr. Ein kleines Mädchen, das die Szene mitbeobachtet, ruft mir zu: »Sie ist krank.« Wir sind allein im Haus, wortlos hantiert Kwaigambu mit Töpfen, schöpft Gemüse auf einen Teller und nimmt ein Stück Sagofladen vom Gestell. Bevor sie ißt, durchsucht sie alles aufmerksam, fischt etwas aus dem Gemüse heraus und beklagt sich, daß das Essen voll Asche sei.

Ich: »Du bist krank, im Essen ist Asche, und mit mir willst du heute nicht reden.«

Sie lächelt mich an und schiebt den Teller energisch beiseite.

Kwaigambu: »Ich will gar nicht essen, komm, sprechen wir zusammen unter dem Bambus! In der Nacht bin ich krank geworden. Vielleicht ist es Malaria. Heute früh fuhr ich zum Markt nach Kapaimari. Die Sonne verschlimmerte meine Krankheit. Ich hoffte, mein Vater würde endlich aus Wewak zurückkehren und Reis mitbringen. Darauf hätte ich Lust. Ich habe einen Mann getroffen, der nach Wewak fuhr. Ich hätte ihn gern begleitet.«

Ich: »Du möchtest unbedingt nach Wewak?«

Kwaigambu: »Mit meinem Vater konnte ich nicht gehen.

Wenn du hinfährst, werde ich mitkommen. Ich bin noch nie in Wewak gewesen.«

Pause.

»Hast du die zwei Puppen gesehen, die den Sepik hinuntertrieben?«

Ich: »Zwei Puppen?«

Kwaigambu: »Jemand hat Bananenblätter zu Puppen zusammengebunden. Es waren eine Frau und ein Mann. Die Frau hieß Kwaigambu.«

Ich: »Und der Mann?«

Kwaigambu: »Der hieß Marco.«

Ich: »Wohin seid ihr gereist?«

Kwaigambu: »Nach Wewak.«

Ich: »Und dann?«

Kwaigambu: »Nur nach Wewak. Nach einer Woche sind wir wieder zurückgekehrt.«

Pause.

»Wäre ich nur mit Fritz nach Wewak gefahren, der hat alles gut organisiert.«

Pause.

»Hast du gehört, warum der Junge Tamalwan Hals über Kopf initiiert wurde? Er hatte Geheimnisse aus dem Männerhaus erfahren, deshalb beschlossen die Männer, ihn unverzüglich zu initiieren.«

Ich: »Nicht nur die Männer, auch die Frauen haben Geheimnisse, die sie hüten.«

Kwaigambu: »In Chambri werden Schwester und Bruder gemeinsam initiiert.«

Ich: »Wären wir in Chambri, würdest du jetzt mit Tangawi initiiert werden.«

Kwaigambu: »So ist es.«

Ich: »Das wäre beinahe so, als würdest du jetzt Marco heiraten, um so zu sein wie ich, dann hättest du auch einen Mann, wie ich Milan habe.«

Kwaigambu: »Jetzt, da wir gesprochen haben, ist meine Krankheit verflogen.«

Ich: »Wenn wir zusammen sprechen, fühlst du dich mir nahe, sind wir voneinander getrennt, bin ich dir fremd. Das macht dich krank.«

Kwaigambu: »Vielleicht hast du recht.«

Ich treffe Kwaigambu zu Hause. Sie hat ein Kassettentonband neben sich, aus dem laut Musik ertönt. Sie springt auf, tanzt ein paar Schritte durch den Raum und stellt das Gerät ab.

Kwaigambu: »Komm, sprechen wir heute wieder am Waldrand, denn das Initiationsritual ist noch nicht zu Ende.«

Während wir durchs Dorf gehen, spricht sie weiter.

Kwaigambu: »Gestern wartete ich am Sepik-Ufer auf meinen Vater. Dann ist es mir zu dumm geworden, und ich ging nach Hause. Kaum war ich im Dorf angekommen, ertönte sein Trommelsignal. Da mußte ich nochmals den weiten Weg zum Sepik gehen.«

Pause.

»Mein Vater hat in Wewak nach Rabaul telefoniert und mit dem Vater des jungen Mannes gesprochen, der mich heiraten will. Der hat immer wieder gesagt: ›Mein Kind ist dein Kind, dein Kind ist mein Kind.‹ Mein Vater blieb hart. Er sagte, was er sich eigentlich vorstelle, einfach ein Flugbillett zu schicken, ohne zu wissen, was seine Tochter von der Sache hält. So etwas würde man nicht tun, und im übrigen sei mit der Heirat nichts.«

Ich: »Bist du mit deinem Vater zufrieden?«

Kwaigambu: »Ja, er hat sich für mich eingesetzt.«

Pause.

»Mein Vater hat mir als Geschenk Wäscheklammern und Waschpulver aus Wewak mitgebracht. Kurze Zeit später wollte er alles wieder zurücknehmen.

Ich: »Weshalb?«

Kwaigambu: »Ich weiß nicht. Vielleicht wegen des Tanzfestes in Kapaimari. Morgen wird er mir die Geschenke wieder geben. Das ist seine Art.«

Ich: »Jetzt verstehe ich. Erinnerst du dich an das Hin und Her, das du mit Fritz gehabt hast und mit den Leuten aus dem Grasland? Genauso verhält sich dein Vater zu dir. Du bist wie dein Vater.«

Kwaigambu: »Seltsam, was du sagst. Ich glaube, du hast recht. Im Grund bin ich nicht sicher, ob mich mein Vater liebt. Meine Mutter ja, sie hat mich gern.«

Unerwartet legt ein Schiff mit Touristen am Ufer an. Da die Flugverbindungen mit der Missionsstation unterbrochen wurden, sind wir auf Touristen angewiesen, die unsere Post in die Küstenstädte mitnehmen. Ich entschließe mich, die Gelegenheit zu ergreifen und einige Briefe zu schreiben. Zuerst aber frage ich Kwaigambu, die unter den vielen Zuschauern am Ufer steht, ob es ihr recht sei, wenn wir später zusammen sprechen. Sie antwortet, sie bleibe ohnehin den ganzen Nachmittag hier am Sepik. Als ich sie eine Stunde später suche, ist sie unauffindbar. Ich mache mich auf den Weg ins Dorf. Nach einer Weile kommt sie mir auf der andern Seite des Baches entgegen. Ich rufe ihr zu:

»Sprechen wir zusammen?«

Kwaigambu: »Ich habe auf dich gewartet, da wurde es mir zu dumm, und ich ging. Jetzt muß ich wieder zum Sepik, um den Marktfrauen zu helfen.«

Ich: »Kannst du das nicht verschieben?«

Kwaigambu zögert. Ein Kind kommt vorbei. Sie gibt ihm den Auftrag, den Frauen am Sepik auszurichten, sie käme später.

Ich: »Wo wollen wir reden?«

Kwaigambu: »Komm zu mir herüber. Am See sind wir ungestört.«

Ich wate durch den Bach auf die andere Seite. Als ich das Ufer hinaufklettere, hält mich Kwaigambu bei der Hand. Wir gehen durch einen Garten, erreichen bald das Seeufer und finden einen schattigen Baum, unter den wir uns setzen. Es ist still.

Kwaigambu: »Als ich gestern mit den jungen Frauen zum Sepik spazierte, gingen wir in einen Garten und rissen von einem Zuckerrohr alle Blätter ab. Tubwimoe wollte uns daran hindern. Sie schämte sich.«

Ich: »Weshalb?«

Kwaigambu: »Ein Zuckerrohr ohne Blätter ist nackt. Alle, die es sehen, sind darüber beschämt. Tubwimoe band die abgerissenen Blätter um das Rohr, sie hat es wieder angezogen. Wir lachten sie aus.«

Pause.

»Mbuni und Kapma haben etwas zusammen. Ich vermittle zwischen ihnen und trage Nachrichten hin und her. Mbuni will mir Zigaretten für Kapma geben. Ich werde die beiden auch ans Fest nach Yensan begleiten.«

Kwaigambu steht auf und sagt, sie müsse pissen. Als sie zurückkommt, weist sie auf die Vögel, die am Seeufer herumspazieren.

Kwaigambu: »Siehst du die Vögel, sie haben drei Beine. Das Muster, das wir Frauen uns an die Schläfen tätowieren, trägt ihren Namen.«
Ich: »Du und ich haben zwei Beine, diese Vögel aber drei.«
Kwaigambu: »Nein, das kommt nur in Mythen vor. Ich wollte sagen, sie haben drei Zehen. Drei Beine, drei Augen, das gibt es nur in Mythen. Ich kenne eine von einem Mädchen, das drei Augen hatte. Es waren zwei Schwestern, die eine hatte zwei, die andere drei Augen. Die eine mit den zwei Augen wies das Essen, das ihr ihre Mutter hinstellte, immer ab. Eines Tages wurde sie von ihrer Schwester beobachtet. Sie glaubte, diese schlafe, doch dem dritten Auge ist nichts entgangen. Es entdeckte, daß sie einen Zauber machte und plötzlich das köstlichste Essen vor ihr stand. Jetzt verstand sie, weshalb sie nicht auf das Essen der Mutter angewiesen war. Die dreiäugige Schwester plauderte das Geheimnis aus, und man beschloß, ihre Schwester zu töten.«

Auf dem Weg zurück zum Sepik, vertiefe ich mich in die seltsame Mythe, die mir Kwaigambu erzählt hat, und frage mich, was sie damit sagen wollte. Ist Kwaigambu die zweiäugige Tochter, die durch einen Zauber von ihrer Mutter unabhängig wird und Angst hat, dabei ertappt zu werden? Und bin ich die Mutter, von der sie sich loslöst, oder bin ich die dreiäugige Schwester, die sie dabei erwischen könnte?

Am Morgen holt Kwaigambu mich ab und wir gehen zum Bambus.

Kwaigambu: »Mbuni gab mir fünf Zigaretten für Kapma. Als ich ihn und seine Freunde unterwegs zum Sepik traf, beachtete er mich zuerst nicht. Ich gab ihm so lange ein Zeichen, bis er endlich zu mir kam und ich ihm die Zigaretten geben konnte. Bevor er weiterging, flüsterte er mir zu, er wolle Mbuni heute abend treffen.«
Pause.
»Die Frauen haben erzählt, daß es im Bach, der nach Aibom führt, viele Fische gibt. Einmal habe ich dort mit Kamiamboi eine Unmenge gefangen. Unser Kanu war bis zum Rand gefüllt, wir saßen in den Fischen.«
Pause.
»Heute ist Kabels Schwester zu ihrem Mann nach Pagwi gefahren. Es ist gut, daß sie einen Mann heiratet, der Geld verdient. Sie ist eine schlechte Fischerin.«

Ich: »Sie ist anders als du.«

Kwaigambu: »Meine Mutter hat nach meiner Geburt ein Stück getrocknete Nabelschnur am Seeufer vergraben. Deshalb zieht es mich immer zum Wasser, und die Fische lieben mich. Als mein Großvater davon erfuhr, ist er böse geworden und verlangte auch ein Stück Nabelschnur. Er trägt es immer bei sich. Wir zwei sind unzertrennlich. Als er nach Rabaul gehen wollte, war ich dagegen. Erst als er sagte, er würde dafür sorgen, daß uns nichts geschehe, ließ ich ihn gehen. Wenn einer von uns im Dorf krank werden sollte, wird er davon träumen und einen Zauber machen.«

Pause.

»Hoffentlich ist das Initiationsritual bald zu Ende, sonst verfehlen die jungen Männer das große Gitarrenfest in Yensan. Besonders Tangawi würde gern hingehen.«

Pause.

»Fährst du morgen auf den Markt nach Yensan?«

Ich: »Willst du mitkommen?«

Kwaigambu: »Ich werde dich wecken und dann gehen wir zusammen.«

Es ist noch dunkel, als Kwaigambu meinen Namen ruft. Ich ziehe mich an, trinke einen Kaffee und gehe zum Sepikufer. Dort stehen bereits viele Frauen und auch einige Männer. Milan kommt mit dem Benzintank und bereitet das Kanu vor. Alle steigen ein, und wir fahren in die Dunkelheit hinaus. Auf dem Markt bleibt Kwaigambu in meiner Nähe. Wir kaufen Früchte und Betel, darauf versteht sie sich gut. Sie weiß, welche Art Betel den Frauen schmeckt, denen ich damit ein Geschenk machen will. Unerwartet setzt ein starker Regen ein, und als wir Palimbei erreichen, sind wir bis auf die Haut durchnäßt. Wir ziehen uns um und erwärmen uns bei einem Tee. Am Nachmittag, so verabreden wir, treffen wir uns hier am Sepik.

Um die Mittagszeit kommt Piakna aus Pagwi zurück und bringt einen Schweizer Tramper, der für seine dreiwöchige Reise zum oberen Sepik einen Fahrer sucht. Wir überlegen, wer dafür in Frage kommen könnte. Piakna schlägt Kwaigambus Vater vor. Kinder bringen die Nachricht ins Dorf und wieder zurück zum Sepik. Temben ist bereit, noch heute wegzufahren.

Als ich am Nachmittag zum Gästehaus gehe, winkt mir

Kwaigambu von weitem lebhaft zu. Sie hat soeben erfahren, daß ihr Vater für längere Zeit abwesend sein wird, und tanzt vor Begeisterung. Sie zieht mich die Treppe zur Veranda des Gästehauses herauf.

Kwaigambu: »Gestern abend stritten sich Kasoagwi und ich wegen einer Kleinigkeit mit meinem Vater. Wir waren wütend, und ohne ein Wort zu sagen, gingen wir ins Haus der Familie Nagia. Dort stritt sich die Mutter mit ihren Töchtern. Wir standen auf und machten uns auf den Weg nach Malingei. Vier Frauen und zwei Männer: Kumbal und Yuwandabwan. Wir besuchten einen alten Mann. Er freute sich und gab uns zu essen. Auf dem Heimweg sahen wir einen nackten Mann, der sich am Feuer erwärmte. Yuwandabwan sagte: ›Schaut euch seinen Schwanz an, gleicht der nicht einem Schlangenkopf?‹«

Pause.

»Bereits am Nachmittag ist mir aufgefallen, daß mich Yuwandabwan ständig anschaut. Ich verstand nicht, was er wollte. Er war irgendwie anders als sonst. Später kam Mbuni und sagte: ›Yuwandabwan läßt dir ausrichten, daß er dich mag und dich am Abend sehen möchte.‹ Als ich von Malingei nach Hause kam, schliefen alle. Ich setzte mich ans Fenster und wartete. Als ich das Glimmen einer Zigarette sah, wußte ich: Das ist Yuwandabwan. Ich schlich aus dem Haus. Wir spazierten zum Sepik und setzten uns hier auf die Veranda, wo wir jetzt sitzen. Wir redeten zusammen. Er fragte, ob ich ihn heiraten würde. Davon wollte ich nichts wissen. Ich bin zu jung, sagte ich nur. Wir saßen da und redeten, der Mond schien hell. Plötzlich hatte ich Lust auf eine Zigarette. Bei euch war noch Licht, und Stimmen waren zu hören. Ich meinte, bei dir könnten wir welche holen. Yuwandabwan war dagegen. Da sagte ich ihm, daß ich bei dir alles holen könne. Ich würde dir auch alles erzählen, denn du bist meine Freundin. Er ließ mich nicht gehen. So blieben wir noch eine Weile sitzen und kehrten dann ins Dorf zurück. Jeder ging zu sich nach Hause.«

Von unserem Platz auf der Veranda sehen wir, wie Temben den Motor startet und das Kanu des Schweizers auf den Fluß hinausfährt. Kwaigambu schlägt mir vor Freude aufs Bein.

Kwaigambu: »Gut, daß er weggeht. Jetzt habe ich endlich meine Ruhe.«

Wir schauen dem Kanu nach, bis es in der Ferne verschwindet. Sie schweigt eine Weile, dann fragt sie unvermittelt.

Kwaigambu: »Kannst du mir Tampons geben? Seit heute menstruiere ich.«

Ich: »Ich kann dir Tampons geben.«

Kwaigambu (springt auf) : »Komm, gehen wir zu dir!«

Als wir unser Haus betreten, schaut sie sich um.

Kwaigambu: »Gut, daß kein Mann hier ist, das ist eine Angelegenheit unter Frauen.«

Ich hole die Tampons, packe einen aus und erkläre ihr, wie sie benützt werden. Kwaigambu hört aufmerksam zu, nimmt die Schachtel unter den Arm und geht zufrieden fort.

Als wir am nächsten Tag unter dem Bambus sitzen, sagt sie:

Kwaigambu: »Die Tampons sind gut. Ich steckte mir gestern gleich einen hinein. Heute früh habe ich ihn ausgewechselt.«

Pause.

»Mit Mbuni habe ich mich herumgetrieben. Wir haben auch über unsere Liebschaften geredet. Gestern nacht schlief sie bei mir im Moskitonetz. Es war eng, aber lustig. Mitten in der Nacht riefen uns Kapma und Yuwandabwan beim Namen. Zuerst wollte ich nicht hinausgehen, dann ging ich doch. Wir entfachten ein Feuer unter dem Haus und rösteten Süßkartoffeln aus Yuwandabwans Garten. Als die beiden Männer vorschlugen, zum Sepik zu spazieren, wollte ich nicht mitgehen. Meine Mutter könnte es bemerken.«

Ich: »Vorgestern hast du dich nicht um deine Mutter gekümmert und bist allein mit Yuwandabwan in der Nacht herumspaziert.«

Kwaigambu: »Jetzt ahnt sie etwas. Ich habe mich verändert. Sie darf nichts erfahren.«

Ich: »Was würde dann geschehen?«

Kwaigambu: »Dann gibt es ein Gerede. Ich will meine Ruhe haben. Ich habe Mbuni gesagt, ich würde dir alles erzählen. Sie war damit nicht einverstanden. Als ich ihr aber sagte, daß du auf unserer Seite stehst und ich in den Gesprächen mit dir viel über mich erfahren habe, war sie einverstanden.«

Ich: »Damals in der Mondnacht mit Yuwandabwan hast

du Lust auf Zigaretten gehabt und hast darauf verzichtet, bei mir welche zu holen. Möchtest du jetzt ein paar haben?«

Ich nehme vier Zigaretten aus der Schachtel und gebe sie Kwaigambu. Zufrieden steckt sie sie in die Tasche.

Heute morgen geht die Nachricht durchs Dorf, die Initianden würden am Nachmittag das Männerhaus verlassen und das große *naven* zum Abschluß des Initiationsrituals werde stattfinden.

Als ich zu Besuch ins Haus Tangawis gehe, treffe ich unerwartet Kwaigambu. Sie hilft Tangawis Mutter bei den Essensvorbereitungen für das Fest. Die Frau lobt sie über alles. Kwaigambu arbeitet ruhig weiter. Als ich mich verabschiede, schaut sie auf, und ich sehe ihr an, wie sehr sie sich über die Worte der Frau freut.

Als ich am nächsten Tag ins Dorf komme, sitzt Kwaigambu auf der Wiese vor dem Haus und spielt mit drei Mädchen Karten. Ich setze mich zu ihnen. Nach einer Weile steht sie auf und sagt: »Florence und ich haben jetzt unser Gespräch.« »Gut«, sagt eines der Mädchen und sammelt die Karten ein. Heute sprechen wir seit langem wieder im *haus polis*.

Kwaigambu: »Hast du gesehen, wie die junge Frau gestern *naven* tanzte? Die hat sich nicht geschämt. Vor Lachen sind uns die Tränen gekommen.«

Pause.

»Ich hatte gestern keine Lust zu tanzen.«

Pause.

»Die Zigaretten, die du mir gegeben hast, habe ich verteilt: Mbuni und ich rauchten je eine, und zwei ließ ich Yuwandabwan zukommen, er hat sich sehr darüber gefreut. Mbuni wollte, daß ich bei ihr übernachte. Sie hat mit Kapma und Yuwandabwan abgemacht, sie würden uns in der Nacht besuchen. Ich wollte nicht.«

Pause.

»In den vergangenen Nächten wurde unser Haus von Geistern heimgesucht. Der Fußboden wurde hochgehoben, und man hörte Klopfen. Alle schliefen, nur ich bin aufgewacht und weckte meine Mutter. Ihr wurde es auch unheimlich, und heute fragte sie Kabel, ob er bei uns übernachten könne. Ein Mann im Haus kann nicht schaden.«

Pause.

»Am Nachmittag werde ich für Tangawi *naven* tanzen. Ich werde mich mit Pflanzen unseres Clans schmücken und Muster mit weißer Farbe auf mein Gesicht malen.«

Kwaigambu schweigt und blickt versunken zum Fenster hinaus.

Ich: »Denkst du an Yuwandabwan?«

Kwaigambu: »Stell dir vor, er ließ mir durch Mbuni Betel bringen. Ich wußte, daß er welchen hat, dachte aber, er würde mir keinen geben. Einen ganzen Zweig schenkte er mir.«

Pause.

»Mein jüngerer Bruder Kaso brachte heute einer Frau ein Paddel, das er selbst geschnitzt hat. Sie weinte vor Freude. Jetzt schnitzt er wieder etwas. Kaso ist so geschickt. Er bringt mir das Schreiben bei.«

Ich: »Hat er dir das vorgeschlagen?«

Kwaigambu: »Er sagte: ›Es ist nicht gut, wenn du nicht einmal deinen Namen schreiben kannst. Hol ein Stück Papier und einen Stift.‹ Buchstaben um Buchstaben hat er geschrieben, und ich schrieb sie ab.«

Pause.

»Am nächsten Samstag findet in Yensan ein großes Gitarrenfest statt. Ich habe keinen schönen Rock, den ich anziehen könnte, alle sind alt und zerrissen. Ich hoffte, daß mein Vater rechtzeitig von seiner Reise zurückkommen wird. Er hätte mir einen gekauft. Im Laden hängen schöne bunte Röcke.«

Ich: »Du mußt schön sein am Fest. Wir können einen Tausch machen. Ich kaufe dir einen Rock, und du machst mir eine kleine Netztasche, die ich dann an Festen in meinem Land tragen werde.«

Kwaigambu ist begeistert und will wissen, wie die Tasche aussehen soll. Ich wünsche mir eine kleine naturfarbene Netztasche mit einer besonders langen Schlaufe.

Als wir uns verabschieden, geht Kwaigambu in den Wald, um sich die Pflanzen zu holen, mit denen sie sich fürs *naven* schmücken will. Am Nachmittag sehe ich sie im überfüllten Männerhaus für ihre Brüder tanzen. In ihrem Faserrock, mit Zweigen geschmückt, das Muster mit weißen schwungvollen Linien im Gesicht gemalt, wirkt sie auf mich wie eine Iatmul-Frau, mit der ich mich nicht vergleichen kann.

Wir treffen uns wieder bei ihr zu Hause. Sie sitzt am Fenster und kaut Betel, ihr Mund ist rot gefärbt.

Kwaigambu: »Ich warte schon lange auf dich. Du bist verspätet. Ich wollte eben auf den See fahren, um das Fischnetz nachzusehen. Endlich kommst du.«

Sie steht auf, und wir gehen zum *haus polis*.

Kwaigambu: »Gestern habe ich die Arbeit an deiner Tasche begonnen. Sie ist bald fertig.«

Ich: »Du bist geschickt.«

Kwaigambu: »Yuwandabwan und Tamalwan sind heute nach Yindabu gefahren. Tamalwan sagte mir, ich solle mitkommen. Ich lehnte ab. Da steckt bestimmt Yuwandabwan dahinter.«

Ich: »Damals in jener Mondnacht ist Yuwandabwan für dich ganz wichtig geworden. Jetzt tritt er immer mehr in den Hintergrund. Tag für Tag hast du ihn durch deine Brüder ersetzt. Nicht nur durch Kaso, deinen leiblichen Bruder, auch durch Kabel, der jetzt bei euch wohnt, oder durch Tangawi, für den du gestern so schön getanzt hast.«

Kwaigambu: »So ist es. Mit meinen Brüdern fühle ich mich wohl. Yuwandabwan steht draußen. Gestern wollte er zu mir nach Hause kommen, da hat ihn Kabel weggeschickt. Meine Brüder, Tangawi und die andern, dürfen bei uns ein und aus gehen.«

Als ich unterwegs zu Kwaigambu bin, kommt sie mir auf der anderen Seite des Baches zusammen mit Kabel entgegen. Kabel setzt seinen Weg in Richtung Sepik fort, Kwaigambu watet durch den Bach zu mir herüber.

Kwaigambu: »Hier möchte ich nicht mit dir sprechen, gehen wir ins Dorf. Ich habe dir viel zu erzählen, doch warten wir, bis wir im *haus polis* sind. Ich habe gewußt, daß ich dich treffen werde. Zu Hause war mir schon langweilig.«

Denselben Weg, den sie eben mit Kabel gekommen ist, gehen wir nun schweigend zusammen zurück. Nachdem wir uns im *haus polis* gesetzt haben, beginnt Kwaigambu zu sprechen.

Kwaigambu: »Gestern abend ging die Nachricht durchs Dorf, der Bach nach Aibom sei voller Fische. Meat lag mir in den Ohren, ich solle hinfahren. So paddelte ich mit der jungen Frau Palio hin. Wir fingen nicht einen einzigen Fisch. Auf dem Rückweg dachten wir daran, in einem

Garten Früchte zu stehlen, ließen es aber bleiben. Als wir nach Palimbei zurückkamen, fragte jeder nach unseren Fischen. Wir schämten uns. ›Sprecht doch mit unseren Müttern, die sagten, es gäbe welche!‹ gaben wir zur Antwort.« Pause.

»Seit einigen Tagen beobachte ich Mansuei. Ich glaube, sie ist in Tangawi verliebt.«

Wir hören in der Ferne Musik.

Kwaigambu: »Das ist Yuwandabwans Tonband. Wenn es läuft, ist er zu Hause. Heute ist er aus Yindabu zurückgekehrt. Ich bin böse auf ihn. Er hat im Haus der jungen Frau Ndebwa geschlafen. Als ich ihm sagte, ich würde nicht mit ihm nach Yindabu kommen, hat er es mir gesagt. Er wollte mich ärgern.«

Ich: »Ihr sagt euch gegenseitig verletzende Dinge.«

Kwaigambu: »Es ist wie Gras schneiden. Er hatte den Wunsch, daß ich mit ihm gehe. Da nahm ich meine Sichel und schnitt seinen Wunsch entzwei. Ich hatte den Wunsch, daß er nicht im Haus Ndebwas übernachtete, da nahm er seine Sichel und schnitt meinen Wunsch entzwei. Ich habe ihm sehr freche Dinge gesagt: Er sei eine Frau, habe eine Vulva und werde bald ein Kind gebären. Wenn die Frauen so reden, wissen die Männer nichts zu antworten.« (Sie wird ganz nachdenklich.) »Ich habe genug Unfug getrieben. Es reicht jetzt. Yuwandabwan spricht nie so böse zu mir.«

Ein kleines Kind geht am *haus polis* vorbei. Kwaigambu ruft ihm zu.

Kwaigambu: »Paß auf, daß du nicht zu nahe am Männerhaus vorbeigehst. Die Männer sind mit der Initiation beschäftigt. Komm her, ich erkläre dir, welchen Weg du nehmen mußt.«

Sie gibt dem verängstigten Kind Anweisungen. Als es aus unserem Blickfeld verschwunden ist, lacht sie laut. Dann wird sie wieder nachdenklich.

Kwaigambu: »Weshalb bin ich mit Yuwandabwan so böse?«

Ich: »Hast du es nicht eben mit dem Kind vorgeführt? Zuerst versetzt du es in Angst, und dann hilfst du ihm. Später wird es begreifen, daß du es an der Nase herumgeführt hast. Die Initiation ist längst vorbei. So wie du mit dem

Kind bist, sind die Erwachsenen mit dir umgegangen, als du noch ein Kind warst. Jetzt bist du wie die Erwachsenen, wie deine Eltern, auch gegenüber Yuwandabwan.«

Kwaigambu: »Vielleicht hast du recht. Es ist lange her, ich kann mich nicht erinnern.«

Pause.

»Deine Tasche ist fertig.«

Ich: »Komm, gehen wir und suchen dir einen Rock aus.«

Kwaigambu springt begeistert auf. Im Laden beraten wir, welche Farbe ihr am besten steht. Sie entschließt sich für einen blauweiß gemusterten Rock.

Ich bin zufrieden, daß ich Kwaigambus Bedürfnis nach Zuwendung nicht so begegnen muß, wie sie es mir an Yuwandabwan und dem Kind vorgeführt hat. Ich schenke ihr einen Rock, der ihr gefällt. Nie habe ich mich in die nüchternen und wenig liebevollen Beziehungen zwischen Verliebten und Ehepartnern einfühlen können. Diesen Beziehungen fehlt es nicht an Intensität, aber an Zärtlichkeit. Offene und liebevolle Zuneigung bekunden sich die Kinder und vor allem die Geschwister, sie umarmen sich, küssen sich und gehen eng umschlungen öffentlich durchs Dorf. Weder Ehepaare noch Verliebte tun das. Kwaigambu spürt mit Befremden, daß sie zu Yuwandabwan anders ist als zu ihren Brüdern. Könnten Geschwister heiraten, wäre alles gut. Sie sagt: »Es gibt Dörfer, wo Schwester und Bruder heiraten. Hier in Palimbei tut man das nicht.«

Kwaigambu verhält sich zu Yuwandabwan nicht so, wie sie einst als Kind zu ihren Brüdern war und wie sie in den letzten Tagen mit ihrem Bruder Kaso ist, der sie schreiben lehrt, oder mit Tangawi, für den sie kocht und *naven* tanzt. In ihrer Beziehung zu Yuwandabwan greift sie auf andere Erfahrungen zurück. Sie ist zu ihm, wie ihre Eltern zu ihr waren, als sie Kwaigambus Bedürfnis nach Zärtlichkeit ablehnten und sie auf die Gruppe der Kinder, vor allem ihrer Geschwister, verwiesen, wo sie die Zärtlichkeit bekam, die ihr die Erwachsenen verweigert haben.

Wie allen erwachsenen Frauen gelingt es Kwaigambu nicht, die zärtlichen Gefühle, die sie zu ihren Brüdern hat, auch zu ihrem Geliebten zu empfinden. Sie folgt dem Vorbild ihrer Mutter und ist zu Yuwandabwan wie eine erwachsene Frau zu ihrem Geliebten oder Mann, wie ihre Mutter zu ihrem Vater.

Anderntags kommt Kwaigambu zu mir, als ich eben das Haus verlassen und mit Kinembe sprechen will. Mir liegt daran, Kwaigambu jetzt, nachdem sie mir geschildert hat, was es heißt, Wünsche mit der Sichel entzweizuschneiden, nicht warten zu lassen. Ich verschiebe das Gespräch mit Kinembe auf später. Kwaigambu kauert vor einem Feuer unter Kinembes Haus.

Ich: »Wir können zusammen reden.«

Kwaigambu: »Sprichst du nicht zuerst mit Kinembe?«

Ich: »Ich habe das Gespräch verschoben. Jetzt möchte ich mit dir reden.«

Kwaigambu: »Eben habe ich Bananen aufs Feuer gelegt. Ich habe Hunger.«

Ich: »Gut, warten wir, bis sie gar sind.«

Wir sehen Yuwandabwan zum Sepik-Ufer gehen. Unter dem Arm trägt er einen Vogel, den er offensichtlich soeben erjagt hat.

Kwaigambu: »Davon bekomme ich bestimmt ein Stück. Gestern sagte er, er würde warten, bis wir unser Gespräch beendet haben. Danach hätte er gern eine Zigarette von dir.«

Aus der Schachtel, die ich ihr hinhalte, nimmt sie zwei Zigaretten und ruft nach einem Kind, das sie beauftragt, Yuwandabwan die Zigaretten zu bringen. Aufmerksam beobachtet sie, was vor sich geht. Als Yuwandabwan dankt und geht, lacht sie. Die junge Frau Mbuni kommt die Treppe des Nachbarhauses herunter auf uns zu. Sie hält hinter ihrem Rücken etwas versteckt. Jetzt stellt sie sich vor uns auf und hält mir ein Foto entgegen. Mbuni: »Das ist mein Freund aus Yensan. Ich wollte dir sein Bild schon lange zeigen.« Kwaigambu beugt sich von hinten über mich, und wir blikken in das Gesicht eines ernst schauenden jungen Mannes. Mbuni: »Du hast das Gespräch mit Kinembe wegen Kwaigambu verschoben und wartest, bis die Bananen gebacken sind. Man könnte meinen, sie ist eine erwachsene, ernstzunehmende Frau.«

Kwaigambu: »Was glaubst du eigentlich. Florence und ich warten, bis die Bananen gar sind, dann essen wir sie und haben unter dem Bambus ein Gespräch.«

Mbuni zieht die Schultern hoch, schüttelt den Kopf und geht weg. Ihre Eifersucht ist offensichtlich. Mit einem Stock fischt Kwaigambu die Bananen aus dem Feuer. Wir warten, bis sie etwas abgekühlt sind, und schaben die verkohlte Schicht mit einer Muschelschale ab. Essend gehen wir zum Bambus.

Kwaigambu: »Vorhin saß ich unter dem Gästehaus. Ich glaubte, ich sei allein, da hörte ich vom oberen Stock Geräusche. Es war Yuwandabwan. Er fragte mich, ob ich auch zum Fest nach Yensan käme. Zuerst sagte ich ja, darauf meinte er, dann komme er auch. Als ich aber sagte, ich gehe nicht, wollte er auch nicht mehr hingehen.«

Ich: »Gehst du mit deinen Brüdern auch so um?«

Kwaigambu: »Nein, Brüder hat man wirklich gern.«

Pause.

»Gestern nach unserem Gespräch war ich ganz aufgeregt. Ich tanzte durchs Dorf, legte einen Säugling auf den Arm und sagte: ›Das ist mein Kind. Yuwandabwan hat es mir gemacht.‹ Ich benahm mich so, daß die Leute sich fragten, ob ich betrunken sei.«

Pause.

»Schau, hier wächst ein junges Bäumchen. Ich werde es ausgraben und neben meinem Haus pflanzen. Es wird wachsen, und wenn es meine Enkelkinder anschauen werden, denken sie an unsere Gespräche.«

Kwaigambu betrachtet den Schatten ihres Kopfes am Boden.

Kwaigambu: »Wie lang meine Haare schon sind: Ich werde sie wachsen lassen, bis sie wie deine Haare sind.«

Pause.

»Gestern hat Mbuni menstruiert. Ich gab ihr zwei Tampons, die ich von dir übrig hatte. Sie hat Angst wegen Kapma.«

Ich: »Weshalb?«

Kwaigambu: »Er ist noch nicht initiiert und weiß nicht, daß er mit einer menstruierenden Frau nicht Liebe machen darf. Yuwandabwan weiß über diese Dinge Bescheid. Ich habe ihm gesagt, daß ich menstruiere. Heute abend wollen wir zusammen hier zum Sepik kommen. Er denkt, daß wir dann bei dir Zigaretten holen.«

Ich: »In der Mondnacht wolltest du Zigaretten haben. Jetzt will er welche. Ihr habt die Rolle gewechselt.«

Kwaigambu: »So ist es.«

Wir stehen auf, steigen vom hohen Ufer zum Sepik hinunter und waschen unsere Hände, die von der verkohlten Bananenschale schwarz geworden sind. Dann klettern wir wieder hinauf und verabschieden uns.

Es ist früh am Morgen, und ich schlafe. Da vernehme ich Meats Stimme. Sie spricht mit Fritz. Im Halbschlaf verstehe ich, daß sie Malaria hat und Pillen braucht. Als sie sagt, Kwaigambu sei gestern nacht ins Haus von Yuwandabwan gegangen, um ihn zu heiraten, bin ich augenblicklich hellwach. Wie kommt Kwaigambu dazu zu heiraten? Weshalb wählt sie ausgerechnet Yuwandabwan, diesen düsteren jungen Mann? Beim Frühstück sprechen wir alle über Kwaigambus Heirat. Milan findet Yuwandabwan ganz gut, und Fritz meint, die Heirat habe mit den täglichen Gesprächen zu tun. Marco pflichtet mir in meiner Beurteilung Yuwandabwans bei. Ich erkenne, daß ich bisher geglaubt habe, die Beziehung zwischen Kwaigambu und Yuwandabwan sei eine vorübergehende Sache.

Als ich am Nachmittag ins Dorf gehe, beginnt es zu regnen. Ich gehe zu Meat. Sie hat hohes Fieber und Schüttelfrost, liegt auf einer Matte und zittert vor Kälte. Ich nehme einen Pullover von der Leine und helfe ihr, ihn anzuziehen. Als ich mich verabschiede, sagt sie, Kwaigambu sei nach Malingei gegangen. Ich beschließe, zuerst mit Magendaua zu sprechen. Wie verabredet kommt Kwaigambu eine Stunde später, und wir gehen ins *haus polis*. Sie ist fröhlich und selbstbewußt.

Kwaigambu: »Gestern abend saß ich zu Hause, als man das Zeichen gab, alle sollten in die Kirche kommen, um die Vorbereitungen für das Weihnachtsfest zu treffen. Ich dachte nicht daran. Meine kleinen Geschwister drängten mich zu gehen, darauf gab ich nach. Bald hatte ich genug und wollte nach Hause zurückkehren. Unterwegs traf ich Yuwandabwan. Wir gingen an den Waldrand und fanden einen Baumstamm, auf den wir uns setzten. Wir redeten. Es wurde immer später, und ich wollte nach Hause gehen. Er hielt mich zurück. Mitternacht war schon vorbei, als ich hörte, wie Leute meinen Namen riefen. Man suchte mich. Ich sagte: ›Was wird man jetzt denken.‹ Yuwandabwan meinte: ›Heirate mich doch.‹ Ich war einverstanden. So kehrten wir ins Dorf zurück, und ich rief die zwei jungen Frauen Karu und Tubwimoe, damit sie mich in Yuwandabwans Haus begleiten. Seine Eltern waren zu Hause. Sie verstanden sogleich, weshalb ich kam, und hatten eine große Freude. Sie sagten, ich sei eine gute Schwiegertochter. Wir redeten über dies und das, und als ich aufstehen und gehen wollte, schenkten sie mir vier Kina. Als meine Schwester Kasoagwi von meiner Heirat erfuhr, tanzte sie vor Freude. Meat sagte nur: ›Es ist deine Sache, ich bin einverstanden.‹«

Ich: »Hast du Yuwandabwan seither gesehen?«

Kwaigambu: »Als ich heute nachmittag nach Malingei gehen wollte, habe ich ihn getroffen. Er gab mir ein Zeichen mit der Hand, ich solle umkehren. Er wollte nicht, daß ich nach Malingei gehe.«

Ich: »Jetzt bist du nicht mehr von deinen Eltern, sondern von deinem Mann abhängig.«

Kwaigambu: »So ist es.«

Ich: »Und was geschieht mit deinen eigenen Wünschen?«

Kwaigambu: »Meine eigenen Wünsche durfte ich nie aussprechen, früher nicht und jetzt nicht. Ich behalte sie für mich, spräche ich sie aus, würde ich nicht geliebt.«

Ich sage nichts, denn im Gegensatz zu mir scheint Kwaigambu diese Vorstellung nicht zu bedrücken. Sie wirkt zufrieden.

Kwaigambu: »Ich habe mit Piakna, meinem *wau* gesprochen. Er fragte mich, ob ich Yuwandabwan wirklich heiraten wolle, ich solle nicht unglücklich heiraten. Als ich ihm sagte, daß es mein eigener Entscheid sei, war er zufrieden.«

Pause.

»Auf dem Markt von Yensan habe ich Kamiamboi von Yindabu getroffen. Als sie von meiner Heirat erfuhr, umarmte sie mich und kaufte mir einen großen Zweig Betel.«

Ich: »Wie wird es mit dir weitergehen?«

Kwaigambu: »Jetzt muß Yuwandabwans Familie die zeremoniellen Gaben für die Heirat zusammenlegen. Sein Vater ist ein guter Schnitzer, er wird das nötige Geld aufbringen.«

Pause.

»Yuwandabwan ist kein fröhlicher Mann. Sein Blick ist immer ernst. Er wird für meine Geschwister sorgen.«

Pause.

»Wenn wir heiraten, wird es ein großes Fest geben. Meine

Verwandten werden das Haus von Yuwandabwans Eltern ausplündern. Sein Clan bekommt eine Frau, und meine Clanverwandten werden sich holen, was ihnen gefällt. Reusen, Fischspeere, Werkzeuge, auch Hühner und Kokosnüsse. Ich muß Yuwandabwan sagen, er dürfe sein Tonbandgerät nicht herumliegen lassen. Meine Schwester Kasoagwi will es nehmen. Ich will es für mich haben.«

Frauen gehen am *haus polis* vorbei. Als sie Kwaigambu erblicken, kommen sie auf sie zu, schütteln ihr die Hand, streicheln ihr über den Kopf und drücken ihre Freude darüber aus, daß sie geheiratet hat und nun wie sie, zur Gruppe der erwachsenen Frauen gehört. Als wir aufstehen und die Treppe hinuntersteigen, faßt mich Kwaigambu am Arm.

Kwaigambu: »Siehst du, jetzt bin ich auch eine Frau. Jetzt sind wir beide gleich. Treffen wir uns morgen wieder unter dem Bambus.«

Florence Weiss
Vier Jahre später

Als ich im Frühling 1984 wieder in Papua Neuguinea bin, fahren Milan und ich für einen kurzen Besuch nach Palimbei. Ich freue mich auf ein Wiedersehen mit Kinembe, Magendaua und Kwaigambu, den drei Frauen, mit denen ich erfahren habe, was Ethnopsychoanalyse ist, und die dazu beigetragen haben, daß sich meine Wahrnehmung von mir selbst und den andern, den Leuten, denen ich begegne, erweitert hat. Ich möchte die Frauen wiedersehen und erfahren, was sie in der Zwischenzeit erlebt und welche Spuren unsere Gespräche hinterlassen haben. Bevor wir nach Palimbei fahren, machen wir in Kanganamun einen kurzen Halt. Wir erkundigen uns nach Kwandemi und Ngaui und hören, daß Kwandemi in die Maprikberge gezogen sei und dort geheiratet habe. Ngaui aber sei hier. Da niemand weiß, wo er jetzt gerade ist, suchen wir nicht lange und fahren über den Fluß. Als wir anlegen und ich ans Ufer springe, hält mir Nagia die Hand hin. Nagia: »Eben habe ich mit meiner Tochter über dich gesprochen.« Ich: »Das trifft sich gut, ich habe auch an euch gedacht.« Bald sind wir von Leuten umgeben, die uns wie alten Bekannten, die von einer kurzen Reise heimkehren, begegnen. Die einzige Nachricht, die mich in der Zwischenzeit von Palimbei erreicht hatte, war ein Brief, in dem mir Kinembe mitteilen ließ, daß Piakna gestorben sei. Ich halte nach ihr Ausschau und als ich sie nicht unter den Umstehenden sehe, frage ich, wo sie ist. »Sie ist im Haus«, sagt jemand leise. Als ich mich dem großen Wohnhaus nähere, in dem wir während der psychoanalytischen Forschung gewohnt haben, kommt Kinembe auf mich zu. Ihre Augen sind gerötet, doch sie lächelt und umarmt mich.

Kinembe: »Als ich deine Stimme hörte, begann ich zu weinen und konnte dir nicht gleich begegnen. Wie es jetzt ist, ist es nicht richtig; ich bin allein, Piakna ist gestorben. Als du das letzte Mal hier warst, hat er noch gelebt. Jetzt muß ich dich allein begrüßen.«

Kinembe nimmt mich bei der Hand, führt mich in ihr Haus und schlägt vor, daß Milan und ich hier übernachten.

Frauen und Kinder tragen unsere Sachen vom Kanu herbei, und als Milan und ich eben dabei sind, das Moskitonetz aufzuhängen, ruft jemand laut meinen Namen. Es ist Magendaua. Sie schüttelt den Kopf hin und her, läßt ihre Tasche auf den Boden gleiten und kommt auf mich zu.

Magendaua: »Du? Ich komme eben vom Markt zurück. Meine Familie hat noch nicht gegessen. Ich trage den Sago ins Dorf und backe Fladen. Wir sprechen später zusammen.«

Am Nachmittag, im Dorf, treffe ich Kwaigambu. Als ich ihr gegenüberstehe, erkenne ich sie zuerst nicht. Das habe ich nicht erwartet: Kwaigambu ist abgemagert, wirkt besorgt und traurig. Unvermittelt fragt sie:

Kwaigambu: »Wie lange bleibst du hier?«

Ich: »Zwei Tage.«

Kwaigambu: »Das ist kurz.«

Ich: »Komm, du mußt mir erzählen, was passiert ist.«

Kwaigambu führt mich unter einen schattigen Baum, der neben dem Haus steht, wo sie mit ihrem Mann Yuwandabwan lebt.

Kwaigambu: »Es geht mir schlecht. Ich habe zwei Aborte gehabt. Immer nach dem dritten Monat habe ich mein Kind verloren. Jemand hat einen Zauber gemacht, daß ich keine Kinder haben kann.«

Pause.

»Schau mich an, wie mager ich geworden bin. Hast du meine jüngere Schwester Kasoagwi gesehen? Sie ist rund und kräftig. Sie hat nach mir geheiratet und schon zwei Kinder geboren.«

Ich: »Wer hat diesen Zauber gemacht.«

Kwaigambu: »Man sagt, jemand, der darüber unzufrieden ist, daß meine Schwester und ich zwei Männer aus der anderen Männerhausgemeinschaft geheiratet haben. Bis heute haben von dort keine Frauen hierher geheiratet und uns ersetzt. Darüber sind die Männer böse.«

Ich: »Wie geht es mit Yuwandabwan? Machst du gerne Liebe mit ihm?«

Kwaigambu: »Das Liebemachen gefällt mir. Yuwandabwan hält zu mir. Er sorgt auch für mich, er hat mir zwei Kanus geschnitzt und große Gärten angelegt.«

Ich: »Und wie verstehst du dich mit Meat?«

Kwaigambu: »Schlecht. Sie sagt, ich müsse allein zurechtkommen.«

Ich: »Sie hat das elfte Kind geboren. Das ist überwältigend, und du kommst nicht gegen sie auf.«

Kwaigambu: »Hast du jetzt ein Kind?«

Ich: »Nein.«

Kwaigambu: »Wir sind beide gleich.«

Pause.

»Man hat mir ein Mädchen zur Adoption gegeben.«

Ich: »Wenn weiße Frauen keine Kinder haben, werden sie dennoch geachtet. Wenn du kein Kind hast, kommst du in Schwierigkeiten.«

Kwaigambu: »Das stimmt. Erst wenn wir eigene Kinder haben, sind wir glücklich und zufrieden.«

Ich: »Es ist also nicht so, daß du Aborte hast, weil du kein Kind willst.«

Kwaigambu: »Nein, ich will Kinder haben.«

Ich: »Du weißt, daß Meat, als sie das erstemal gebären sollte, beinahe gestorben ist. Dein Großvater Nagwan und dein *wau*, Piakna, haben sie gerettet. Nagwan machte für Meat Zaubersprüche und Piakna riß den Vorhang, der die gebärenden Frauen von den Männern und Kindern trennt, beiseite, nahm Meat in seine Arme und sagte: ›Du darfst nicht sterben, du bist meine einzige Schwester!‹ Darauf gebar Meat ein totes Kind und war gerettet. Hast du Angst vor der Geburt?«

Kwaigambu: »Ich habe ständig Angst. Wenn ich schwanger bin, habe ich Angst vor der Geburt und wenn ich nicht schwanger bin, habe ich Angst, bald zu sterben. Man sagt bei uns, daß Frauen, die keine Kinder gebären, nicht alt werden.«

Pause.

»Hast du Medizin, daß man Kinder kriegt?«

Ich: »Nein.«

Kwaigambu: »Hast du Tampons bei dir?«

Ich: »Hier habe ich keine. Wenn Milan, der ein Jahr in Neuguinea bleiben wird, wieder nach Palimbei kommt, kann er dir welche mitbringen.«

Yuwandabwan steht vor dem Haus und schaut zu uns herüber. Wir stehen auf, und er begrüßt mich. Er möchte meine Adresse haben, um mir schreiben zu können. Ich verspreche, daß Milan ihm adressierte und frankierte Kuverts bringen wird.

Kwaigambus Schicksal beschäftigt mich, und für einen Augenblick stelle ich mir vor, auf unsere geplanten Reisen zu verzichten und länger in Palimbei zu bleiben, damit Kwaigambu und ich unsere Gespräche fortsetzen könnten. Ihre Frage, wie lange ich bleibe, ihre Bitte nach Tampons und Yuwandabwans Wunsch nach meiner Adresse haben mir gezeigt, wie sehr beiden daran liegt, den Kontakt mit mir aufrechtzuerhalten.

Bei meiner Abreise vor vier Jahren hat Kwaigambu nicht mit Angst auf unsere Trennung reagiert. Sie hatte geheiratet und fühlte sich als junge Frau, die voll in ihre Gesellschaft integriert ist. Seit jener Zeit haben sich in ihrem Leben wichtige und einschneidende Dinge ereignet. Ihr *wau*, Piakna, und ihr Großvater, Nagwan, sind gestorben. Beide hat Kwaigambu besonders gern gehabt. Als Kwaigambu heiraten wollte, hat sich Piakna als einziger um sie gekümmert und sie gefragt, ob sie Yuwandabwan wirklich liebe, denn er wolle nicht, daß sie unglücklich sei. Von Nagwan, der drei Tage nach Piakna starb, erzählte Kwaigambu ausführlich in einem unserer Gespräche. »Wir zwei sind unzertrennlich. Als er nach Rabaul gehen wollte, war ich dagegen. Erst als er sagte, er würde dafür sorgen, daß uns nichts geschehe, ließ ich ihn gehen. Wenn einer von uns im Dorf krank werden sollte, würde er davon träumen und einen Zauber machen.« Jetzt fühlt sich Kwaigambu dem Zauber der anderen schutzlos ausgeliefert. Ihre Mutter wendet sich von ihr ab. Kwaigambu fühlt sich allein.

Es liegt nahe, daß Kwaigambus Ängste und ihre zwei Aborte mit dem Verlust dieser zwei geliebten Menschen in Zusammenhang stehen, die sie zu früh verloren hat und die sie allein zurückgelassen haben. Und vielleicht hat sie nach diesen zwei Todesfällen auch meine Abreise im nachhinein als zu früh erlebt. Es wäre besser gewesen, wenn ich länger geblieben wäre. Ihre Enttäuschung über die Kürze meines Besuches weisen in diese Richtung. Durch mein unerwartetes Erscheinen habe ich ihr gezeigt, daß ich nicht wie Piakna und Nagwan für immer verschwunden bin und daß die Möglichkeit besteht, weiterhin in Kontakt zu bleiben, indem wir uns schreiben und Milan ihr die gewünschten Tampons bringt. Vielleicht hilft ihr dies, sich weiter an mich anzulehnen, um die Rivalität mit ihrer

Mutter, die sie zurückstößt, zu überbrücken. Meat ist eine Mutter, mit der sie sich nicht vergleichen, sondern von der sie sich nur absetzen kann.

Am Abend sitzen Kinembe und ich zusammen, und sie erzählt mir über Piaknas Tod.

Kinembe: »Ein Jahr nachdem du weggegangen bist, wurde Piakna zu einer Versammlung der Regierungsvertreter in die Hauptstadt gerufen. Nachdem alle Besprechungen vorbei waren, wurde er krank. Man brachte ihn in ein Spital, doch blieb er nicht lange und kam ins Dorf zurück. Er wußte, daß er sterben würde, und wollte, daß wir bei ihm sind. Es ging ihm sehr schlecht. Alle Zaubersprüche halfen nichts. Als er starb, war das ganze Dorf versammelt, und bei seinem Begräbnis kamen auch Leute aus den umliegenden Dörfern. Ich weinte nur noch. Ich war schwanger.« (Kinembe zeigt auf ein kleines Mädchen, das neben ihr sitzt.) »Sie kennt ihren Vater nicht, ich habe sie geboren, als er tot war. Goli ja, die kennt ihn, die kennt auch dich. Seit jener Stunde, als du ihr Zigarettenrauch ins Gesicht geblasen hast, will sie auch rauchen. Ich rauche nicht, aber bei meiner Schwester Pamdaua bettelt sie jeden Tag um ein wenig Tabak.«

Ich: »Ich habe sie damals zum Rauchen verführt.«

Kinembe: »Das hat ihr gefallen.«

Ich: »Wie ist es dazu gekommen, daß ihr zwei Frauen nun alle zusammenlebt? Früher sind eure Beziehungen doch nicht gut gewesen.«

Kinembe: »Piaknas Tod hat uns zusammengebracht. Wir beschlossen, gemeinsam für unsere zehn Kinder zu sorgen. Keine von uns wollte einen anderen Mann heiraten.«

Ich: »Ihr erinnert mich an eine eurer Mythen, die mir immer besonders gut gefallen hat. Sie handelt von Frauen, die ohne Männer in einem Dorf leben. Ganz auf sich gestellt und unabhängig leben sie zusammen. Dann, eines Tages, entdecken sie, daß es Männer gibt, und jede holt sich einen zu sich nach Hause.«

Kinembe: »So leben wir hier. Im Haus nebenan wohnt Amuia und eine weitere alte Frau. Wir sind nur Frauen und Kinder. Das hier ist eine Frauensiedlung.«

Ich: »Gut, daß euch Piakna ein solides und großes Haus gebaut hat.«

Kinembe: »Mit dem Kanu, daß er mir zum Schluß unserer Gespräche geschnitzt hat, fahre ich noch immer zum Markt. Alle unsere Seen sind fast ganz mit der Salvinia bedeckt, und so fische ich nur selten. Wir sind keine Flußleute mehr, wir sind Buschleute geworden, legen Gärten an und essen Yams, Taro und Süßkartoffeln. Die Zeiten haben sich geändert, ich arbeite im Garten wie ein Mann.«

Kinembe lacht. Sie hat sich verändert. Sie ist ruhiger und selbstsicherer geworden. Damals, am Schluß unserer Gespräche, ist es Kinembe gelungen, Piakna dazu zu bewegen, wieder ein Iatmul zu sein und ihr ein Kanu zu schnitzen. Nach seinem Tod ist auch ihr die volle Reintegration gelungen; sie hat sich mit den zwei anderen Frauen und ihren Kindern zusammengetan. Wie wichtig dabei unsere gemeinsamen Gespräche waren, spüre ich aus ihrem Verhalten mir gegenüber. Ganz offen aber drückte es ihre Mutter aus, eine alte Frau, die mir nie nahe stand und die mich, als sie mich jetzt trifft, öffentlich umarmt, mein Kinn umfaßt, und in überschwänglicher Weise immer wieder sagt: »Du bist eine gute Frau.«

Als ich mit Magendaua in ihrem Haus vor den großen Feuerschalen, eine Schar Kinder um uns herum, beisammen bin, habe ich das Gefühl, alles sei wie früher. Ich packe die Stoffe aus, die ich den Frauen mitgebracht habe, und fordere sie auf, einen auszulesen. Ein Knabe springt auf, zeigt auf einen Stoff und sagt: »Mama, nimm den, den mußt du nehmen!« Magendaua nickt. Er nimmt den Stoff, stellt sich vor uns auf und bindet ihn um die Hüfte wie einen Rock. Dann tanzt er ausgelassen.

Ich: »Dein Sohn macht ein *naven*. Ich bin zurückgekehrt.«

Magendaua lacht: »Ja, über den ›Blick zurück‹ des Kindes weißt du jetzt Bescheid.«

Pause.

»Dieser Junge hat damals unser Gespräch gestört und dauernd nach dem Fisch geschrien, den er nicht teilen wollte.« (Sie zeigt auf ein Kind.) »Und das ist der Säugling, den ich stillte. Nach ihm habe ich wieder ein Mädchen geboren.«

Eine Schwester Magendauas kommt vorbei und setzt sich zu uns. Magendaua erzählt ihr, worüber wir gesprochen haben, und zeigt ihr den Stoff. Die Schwester nickt zufrieden. Ich denke: Magendaua verteilt wieder alles, was sie hat. Dann erzählt sie über den Tod ihrer Mutter und über die zweite

Frau Minsans, mit der sie sich weiterhin gut versteht. Jetzt erzähle ich über unsere Reise nach Rabaul, und wen ich dort getroffen habe. Ich flechte Sätze aus unserem Gespräch von damals ein, als mich Magendaua für meine Reise ausgerüstet hatte.

Magendaua: »Du erinnerst dich an alles. Diesen See, zu dem ich dich geführt habe, als ich dir den Baum zeigen wollte, auf dem mein Vater erschossen wurde, haben wir von der Salvinia befreit. Das ganze Dorf hat sich zusammengeschlossen und tagelang gearbeitet, bis wir die Salvinia in den Sepik geschwemmt hatten. Zwei Monate fingen wir Frauen Fische, im dritten Monat war der See wieder bedeckt. Wir leben noch immer an einem sterbenden Fluß.«

Ich entgegne nichts. Milan hat erfahren, daß die Regierung nun endlich eine Lösung des Salviniaproblems gefunden hat, doch sind wir skeptisch, ob das stimmt. Ich will keine falschen Hoffnungen wecken. 1970 konnten die Weißen in den Städten Lae und Port Moresby als Zierde für ihre Fischaquarien eine Wasserpflanze, die Salvinia molesta, kaufen. Im Jahr 1977 wurden die Stimmen immer lauter, daß die Gewässer im Sepikbecken nach und nach zugedeckt würden und die Subsistenzwirtschaft der Dorfbewohner bedroht sei. Unachtsam in den Sepik geworfen, wurde die Salvinia zu einer scheinbar unlösbaren Plage. Spät begann man sich mit dem Problem zu befassen. Man diskutierte über den Einsatz von chemischen Mitteln, die schnell verworfen wurden, dann sprach man von einer Heuschrecke, die man aussetzen wollte. Nun ist es also ein schwarzer, nadelkopfgroßer Käfer. Wir erkundigen uns später und erfahren, daß die Kampagne angelaufen war und bereits ein See von der Salvinia befreit worden ist. Wir wollen uns selbst überzeugen und fahren hin. In der Tat, auf dem großen See schwimmen nur vereinzelte Salviniapflanzen. Wir sprechen mit den Dorfbewohnern und lassen uns erklären: Vor vier Monaten ist dieser See noch vollständig von der Salvinia bedeckt gewesen. Gefischt hat man schon lange nicht mehr. Dann wurde der schwarze Käfer (crytobagus singularis Hustache) ausgesetzt. Der Käfer selbst frißt nur die Blätter, die wichtigste Aufgabe erfüllen seine Larven, die den Stengel von innen her befallen, so daß die Salvinia zugrunde geht. Haben Käfer und Larve keine Salvinia zum Fressen, sterben auch sie. Wir schauen auf die glatte Wasseroberfläche und denken an die zugewachsenen Seen von Palimbei. Da sagt Milan: »Das nächste Mal soll ich diesen Käfer mitbringen. Wer weiß, wie lange es dauern wird, bis die offiziellen Stellen dorthin gelangen.« Wie ich später von Milan erfahre, hatten die Palimbei selbst die Initiative ergriffen, den Käfer beschafft und in ihren Seen ausgesetzt.

Anhang

Die Iatmul in Papua Neuguinea

Papua Neuguinea (Papua New Guinea), Staat im westlichen Pazifik; 3,01 Mill. Einwohner (1980); Hauptstadt Port Moresby; Amtssprache Englisch; Währung: Kina = 100 Toea (=A$). Seit 1975 ist Papua Neuguinea eine parlamentarische Monarchie innerhalb des British Commonwealth, formelles Staatsoberhaupt Königin Elisabeth II. Die Streitkräfte umfaßten 1980 3200 Mann.

Geographie: Neuguinea mit ihren 771 900 km² ist die größte Insel der Erde (nach Grönland), somit die größte Landmasse im Pazifischen Ozean (von Australien abgesehen). Sie wird in über 2000 km Länge von einem Zentralgebirge durchzogen, das im Westteil bis über 5000 m Höhe erreicht. Das Klima ist tropisch. Die Insel Neuguinea gehört zum Melanesischen Inselbogen, der sich im Norden und Nordosten um Australien dehnt.

Geschichte: Seinen Namen erhielt die Insel 1545 von einem spanischen Schiffskapitän. Der westliche Teil (Irian Jaya) stand seit Jahrhunderten unter dem Einfluß der ostindonesischen Herrschaftszentren, wurde dem sog. Niederländisch-Indien einverleibt, heute befindet er sich wieder unter der indonesischen Fremdherrschaft. Der südöstliche Teil (Papua) geriet unter das Britische Imperium und stand 1906–1975 unter direkter australischer Verwaltung; der nordöstliche Teil (Kaiser Wilhelms-Land) gehörte bis 1914 dem sog. Deutschen Schutzgebiet an, wurde von Australien besetzt und diesem als Völkerbundmandat 1921 übergeben; 1942–44 wurden die nördlichen Küstengebiete von den Japanern besetzt; nach dem Alliiertensieg wurde das Mandat durch die Vereinten Nationen erneuert und die australische Herrschaft wiederhergestellt. Zum Staat Papua Neuguinea zählen der östliche Teil der Insel (der ehemals australische sowie der ehemals deutsche Teil), weiter Neubritannien, Neuirland und zahlreiche kleinere Inseln.

Wirtschaft: Der größte Teil der Bevölkerung (fünf Sechstel) befindet sich heute noch außerhalb der Geldwirtschaft, betreibt ausschließlich oder ganz überwiegend Selbstversorgungswirtschaft und lebt in einem beachtlichen Wohlstand, was die Ernährungsgrundlage anbelangt. Vom Standpunkt der Weltwirtschaft gehört Papua Neuguinea zu den am wenigsten entwickelten Gebieten. Die einzige Ausnahme stellt der Kupfererzbergbau (1980: an 4. Stelle auf der Erde) dar, seit einigen Jahren durch einen britisch-australischen Konzern mit modernsten technischen Mitteln betrieben. Die Produktion von Agrargütern (1979): Kokosnüsse 870000 t, Kopra 160000 t, Palmöl 36000 t, Kaffee 52000 t, Kakao 30000 t; 1977 waren in verschiedenen kleinen Industriegebieten lediglich gegen 19000 Personen beschäftigt.

Zum politischen System: Die Positionen im Verwaltungssystem, das in der langen Zeit der kolonialen Herrschaft entstand, werden seit dem Anfang der 70er Jahre zunehmend mit ausgebildeten Neuguinensern besetzt – an dem autoritären, paternalistischen System hat sich jedoch wenig verändert. Die ökonomische und politische Abhängigkeit Papua Neuguineas von Australien, seinem ehemaligen Kolonialherrn, besteht weiter. Zur Zeit der Unabhängigkeitserklärung (1975) belief sich die australische Finanzhilfe auf mehr als die Hälfte der Staatseinnahmen (1980 immer noch 30 %). Über 50 % der Staatsausgaben entfallen auf die Gehälter und Löhne der im öffentlichen Dienst Beschäftigten.

Literaturverzeichnis

1. Ethnologische Bibliographie

(1) Eine knappe, dennoch umfassende Einführung in die gesellschaftlichen Verhältnisse der Iatmul findet sich in Weiss, 1981: 31–78 (A. Die natürliche Umgebung, B. Die Dorfgemeinschaft, C. Das Verwandtschaftssystem, D. Grundzüge des ökonomischen Systems, E. Die Einflüsse der Kolonisierung).

(2) Bateson, 1932: 245–291, 401–453, kann auch als eine Einführung dienen, ist jedoch weniger systematisch angeordnet und länger; bringt sehr wenig über den Alltag und die ökonomischen Tätigkeiten, dafür mehr über die Kultur im engeren Sinn, d. h. die Denkformen, die kultischen Gesänge, die Semantik der gesellschaftlichen Gliederung.

Das Wirtschaftssystem

(3) Einen Überblick über alle Typen der Arbeiten und ihre Verzahnung bietet Weiss, 1981: 213–308 (A. Fischfang, Gartenbau, Sammeln, Jagd, Tierhaltung; B. Feuerholz- und Wasserholen, Zubereitung der Speisen, Geschirrwaschen und Aufräumen; C. Haus- und Tragwerkbau, Herstellung von Arbeitsinstrumenten und Kunstgegenständen; D. Herstellung der Kleider, Unterhalt der Dorfanlage, Kinderhüten und Kinderpflege, Handreichungen und Botengänge). Es geht hier zwar um die Stellung der Kinder im ökonomischen System, die Ökonomie der Erwachsenen wird aber als eine unentbehrliche Bezugsebene ausführlich dargestellt.

(4) Hauser, 1977: 21–37, macht quantitative Angaben über den Fischfang, den zentralen weiblichen Produktionsbereich (den zentralen männlichen Bereich stellt das Handwerk dar). Die Tauschbeziehungen mit den sagomehlproduzierenden Dörfern der Sawos beschreiben Schindlbeck 1980: 154–248, und Hauser, 1977: 38–63, wieder mit quantitativen Angaben (über die Mengen von Sago und Fisch).

(5) Das Basler Völkerkundemuseum besitzt eine reiche Sammlung der Iatmul-Produkte; gegenwärtig wird in Zusammenhang mit dieser Sammlung ein Dokumentationsprojekt (mit Unterstützung des Schweizerischen Nationalfonds) durchgeführt. Als ein Teil der Ergebnisse wird eine systematische Darstellung des ökonomischen Systems der Iatmul veröffentlicht, die jeden einzelnen Produkttypus

berücksichtigt und abbildet. (Ein anderer Teil des Projekts befaßt sich mit der gegenständlichen Welt des Rituals.)

(6) In einem gemeinsamen Artikel haben Maya Nadig und Florence Weiß die Situation des Ethnologen an zwei kontrastierenden Beispielen analysiert: Probleme der Feldforschung in einer klassenlosen Gesellschaft (Beispiel Neuguinea – Dorf Palimbei) und in einer Klassengesellschaft (Beispiel Mexiko – Dorf Tetzhú) – Weiss, 1976: 37–68.

(7) Stanek, 1983: Teil 1, beschreibt die ersten flüchtigen Kontakte der Iatmul mit den deutschen Expeditionen, dann die Etablierung der australischen Verwaltung im Gebiet des Sepik-Flusses; und die am Ende der 60er Jahre einsetzende Umwandlung der kolonialen Verwaltungsstruktur in eine sogenannte nationale, ohne daß der repressive Charakter dieser Einrichtung sich gewandelt hätte.

(8) Seit den 20er Jahren wurden die Iatmul als Arbeitskräfte auf den Plantagen und in den Kolonialstädten verwendet. Weiss, 1982 b: 151–168, zeigt auf, auf welche Weise die dorfinternen Konflikte und die kulturspezifischen Konfliktlösungsmodelle der Iatmul mit der neuen kolonialen Situation verknüpft sind. Nicht nur die Abwanderung selbst und die Einstellungen der Iatmul werden beschrieben, sondern auch der widersprüchliche Umgang des Ethnologen mit den Auswirkungen der Kolonialgeschichte.

Das Verwandtschaftssystem

(9) Eine Darstellung der semantischen Strukturen der iatmulischen Verwandtschaft (unter Berücksichtigung der früheren Forschungen und Analysen) sowie des funktionellen Zusammenhangs zwischen dem Verwandtschaftssystem und der Mythologie finden sich in Stanek, 1983: Teile 2 und 3.

Die geschlechtsspezifischen Rollen

(10) Margaret Mead braucht in ihren Schriften oft das Beispiel der Iatmul, deren Kultur sie zum Teil aus eigener Erfahrung, vor allem aber aufgrund der Forschungen von Gregory Bateson kennt. Es handelt sich immer nur um kurze, fragmentarische Verhaltensbeschreibungen, die dem Verhalten eines anderen Volkes gegenübergestellt werden; die zahlreichsten Angaben über die Iatmul finden sich in ihrem berühmten Buch (Mead, 1949), das auch in der deutschen Übersetzung im Jahr 1958 herauskam: *Mann und Weib*. Hamburg (Rowohlt).

(11) In Batesons Analyse der Iatmul-Kultur, die in enger Zusammenarbeit mit Mead entstanden ist, spielt der Kontrast zwischen dem männlichen und dem weiblichen Charakter eine zentrale Rolle (Bateson, 1936: 123–197). Er beschreibt die geschlechtsspezifischen

Lebensstile und bestimmt in groben Zügen die geschlechtsspezifischen Persönlichkeitsstrukturen.

(12) Hauser, 1977, beschreibt die Stellung der Frau in verschiedenen Bereichen des gesellschaftlichen Lebens: die Produktion, die Ehe und die Schwägerschaftsbeziehungen, die Zauberei, die Kopfjagd und die Mythologie.

(13) Weiss, 1979: 28–31, schildert, welche Stellung die Frau in der Iatmul-Gesellschaft während ihrer Schwangerschaft und in der Zeit unmittelbar nach der Geburt ihres Kindes einnimmt.

Die Stellung des Kindes

(14) Weiss, 1981, ist eine breit angelegte Untersuchung der Kinderwelt. Den Ausgangspunkt bilden authentische Schilderungen der Kinder, die im Wortlaut wiedergegeben sind und einen Einblick in die verschiedensten Bereiche ihres Alltags ermöglichen. Der analytische Teil des Buches befaßt sich mit der Beteiligung der Kinder an den Arbeiten der Erwachsenen oder mit ihren autonomen produktiven Unternehmungen. In Weiss, 1982a: 22–25, werden die Ergebnisse dieser Arbeit in ihren analytischen Hauptlinien zusammengefaßt.

Das Ritual

(15) Bateson, 1936, konzentriert sich auf die Beschreibung des transvestitischen Rituals *naven* und versucht seine Besonderheiten im Zusammenhang mit dem gesamtkulturellen Verhaltens- und Denksystem zu sehen. Diese bedeutende Arbeit kam auch in der französischen Übersetzung im Jahr 1971 heraus: *La cérémonie du naven, les problèmes posés par la description sous trois rapports d'une tribu de Nouvelle-Guinnée*, Paris (Gallimard).

Stanek, 1983: Teile 3 und 4, bringt neue Beschreibungen der *naven-Rituale* und ihrer Struktur; stellt eine Übersicht über die Formen des rituellen Transvestitismus außerhalb des *naven* zusammen; und bestimmt seine Stellung in der Schwägerschaftsbeziehung zwischen zwei Verwandtschaftsverbänden.

(16) Wassmann, 1982, veröffentlicht eine lange Reihe der kultischen Gesänge in der Originalsprache und in deutscher Übersetzung und versucht, den extrem schwierigen, esoterischen Inhalt zu entziffern.

Stanek, 1977: 52–57, beschreibt den äußeren Ablauf und die Stimmungen eines Kanueinweihungsfestes, einer der typischen Gelegenheiten – neben dem Totenritual und dem Fest zum Abschluß des großen Initiationsrituals –, bei denen die kultischen Gesänge vorgetragen werden.

(17) Spearritt, 1979, analysiert die Musikformen der Iatmul, im besonderen die Trommelrhythmen und die Flötenmelodien, die ei-

nen integralen Bestandteil aller bedeutenderen Rituale bilden. Schuster, 1969: 140–159, berichtet über den mythologischen Hintergrund der Töpferei in Aibom; Schuster, 1973: 475–491, über die rituellen Aspekte der Dorfanlage.

Die Mythologie

(18) Mythische Erzählungen der Iatmul werden in Schuster, 1965 und 1969; Hauser, 1977; Wassmann, 1982; Stanek, 1982 und 1983, wiedergegeben.

(19) Die größte Anzahl der Mythen ist in Stanek, 1982, zu finden, es handelt sich jedoch nicht um eine gewöhnliche Mythensammlung. Der Autor beschreibt auf eine literarische Weise seine Beziehungen zu den Iatmul-Partnern und zeigt, unter Anwendung psychoanalytischer Gesichtspunkte, wie die Mythenerzählung mit der Beziehungsentwicklung zusammenhängt. Die Konzeption des Buches ist aus der gemeinsamen Arbeit erwachsen, die er zusammen mit Fritz und Marco Morgenthaler und Florence Weiss 1979/1980 in Palimbei unternahm.

Die Sprache

(20) Knappe Angaben über die Iatmul-Sprache finden sich in Laycock, 1965; in Staalsen, 1971, der erste Versuch, die Satzkonstruktion zu beschreiben. Das Wörterbuch, das Staalsen zusammengestellt hat, wurde noch nicht veröffentlicht, desgleichen die Arbeiten Staneks über die Iatmul-Sprache.

(21) Mihalic, 1971, ist ein Lehrbuch des Melanesischen Pidgin, das seine Grammatik auf eine praktische Art und Weise darstellt und ein Wörterbuch enthält. Stanek, 1979, skizziert die Geschichte und die Verbreitung des Pidgin und seine Bedeutung in Papua Neuguinea und für die Iatmul.

Die Kolonialgeschichte

(22) Curtain, 1978, enthält einerseits authentische Schilderungen von älteren Männern über ihre Erfahrungen in den ersten Jahrzehnten der Arbeiteranwerbung für die Plantagen; andererseits einen authentischen Bericht eines australischen Arbeiteranwerbers, der die terroristischen Methoden, die damals angewendet wurden, offen beschreibt.

(23) Townsend, 1968, sind Memoiren des australischen Kolonialbeamten, der die erste Regierungsstation im Gebiet des Sepik-Flusses aufgebaut hat. Mit brüsker Offenheit schildert er, wie das Gebiet erobert wurde und wie die Abschaffung der Kopfjagd mit Hilfe von Erhängungen vor sich ging.

Behrmann, 1922, sind Memoiren eines deutschen Geographen, der 1912/1913 als Mitglied einer großen Expedition eineinhalb Jahre im Sepik-Gebiet verbracht hat. Er legt seinen imperialistischen Standpunkt dar, vermittelt ein gutes Bild über die Ziele und Tätigkeiten der deutschen Expedition. Über die Völker, mit denen er in Berührung kam, kann er jedoch nur wenige und schematische Angaben machen.

(24) Amarshi, 1979, ist die einzige Arbeit, die bemüht ist, die Stellung des Staates Papua Neuguinea im internationalen Gefüge der ökonomischen und der machtpolitischen Interessen zu sehen, und die internen Widersprüche zu analysieren.

(25) Wer sich für die Auffassungen interessiert, die die internationalen Techno- und Bürokraten über Papua Neuguinea hegen, der nehme den einschlägigen Weltbank-Report zur Hand.

Amarshi, A., K. Good und R. Mortimer. 1979. *Development and dependency. The political economy of Papua New Guinea.* Melbourne: Oxford University Press.

Bateson, G. 1932. Social structure of the Iatmul people of the Sepik River. *Oceania 2:* 245–291, 401–453.

Bateson, G. (1936) 1958. *Naven. A survey of the problems suggested by a composite picture of the culture of a New Guinea tribe drawn from three points of view.* Stanford, California: Stanford University Press.

Behrmann, W. 1922. *Im Stromgebiet des Sepik. Eine deutsche Forschungsreise in Neuguinea.* Berlin: August Scherl.

Curtain, R. 1978. Labour migration from the Sepik. *Oral History 6*: 1–85.

Hauser-Schäublin, B. 1977. *Frauen in Kararau. Zur Rolle der Frau bei den Iatmul am Mittelsepik, Papua New Guinea.* Basel: Ethnologisches Seminar der Universität und Museum für Völkerkunde.

Laycock, D. 1965. The ndu-language family (Sepik District, New Guinea). *Pacific Linguistics C 1*: 1–250.

Mead, M. (1949) 1950. *Male and female: A study of the sexes in a changing world.* New York: Morrow

Mihalic, F. 1971. *The Jacaranda dictionary and grammar of Melanesian Pidgin.* Australia: The Jacaranda Press.

Schindlbeck, M. 1980: *Sago bei den Sawos (Mittelsepik, Papua New Guinea). Untersuchungen über die Bedeutung von Sago in Wirtschaft, Sozialordnung und Religion.* Basel: Ethnologisches Seminar der Universität und Museum für Völkerkunde.

Schuster, M. 1965. »Mythen aus dem Sepik-Gebiet«, in *Festschrift Alfred Bühler*, pp, 349–384. Basel.

Schuster, M. 1969. Die Töpfergottheit von Aibom. *Paideuma 15*: 140–159.

Schuster, M. 1973. »Zur Dorfgeschichte von Soatmeli«, in *Festschrift zum 65. Geburtstag von Helmut Petri.* Herausgegeben von K. Tauchmann, pp. 475–491. Köln, Wien.

Spearritt, G. 1979. *The music of the Iatmul people of the Middle Sepik River (Papua New Guinea) with special reference to instrumental music at Kandangai and Aibom.* Brisbane: PhD Thesis, University of Queensland.

Staalsen, P. 1971. *Clause relationships in Iatmul. Pacific Linguistics* A7: 69–76.

Stanek, M. 1977. »Vara kwangu – Le baptême de la pirogue«, in *Musique et Sociétés.* Herausgegeben von E. Lichtenhahn und F. Borel, pp. 52–57. Neuchâtel: Musée d'ethnographie.

Stanek, M. 1979. Das Melanesische Pidgin. *Vaterland 190.*

Stanek, M. 1982. *Geschichten der Kopfjäger.* Köln: Eugen Diederichs.

Stanek, M. 1983. *Sozialordnung und Mythik in Palimbei. Bausteine zur ganzheitlichen Beschreibung einer Dorfgemeinschaft der Iatmul, First Sepik Province, Papua New Guinea.* Basel: Ethnologisches Seminar der Universität und Museum für Völkerkunde.

Townsend, G. W. L. 1968. *District Officer. From untamed New Guinea to Lake Success, 1921–1946.* Sydney.

Wassmann, J. 1982. *Der Gesang an den Fliegenden Hund. Untersuchungen zu den totemistischen Gesängen und geheimen Namen des Dorfes Kandengei am Mittelsepik (Papua New Guinea) anhand der kerugu-Knotenschnüre.* Basel: Ethnologisches Seminar der Universität und Museum für Völkerkunde.

Weiss, F. und M. Nadig. 1976. »Probleme der Feldforschung in einer klassenlosen und einer Klassengesellschaft. Eine vergleichende Auseinandersetzung mit Erfahrungen in einem neuguinensischen und einem mexikanischen Dorf«, in *Probleme der Feldforschung aus der Sicht junger Ethnologen. Bulletin der Schweizerischen Ethnologischen Gesellschaft, Sondernummer.* Herausgegeben von C. Savary, pp. 37–68. Genève: Musée d'ethnographie.

Weiss, F. 1979. Mutterschutz ohne Paragraphen. *Schritte ins Offene 2*: 28–31.

Weiss, F. 1981. *Kinder schildern ihren Alltag. Die Stellung des Kindes im ökonomischen System einer Dorfgemeinschaft in Papua New Guinea (Palimbei, Iatmul, Mittelsepik).* Basel: Ethnologisches Seminar der Universität und Museum für Völkerkunde.

Weiss, F. 1982a. Kinder in der Dorfgemeinschaft. Die Rolle der Kinder im ökonomischen System der Iatmul in Papua New Guinea. *Solidarität 69/70*: 22–25.

Weiss, F. 1982b. »Abwanderung in die Städte. Der widersprüchliche Umgang mit kolonialen Ausbeutungsstrategien: Die Iatmul in Papua Neuguinea,« in *Urban-Ethnologie. Ethnologica Helvetica 6.* Herausgegeben von M. Ceutlivres-Demont, pp. 151–168. Bern.

Parin, P. und Morgenthaler, F.: 1956/57. Charakteranalytischer Deutungsversuch am Verhalten »primitiver« Afrikaner. Heidelberg/Stuttgart, *Psyche 10*, 5.

Parin, P.: 1957/58. Einige Charakterzüge »primitiver« Afrikaner. Heidelberg/Stuttgart, *Psyche*, 11, 11.

Parin, P.: 1961. Die Anwendung der psychoanalytischen Methode auf Beobachtungen in Westafrika. Basel, *Acta Tropica*, 18, 2.

Parin, P., Morgenthaler, F., Parin-Matthèy, G.: 1963. *Die Weißen denken zuviel*. Zürich, Atlantis Verlag. Franz. Übersetzung, 1965. Les blancs pensent trop. Paris, Payot. 1983, 3. überarbeitete Auflage. Frankfurt am Main, Fischer Taschenbuchverlag.

Parin, P., Morgenthaler, F., Parin-Matthèy, G.: 1963. Il complesso edipico nei Dogon dell'Africa Occidentale. Roma, *Rivista di Psicanalisi*, 9,2

Morgenthaler, F., Parin, P.: 1965. Formen der Übertragung bei Westafrikanern. Bern, *Schweiz. Z. Psychol.* 24,4. Engl.: 1964. *Int. J. Psychoanal.* 45, 2–3

Parin, P., Morgenthaler, F.: 1965. Orale Eigenschaften des Ich bei Westafrikanern. Bern, *Schw. Z. Psychol.* 24,4. Engl. 1964 in: *N. Y. Psa Study Soc.*, Int. Univ. Press, 3

Morgenthaler, F., Parin, P.: 1967. Observations sur la genèse du Moi chez les Dogon. Parin, *Rev. Franç. Psychan.* 31, 1

Morgenthaler, F.: 1968. The Dogon people 2. In A. van Eyck: »A Miracle of Moderation«, *Via 1, Ecology in Design*, Fine Arts Univ. of Pennsylvania.

Parin, P., Morgenthaler, F.: 1969. Ist die Verinnerlichung der Aggression für die soziale Anpassung notwendig? in A. Mitscherlich, Hrsg., *Bis hierher und nicht weiter.* München, Piper und 1974, Suhrkamp TB

Parin, P., Morgenthaler, F., Parin-Matthèy, G.: 1971. *Fürchte deinen Nächsten wie dich selbst. Psychoanalyse und Gesellschaft am Modell der Agni in Westafrika*. Frankfurt/M. Suhrkamp und S.T.B.; Engl. (condensed version). 1981, Univ. Chicago Press; Italien. (gekürzt) 1982, Feltrinelli

Morgenthaler, F.: 1975. Reflex-Modernization in Tribal Societies. in: P. Oliver, *Shelter, Sign and Symbol.* London. Barrie & Jenkins.

Parin, P., Morgenthaler, F.: 1975. Moi et oralité dans l'analyse des Dogon. Paris, Connexions, 15

Parin, P., Morgenthaler, F., Parin-Matthèy, G.: 1975. La méthode psychanalytique au service de la recherche ethnologique. Paris, Connexions, 15

Morgenthaler, F.: 1978. *Technik. Zur Dialektik der psychoanalytischen Praxis*. Frankfurt/M., Syndikat

Parin, P., Parin-Matthèy, G.: 1978. Der Widerspruch im Subjekt. Die Anpassungsmechanismen des Ich und die Psychoanalyse gesellschaftlicher Prozesse. In: *Provokation und Toleranz*, Festschr. f. A. Mitscherlich, Frankfurt/M., Suhrkamp

Parin, P.: 1978. *Der Widerspruch im Subjekt. Ethnopsychoanalytische Studien*. Frankfurt/M., Syndikat

Parin, P., Parin-Matthèy, G., Morgenthaler, F.: 1982. Unsere Vorstellungen von normal und anormal sind nicht auf andere Kulturen übertragbar. In H.-J. Heinrichs, Hrsg.: *Das Fremde verstehen*. Frankfurt/M., Qumran

Morgenthaler, F.: 1984. *Homosexualität, Heterosexualität, Perversion*. Frankfurt am Main und Paris, Qumran Verlag.

Devereux, G.: 1967. *Angst und Methode in den Verhaltenswissenschaften*. München, Carl Hanser Verlag

Erdheim, M.: 1982. *Die gesellschaftliche Produktion von Unbewußtheit*. Frankfurt am Main, Suhrkamp Verlag.

Wichtige ethnopsychoanalytische Publikationen sind enthalten in *Psychoanalysis and the social sciences*, herausgegeben von W. Münsterberger u. a., 1947–1958, Jahrbuch Vol. 1–5, New York, Int. University Press.

Fortsetzung des Jahrbuches 1960–1985 in *The psychoanalytic Study of Society*, Herausgegeben von W. Muensterberger u. a.
New York, Internat. University Press, Vol. 1–6;
New Haven and London, Yale University Press, Vol. 7/8;
New York, The Psychohistory Press, Vol. 9, 1981;
Hillsdale New Jersey, Lawrence Erlbaum Publ. Vol. 10, 1984.

The Journal of Psychoanalytic Anthropology, Association of Psychohistory Inc. New York.
Editor: Arthur E. Hippler bis 1980
Howard F. Stein 1980–1984